根据国家教师资格证最新考试大纲编写

心理学

陶　红　　张玲燕　　主编

Xin Li Xue

暨南大学出版社
JINAN UNIVERSITY PRESS

中国·广州

图书在版编目（CIP）数据

心理学/陶红，张玲燕主编 . —广州：暨南大学出版社，2018.9（2022.3 重印）
ISBN 978 - 7 - 5668 - 2427 - 1

Ⅰ.①心…　Ⅱ.①陶…②张…　Ⅲ.①心理学—师范学校—教材　Ⅳ.①B84

中国版本图书馆 CIP 数据核字（2018）第 196022 号

心理学
XINLIXUE
主　编：陶　红　张玲燕
....

出 版 人：张晋升
策划编辑：潘雅琴
责任编辑：齐　心
责任校对：王燕丽　陈皓琳
责任印制：周一丹　郑玉婷

出版发行：暨南大学出版社（510630）
电　　话：总编室（8620）85221601
　　　　　营销部（8620）85225284　85228291　85228292　85226712
传　　真：（8620）85221583（办公室）　85223774（营销部）
网　　址：http://www.jnupress.com
排　　版：广州良弓广告有限公司
印　　刷：广州一龙印刷有限公司
开　　本：787mm×960mm　1/16
印　　张：20
字　　数：400 千
版　　次：2018 年 9 月第 1 版
印　　次：2022 年 3 月第 3 次
印　　数：5001—7000 册
定　　价：59.80 元

（暨大版图书如有印装质量问题，请与出版社总编室联系调换）

前　言

科学心理学诞生至今已有一百多年的历史。随着心理学的发展，一方面，通过科学研究，心理学家将人的心理品质进行量化，并揭示心理现象和心理疾病的神经机制；另一方面，心理学的研究领域越来越广阔，研究成果越来越丰富。心理学在人们生活中的应用日益广泛，其应用价值越来越得到人们的认可。掌握和应用心理学知识，可以帮助人们更好地认识他人和自我、合理地调节情绪、有效地进行学习、妥善地建立人际关系，从而提高心理健康水平。

在教育领域，教育工作者掌握学生的心理发展阶段与相应特点，可以更好地做到因材施教，提高教学效果。应用心理学知识，可以促进学生心智、情绪情感、个性品质等全面发展。本科院校的师范生毕业后大多数从事中学教师职业，了解中学生的心理发展规律对于教师顺利开展工作尤为重要。本书正是为了满足教师掌握学生心理现象和发展规律的需要而编写的。

本书在编写时兼顾心理学知识体系的完整性和对中学生心理健康教育的指导性。在内容的选取和构成上力求体现以下特色：

1. 基础性

基础性主要体现在本书内容的选取方面。本书将对感知与注意、记忆与思维、学习与学习策略、学习动机与学习迁移、生理与心理发展、情绪、人格、人际交往、心理健康与辅导、教师心理健康等内容进行梳理和介绍。

2. 科学性

科学性主要体现在内容和结构方面。在教材的具体编写中既注重学科知识内容的科学性，又遵循结构的逻辑性，内容和形式统一。

3. 前沿性

关注社会热点问题，紧扣时代发展脉搏。书中所选取的事例既生动有趣，又具有时代感。力求用心理学的理论阐析现实中的问题，寻找解决的方法，让学生从热点问题中了解和掌握学科知识。

4. 实用性

心理学既是一门理论学科，也是一门应用学科。本书在编写过程中通过深入浅出地阐释心理学的原理、方法、原则，培养学生运用心理学知识解决实际问题的能力。

5．启智性

每一章的结构安排为学习要点、案例导入、思考与讨论、本章小结、思考与练习、拓展阅读。通过这样的编排，学生在阅读中能明晰心理学的基本观点和逻辑脉络，学会理论联系实际，便于教师在教学中开展启发式教学和课堂讨论，调动学生学习的积极性，引导学生在开放活跃的思维中掌握心理学的相关理论。

本书共十一章，由陶红、张玲燕任主编并统稿，各章的具体分工如下：第一章，李宁；第二章、第三章，王国华；第四章、第五章，陶红、肖孟琦；第六章，张玲燕；第七章，何桂华；第八章，林增兴；第九章，张晓洁；第十章，梁碧珊；第十一章，陈丽君、丘少云、赵晓蒙。

本书编写者都是多年从事心理学教育教学工作的一线教师，他们有着丰富的教育教学经验，深谙学生对心理学学习的需求，同时也了解心理学教学过程中存在的问题。因此，本书的编写宗旨是：让学生学得更好，让教师教得更好。本书既可作为心理学入门者学习的参考书，也可作为师范生公共必修课的教材，还可作为教师资格证考试的参考用书。

本书的编写与出版得到暨南大学出版社的大力支持。潘雅琴副编审对书稿的全程运作付出了大量心血，在此深表感谢。本书在编写过程中，参考了国内外学者的研究成果，在此谨向各位作者致以诚挚的谢意。

由于编者的水平所限，书中会有一些不足和疏漏，敬请专家与读者不吝指正。

陶　红　张玲燕
2018 年 7 月于广州

目　录

第一章　心理学概述

【本章学习要点】

1. 心理学的研究对象。
2. 心理学的基本任务。
3. 心理学研究的主要方法。
4. 心理学发展的历史与现状。

【案例导入】

　　海伦·凯勒（1880—1968），生于亚拉巴马州的小镇塔斯康比亚。一岁半时突患急病，致其既盲又聋且哑。在如此难以想象的生命逆境中，她踏上了漫漫的人生旅途……人们说海伦是带着好学和自信的气质来到人间的，尽管命运对幼小的海伦是如此的不公，但在她的启蒙老师安妮·莎利文的帮助下，顽强的海伦学会了写，学会了说。小海伦曾自信地声明："有朝一日，我要上大学！我要去哈佛大学！"这一天终于来了。哈佛大学拉德克利夫女子学院以特殊方式安排她入学考试。只见她用手在凸起的盲文上熟练地摸来摸去，然后用打字机回答问题。前后历时九个小时，各科全部通过，并且英文和德文得了优等成绩。四年后，海伦手捧羊皮纸证书，以优异的成绩从拉德克利夫女子学院毕业。海伦热爱生活，她一生致力于盲聋人的福利事业和教育事业，赢得了世界舆论的赞扬。她先后完成了《我生活的故事》等14部著作，在世界范围内都产生了影响，她那自尊自信的品德，她那不屈不挠的奋斗精神被誉为人类永恒的骄傲。

　　一岁半就既盲又聋且哑的海伦，若没有与命运挑战的非凡勇气和信心，是不可能成长为受世人赞誉的学者的。人生会面对一个接一个的挑战，我们应如何面对挑战？倘若自我毫不畏缩，知难而上，并且最终战而胜之，那么，自我将会更加完善和成熟。在挑战面前，首先要肯定自己，肯定就是力量，就是对自己充满信心；自信可以促使人自强不息，迎难而上，可以发掘深藏于内心的自我潜能。海伦就是一个强有力的实证。海伦曾说："信心是命运的主宰。"培养自信的气质十分重要。但自信并非天生，它是在个人生活与实践中逐渐形成并发展的。认真地总结我们的长处和成功经历吧，让自信给我们力量去迎接人生的挑战吧。

心理学是研究人类自身的科学之一。在很长的历史时期内，心理学一直包含在哲学之中。直到 1879 年，德国哲学家、实验心理学的创始人冯特（W. Wundt，1832—1920）在德国的莱比锡大学建立第一个心理实验室，才标志着心理学从哲学中分离出来，并成为一门独立的科学。从这个意义上说，心理学是一门既古老又年轻的科学。本章将首先探讨心理学研究什么，即心理学的研究对象是什么，接着分析心理学的基本任务是什么，心理学研究在理论和实践上有什么意义，以及心理学有哪些重要的研究领域。然后将讨论如何进行心理学研究，即心理学研究的基本原则是什么，方法有哪些。此外，还将简要介绍心理学发展的历史和现状。

第一节　心理学的研究对象和任务

从胚胎到婴儿，再到成人，伴随着生理的成熟和衰老，人的心理也在不断发展。心理学将人的心理现象作为主要研究对象，探讨人的心理是怎么发生、发展的，遵循什么样的规律。

一、心理学的概念

心理学的英文是"psychology"，它由两个古希腊文字"psyche"和"logos"组成。前者的含义是"心灵""灵魂"；后者的含义是"讲述"或"解说"。两者合起来就是"对心灵或灵魂的解说"。这可以说是心理学的最早定义，但历史上心理学长期隶属于哲学，因此该定义只具有哲学意义，并没有对概念作出科学的解释。心理学成为一门独立的科学以后，其发展经历了一百多年，其研究内容和重点也已经改变。直到 20 世纪 80 年代，人们对心理学的界定才相对统一为如下定义：心理学是研究心理现象发生、发展和活动规律的科学。

心理学是研究心理现象的科学。它以自己特有的研究对象而与其他学科区别开来。心理学既研究动物的心理，也研究人的心理，但以人的心理现象为主要的研究对象。个体行为是外显的，而心理活动是内隐的，但人的行为和人的心理活动密不可分。因此，对人的心理活动规律的探讨主要始于对人的行为的观察。例如，一个人的哭或笑的行为是由其悲伤或快乐的心理活动作用产生的。所以，通过对人的行为的观察和描述，可以探讨其内部心理活动。反过来，人的心理活动是在行为中产生，又是在行为中得到表现的。一个人哭，可能是因为受到了打击或失去了所爱而产生了悲伤心理；一个人笑，可能是因为他取得了成功或得到了满足而产生了快乐心理。因此，通过在一定条件下对人的行为的系统观察和分析，可以推测人的心理活动的原因。

在周围环境中有各种各样的现象，如日月星辰、山川河流、飞禽走兽、风土人情、社会准则等。它们有的属自然现象，有的属社会现象。这些现象分别由不同的学科进行研究，构成了人类不同的知识领域。而人的心理现象是自然界最复杂、最奇妙的一种现象。人眼可以看到五彩缤纷的世界，人耳可以聆听旋律优美的歌声，人脑可以存储丰富的知识，事过境迁而记忆犹存。

心理学的研究形成了许多领域。研究人心理活动最一般规律的是普通心理学；研究心理现象发生、发展，形成了发展心理学。研究社会对心理发展的制约和影响，形成了社会心理学；研究心理现象的神经机制，形成了生理心理学；描述和了解个人独特的心理特征，形成了人格心理学。对人的行为和能力进行测量的是心理测量学；把心理学研究的成果运用于解决人类实践活动中的问题，以提高人们的工作水平，改善人们的生活质量，便又形成了应用心理学的众多分支。例如，服务于人类心理健康的临床心理学；服务于教育的教育心理学；服务于管理的人力资源管理心理学。此外，还有工程心理学、环境心理学、体育运动心理学、司法心理学、营销心理学、军事心理学等。

二、心理学的研究对象

（一）个体的心理现象

心理现象与物理现象、化学现象不同，心理现象是生命物质发展到一定阶段产生的。人的心理现象就是指人的心理活动经常表现出来的各种形式、形态或状态，如感觉、知觉、想象、思维、记忆、情感、意志、气质、性格等。这些心理现象或心理活动并不是杂乱无章的。从系统论的观点来看，人的心理现象是一个多层次相关联的复杂系统。从心理活动的动态变化过程、比较稳定特征和相对持续状态这三个维度来看，又可以把人的心理活动分为心理过程、心理状态和个性心理三个方面或称为三个子系统，三个子系统下面还分别有许多附属系统。

1. 心理过程

心理过程是指在人的认识、情感和意志行动方面表现出来的心理活动，它们经常处于动态变化的过程中。当人们处于觉醒状态时，总是在从事着这样或那样的活动，如生产劳动、学习、科学实验、技术革新、文艺创作、经商贸易、社会交往和娱乐活动等。在这些活动中，人们首先要弄清楚的是，与自己打交道的客观对象（包括人和物）究竟是什么。为此，人们就需要不断地注意着、观察着、思考着、想象着，并且铭记着这些周围的事物和对象。

当人们集中注意观察当前的事物时，就会产生感觉和知觉。感觉和知觉是人脑对直接作用于感觉器官的各种事物的个别属性和一般意义的认知。当人们在感觉和知觉的基础上进一步思考着什么时，即产生了思维活动；思维是人脑对客观事物的一种间接的和概括的反映，以进一步获得事物本质属性和内在联系的认知。当感知过的事物已不在眼前时，人脑中还会再次浮现该事物的形象，人们则称之为表象。想象活动则是产生于人脑中对表象进行再次加工改造的过程；想象是人的形象思维和创新事物的一种特有的心理现象。此外还必须看到，感觉、知觉、思维、表象和想象等心理活动是一个连续的过程，而对构成这个连续过程起重要作用的一种心理条件，就是人对曾经感知过的各种事物大多会以某种痕迹铭记在头脑中，并在一定条件下，通过一定方式回想起来，然后继续参与到各种心理活动中去，这种现象称之为记忆。记忆是人对过去经验的反映，它也是人类极其重要的一种心理现象。以上所描述的各种心理现象，概括而言，就是人们经常表现出来的对客观事物和对象在认识方面的心理活动。

当然，人们在与周围事物和对象打交道时，绝不会只停留在认识方面。人们在认识事物或他人的同时，还会表露出一定的态度，产生着这样或那样的感受和体验，如满意或不满意、喜爱或厌恶、热情或冷淡、高兴或烦恼、赞赏或鄙视、沉静或激动等。以上这些人们在认识活动中所产生的各种各样的态度体验，就是人们经常表现出来的心理活动，心理学称之为情绪或情感。不仅如此，人们对与之打交道的事物和对象，并不总是满足于认识、感受和体验，还经常需要进一步改造客观事物和对象。为了处理好这些问题，人们常常根据自己的认识和体验，产生一定的需要和动机，进而拟订目的和计划去行动，人们的这类活动叫作意志行动。而支配意志行动的许多内部因素和过程，如人的动机、意向、决心、坚持等，也就是人们经常表现出来的在意志方面的心理活动。

在实际生活中，人的认知过程、情绪情感过程和意志过程之间相互联系、相互作用而构成一个有机整体。一方面，人的认知过程会影响人的情感过程，所谓"知之深，爱之切"，说明认知过程对人的情绪情感的重要影响；"知识就是力量"说明了认知活动对人的行为与心理活动的重要影响。另一方面，情感过程又会反作用于认知过程，没有人的情绪情感的推动或缺乏良好的情绪情感体验，人的认知活动就不可能发展与深入。同时，情绪情感过程与意志过程之间也具有密切联系，情绪情感既可以成为推动人的意志行动的动力，也可以成为人的行动的阻力，而人的认知活动则可以在很大程度上调节和控制人的情绪情感活动。

因此，在人的心理活动过程中，认知过程是最基本的心理活动，是情绪情感和意志过程产生的基础；情绪情感过程和意志过程也影响着认知过程的发生发展。三者都有其发生、发展及其变化的共同特征，是同一心理过程的不同方面。研究人的心理过程发生、发展的规律是心理学研究的对象之一。

2. 心理状态

在心理活动的进程中，或从心理过程到个性心理特点形成的过渡阶段，常常会出现一种相对持续的状态，这类心理现象称之为心理状态，例如，伴随着心理过程的注意状态；在创造性思维过程中出现的灵感状态；在情绪过程中出现的心境状态。只是在心理活动的进程中，在一定的时限出现的某种相对持续的状态，它们既不像心理过程那样动态、变化，也不同于个性心理特点那样持久、稳定。

心理学家认为，心理状态常常是从心理过程的发展到个性心理特点形成的一个过渡环节。例如，在日常生活中，一个人会出现某种激情，可能只是一时的激动，但是，这种心理状态如果经常不能主动加以控制，那么久而久之，这个人便容易形成性情暴烈、易发脾气等比较稳定的个性特点。又如，一个人可能处事一时犹豫，这是常会出现的一种短暂的心理状态，但如果久而久之任其发展下去，成为习惯，也容易形成优柔寡断这种比较稳定的个性特点。

3. 个性心理

心理过程是人们共同具有的心理活动。但是，由于每个人的先天素质和后天环境不同，心理过程产生时又总是带有个人的特征，因此，心理学还要探讨人与人之间的差异，称之为个体心理或个性心理，简称个性或人格（personality）。个性心理包括个性倾向性和个性心理特征。个性倾向性是指一个人所具有的意识倾向，也就是人对客观事物的稳定的态度。它是人从事活动的基本动力，决定着人的行为方向，主要包括需要、动机、兴趣和自我意识等。个性心理特征是在一个人身上经常表现出来的本质的、稳定的心理特点。例如，有的人有数学才能，有的人擅长写作，有的人有音乐特长，这是能力上的差异；在行为表现方面，有人活泼好动，有人沉默寡言，有人热情友善，有人冷漠无情，这些是气质和性格方面的差异。能力、气质和性格统称为个性心理特征。

个性倾向性和个性心理特征有机地、综合地体现在一个人的身上，也就构成了一个人完整的个性心理。

（二）个体心理与行为

心理学通过行为来研究人的心理。行为（behavior）就是个体对所处情境的一种反应系统。这种反应有内在生理性（如肌肉运动、腺体分泌等）和外在心理性（如言语、表情等）。在日常生活中人的行为是很复杂的，例如，吃饭、穿衣、写文章、开车等行为，都是由一系列反应动作所组成的某种特定的反应系统。

行为总是在一定的刺激情景下产生的。引起行为的内、外因素叫刺激（stimulus）。强烈的光线是使眼睑关闭的刺激，饥饿是使胃肠蠕动加快的刺激。在人类行为中，语言刺激具有重要的意义。通过语言发布命令，可以支配别人的行为，也可以进行自我调节，使行为服从预定的目的。

行为不同于心理，但又和心理有着密切的联系。引起行为的刺激常常通过心理而起作用。若人没有对光线、声音、气味的感知觉，就不会有对光线、声音、气味的反应。人的行为的复杂性是由心理活动的复杂性引起的。同一刺激可能引起不同的反应，不同刺激也可能引起相同的反应，其原因就在于人有丰富的主观世界。主观世界的情况不同，对同一刺激的反应常常是不一样的。俗话说，"饿时吃糠甜如蜜，饱时喝蜜蜜不甜"。有机体的内部状态不一样，对同一事物的反应也可能极不一致。因此，不理解人的内部心理过程，就难以理解他的外部行为反应。

心理支配行为，又通过行为表现出来。一个人的视觉和听觉能力，是通过他对微弱光线和声音的反应表现出来的；一个人的记忆，是通过他运用知识的活动表现出来的；一个人的情绪和情感，是通过面部和姿势表情表现出来的。心理现象是一种主观精神现象，它就像是一个"黑箱子"，看不见，摸不着，没有重量、大小和体积，而行为却具有显露在外的特点，可以用客观的方法进行测量。因此，可以通过观察和分析行为来客观地研究人们的心理活动，即打开"黑箱子"。从外部行为推测内部心理过程，是心理学研究的一条基本法则。在这个意义上，心理学是研究心理和行为的科学。

（三）个体心理与社会心理

心理学主要研究人的心理。人是社会的人，不可能总是一个人独来独往，而总要与其他社会成员发生种种联系，结成各种社会关系，如民族关系、阶级关系、上下级关系、亲属关系、师生关系等，从而就产生了各种社会心理现象，例如，时尚、风俗、习惯、偏见、舆论和流言，以及不同团体、民族和国家的心理特点等。当然，这些社会心理现象也表现在个体的心理现象之中。显然，如果仅研究个体心理而不从整个团体以及团体关系角度来加以研究，就无法理解这些社会心理现象。因此，心理学还要研究团体的社会心理现象。

团体心理或社会心理与个体心理的关系，是共性与个性的关系。团体心理是在团体的共同生活条件和环境中产生的，它是该团体内个体心理特征的典型表现，而不是个体心理特征的简单总和。团体心理不能离开个体心理，但它对个体来说，又是一种重要的社会现实，直接影响个体心理或个体意识的形成或发展。因此，社会心理及其与个体心理的关系，也应成为心理学的研究对象。

三、心理学的基本任务

一切科学都肩负着为人类造福的任务，心理学也不例外。现代心理学在了解民意、选拔人才、教育训练、维护健康和提高效率等方面早已承担了任务并作出了贡献。随着心理学研究与应用的深入，心理学的内容趋于丰富、分支学科越来越多、学科发展综合化和专业化相结合的特点日益突出。在此背景下，心理学所承担的任务已越来越系统和丰富。心理学的基本任务有以下几点：

（一）描述与测量

描述，即对心理事实用科学语言予以叙述，以便人们认识它。描述只说明事实的真相，不探究问题发生的原因。描述人的行为和心理现象的目的是对心理活动进行精确的观察，或根据人的外部行为、动作和反应，获得事实以便对其心理活动进行推测，它涉及对个体行为以及行为发生时外部环境与自身主观心理之间内在联系的分析。科学不同于艺术描述，它强调确定性、精确性。因此，心理学的描述不仅要借助于语言文字，还要借助于数字、公式、图示等。例如，以一份标准化智力测验测量一群小学生，就可以计算出每一名学生的智商，再据此描述每一名学生的智力在这个集体中所占的位置。心理学所使用的测量工具必须考虑信度和效度两个方面的要求。正是由于有了科学的描述和测量，人们对心理现象的认识才不再感到无从下手。

（二）理解与解释

理解与解释是对个体行为作进一步分析，探索产生该行为的可能原因，即解释"为什么"会出现这种状况。人的心理活动和行为表现是世界上最复杂的现象，要理解与解释人的心理和行为并不容易。由于人的行为背后有可能存在着某种心理原因，因此，解释人的心理现象就要分析和阐明心理活动与行为表现之间的因果关系。解释说明还包括把已知事实组织起来以形成与事实相符的说明，也包括就事件之间的关系提出需要证明的假定。一般来说，生理特点、年龄因素、个人经历、生活方式和环境影响等，都可能成为解释心理的依据。

当然，具体成因则因人而异，心理的原因有些是暂时的，有些是稳定的；有些是单一的因果关系，有些是多因素相互作用形成的同一结果；有些则是互为因果的。

（三）预测与控制

心理学的理论不但具有解释行为的功能，同时也具有预测行为的功能。预测是科学研究的基本目标，心理学的目标之一是能够准确地预测人的心理和行为。预测是根据现有的资料，估计将来某一事件发生的可能性。人的心理现象尽管纷繁复杂，但有规律可循，因此是可以预测的。通过了解某些心理活动与行为之间因果关系的变化，可以预测其再次发生的可能性。例如，根据青少年心理的发展规律，就能预测青少年今后会表现出某种行为及呈现出某种心理特点。假如你的室友很害羞，那么你可以预测，他/她在被要求和一个陌生人交谈的时候会感到不舒服。

研究心理也是为了有效地调控人的心理，使之有利于社会、群体和个人的健全发展。控制的目的是引导或改变个体的心理和行为使之朝着目标规定的方向变化，或对异常心理和行为进行矫正。心理学要做的工作，就是通过控制影响心理的因素来干预心理过程，减少心理因素的消极影响，增强心理因素的积极影响。例如，在教育教学情境中，适当、合理地运用奖赏和惩罚手段，能够对学生的某些不当行为进行控制和矫正。因此，无论是培养心理素质还是矫正异常行为，心理学的原理与行为矫正技术都能够比较有效地调节和控制人的心理活动和行为。

四、心理学在教育中的应用

心理学与教育学之间的关联，历史非常悠久。柏拉图和亚里士多德探讨过的诸如教师的角色、师生关系、学习本质与顺序、学习中情感的作用等主题，仍是当今心理学和教育学研究的热点。

20世纪前半叶，教学方面的进展与心理学紧密相连，并诞生了一门拥有自己的理论、研究方法、问题和技术的独立的学科——教育心理学。教育心理学是关于教学和学习过程的学科，被认为是"学校的指导性科学"。詹姆斯的另一学生桑代克于1903年写了第一本教育心理学教科书，并于1910年创办了《教育心理学》杂志。桑代克首次从教室转到实验室来研究学习，他试图通过实验室的研究找到能应用于教学的学习规律，但没有真正评估这些规律是否可以应用到真实的课堂中，因此，他的想法被认为过于狭隘，50年后心理学重新回到对课堂学习的研究。二十世纪四五十年代，教育心理学研究的重点是个体差异、评价和学习行为，六七十年代后研究的重点转移到学习和认知发展研究，关注学生如何学习概念、如何记忆。21世纪后教育心理学家对文化和社会因素如何影响学习和发展的问题尤为关注。

第二节　心理学研究的原则和方法

研究方法的重要性是不言而喻的。俄国生理学家、心理学家巴甫洛夫曾经说过："科学随着方法上所获得的成就而不断地跃进着。方法每前进一步，我们便仿佛上升了一级阶梯。于是，我们就展开了更广阔的眼界，看见从未见过的事物。"事实证明，人类对自然界以及自己精神世界的认识，是随着方法的不断进步而越来越深刻的。心理学与其他科学一样，其研究必须采取科学的态度和科学的研究方法。

一、心理学研究的基本原则

一切科学都要受一定哲学思想的指导，正如恩格斯所说："不管自然科学家采取什么样的态度，他们还是深受哲学的支配，问题只在于：他们是愿意受某种时髦哲学的支配，还是愿意受一种建立在通晓思维的历史和成就的基础上的理论思维的支配。"科学心理学以马克思主义哲学为理论基础，辩证唯物主义的认识论是心理学研究的基本原则。因此，心理学研究必须遵循以下几个原则：

（一）客观性原则

客观性原则，即实事求是的原则。恩格斯说过，唯物论的世界观不过是对自然本来面目的了解，不附加任何外来的成分。在心理学研究中贯彻客观性原则，首先要做到对考察和研究的对象，不作主观猜测，不加轻率臆断；其次，对心理活动的分析，不要只停留在外部或表面上，而要善于洞察其内在原因和规律；最后，对研究所获得的材料、结果或结论，能说明什么问题，就说明什么问题，不要任意夸大或滥用。

（二）实践性原则

在科学研究中，理论与实践是辩证的统一。实践是理论的源泉，也是检验理论正确与否的唯一标准；而理论是指导实践、为实践服务，并在实践中不断地得到发展的。只有在正确的心理学理论指导下的实践，才能取得成效。由于心理现象不是人脑内部自动封闭的活动，因此，实践观要求把人的心理、意识看作与人的社会实践活动密切联系的过程来考察和研究。离开了实践的观点，就不能说明人的心理、意识的产生、变化和发展的原因，就不能说明心理与活动的辩证关系。同时，心理学研究也必须通过科学实验，才能获得对有关研究对象内在本质和客观规律的认识。而通过各种科学研究所得到的认识和理论，也必须经过实践的检验，才能证明其正确性和适用性。

（三）系统性原则

系统性原则，又称为系统性观点。系统性观点实际上是辩证唯物主义关于事物普遍联系的观点在科学研究上的运用。科学研究的基本假定之一是任何事物都不是孤立的，而是相互联系、处在一个有组织的系统之中。所谓系统性原则，就是要求在对人的心理现象进行研究时，必须考虑各种内外因素相互之间的关系和制约作用，把某一心理现象放在多层次、多因素和多维度的系统中进行分析。作为心理学研究的对象，心理现象明显具有整体动力的系统性特点。首先，心理现象处于整个物质世界的各种运动和复杂的关系之中，这些不同方面的关系，都是在整个自然和社会统一的系统中实现的。其次，人的心理、意识活动本身，既是一个整体，又包括不同的系统，在这些不同的系统中又分别具有各自更小的系统。系统之间的相互联系，就构成了心理活动本身的整体动态系统。最后，对心理现象的系统分析，还要看到心理活动的不同水平和层次性。而只有系统研究这些关系，才能真正把握心理现象的活动规律。

（四）发展性原则

所谓发展性原则，就是要在发展中研究心理现象，用变化发展的眼光去观察心理现象。辩证唯物主义认为，客观事物永远处于不断的运动和变化之中，作为人脑对客观事物反映的心理活动，当然也不是固定的、静止的。人类的心理、意识从动物演化而来，是人类长期的历史发展的产物；个体从婴孩到成年人，其心理活动也经历着从简单到复杂、从低级到高级的发展过程，因此要把心理看作一个发展变化的过程。在发展中研究心理活动，也就是要研究个体在不同年龄、发展阶段心理的发生和发展。在研究中，不仅要注意那些已经形成的心理品质，而且还要注意刚刚产生的新的心理特点；不仅要看到心理发展的现状，还要看到心理发展的前景。如果没有发展的观点，而是用静止的眼光看待问题，就无法揭露心理现象的本来面目，无法发现其客观规律。

（五）伦理性原则

以人或动物为对象进行心理学研究，和以物体为对象的实验不同，在选择方法和程序时不能只考虑对所需要研究的问题是否有利，还要考虑所用的方法是否是道德的，是否会对个体的身心产生不良影响，是否侵犯了他们的个人权利或人格。尤其是在做儿童实验研究时，由于儿童的身心正处于发展阶段，他们的认知能力较差、善于模仿，所以研究方法和程序不应损害儿童的身心发展，切忌采取违背伦理的方法。当科学性与伦理性相矛盾时，应首先保证伦理性，放弃研究或采用其他不违背伦理的方法。心理学历史上著名的"模拟监狱实验"就因对伦理性原则重视不足，造成被试心理紧张、情绪抑郁及举止野蛮粗暴等心理症状而饱受诟病。

二、心理学的研究方法

心理学研究方法有很多，比如有在自然或被控制状态中对行为表现进行研究的观察法，发现并揭示身心或事件之间存在某种关系的相关法，运用控制实验技术进行研究的实验法，对有心理问题的个体与有关心理治疗效果进行研究的临床法，以及对被试进行问卷调查的调查法等等。总之，心理学的研究方法是采用客观方法，按照一定程序，获取人的心理活动及其行为表现资料的科学方法。

（一）观察法

观察法（observation method）是科学研究中应用最广泛的方法。与日常生活中的偶然观察不同，它是带有更高的理论自觉性和计划性的一种观察方式。观察法是指在自然情境中对人的心理现象与行为表现进行有系统、有计划的观察记录，经过分析以获得其心理活动产生和发展规律的方法。如观察学生在课堂上的表现，可以了解学生注意力的稳定性、情绪状态和人格的某些特征。

观察法主要有两种方式：一种是参与被观察者的活动过程，成为其中的一个成员；另一种是在旁观察而不参与被观察者的活动。无论采取哪种方式，原则上是不使被观察者发觉自己的活动正在被他人观察，否则就会影响被观察者的行为表现，从而导致结果失真，出现观察者效应或观察者偏差。观察者效应是指被观察者由于意识到自己被观察而引起行为上的改变；观察者偏差是指观察者只观察了希望看见的被观察者行为，有选择地进行记录而丢失了可能重要的行为细节。一般来说，研究成年人的心理活动通常采用第一种方式，研究幼儿心理活动通常采用第二种方式。如达尔文的《一个婴孩的生活概述》和我国心理学家陈鹤琴的《一个儿童发展的程序》等著作，就属于第二种观察方式。

观察法是对被观察者的行为进行直接的了解，因而能搜集到第一手资料。运用这种方法所搜集到的资料，最重要的是它必须准确和具有代表性。因此，避免观察者的主观臆测和偏颇是使用观察法的关键。为此，在运用观察法进行研究时，首先要有明确的研究目的，对拟观察的行为特征要加以明确界定，作好计划，按计划进行观察。其次，观察必须是系统的，而不是零星偶然的。再次，必须随时如实地作好记录，严格地把"传闻"与"事实"、"描述"与"解释"区分开来。除文字记载外还可以利用现代技术手段，如录像、录音等录下实况，以便反复观察和分析。最后被观察者应处于自然状态下观察。

观察法的优点是保持了被观察者心理活动的自然流露和客观性，获得的资料比较真实，并且可以提供丰富的信息，发现许多过去不在意的现象。不足之处是观察者往往处于被动地位，带有被动性；事件很难按严格相同的方式重复出现，因此很难对观察结果进行重复验证，并且难以进行精确分析，易受观察者本人知识经验和观察技能等因素的影响。另外，观察法积累的资料只能说明"是什么"，而不能解释"为什么"。因此，由观察所发现的问题尚需用其他研究方法作进一步的研究。

（二）测验法

测验法（measurement method）是采用一种标准化的测量工具（如测验量表），在较短的时间内，对被试的某些或某方面的心理品质作出测定、鉴别和分析的一种方法。测验的种类很多：按一次测量的人数，可分为个别测验和团体测验；按测验的目的，可分为智力测验、成就测验、人格测验等；按测验的形式，可分为文字测验和非文字测验。

测验法的使用必须具备两个基本要求：测验量表的信度和效度。信度（reliability）是指某心理测验或实验研究得到的数据具有一致性或可靠性。若测验的可靠程度高，同一个人多次接受该测验时，可以得到相同或大致相同的成绩。效度（validity）是指一个测验有效地测量了所需要的心理品质，即一个测验对它所要测验的特性准确测验的程度。如果测验在很大程度上正确验证了测验的理论假设，即具有较高的构想效度；测验若在很大程度上代表了所要测量的全部内容或行为，即具有良好的内容效度；如果一个测验得分能够很好地预测个体未来的活动绩效，即具有较好的预测效度。如智力测验是用来度量智力水平，而不能用来度量人格。

为了保证心理测验的信度与效度，一方面要对某种心理品质进行深入的研究，另一方面在编制心理量表时要注意严谨性和科学性。需要注意的是，对人进行心理测验，其中涉及的因素较复杂，测验量表的制定也较困难，实施的精确性和可信性还需要在测定之后的较长时期内才能看出。测验法如果能同其他方法配合使用，就能更加有效而可靠地测量出人们的心理品质。

（三）调查法

调查法的主要特点是，以提问题的方式，要求被调查者就某个或某些问题说出自己的想法。根据研究的需要，可以向被调查者本人作调查，也可以向熟悉被调查者的人作调查。调查法在实施时虽以个人为对象，但目的是借助许多个人的反应来分析和推测社会群体的心理趋向。调查法可以分为书面调查和口头调查两种。

书面调查即问卷法。问卷法是采用事先拟定的问题，由被试对问题的回答来搜集相关资料，以此来分析和推测群体心理特点及有关心理状态。采用问卷法，可以同时向许多人搜集同类型的资料，并加以分析、处理和研究，因此被广泛使用。但需要注意两个方面的问题：一是问卷回收率不高可能会影响结果的准确性；二是被调查者可能并不具有代表性，或不认真合作，或对问题的回答不准确，使问卷结果的真实性受到影响。要得到好的调查结果，在设计问卷时应注意：首先要针对调查目的来设计问卷；其次提出的问题要简单明确，易于回答；最后要尽可能消除被试的各种顾虑，以便其说出真实的想法。

口头调查即谈话法。它是根据预先拟好的问题向被调查者口头提出，以一问一答的方式进行的调查方法。谈话法是搜集第一手材料的可行方法，相比问卷法，研究者可以直接控制谈话进程，可以用不同的方式考察被调查者对问题回答的真实程度，并可以根据被调查者的反应及时提出临时应变的问题等。但研究对象只能限于少数人，且花费时间较多，所以不易实施。加上被调查者可能受其主观或客观因素的影响，有不真实的可能性。因此，调查法只能了解事实是什么，不能解释为什么。要使谈话法富有成效，首先应创造坦率和信任的良好气氛，使被调查者做到知无不言；同时，研究者应该有良好的准备和训练，尽量使谈话标准化，记录指标保持一致。这样才有可能对结果进行客观的分析和概括。问卷法和谈话法都应与其他相关的方法结合进行，对所得材料相互补充和验证，这样才能得到较准确的结论。

观察法、测验法和调查法都属于研究心理学问题的相关方法。上述这些方法可以用来发现两个或几个变量之间的相关程度，即关系的疏密程度，但不能确定它们之间是否存在着因果关系。确定变量之间的因果关系，必须借助实验法。

（四）实验法

实验法是心理学研究中最有用的工具，也是心理学研究的主要方法之一。实验法不但能揭示问题"是什么"，还能进一步探究产生问题的原因"为什么"，即通过控制实验条件来验证事件或现象之间存在着的因果关系。因此，它在心理学研究中被广泛应用。

实验法是指有目的地控制一定的条件或创设一定的情境，以引起被试的某些心理活动来进行研究的一种方法。在实验中，研究者可以积极干预被试者的活动，创造某种条件使某种心理现象得以产生并重复出现。这是实验法和观察法的不同之处。在实验过程中，实验者给予被试一系列变化的刺激信息被称为变量，在心理学研究中，为确定事件或现象因果关系的变量主要有三类：由实验者操纵变化的变量称为自变量或实验变量（通常是用刺激变量）；由实验变量而引起的某种特定反应称为因变量；由控制实验情境以排除实验变量以外一切可能影响实验结果的因素，即无关变量。在实验中实验者系统地控制和变更自变量，客观地观测因变量，然后考察因变量受自变量影响的情况。

用实验法研究心理学问题通常采用两组被试：实验组和对照组。这两个组在机体变量方面大致相同，控制实验条件大致相同，然后对实验组施加实验变量的影响，对照组则不施加影响，最后考察并比较这两组的反应是否不同，以确定自变量的效应。

心理学的实验法主要有实验室实验法和自然实验法两种形式。实验室实验法是指在实验室内利用一定的设施，控制一定的条件，并借助专门的实验仪器进行研究的一种方法。例如，当需要知道室内光亮度对学生视觉阅读效果有什么影响时，即可选择条件相当的若干学生作为被试。在实验室的设备条件下，一面控制室内光亮度的不同变化（自变量），一面测量被试在不同亮度下阅读的速度（因变量），然后通过对实验所获得的各项数据进行处理和分析，即可得到某种光亮度是否最适宜学生视觉阅读这一实验结果。实验室实验的最大优点是，可对无关变量进行严格控制并对自变量和因变量作精确测定。其主要缺点是具有人为性，易干扰实验结果的客观性和普遍性。自然实验法在某种程度上克服了实验室实验的缺点。它是在日常生活等自然条件下，有目的、有计划地创设和控制一定的条件来进行研究的一种方法。例如，在教学条件下，由教师向两组学生传授相同的材料。其中甲组学生在学习以后完全休息，而乙组学生继续另外的工作。一小时后，再比较他们的回忆成绩，结果甲组学生比乙组学生成绩好。这说明学习后适当休息有助于知识的保持。自然实验法比较接近人的生活实际，易于实施，又兼有实验法和观察法的优点，所以这种方法被广泛应用于研究教育心理学、儿童心理学和社会心理学的大量课题中。它的不足之处是易受无关因素的影响，不容易严格控制实验条件，因此难以得到精准的实验结果。

（五）个案法

个案法是一种比较古老的方法，它由医疗实践中的问诊法发展而来。个案法要求对某个人进行深入而详尽的观察与研究，收集其相关资料，分析其心理特征，以便发现影响某种行为和心理现象的原因。例如，通过个案分析，可以了解电视台的不同节目对个体行为的影响，也可以了解家庭破裂对儿童心理发展的影响等。个案研究以详细的观察和某些心理测验为基础，收集的资料包括从出生到现在的家庭环境、生活环境、人际关系、智力和人格等心理和行为特点。虽然个案研究缺少严格意义上的对照组，使获得的结论受到限制，但是，当不能对某些心理活动进行严格控制，或很难收集到相关信息资料，或出现了不寻常情况时，个案研究则是唯一的资料来源，并能充分显现其特有的优越性。个案法有时和其他方法（如观察法、测验法、调查法等）配合使用，这样可以收集更丰富的个人资料。用个案法研究儿童的心理发展，在现代心理学中曾起到重要的作用。

个案研究能够解释个体某些心理和行为产生、变化、发展的原因，有助于研究者获得某种假设，但这既是它的优点，也是它的不足。因为对某人的研究结论可能并不适用于另一个人，这样就难以对人类心理现象和行为表现进行概括。因此，在推广运用这些结果或作出概括的结论时，必须持谨慎的态度。一般来说，个案法常用于提出理论或假设，但要进一步检验理论或假设，则有赖于其他方法的帮助。

总之，每一种具体的方法，其作用都不是孤立的、绝对的，从心理活动的整体来看，它们都有其局限性。因此，心理学的研究经常需要采用多种方法来相互补充、相互配合、相互验证，这样才能更好地反映人的心理活动的客观规律。

第三节　心理学的历史与发展

在我国古代和古希腊思想家的著作中，都对心理问题有过不少的探讨及论述。但是，在很长的时间里对心理问题的探讨仅属于哲学的一部分。心理学作为一门独立的科学，从德国心理学家冯特于1879年在莱比锡大学建立世界上第一个实验室算起，至今已有一百多年的历史。一百多年来，心理学在理论上和研究重点上都有过多次的变迁。本节将概述心理学历史渊源、现代心理学派别，以及当代心理学现状。

一、现代心理学的产生

心理学是一门现代科学，但是心理学的渊源可以追溯到两千年前中国先秦和古希腊。人类很早就注意到了心理现象，在许多闻名于世的古代学者的著述中都谈论到它。因此，心理学可以说是一门既古老又年轻的科学。说它古老，是因为从公元前五世纪中国古代的《论语》和古希腊亚里士多德的《论灵魂》中，就有许多关于人的心理的论述。从孔子起，在长达二十几个世纪的时期内，心理现象大多是由哲学家作为哲学问题加以研究，心理学一直处于哲学的怀抱之中。1825年，德国哲学家赫尔巴特的巨著《作为科学的心理学》问世，第一次庄严地宣布心理学是科学。1876年，英国心理学家培因创办了世界上第一份心理学杂志《心理》。1879年，冯特在德国莱比锡大学创立了世界上第一个心理学实验室，这标志着科学心理学的诞生。自此以后，心理学才脱离哲学而成为一门独立的学科，冯特因此被称为"实验心理学之父"。

心理学在19世纪下半叶才成为一门独立的科学，至今只有一百多年的历史，与其他学科相比，它是一门很年轻的、正在发展的学科。德国心理学家艾宾浩斯说过："心理学有一个悠久的历史，但是有一个短暂的现在。"而现代心理学的诞生和发展有两个重要的历史渊源。

（一）近代哲学思潮的影响

近代哲学是指17～19世纪欧洲各国的哲学，其中主要指法国17世纪的唯理论（Rationalism）和英国17～18世纪的经验主义（Empiricism）。

唯理论的代表是17世纪法国著名哲学家、杰出的自然科学家勒内·笛卡尔（Rene Descartes，1596—1650）。笛卡尔只相信理性的真实性，认为只有理性才是真理的唯一尺度，因此他的哲学被后人称为唯理论哲学。在身心关系的问题上，他承认灵魂与身体有密切的关系，认为某些心理现象，如感觉、知觉、想象、情绪活动，都离不开身体的活动。笛卡尔把人体和动物看作一部自动机械，它们的活动受力学规律的支配。他还用反射（reflex）概念解释动物的行为和人的某些无意识的简单行为。但他认为，身体原因不足以解释全部的心理活动，为了引起心理活动，还必须有灵魂参加。这样，笛卡尔把统一的心理现象分成了两个方面，一方面依赖于身体组织，而另一方面则独立于身体组织之外，因而陷入了二元论。笛卡尔还相信"天赋观念"，即人的某些观念不是由经验产生，而是由人的先天组织所赋予的。笛卡尔关于身心关系的思想也推动了关于动物和人体的解剖学和生理学研究，这对科学心理学的诞生有直接影响。他对理性和天赋观念的重视也影响到科学心理学的理论发展。

经验主义起源于英国哲学家托马斯·霍布斯（Thomas Hobbes，1588—1679）和约翰·洛克（John Locke，1632—1704）。前者被认为是经验主义的先驱，后者被认为是经验主义的奠基人。

洛克反对笛卡尔的"天赋观念"说。在他看来，人的心灵最初像一张白纸，没有任何观念。一切知识和观念都是后天从经验中获得的。洛克把经验分成外部经验和内部经验两种。外部经验叫感觉，它源于客观的物质世界。物质世界的属性或特性作用于外部感觉，因而产生外部经验。内部经验叫反省，它是人们对自己的内部活动（思维、意愿、爱情等）的观察。洛克重视外部经验，承认客观的物质世界是外部感觉的源泉，属于唯物主义；但他同时承认反省和外部感觉一样，是观念的独立源泉，这又属于唯心主义。洛克的思想摇摆于唯物主义和唯心主义之间，因此具有明显的矛盾。

18 世纪英国经验主义沿着两个对立的方向继续发展。英国哲学家大卫·哈特莱（David Hartley，1705—1757）和法国哲学家康狄亚克（E. B. de. Condillac，1715—1780）发展了洛克思想中的唯物主义方面，他们强调感觉在认识世界中的作用，并且认为它的源泉是客观世界。英国哲学家乔治·贝克莱（George Berkeley，1685—1753）和休谟（D. Hume，1711—1776）则继承和发展了洛克思想中的唯心主义方面。贝克莱只承认感知觉经验的实在性，否认客观世界的存在。他的一句名言叫作"存在就是被感知"。在他看来，不仅观念是感觉的复合，而且物体也是感觉的复合，离开了感知觉经验，离开了感知的主体、物体以及它们的种种性质，观念也就不存在了。

英国经验主义演变到十八、十九世纪，就形成了联想主义（associationism）的思潮。它的代表人物有詹姆士·穆勒（James Mill，1773—1836）、约翰·穆勒（John Stuaut Mill，1806—1873）、培因（Alexander Bein，1818—1903）等。他们把联想的原则看成全部心理活动的解释原则。人的一切复杂的观念都由简单观念借助联想而成。例如，砖头的观念借助联想而形成墙的观念；泥灰的观念借助联想而形成地面的观念；玻璃、木条的观念借助联想而形成窗户的观念；而墙壁、地面和窗户的观念借助联想而形成房屋的观念等。人的心理大厦就是由观念按照上述原则建构起来的。

哲学上唯理论与经验论的斗争一直持续到现代，并表现在现代心理学各理论派别的争论中。同样，联想主义对现代学习、记忆和思维的理论也产生了深远的影响。巴甫洛夫的条件反射学说、华生的行为主义，都直接受到了联想主义的影响。20 世纪 80 年代中期产生的新联想主义（new connectionism）也和联想主义有着密切的关系。

（二）实验生理学的影响

近代哲学为科学心理学的诞生提供了理论基础，而科学心理学的实验方法则直接来源于实验生理学。

19世纪中叶，生理学已经成为一门独立的科学。生理学的发展，特别是神经系统生理学和感觉生理学的发展，对心理学走上独立发展的道路产生了重要的影响。1811年，英国人柏尔（C. Bell，1774—1842）和法国人马戎弟（Magendie，1783—1855）首次发现了脊髓运动神经与感觉神经的区别。1840年德国人雷蒙得（Du Bois Raymond）发现了神经冲动的电现象。1850年，德国著名科学家赫尔姆霍茨（H. Von. Helmholtz，1821—1894）用青蛙的运动神经测量了神经的传导速度，这项研究为生理学和心理学中应用反应时的测量方法奠定了基础。1861年，法国医生布洛卡（Paul Broca，1824—1880）从尸体解剖中发现，严重的失语症与左侧额叶部分组织的病变有关，从而确定了语言运动区（布洛卡区）的位置。1869年英国神经学家杰克逊（H. Jackson）提出了大脑皮层基本机能界限：中央沟前负责运动，中央沟后负责感觉。1870年德国生理学家弗里茨（G. Gritsch）与希兹（E. Hitzig）用电刺激法研究大脑功能，发现动物的运动性行为是由大脑额叶的某些区域支配的。这些研究不仅加深了人们对大脑机能分区的认识，而且对研究心理现象和行为的生理机制开辟了广阔的前景。这个时期生理学家和物理学家在感觉生理学方面的一系列重要发现，也为心理学用实验方法研究感知觉问题奠定了基础。

二、科学心理学的发展

在科学心理学的发展过程中，各种派别纷争对峙，新的派别不断兴起，可以说心理学每前进一步，都会有新兴学派出现。

（一）心理学学派的纷争

从十九世纪末到二十世纪二三十年代，是心理学中派别林立的时期。在心理学独立之初，心理学家们在建构理论体系时存在着尖锐的分歧。

1. 构造主义学派

冯特建立的实验心理学既标志着心理学作为一门独立的科学从哲学中分离出来，也标志着心理学上第一个思想学派——构造主义学派的诞生。

构造主义心理学的创始人冯特是德国哲学家、生理学家。他的学术活动开始是对神经组织学的研究，然后研究生理学、实验心理学，晚年研究社会心理学和哲学。1879 年，他创建心理学实验室，从世界各地招来学生，对感觉、知觉、注意、反应时间、联想等过程进行研究。后来这些学生大多分散在西方各国，从事实验心理学的工作。冯特的心理学体系，可见于他的主要心理学著作《生理心理学原理》中。他认为，心理学是研究直接经验——意识的科学。心理学的方法是实验内省法。所谓实验内省法就是让被试在报告自己在变化的实验条件下的心理活动，然后由心理学家考察被试在经验中所引起的变化。冯特认为经验可以分析为各种元素。心理学的任务是用实验内省法分析出意识过程的基本元素，以发现这些元素是如何合成复杂心理过程的规律。他认为最简单的心理元素只有两类：一类是感觉和意向（意向是在感觉之后大脑内相应的局部兴奋引起的），另一类是感情。所有复杂的心理都是由这两类心理元素（像化学元素的化合那样）综合而成的。因此，他的理论体系也被称为心理化学。冯特的理论体系被他的忠实弟子铁钦纳（E. B. Titchener，1867—1927）所继承和发展，并且铁钦纳把这种心理学理论体系命名为"构造心理学"。铁钦纳提倡用实验内省法来研究意识，强调"什么"是心理的内容，而非"为什么"和"怎么样"。

构造心理学在心理学史上的积极意义在于使心理学摆脱了思辨的羁绊而走上了实验研究的道路，从而使心理学成为一门独立的科学。但是，这个学派所从事的"纯内省"的"纯科学"分析，严重脱离实际，并且清规戒律甚多，因而其存在时间并不长。

2. 机能主义学派

机能主义者通过研究要回答的关键问题是"行为的机能或目的是什么?"机能主义学派的创始人是美国哲学家约翰·杜威，他对心理过程实际用途的关心，促进了教育方面的重要改革，他的理论为他自己的实验学校以及美国教育的改革提供了推动力。威廉·詹姆斯是机能主义的代表，他同意铁钦纳关于意识是心理学的研究中心的观点，但是对詹姆斯而言，意识的研究没有被简化为元素、内容和结构，每个个体的独特性不能被简化为测验结果的公式或数字。相反，意识是流动的，是与环境持续互相作用的心理活动的内容，人类的意识使人适应环境，因此，重要的是心理过程的行为和机能，而不是心理的内容。对于詹姆斯来说，解释才是心理学的目标，而不是试验控制。在他的心理学中，有情感、自我、愿望、价值甚至宗教和神秘体验的位置。

3. 行为主义学派

1913 年，美国心理学家华生（John Watson，1878—1958）在《心理学论坛》上发表了一篇名为"行为主义者所见的心理学"论文，正式提出了行为主义的概念。在这篇宣言性的论文中，他提出，心理学是行为的科学，而不是意识的科学。他坚决反对冯特心理学中的意识和内省这两个基本概念，认为只有直接观察到的东西才能成为科学研究的对象，只有客观的方法才是科学的方法。行为主义体系的基本特点可归结为三点：第一，强调客观观察和测量记录人的行为。他们认为意识是不能被客观观察和测量记录的，所以意识不应该包括在心理学研究的范围内；第二，认为构成行为的基础是个体的反应，而某种反应的形成是经历学习过程的；第三，认为个体的行为不是与生俱来的，不是遗传的，而是在生活环境中学习获得的。行为主义强调研究行为，强调从刺激与反应的关系上客观地研究行为，而不从主观上加以描述。这种研究方法上的客观原则，对当代心理学的发展产生了重大、积极和深远的影响。此学派目前已成为心理学的四大理论学派之一。

4. 格式塔学派

在美国出现行为主义学派的同时，德国也涌现出一个心理学派别——格式塔心理学派。格式塔心理学的创始人有韦特海默（Max Wertheimer，1880—1943）、柯勒（Wolfgang Kohler，1887—1967）和考夫卡（Kurt Koffka，1886—1941）。格式塔心理学和行为主义心理学都靠批判传统心理学（构造主义）起家，但在一系列基本问题上，两派又有截然不同之处。

格式塔是从德文"Gestalt"音译而来，意思是形状、完形、整体，它代表了这个学派的基本主张和宗旨。格式塔心理学反对把意识分析为元素，而是强调心理作为一个整体、一种组织的意义。这和构造主义及行为主义大相径庭。格式塔心理学认为：整体不能还原为各个部分、各种元素的总和；部分简单相加不等于全体；整体先于部分而存在，并且制约着部分的性质和意义。例如，一首乐曲包含许多音符，但它不是各个音符的简单结合，因为一些相同的音符可以组成不同的乐曲，也可能成为噪音。因此，分析个别音符的性质，并不能了解整个乐曲的特点。格式塔学派认为个体的任何经验和行为的本身是不可分解的，每一种经验或活动都有其整体的形态。格式塔学派用同型论来解释心理与脑的关系，认为脑内预先存在一个与感知到的对象同型的格式塔，这个格式塔不受过去经验的影响。

格式塔学派重视整体的观点，重视部分之间的联系，有辩证法的因素。这对克服心理学中机械主义的观点（如构造主义、行为主义）是有贡献的，它的整体性的思想赢得了多数心理学家的赞同。格式塔心理学对知觉和学习进行了富有启发式的探索，并取得了大量研究成果，为以后知觉心理学和学习心理学的发展提供了重要的理论基础。

5. 精神分析学派

精神分析学派是由奥地利维也纳精神病医生弗洛伊德（S. Freud，1856—

1939）创立的。他的理论主要来源于治疗精神病的临床经验。如果说构造主义和格式塔心理学重视意识经验的研究，行为主义重视正常行为的分析，那么精神分析学派则重视对异常行为的分析，并且强调心理学应该研究无意识现象。

精神分析学派认为，人类的一切个体和社会行为，都根源于心灵深处的某种欲望或动机，特别是性欲的冲动。欲望以无意识的形式支配人，并且表现在人的正常和异常行为中。这个学派最主要的特征是：第一，其理论根据并不是来自对一般人行为的观察或实验，而是根据对病患者诊断治疗的临床经验；第二，它不但研究个人的意识活动，而且更进一步研究个人的潜意识活动；第三，不但研究个人当时的行为，而且还追溯其过去的历史，以探明目前行为产生的原因；第四，特别强调人类本能对以后行为发展的重要作用，而且把性冲动看作人类主要的本能。精神分析学派在发展过程中，弗洛伊德的学说也受到众多的批评，主要是他的泛性论。心理学家认为他过于强调性的作用，把性的意义扩大化、泛化，因而对弗洛伊德的观点表示反对。但随着学科流派的发展，原来追随弗洛伊德的心理学家已不再单纯强调性本能，而是从社会学的观点出发，强调人与人之间的文化关系。精神分析在西方心理学（如变态心理学、人格心理学、发展心理学）、精神医学和文艺创作中相当流行。

弗洛伊德把心理区分为意识和无意识，注意心理的动力，如需要和动机等，这是值得肯定的。在心理与精神治疗方面，弗洛伊德的理论仍然有很大的影响。但是，他把人的一切活动都归之于被压抑的性欲的表现，则过分强调了无意识的作用。

总之，19 世纪末 20 世纪初，各派心理学在研究对象、研究领域和方法以及对心理现象的理解等方面都存在许多分歧。在心理学作为独立科学的早期发展中，由于某些新的事实的发现，这些事实在旧的理论体系中不能得到有效的解释，因而产生了对新的理论的需要，这就导致了新思潮和新学派的产生。历史事实告诉人们，每个新学派都从一个侧面丰富和发展了心理学的宝库。在这个意义上，20 世纪初期的学派纷争，对心理学的发展起到了积极的作用。但由于这些学派的理论基础是形形色色的现代哲学，学派间的争论常常表现出他们在哲学思想上所站的不同角度。

（二）当代心理学研究的主要取向

心理学建立初期学派纷争的局面到 20 世纪 30 年代基本结束。第二次世界大战之后新的心理学思想相继产生，它们以新的思潮或发展方向影响着心理学的各个研究领域，从而加强了心理学研究的整合趋势。

1. 人本主义心理学

以美国的马斯洛和罗杰斯为代表的人本主义心理学，既反对把人的行为归结于本能和原始冲动的弗洛伊德主义，也反对不管意识，只研究刺激与反应之间联系的行为主义，因此被称为心理学的第三势力。人本主义心理学以现象学和存在主义作为方法论基础，关心体验着的个人，强调人类所独有的特征，推崇人的尊严和价值，坚持人的心理是经验着的整体，具有不可分割的完整性。人本主义心理学家研究行为，并非通过把它简化为一些成分、元素以及实验室中的变量的方式。相反，他们在人们的生命历程中寻找行为模式，提出了需要层次论、高峰体验论、积极人性论、自我实现论等理论。人本主义认为人有自我的纯主观意识，有自我实现的需要，只要有适当的环境，人就会努力去实现自我，完善自我，最终达到自我实现。因此，人本主义重视人自身的价值，提倡充分发挥人的潜能。人本主义观点扩大了心理学的领域，把从文学、历史和艺术研究中得到的有价值的内容都包含进来，心理学因而成为一个更加全面的学科。

2. 认知心理学

20世纪60年代发展起来的认知心理学是当代心理学研究的新方向。它把人看作一个类似于计算机的信息加工系统，并以信息加工的观点，即从信息的输入、编码、转换、储存和提取等加工过程来研究人的认知活动。认知心理学家在多种水平上研究较高级的心理过程，比如知觉、记忆、语言使用、问题解决和决策。认知心理学参照计算机的程序运行原理来建立人的认知模型，并以此作为揭示人的心理活动规律的途径。同时，计算机科学也利用认知心理学的研究成果，用计算机来模拟人的心理活动过程。认知心理学和计算机科学的结合开辟了人工智能的新领域。当前，认知心理学又与认知神经科学相结合，把行为水平的研究与相应的大脑神经过程的研究结合起来，更加深入地探讨认知过程的机制。

三、心理学的发展现状

心理学成为独立的学科以后，学派纷争的局面并没有持续很长的时间，大约从20世纪30年代以后，各派别之间就出现了互相吸收、互相融合的新局面。第二次世界大战后，心理学的发展极其迅速，在发展方向上，各心理学派别由对立趋于协调、互补，不再坚持用独家理论来解释所有的事实，而是博采众长，并放弃了追求普遍的大而全的理论，转向能解释某一方面心理活动的小型理论，通过小型理论逐渐扩大到统一的普遍理论。在这种形势下，心理学中学派之争不再明显，而是以范式、思潮、发展方向的方式去影响心理学的各个领域。从总体上看，现代心理学表现为以下三个特点：

（一）派系融合，兼收并蓄

比如新行为主义修正了行为主义的极端观点，正视意识、内部加工过程的存在，承认在刺激和反应之间存在"中间变量"，并将行为主义的公式S—R修正为S—O—R；后来的格式塔学者也承认了后天经验的作用，修正了格式塔主义者过分强调先天倾向的极端观点；新精神分析学派的学者既不像弗洛伊德那么强调先天倾向，也不像弗洛伊德那么强调性欲望的动力作用，而是更重视社会文化因素的作用，强调环境与人的关系和影响。各派的棱角逐渐被新认识、新观点磨掉，派系之间的区别逐渐缩小，学派的特色开始消失。现代的心理学教科书总是把行为主义、格式塔心理学、精神分析等各家各派的观点加以逐一介绍或分散到各章中去加以评价。新的观点、新的发展则建立在兼收并蓄各派精华的基础之上。比如20世纪50年代末以后兴起的认知心理学，就是吸收了各家之长，将其融合为一体而蓬勃发展的。现代认知心理学既承认中间环节即经验的作用，也考虑认识的能动性，力图探明人类知识的获得、贮存、转换直至使用的完整规律。

由于心理学历史短暂，基础薄弱，加之研究对象的极端复杂性，因此，现代心理学需要各学派的共同努力，排斥哪一个学派和哪一种方法，都会使这门科学的整体有所逊色。同时，心理学进一步发展需要它摆脱历史争论，求同存异，互相补充，互相增益，只有这样，心理学才能走上新的发展阶段。现代心理学正处在这个新的发展时期。

（二）学科融合，促进发展

心理学吸取了其他学科尤其是新兴科学的新成果、新技术，促进了自身内部的发展，拓宽研究的范围并加深了研究深度。

计算机科学、信息论、系统论等新兴科学对现代心理学的发展产生了重大影响。计算机科学提供了机器模拟法，使探索内部心理过程和状态有了新的途径。现代认知心理学在观察基础上提出对认知的内部加工过程和结构的概念化模型，根据这种模型进行假设和预测，然后再按验证结果调整模型本身。一直困扰心理学家的"黑箱"因此有了探索的新途径。信息论提供了信息、信息量、信息编码等有用的概念和测量信息量的数学方法，使研究人的认知过程可采用信息和信息量的概念来描述和说明，避免了笼统的刺激概念。控制论的反馈概念对说明人类行为的自我调节过程起了根本性的影响，使传统的反射弧概念变为反射环概念。计算机、脑电图技术、脑功能成像、录音、录像等现代化手段，各种现代心理仪器，使心理学的研究有了以往所不可能有的先进手段。随着现代科学的发展，心理学日益渗透到各个研究领域，在心理学和其他学科的结合中，新兴的边缘学科陆续出现。比如在认知心理学与计算机科学之间产生了人工智能；在语言学与认知心理学之间产生了心理语言学；在神经生理学与心理学之间产生了神经心理学……这种发展趋势，标志着心理学正朝纵深和横向发展。

（三）注重应用，日益广泛

随着社会生产和生活的发展，人们对心理学的需要日益迫切，这促使心理学从大学讲坛和研究机构的实验室里走出来，与实际生产、生活相结合。人们运用心理学为政府制定政策提供参考性的意见，比如欧洲采用"消费者态度指数"作为预见商业周期转折的可靠指标，并用于制订经济规划；运用心理学作市场预测和政府政策的态度测量，取得人、财、物等多方面的资料，从而更准确地把握社会发展动向。比如美国工业界对工业心理学十分重视，许多大公司一般都设有工业心理学研究机构，拥有现代化设备的实验室。美国电报电话公司有心理学家300多人，他们的工作在改进产品、协调人际关系、提高功效、防止事故、搞好人事管理、合理使用人力资源等方面起了重大作用。保障人的心理卫生成为心理学实际应用的另一个重要方面。比如运用心理治疗技术对精神病患者提供临床服务和对心理失调者提供咨询服务。在心理学比较发达的国家，心理学为劳动者提供职业选择和训练，提高对工作的适应能力，减少事故和工作环境中的紧张，还帮助人们正确评估和改善工作的满意程度。应用心理学还为在校学生提供心理调节、心理健康服务，也为社会人士提供戒毒、戒烟、戒酒等服务。以上从事临床心理学的人数在英美心理学家中占的比例最大。心理学最早应用于教育教学中，在现代有了更迅速的发展，许多教学原则、教育方法都离不开心理学原理，在许多国家，心理学是教育工作者的必修课。

心理学的广泛应用促使心理学的新分支越来越多。工业管理和组织的需要产生工业心理学，商业流通的需要产生商业心理学，学校教育的需要产生教育心理学，太空探索的需要产生航天心理学等。各种应用性心理学的产生又进一步增强了心理学的实用性。现代心理学再也不是少数哲人的思考和言论，它和人们的社会生活越来越密切。

现代心理学正在向广度和深度进军。据国际心理联合会估计，全世界约有26万受过职业训练的心理学家，不过他们的分布很不均衡，仅美国就有心理学家10万之众。经济发达国家的高等学校中从事心理学专业的人数越来越多，如英国大学生中，数学专业的人数排第一位，心理学专业的人数则排第二位。1980年中国心理学会被正式纳入国际心理学联合会，近年来，心理学作为重要的基础学科之一，已被列为我国重点发展的学科。一大批年轻有为的心理学家已经成长起来，满怀信心地进入21世纪。现代心理学呈现蓬勃兴旺的发展趋势。不过，客观地说，心理学仍不如数学、物理学、化学等学科发展那样成熟，还需要进行不断地探索，但是现代心理学的兴盛已属必然。

《 本章小结 》

心理学是研究心理现象与心理规律的科学，个体的心理现象包括心理过程、情绪心理状态与个性心理三大方面。心理学的主要任务是描述与测量、理解与解释、预测与控制人的心理。教育活动与心理学的密切联系促进了教育心理学的诞生和发展，并使教育心理学成为一门独立的学科。心理学研究的主要方法有观察法、测验法、调查法、实验法和个案法。心理学的重要学派有行为主义学派、格式塔学派、精神分析学派、人本主义学派和认知心理学派等，不同学派在研究对象、研究领域和研究方法上都有显著的分歧。

【思考与练习】

1. 心理学的基本任务是什么？
2. 研究心理学对于教育实践有何意义？
3. 心理学研究要遵循什么原则？有哪些主要的研究方法？
4. 心理学主要有哪些流派？发展趋势如何？

第二章　感知与注意

【本章学习要点】

1. 了解概念：感觉、知觉、注意。
2. 了解感觉的特性。
3. 了解知觉的特性。
4. 理解注意的分类。
5. 掌握注意的品质及其影响因素。

【案例导入】

探究活动：手掌上的"洞"

让我们来做个现场实验：请你把一张纸卷成一个筒。闭上左眼，把纸筒像望远镜那样放在右眼前，望着远方。你的右眼视线穿过纸筒，可以看到远方的物体。保持这个姿势，然后用你的左手掌挡在左眼前方，距离眼睛半个纸筒远。

现在，睁开左眼——你会看到：左手掌上有一个洞！

明知不是真的，可竟是亲眼所见！这是为什么呢？

原来，我们的大脑和视觉系统能够自动地把左右眼两个不同的视像完美地融合起来，因而形成了一种奇特的知觉印象。

（资料来源：彭聃龄. 普通心理学［M］. 4 版. 北京：北京师范大学出版社，2012：182.）

【思考与讨论】

1. 你的实验看到了什么？
2. 生活中还有什么其他类似的现象？

第一节　感觉

人类认识世界是从感觉开始的。而在感觉的基础上，个体的知觉、记忆、言语、思维等认知活动才成为可能。可以说，人的一切有意义的活动都是从感觉开始的。

感觉是人们所有心理活动最重要的开端，有了感觉，人们才能知道周围世界的明暗、色彩、声响、气味、味道、触碰、痛痒等，也才知道自己身体变化引起的饥、渴、胃痛、眩晕等对于生存十分重要的信息，并进一步使得知觉、记忆、言语、思维等认知活动顺利实现。

一、感觉的概念

感觉是人脑对直接作用于感觉器官的客观事物个别属性的反映。这里所说的个别属性包括：颜色、声音、气味、味道、温度、光滑度等。而人的感觉器官对各种感觉刺激的反映方式是一对一的（适宜刺激的特定性），比如眼睛只能在光线刺激下形成颜色等"映象"。眼睛系统及与之相连的神经系统以颜色"映象"反映了射入眼睛的光线的波长"属性"，这就是视觉。视觉是感觉中最重要的一种，我们把完成视觉功能的眼睛叫作视觉感觉器官。事物的属性是多方面的，而人（也包括许多动物）有各种各样的感觉，它们各自相对独立地反映事物一个方面的属性。依靠这些感官，人就可以获取大量的关于外部世界的信息，并在这个基础上调控自己的行为以适应环境变化。

人对客观世界的认识常常是从认识事物的一些简单属性开始的。例如，人们是怎样认识"苹果"的呢？我们用眼睛看看，知道它是红红的颜色；用嘴一咬，知道它是甜的；拿在手上一掂，知道它有点重。这里的红、甜、重就是苹果的一些个别属性。在这个过程中，"红"是由苹果表面反射一定波长的光波引起的；"甜"是由苹果内部的某些化学物质作用于舌头而引起的；"重"是由苹果压迫皮肤表面引起的。我们的头脑接受和加工这些属性，进而认识这些属性，这就是感觉。因此也可以说，感觉是人脑对事物的个别属性的认识。

感觉是一种简单的心理现象，是认知的起点。可以说感觉是一切知识和经验的基础，是正常心理活动的必要条件。

二、感觉的重要作用

感觉虽然是最基本的心理活动过程，但对个体来说，它却具有重要的作用，甚至关系到个体的正常生存。

（一）提供内外环境的信息

感觉是维持和调节一个人正常心理活动的重要心理因素，人的活动离不开对客观事物和身体内部状态的感觉。通过感觉，人能够认识到外界事物的颜色、气味、软硬等，从而了解事物的各种属性。通过感觉我们还能认识自己机体的各种状态，如饥饿、寒冷等，因而有可能进行自我调节。没有感觉提供的信息，人就不能根据自己机体的状态来调节自己的行为。

（二）保证机体与环境的信息平衡

人要正常地生活，必须和环境保持平衡，其中就包括信息的平衡。具体来说，人们要保证机体正常生活就必须从周围环境中获得必要的信息。信息超载或不足，都会破坏信息的平衡，给机体带来严重的不良影响。例如，有人认为生活在大城市、过于繁重的工作压力、要应付的事务太多等情形，会使人产生冷漠、倦怠和疲惫感，进而在许多方面感觉迟钝；而心理学研究也发现"感觉剥夺"造成的信息不足，会使人产生无法忍受的不安和痛苦。可见，由感觉提供的外界信息要适度，人才能正常地生存。

（三）各种高级的、复杂的心理活动产生和发展的基础

感觉是知觉、记忆、思维、情绪等心理活动产生的基础，为它们提供最基本的原始材料。如果没有感觉，一切较复杂、较高级的心理现象就无从产生；如果没有感觉的逐步发展，人类将永远处于新生儿状态。

【知识拓展】

感觉的重要意义可以由心理学历史上著名的"感觉剥夺"实验来加以验证

尽管人们有时候会讨厌周围的刺激太多，干扰了人们手头上正在专心做的事情。但是，如果完全没有了感觉刺激，又会发生怎样的结果呢？其实，通过感觉器官获取外部信息是人及动物生存的基本需要，著名的"感觉剥夺"

实验①充分说明了这一点。感觉剥夺是一种试图控制或去除对人的感觉刺激的实验方法。从 1951 年开始，心理学家赫布（D. O. Hebb）首先进行了一系列感觉剥夺实验：实验中让被试尽可能长久地躺在床上，只能在吃饭或上厕所时起来；给被试戴上半透明护目镜，使其难以产生视觉；用一只围在头上的 U 形枕头和一只始终嗡嗡作响的空调机发出单调声音限制其听觉；手臂戴上纸筒套袖和手套，腿脚用夹板固定，限制其触觉；将被试单独关在一个空空的实验室里。被隔离 12、24、48 小时后，再分别进行简单算术、字谜游戏及组词等内容的测试。

结果发现：随着被隔离时间的延长，测试的成绩越来越差，隔离一段时间以后，被试很难集中注意力，并变得紧张、焦虑、恐惧、出现幻觉等。隔离状态下的脑电波比隔离前显著地减慢。刚解除隔离状态时，被试常产生感觉失真，脑电波要过几个小时后才能恢复正常。② 有的被试很快要求结束实验。也有被试在实验室里连续待了 3~4 天，结果产生了很多病理心理现象：对外界刺激敏感、出现幻觉；注意力涣散、思维迟钝；产生紧张、焦虑、恐惧等负性情绪。实验后数日方恢复正常。

这个实验说明，来自外界的刺激对维持人的正常生存是十分重要的。

三、感觉的种类

根据感觉所接收信息的来源和感受器在个体身上所处的位置不同，可以把感觉分为两大类：外部感觉和内部感觉。具体如表 2-1 所示。

1. 外部感觉

外部感觉有视觉、听觉、嗅觉、味觉和肤觉，这些感觉是接受外部刺激，反映事物个别属性的感觉，其中肤觉又包括触觉、温觉、冷觉和痛觉四种。

2. 内部感觉

内部感觉是指感受内部刺激，反映机体内部变化的感觉。主要分为机体觉、运动觉和平衡觉。

（1）机体觉：又叫内脏感觉，它是反映我们身体内部状况及各器官活动变化状态的感觉。

（2）运动觉：就是关节肌肉的感觉。它传递人们对四肢位置、运动状态及

---

① 这一实验最早正式发表的时间是 1961 年，这一年 Hebb 出版了一本专著 *Sensory Deprivation*（《感觉剥夺》）。

② 朱智贤. 心理学大词典 ［M］. 北京：北京师范大学出版社，1989：210.

肌肉收缩程度的信号。

（3）平衡觉：也叫静觉或姿势感觉。这种感觉能够发出关于运动与头部位置的信号、反映运动速度的变化（如加速或减速）。

表2-1　各种感觉的含义与功能表

类别	种类	基本含义	感受器	传递信息	感觉描述
外部感觉	视觉	反映可见光的感觉	视网膜上的视椎细胞和视杆细胞	刺激光的强度、波长和纯度	明度、色调和饱和度
	听觉	反映可听声波的感觉	耳蜗内基底膜上的毛细胞	振动波的振幅、频率和波形	声强、音高和音色
	嗅觉	反映对有气味的挥发性物质的感觉	鼻腔上部黏膜内的嗅细胞	不同物质分子的化学特性	芳香、酸性、焦煳、腐臭等体验
	味觉	反映对可溶性或脂类物质的感觉	口腔黏膜或舌面上的味蕾	不同物质分子的化学特性	酸、甜、苦、辣、咸等
	肤觉	反映压力、温度、电击等的感觉	散布在皮肤表层的感觉细胞	接触性物理作用	接触物的硬、软、冷、热、振动、疼痛体验
内部感觉	机体觉	反映身体内部状况及各器官活动状态的感觉	脏器内的感觉神经末梢	内脏中发生的物理、化学、生理变化	饥、渴、疼、胀、恶心、性释放等
	运动觉	反映关节肌肉的感觉，传递骨骼肌收缩、四肢及身体位置的信号	肌肉、肌腱、韧带和关节中的神经小体	身体及四肢姿势、关节弯曲、肌肉张力等	位置感、姿势感、肌肉紧张感等
	平衡觉	反映头部位置、头部及身体运动的速度与方向	内耳前庭器官中的纤毛上皮细胞	头部位置、头部及身体运动的速度与方向	平衡与不平衡感等

（资料来源：李小平. 新编基础心理学［M］. 南京：南京师范大学出版社，2010：86. 根据最新考试大纲略有调整）

四、感觉的条件

感觉是客观世界的主观映象，任何感觉的产生，必须具备两个条件：一个是主体的感觉能力，另一个是客观世界的刺激。前者是感受性的问题，后者是感觉阈限的问题。

感受性是指人对适宜刺激的感觉能力，即感觉的灵敏程度。不同的人对同样的刺激物的感觉能力是不同的，怎样衡量和表示人们感受性的高低呢？心理学家用感觉阈限这个量来说明感觉能力的差异。感觉阈限是指引起感觉并持续一定时间的刺激量。

每种感觉都有两种类型的感受性和感觉阈限：绝对感受性和绝对感觉阈限；差别感受性和差别感觉阈限。

1. 绝对感受性和绝对感觉阈限

绝对感受性是指刚能觉察出最小刺激量的能力。绝对感觉阈限指刚能引起感觉的最小刺激量。

在现实生活中，并不是所有刺激都能引起人的感觉，只有那些达到一定量的刺激才能引起人的感觉。

绝对感受性是用绝对感觉阈限来度量的，两者在数值上成反比关系：绝对感觉阈限值越小，绝对感受性越大；绝对感觉阈限值越大，绝对感受性越小。

2. 差别感受性和差别感觉阈限

差别感受性是指刚能觉察出两个同类刺激物之间最小差异量的感觉能力。差别感觉阈限是指刚能引起差别感觉的两个同类刺激之间的最小差别量，也称为最小可觉差。

差别感觉阈限与差别感受性之间成反比关系。差别感觉阈限值越小，则差别感受性越大；差别感觉阈限值越大，则差别感受性越小。

五、感觉的特性

感觉的特性指的是感觉的相互作用引起感受性发生变化的现象。它有两种形式：一是同一感觉的相互作用，包括感觉适应、感觉对比、感觉后像三种特性；二是不同感觉的相互作用，包括感觉的相互补偿和联觉两种特性。

人的感觉分析器不是固定不变的，它随着不同条件而变化，我们可以从以下各种感觉现象了解到这些特性。

（一）感觉适应

在外界刺激持续作用下感受性发生变化的现象叫感觉适应。这是相同的刺激持续地作用于某一特定感受器而使感受性发生变化的现象。其规律是：某一感受器受到强烈刺激的持续作用，感受性就降低；受到弱刺激的持续作用，感受性就提高。

生活中适应现象很普遍，所有的感觉都有适应现象。如嗅觉适应（"入芝兰之室，久而不闻其香；入鲍鱼之肆，久而不闻其臭"）、味觉适应（厨师由于连续品尝菜的味道，到后来做出的菜便会越来越咸）、触觉适应（日常生活中穿在身上的衣服，戴着的手表、眼镜、帽子等，时间一长，就感觉不到这些东西的压力，常出现的"戴着眼镜找眼镜、戴着手表找手表"的现象都是触觉适应）、温觉适应（进入浴池洗澡，开始觉得水很热，但洗了一会儿，就觉得水不那么热了；在游泳池里游泳，开始觉得水冷，过了一会儿就觉得不那么冷了）、听觉适应（刚走进一个机器隆隆的车间，感到声音特别响，人们相互说话都听不清，但过一会就适应了）等。

视觉适应突出表现为暗适应和明适应。暗适应是指照明停止或由亮处转入暗处时视觉感受性提高的现象。例如，我们从明亮的阳光下进入关灯后的剧院，开始什么也看不清，可隔了一会儿，眼睛慢慢对室内暗光适应了，就能清楚看见室内的物体了，这一过程就是暗适应。相反，明适应是指照明开始或由暗处转入亮处时视觉感受性下降的现象。例如，我们从电影院走出来，已经完全适应黑暗环境的眼睛感到外面的光线太强，十分耀眼，可隔了一会儿就能清楚看见周围的物体了，这一过程就是明适应。

了解和研究感觉适应现象对人们的实践活动具有重要的意义。一方面，感觉适应有利于减少身心负担。例如，体育运动队的高原训练可以提高运动员的体能适应能力。另一方面，感觉适应有可能使人丧失警觉性。例如，煤气如果不经特别加臭处理，一旦泄漏就不容易被发现。在教室的设计上，如果室内光照亮度很小，学生进入教室，需要长时间适应暗光。这样不仅有损视力，而且也影响教学效果。

（二）感觉对比

感觉对比是指不同的刺激物作用于同一感受器，使感受性发生变化的现象。感觉对比有两种：同时对比和继时对比。

1. 同时对比

几个刺激物同时作用于同一感受器时，使感受性发生变化的现象叫同时对比。例如，贴在白色背景上的灰色长方块和贴在黑色背景上的灰色长方块，感觉就不同（见图2-1）。放在黑色背景上的灰色长方块显得更加明亮一些。"月明星稀"也是同时对比的结果；马赫带现象（有明暗差别并相邻的边界上，看起来亮处更亮，暗处更暗了）是明度的同时对比；绿叶衬托下的红花看起来更红，这是彩色同时对比现象。

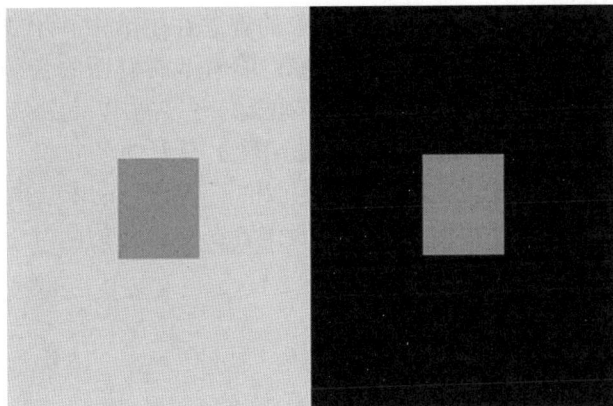

图2-1　感觉对比

2. 继时对比

几个刺激先后作用于同一感受器，使感受性发生变化的现象叫继时对比。例如，吃了苦药之后再吃糖觉得糖更甜了；吃了一块糖之后，再吃苹果，觉得很酸，没有甜味；从冷水里出来再到稍热一点的水里觉得热水更热了；凝视红色物体后，再看白色物体就觉得白色物体带有青绿色。

研究对比现象在教育以及生活实践中都有非常重要的意义。在教学过程中，为了突出某个内容、某个问题、某个句子，可以提高声音、重复或者用彩色粉笔记下来，以加强对比效果。

（三）感觉后像

外界刺激停止后，暂时保留的感觉印象叫感觉后像，也叫作感觉后效。例如，电灯灭了，人还会看到亮着的灯泡的形状，这就是视觉的后像；声音停止以后，人的耳旁还有这个声音的余音在萦绕，这是听觉的后像。

（四）感觉的相互补偿

感觉的相互补偿是指某种感觉系统的机能缺失后可以通过其他感觉系统的机能来弥补。生活中某些感觉器官有缺陷的人，如盲人由于丧失了视觉，在长期的生活实践中就发展其他感觉来弥补这种缺陷，使听觉、触觉变得更加灵敏，能够"以耳代目""以触代目"。

（五）联觉

一个刺激不仅引起一种感觉，还引起另一种感觉的现象叫联觉。这种感官受到刺激时出现另一种感官的感觉和表象的现象在生活中并不少见。例如，红色看起来觉得温暖，蓝色看起来觉得清凉；听着节奏鲜明的音乐时觉得灯光也和音乐节奏一样在闪动，这些现象都叫作联觉。在文学作品中："塘中的月色并不均匀；但光与影有着和谐的旋律，如梵婀玲上奏着的名曲。""微风过处，送来缕缕清香，仿佛远处高楼上渺茫的歌声似的。"（选句见朱自清《荷塘月色》）在这里，虽然并没有相应的听觉刺激，但作者在对美景的陶醉中将视觉的欣赏与听觉的感受非常自然地联系在了一起。

第二节　知觉

我们学习了感觉现象，知道了感觉是人对事物的个别属性的认识。在实际生活中，人们在认识了事物的个别属性后，还会进一步认识事物的整体，了解它的意义，这就是知觉。本节将介绍知觉的概念、种类和特性。

一、知觉的基本概念

知觉是指直接作用于感觉器官的客观事物的整体属性在人脑中的反映，它是在感觉的基础上产生的。人通过感官得到了外部世界的信息，这些信息经过头脑的加工，产生了对事物整体的认识，并了解它的意义，就是知觉。知觉是各种感觉器官协同活动的结果，并受人的知识经验和态度的制约。同一物体，不同的人对它的感觉是相同的，但对它的知觉会有差别。

知觉是人脑对感觉信息的组织和解释的过程。例如苹果，我们不仅要知道它的颜色和味道，而且要把它作为一个整体与其他的东西（如面包、橡皮泥）区别开来，知道它是一种好吃的水果，有益于身体的健康。

人们欣赏大自然的美景：远处寂静的原始森林、蔚蓝色的海洋、多彩的云霞，身旁的杨柳依依、芳草萋萋，听到的潺潺流水，感受到的和风习习等，都是事物整体的反映。

二、知觉的种类

根据不同的标准，我们可以对知觉进行不同的分类：

（一）根据起主导作用的分析器来划分

根据起主导作用的分析器来划分，可以将知觉分为视知觉、听知觉、嗅知觉、味知觉、肤知觉等。例如人们看书或参观画展、博物馆等主要是视知觉；人们听故事、欣赏歌曲主要是听知觉，这些知觉单独起作用时称单一知觉，当几种知觉同时起作用时就成了复杂知觉（综合知觉）。如学生听课的时候，知觉就是视知觉、听知觉等多种知觉的结合。

（二）根据知觉对象的性质来划分

根据知觉所反映对象是物还是人，可以将知觉分为物体知觉和社会知觉。

1. 物体知觉

物体知觉是以物或事为知觉对象的知觉。依据知觉所反映的客观对象的不同，知觉可分为空间知觉、时间知觉、运动知觉。

（1）空间知觉。

空间知觉是人脑对物体的空间特征的反映，它包括形状知觉、大小知觉、方位知觉和深度知觉。空间知觉是对事物的形状、大小、方位、深度等空间特性与关系的认识。它是以感觉为基础，对自身所在空间、与自身周围空间中各事物之间关系综合了解的心理历程，对于人们认识事物的外部特征和活动定向具有重要的意义。

（2）时间知觉。

时间知觉是人脑对客观现象延续性和顺序性的感知。它分为顺序知觉、延续知觉、速度知觉和节奏知觉。人们对时间的反映，往往凭借计时工具、自然现象周期、社会活动周期以及机体生理节律等来实现。在脱离参照系的情况下，人们关于时间的知觉往往受到活动内容、主体兴趣、情绪以及期待等因素的影响，体现出明显的相对主观性。时间知觉有两种：一种是现在是什么季节、几号、几点等；另一种是知觉现在时刻与过去某一时刻的长短。例如，"一日不见，如隔三秋"，"时光飞逝"，表示人对短时间估计偏长，对长时间估计偏短。人对时间估计的个体差异很大，常常受情绪、兴趣、精神状态以及活动任务、内容等因素的影响。

（3）运动知觉。

运动知觉是人脑对物体空间位移的知觉。运动知觉是对物体在空间上位置移动和移动速度的反映，通过运动知觉，我们可以分辨物体的静止和运动状态以及运动速度的快慢。一般按照人所知觉到的各种运动现象的形成条件，将运动知觉分成真动知觉、似动知觉两大类。

①真动知觉：物体发生实际的空间位移所产生的运动知觉，即物体在按一定的速度或加速度从一处向另一处连续位移时，人所产生的物体在运动的知觉。例如电风扇的叶片、高速转动的车轮等。

②似动知觉：将实际不动的物体知觉误认为运动，或在没有连续位移的地方看到了连续的运动。似动知觉主要有以下四种：

a. 动景运动：指当两个刺激物按一定的空间距离和时间间隔相继呈现时，人就会感觉到一个刺激物在向另一个刺激物做连续运动。例如，电影和霓虹灯都是按照动景运动的原理制成的，其实质在于视觉后像，即在视觉刺激消失后，感觉仍保留一段时间而不立即消失。

b. 诱发运动：由于一个物体的运动而使相邻的一个静止的物体产生运动的印象。例如，夜空中的月亮是相对静止的，而浮云是运动的，由于浮云的运动，使人们感觉到好像月亮也在云朵间穿行。许多电影的特技镜头就是利用诱发运动的原理来进行拍摄的。

c. 自主运动：如果我们在黑暗的房间紧盯一个燃烧的烟头，过一段时间后，便会感觉它似乎在不停地游走。

d. 运动后效：在注视向一个方向运动的物体之后，如果将注视点转向静止物体，就会看到静止的物体似乎朝相反的方向运动。

2. 社会知觉

社会知觉是以社会生活过程中的人为知觉对象的知觉。它包括对他人的知觉、人际知觉、自我知觉和角色知觉。

（1）对他人的知觉。

对他人的知觉主要是知觉对象的外部特征，如言谈、举止、仪表、相貌等，此外，对他人的知觉也受到知觉者的主观态度影响。

（2）人际知觉。

人际知觉是对人与人之间关系的知觉，包括自己与他人、他人与他人的关系。人际知觉有明显的情感因素参与知觉过程。

（3）自我知觉。

自我知觉是以自己为知觉对象，即对自身的生理变化和心理状况的知觉。自我既是认识的主体，同时也是认识的客体。自我认识对象主要包括自己的个性心理及相应的行为表现。自我知觉是在交往过程中随着他人的知觉而形成的。通过对他人知觉的结果和自我加以对照、比较，才使人产生对自己的印象。

（4）角色知觉。

根据人表现出来的行为，对其在社会上扮演的角色的知觉，称为角色知觉。角色指对一个人在与他人交往时所期望的行为模式。一个人的角色反映了他在社会系统中的地位，以及相应的权利和义务、权力和责任。人们在工作岗位内外都有多种角色，每一个角色都要求不同的行为。角色知觉的正确性保证其能够与他人顺利交往。

（三）根据知觉映象是否符合客观实际来划分

根据知觉映象是否符合客观实际，把知觉分为正确的知觉和错觉。

正确的知觉是符合客观实际的知觉映象。错觉是指对客观事物的歪曲的、不正确的知觉。错觉是知觉的一种特殊情况。常见的错觉现象有以下几种：

（1）图形错觉。

主要是图形在视觉上造成的错觉。例如横竖错觉、缪勒·莱依尔错觉、佐尔纳错觉、冯特错觉等。

（2）空间定向错觉。

如海上飞行时，海天一色找不到地标，海上飞行经验不丰富的飞行员往往分不清上下方位，会产生"倒飞"状况，造成飞入海中的事故。

（3）形重错觉。

人们常说："一斤铁比一斤棉花重。"就是形重错觉。这是因为视觉之"形"影响到了肌肉感觉之"重"的错觉。

（4）运动错觉。

由于选取的参照物的改变，把运动的物体错觉为不动，而把不动的物体错觉为运动。例如在桥上俯视桥下的流水，久而久之就有身体和桥在摇动的错觉。

（5）时间错觉。

由于活动内容、主体兴趣、情绪以及期待等因素的影响而产生的错误时间印象。例如焦急期待、通宵失眠，百无聊赖、无事可干就有度日如年、一日三秋之感。全神贯注于自己的事业和活动，会使人觉得光阴似箭、日月如梭。

（6）大小错觉。

例如初升或将落的太阳，看起来总比正午在我们头顶时要显得大一些。

错觉产生以后，人们通过实践可以使错觉得到纠正，从而正确地知觉客观事物。错觉的原理已经被人类广泛地运用于军事、生活、艺术、建筑等许多领域。例如第二次世界大战中，为了保护列宁格勒的重要设施，心理学家建议仿照蝴蝶的花纹对城市进行伪装，使敌方在飞机上看到的城市楼房像小山包一样。错觉迷惑了敌军的判断，起到了保护作用。

根据知觉体验是否由真实的刺激所引起，把知觉分为真实的知觉和幻觉。

真实的知觉是由真实作用于感官的客观事物所引起的知觉体验。而幻觉是在没有相应的外界客观事物直接作用下发生的不真实的知觉体验，是一种严重的感知障碍。幻觉具有与真实知觉类似的特点，但它是虚幻的。

正常人在某些特殊的状态下，如强烈的情绪体验并伴有生动的想象、回忆或过度期待的心情、紧张的情绪，或处于催眠状态时，都可能会出现幻觉。

幻觉也是心理异常的重要征象，在感觉剥夺、精神疾病、药物中毒、饮酒过量、吸食毒品等状态下，常会出现幻觉。幻觉产生时，其实并无客观刺激存在，但主体的感受常常生动逼真，且有相应的情感反应和行为。幻觉也是精神病的症状之一，在精神医学的临床诊断中，幻觉有重要的诊断意义。一个人如果多次出现幻觉体验，就应该对其进行精神状态的检查，并提防其在幻觉影响下发生冲动伤人、拒食、出走以及自伤、自杀等意外。

引起幻觉的原因有中枢神经病变、情绪影响、暗示、感觉器官病变、感觉剥夺等。

三、知觉的特性

人的心理反映形式从感觉发展到知觉，开始表现出具有一定规律的基本特性，成为人认识客观世界的重要基础。了解人的基本特征，对我们积极主动、全面、精细地了解客观事物有着重要的意义。知觉的基本特性有知觉的理解性、选择性、整体性和恒常性。

（一）知觉的理解性

知觉的理解性是指人在知觉某一事物时，总是利用已有的知识和经验去认识它，并把它用词语表示出来，这种感性认识阶段的理解就叫作知觉的理解性。其实质是旧经验与新刺激建立多维度、多层次的联系，以保证理解的全面和深刻。在理解过程中，知识经验是关键。人们的知识经验不同、需要不同、期望不同，对同一知觉对象的理解也不同。

理解对于知觉有四个主要功能：

（1）理解帮助人们把知觉对象从背景中分离出来，从而使知觉变得更加清晰和准确。例如，面对一张X光片，不懂医学的人很难发现有用的信息，而放射科的医师却能把握关键信息，从而判断病变与否。

（2）理解有助于人们整体地知觉事物。对于自己理解和熟悉的东西，人们容易当成是一个整体来感知。相反，在不理解的情况下，知觉的整体性常受到破坏。例如学生考试时遇到填空题或选择题，理解的很快能做出来，不理解的就做不出或只能猜测了。

（3）理解还能产生知觉期待和预测。例如教师通过言语启发，提供线索，帮助学生提取知识经验，组织新情境中的知觉信息，使之能够被纳入到学生的原有知识结构中去。

（4）理解提高知觉的效应，形成事物表象，为表象转化为科学概念提供重要条件。例如通过理解知觉表象后的语言描述，有利于记忆的整理，也有利于形成进一步的抽象与概括。

正因为知觉的理解性，人会作出"不可能图形"的判定。在图2-2的不可能图形中，知觉的理解性表现得更为明显。人们根据知觉对象提供的线索，提出假设并检验假设，最后作出合理的解释。当图形的表现与人们对实际物体的理解出现矛盾时，就成为不可能图形了。

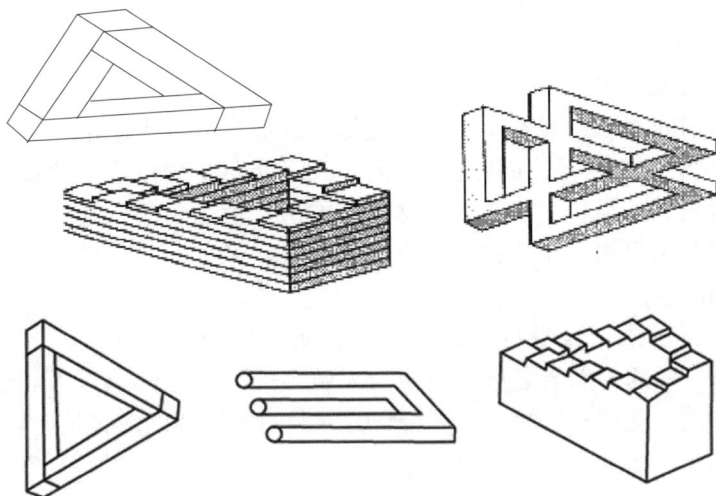

图2-2　不可能图形

（二）知觉的选择性

人在知觉过程中把知觉对象从背景中区分出来，优先加以清晰地反映的特性叫作知觉的选择性。

人所处环境的感觉信息复杂多样，在某一瞬间，人不可能对众多事物进行感知，而总是有选择地把某一事物作为知觉对象，同时把其他事物作为知觉背景，表现出知觉的选择性。

知觉的对象从背景中分离，与注意的选择性有关。当注意指向某种事物的时候，这种事物便成为知觉的对象，而其他事物便成为知觉的背景。当注意从一个对象转向另一个对象时，原来的知觉对象就成为背景，而原来的背景转化为知觉的对象。因此，注意选择性的规律同时也就是知觉对象从背景中分离的规律。

影响知觉的选择性有各种因素，我们把这些因素分为两大类：

1. 客观因素

（1）刺激物的绝对强度。阈限范围内刺激越强烈，越容易被选择知觉。

（2）对象和背景的差别性。差别越大，越容易优先选择。

（3）对象的活动性。如夜空中的流星、夜晚的霓虹灯都容易引起人们的知觉。

（4）刺激物的新颖性、奇特性，也容易引起人们的优先知觉。

2. 主观因素

（1）知觉有无目的和任务。

（2）个体已有知识经验的丰富程度。

（3）个体的需要、动机、兴趣、爱好、定势与情绪状态等。

客观事物多种多样，在特定时间内，人只能感受少量或少数刺激，而对其他事物只作模糊的反映。被选为知觉内容的事物称为对象，其他衬托对象的事物称为背景。某事物一旦被选为知觉对象，就好像立即从背景中突现出来并被认识得更清晰。

有时人可以依据自身目的进行调整，使对象和背景互换，例如，双关图（见图2-3）中的少女与老妇、花瓶与人脸。选择这一部分作为对象时，图片的内容是少女、花瓶；选择另一部分作为对象时，图片的内容是老妇、人脸。

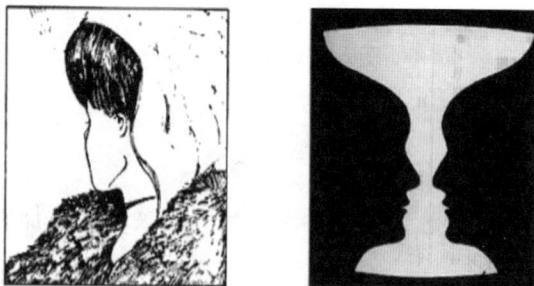

图2-3 双关图

（三）知觉的整体性

知觉的整体性是指人在知觉时，并不把知觉对象感知为个别孤立的部分，而总是把它知觉为统一的整体。

虽然事物有多种属性，由不同部分构成，但是人们并不把知觉对象感知为个别的、孤立的几个部分，而倾向于把它们组合为一个整体。同样一个图形"13"（见图2-4），当它处在数字序列中时，我们把它知觉为13，而当它处在字母序列中时，我们又把它知觉为B。这反映了知觉把对象组合为整体的特性。

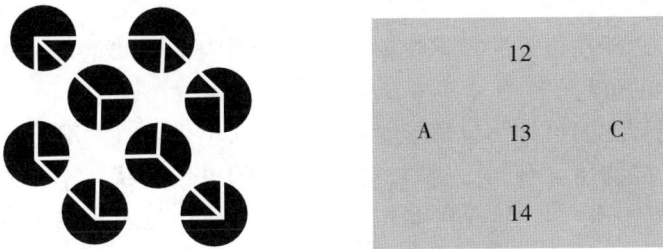

图2-4　闭合法则与连续法则

正因为如此，当人感知一个熟悉的对象时，哪怕只感知了它的个别属性或部分特征，都可以由经验判知其他特征，从而产生整体性的知觉。例如，面对一个残缺不全的零件，有经验的人还是能马上判知它是何种机器上的何种部件。这是因为过去在感知该事物时，是把它的各个部分作为一个整体来知觉，并在头脑中存留了各部分之间的固定联系。当一个残缺不全的部分呈现在眼前时，人脑中的神经联系马上被激活，从而把知觉对象补充完整。而当知觉对象是没经历过的或不熟悉时，知觉就更多地以感知对象的特点为转移，将它组织为具有一定结构的整体，即知觉的组织化。其原则是视野上相似的、邻近的、闭合的、连续的容易组合为一个图形（见图2-5）。

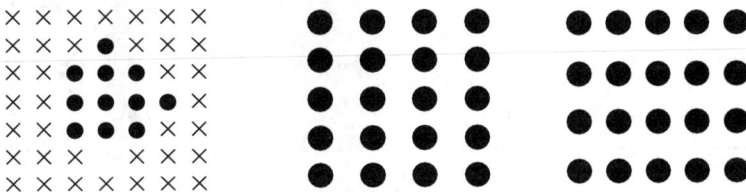

图2-5　相似法则与邻近法则

知觉对象作为一个整体，它不是各部分的机械均等的堆砌，而是取决于关键性强的部位（如歌曲中的旋律与歌词），非关键性的部分（如音调与音色）一般被遮蔽。这里，知识经验是识别关键部分、准确把握知觉对象的重要因素。学生知识经验缺乏，为提高其知觉的效能，教师应指点他们在观察时把注意力放在关键特征上。

知觉的整体性尤其是关键部位的作用提高了人们知觉的速度，如辨别个别笔画和辨别整个字的时间是相同的。但这也使人们容易忽略部分和细节，如校对时，对整个文句的感知会抑制对个别错别字和错误标点的感知。

（四）知觉的恒常性

知觉的恒常性是指人的知觉映象在一定范围内不随知觉条件的改变而保持相对稳定特性的过程。

例如，视知觉的恒常性包括形状恒常性、大小恒常性、亮度恒常性、颜色恒常性。从不同的角度看同一扇门，视网膜上的投影形状并不相同，但人们仍然把它知觉为同一扇门，这是形状恒常性。一个人由近及远而去，在视网膜上的成像是越来越小的，但是人们并不会认为这人在慢慢变小，仍然依其实际大小来知觉他，这是大小恒常性（见图2-6）。煤块在日光下反射的光亮是白墙在月色下反射的光量的5万倍，但看上去我们仍然认为煤是黑的，墙是白的，这是亮度恒常性。家具在不同灯光的照明下颜色发生了变化，但人对它颜色的知觉保持不变，这就是颜色恒常性。

恒常性使人在不同的条件下，仍然产生近似实际的正确认识，这对正常的生活与工作来说是必要的。

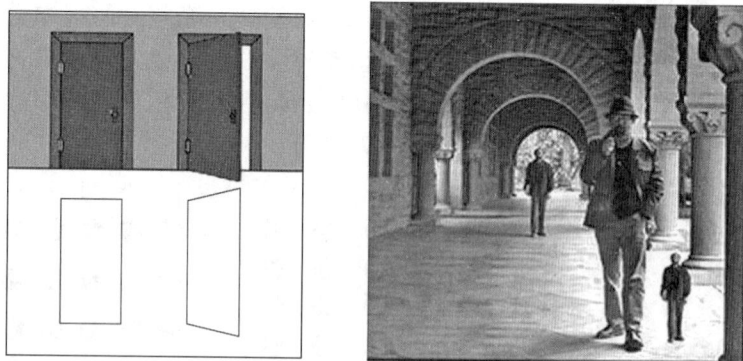

图2-6　形状恒常性与大小恒常性

从知觉的上述基本特征，可以看到，知觉实际上就是在知识经验的参与下，对当前刺激信息的组织加工并给予解释的过程。这一过程充分体现了心理活动中的主观与客观的统一，即心理活动能够实现对客观事物可靠的稳定的反映，这种反映又具有主观性——在相同刺激作用下，人们可以得到许多各不相同的知觉映象，但这种主观性是有限度的，受到客观刺激的制约。

第三节　注意

人认识世界的第一步是感知，通过借助有效感知的功能，人们才能够对客观世界的各种属性进行反映，但在此过程中要对事物获得完整的反映，就必须保证心理活动有选择地指向有关对象，这就需要注意的参与。被人集中注意的对象总是处于中心，而其余的对象则处于注意的边缘。正如大家都听过的小故事。牛顿把全部注意力集中指向于科学研究时，不仅把请人吃饭的事忘记了，而且连自己是否吃过饭也忘记了。而这样的专注力却是牛顿等许多科学家获得极高工作效率的一个非常重要的条件。

本节将介绍注意的基本概念、分类和影响因素。

一、注意的概念

注意是心理活动对一定对象的指向和集中，是心理过程的动力特征之一。它具有指向性和集中性两个特点。注意的指向性是指人的心理活动有选择地反映一定的对象，也就是说心理活动朝向一定事物，而离开其他事物。注意的集中性是指当心理活动指向某个对象时，人会全神贯注于这个对象，它表现在心理活动的强度或紧张度上。注意指向性与集中性表明了注意具有方向和强度两个特征，二者密不可分。人在高度集中注意时，注意指向的范围就会缩小。

注意并不是一个独立的心理过程，而是伴随着其他心理过程出现的一种心理特性。如果离开了心理过程，注意就失去了内容依托。当我们注意某个事物时，都是指正在注意听、注意看、注意想等，注意必须伴随听、看、想等心理过程，不能单独存在。

注意的对象既可以是外界的客观事物，也可以是主体自身的行为、观念以及情绪等各种心理状态。

注意与认识过程、情绪情感过程、意志过程密切联系，是一切心理活动正常发挥的重要保证。注意能保证人们对事物作出更清晰的认识和更准确的反映，它是人们获得知识、掌握技能、完成各种智力活动和实际操作的重要心理条件。

二、注意的种类

注意有很多种，根据人们在产生和保持注意时有无目的和付出意志努力的程度，注意可以分为无意注意、有意注意和有意后注意三种。

（一）无意注意

无意注意也称为不随意注意，是没有预定目的、无须意志努力、不由自主地对一定事物所发生的注意。无意注意时，心理活动对一定事物的指向和集中是由一些主客观条件引起的。这个过程通常是不由自主的，如在准备开会前安静的礼堂中，某人在观众席上一声尖叫，大家就会一下子注意到那个声音。无意注意不仅人类有，其他动物也有，它是最简单、最初级的注意。

无意注意因为无须意志努力，所以在工作、学习中可以减少脑力的消耗，避免身心过度疲劳。但这种注意是自发产生的，人们不可能通过它获得系统的知识和完成艰巨的工作任务。

引起无意注意的原因来自两个方面：客观刺激物的特点和人的内部状态。同时这两方面的原因也是密切联系的。

1. 客观刺激物的特点

客观刺激物的特点包括刺激物的强度、刺激物的新异性、刺激物的活动变化、刺激物之间的差异性等。

（1）刺激物的强度。

刺激物的强度是引起无意注意的重要原因。一般来说，强烈的刺激容易引起人的无意注意，如强光、巨响，都能使人不由自主地去注意刺激物。刺激物强度越大，越能引起无意注意。这里所说的强度不仅指刺激物的绝对强度，也指刺激物的相对强度，如寂静夜晚树叶的沙沙声、细雨的飘落声等。

（2）刺激物的新异性。

新异的事物很容易成为注意的对象。刺激物异乎寻常的特性我们称之为新异性。新异性可以分为绝对新异性和相对新异性，前者指的是人们从未经历过的事物及其特征，后者指的是刺激物特性对我们而言有些熟悉又有些陌生和新奇。研究表明，刺激物的相对新异性更能引起人们的注意。

（3）刺激物的活动变化。

活动或变化的物体容易引起人的无意注意。比如，刺激物的突然出现或停止、增强或减弱以及空间位置的变化等都容易引起我们的注意。生活中人们常常会被夜空中飞逝的流星、夜晚街道上闪动的霓虹灯所吸引，原因也在于此。

（4）刺激物之间的差异性。

刺激物在强度、形状、大小、颜色和持续时间等方面与其他刺激物存在显著差别时会引起人们的无意注意。"鹤立鸡群"时，我们会更注意"鹤"；"万绿丛中一点红"，在绿叶的衬托下，我们更注意红花的美。夏天，人的皮肤晒黑了，总是在被晒到和没被晒到的皮肤边界对比最明显，黑白格外分明。

2. 人的内部状态

引起人注意的事物不仅和刺激物本身的特点有关，同时也和人的内部状态有关，如人对事物的需要和兴趣、情绪状态、身体状态和个人的知识经验等。

（1）需要和兴趣。

凡是能满足一个人的需要和兴趣的事物，都容易成为无意注意的对象，因为这些事物对其具有重要的意义。例如，一个卖瓜子的人在看到向日葵时可能会更注意结的籽是否成熟和饱满，而不会像凡·高那样注意到向日葵的色彩、造型及生命力；一个熟睡的母亲不一定会注意夜晚打雷的声音，可是孩子轻轻的哭闹声马上就会引起她的注意。

（2）情绪状态。

情绪状态对人的注意有着非常大的影响。通常，人在心情好的时候，外界事物更容易引起他的注意。心理学家研究人的助人行为时发现，人在情绪好的时候会更多地帮助别人，而在抑郁的时候，常常丧失对外界事物的兴趣，所以他人的困境也就无法引起他的注意。心理学研究还发现，人在情绪非常激动时，注意也会受到影响，这时候注意的范围常常很窄小且会被情绪所左右和支配，对与其情绪无关的事会视而不见、充耳不闻。

（3）身体状态。

人在身体疲惫的时候注意的范围也会大大减小，其注意保持的时间也较身体健康、精神饱满时保持的时间短。对亚健康的研究表明，如果某人觉得自己最近常常注意力不容易集中、对外界事物没有兴趣，那么这可能正是其身体健康状况不良的信号。这也正说明人的身体状况与注意质量之间的密切关系。

（4）个人的知识经验。

凡是和个人的已有经验相联系，又能增进新知识的事物，就容易引起长时间的注意。例如，在教师上课的导入环节，有经验的教师总是能从学生已经掌握的知识中引出学生关注的新问题，调动学生的好奇心与求知欲，因此，学生就会特别注意即将要学习的新知识。

（二）有意注意

有意注意也称随意注意，是有预先目的，必要时需要意志努力，主动地对一定事物所发生的注意。这种注意显示了人的心理活动的主动性和积极性。有意注意受人的意识的支配和调节，是注意的高级形式。

有意注意在日常生活和学习中起着非常重要的作用，人们掌握复杂的技能、获得丰富的知识，主要是有意注意的结果。

1. 引起有意注意的条件

虽然有意注意的发生和维持与主体的需要、兴趣、情感、知识经验有关，但这些主观因素的作用是间接的，受主体当时确定的活动目的制约。具体来说，引起和维持有意注意需要以下六个条件：

（1）明确活动的目的和任务。

有意注意的发生和维持，虽与主体的需要、兴趣、情感、知识经验等主观因素有间接联系，但它们都受到主体当时确定的活动目的制约，与目的相关联的主观因素便成为在现实中起作用的因素。对所从事的学习和工作目的越明确，对其意义理解越深刻，完成任务达到目的的愿望就越强烈，对所从事的活动就越能主动集中注意。

（2）发挥意志努力与干扰和困难作斗争。

有意注意无论有没有干扰都能保持，但在有干扰时，集中注意要求付出更多的意志努力，会消耗大量的精力。因而，干扰对有意注意总是不利的，要采取措施，尽量排除干扰，如保持环境安静、整洁、有序，建立起舒适习惯的工作条件等。同时，也要注意加强对意志力的锻炼，善于控制自己的心理活动，以坚强的意志对抗任何干扰。

（3）培养对事物的间接兴趣。

如果说无意注意产生和维持的决定因素主要是间接兴趣的话，那么有意注意的产生和维持则以间接兴趣为决定性条件。间接兴趣就是对目的的兴趣，对活动结果的兴趣。有时，尽管活动本身是枯燥乏味的，但由于间接兴趣的作用，有意注意就能长时间地保持，使人能够长久地从事某种活动，直到完成任务，达到目的为止。

（4）保持稳定的情绪。

当学习者处在对目标任务或其他事物大喜大悲、急躁焦虑或厌烦抱怨的情绪状态时，就会无法集中精神，导致做事效率很低，不利于对当前任务的有意注意，因此学习活动或工作任务需要保持平和稳定的情绪。

（5）建立稳定的工作习惯。

根据任务要求，合理安排自己的活动。首先，要经常按照活动任务的要求，提醒自己去注意正在进行的活动，如上课时，经常提醒自己"注意听讲"和"注意记笔记"等。其次，在活动过程中，及时提出问题，进行积极的思维活动，有助于集中注意。

（6）智力活动与外部活动的结合。

把智力活动和实际操作结合起来，如读书时，勾画重点，做摘记、眉批等。这样做有利于集中注意，因为实际操作本身就需要注意的参与。

2. 有意注意与无意注意的关系

有意注意和无意注意两者间存在什么关系呢？它们虽然是两种性质不同的注意，但在实际工作中离不开这两种注意。如果只有有意注意，长时间工作会使人疲劳，注意就容易分散，工作也难以进行下去；如果只有无意注意，稍遇困难或干扰，注意就容易分散，同样也不能做好工作。无意注意和有意注意常常交替发生，一些简单的不重要的活动只需要无意注意，而对于复杂的重要的活动则必须要有意注意参与。

（三）有意后注意

有意后注意是指事前有预定目的，不需要意志努力的注意。这种注意既不同于一般的无意注意，又不同于一般的有意注意，有意后注意同时具有无意注意和有意注意的某些特征。它和自觉的目的、任务联系在一起，这方面，它类似于有意注意；但它不需要意志的努力（或不需要明显的意志努力），在这方面它又类似于无意注意。因此，有意后注意兼具有意注意和无意注意的部分特点，是一种高级状态的注意，它是从事创造性劳动的必要条件。

有意后注意可以由有意注意转化而来。例如，一个人本来是因为对活动的结果感兴趣才专注于活动，随着活动的深入，对活动的过程也产生了兴趣，这时，他的注意就慢慢地从有意注意转变为有意后注意，他也会陶醉于所喜爱的活动之中，流连忘返，乐此不疲。另外，通过大量的练习，也可以促进有意注意转化为有意后注意，如骑自行车、游泳、滑冰等，初学时需要有意注意，经过反复练习学会后甚至可以自动进行就成了有意后注意。

有意后注意也可以由无意注意转化而来，即本来一个人的注意是无目的的，是被刺激物本身的特点吸引而产生的无意注意，可是在注意的过程中慢慢地变得有目的了，这时的注意就是有意后注意。

有意后注意既服从当前的任务要求，又可以节省意志的努力，因此有利于完成长期的、持续性的任务。

三、注意的品质及影响因素

一个人注意力的好坏，可以从他在注意品质上的表现来衡量。注意的品质主要有四个方面，即注意的范围、稳定性、转移和分配。

（一）注意的范围

注意的范围也称注意广度，是指在同一时间内，意识所能清楚地把握注意对象的数量多少方面的特征。

最早进行注意广度实验的是哈密尔顿（Hamilton，1859），他在地上撒一把石弹子让被试即刻辨认，发现被试很难立刻看到 6 颗以上的石弹子，如果把石弹子以 2 个、3 个或 5 个放成一堆，被试能掌握的堆数和分散的石弹子数一样多。1871 年，耶文斯也曾做过注意广度的实验。实验中他抓一把黑豆撒在一个黑色背景上的白盘子中，只有一部分豆粒落到盘子中，其余豆粒滚到黑色背景上面去，待白盘子中的豆粒刚一稳定下来便要求被试立刻报告所看到的盘子中的豆粒数量。他将实验重复了一千多次，结果表明：盘中有 1～4 个豆粒时都对，5 个时开始出错，8～9 个时错误估计次数占 50% 以下；豆粒超过 9 个时错误估计次数占 50% 以上，数量越多，偏差越大；豆粒数量较多时，出现低估倾向，倾向于把数量估计得较少。

后来心理学家用速示器研究注意广度，发现在 0.1 秒时间内，成人注意的平均广度是：黑色圆点 8～9 个，外文字母 4～6 个，几何图形 3～4 个，汉字 3～4 个。

影响注意范围的主要因素有以下三个方面：

（1）注意对象的特点。

一般说来，注意对象的组合越集中，排列越有规律，相互之间能成为有机的整体，注意的范围就越大；反之，注意的范围越小。例如，对颜色相同的字母要比颜色不同的字母的注意广度大；对排列成行的字母要比分散的字母的注意广度大；对组成词的字母要比孤立的字母的注意广度大。

（2）活动的任务。

对于活动任务越复杂，越需要关注细节的注意过程，注意的广度会大大缩小，如从事编辑工作的人和从事校对工作的人相比，前者注意的广度要更大，后者注意的广度要更小。

（3）个体的知识经验。

一般来说，一个人在某一方面的知识经验越丰富，整体知觉能力越强，他对这一方面的注意广度就越大。比如，初学语文的小学生，只能一个字一个字生硬地阅读课文；而熟练掌握汉语的人，就能以词和短句为单位进行阅读，阅读速度也快得多。一般中国大学生阅读汉语的速度要比阅读英语的速度快得多。

注意广度在生活实践中具有重要的意义，它可以提高工作与学习效率。在学习过程中，注意广度越大，阅读速度就越快。在现实生活中，侦察员、驾驶员、体育裁判员等都需要较大的注意广度。

（二）注意的稳定性

注意的稳定性又称为注意的持久性，是指把注意保持在同一对象或活动上所能维持的时间。注意维持的时间越长，注意越稳定。注意稳定性的标志是活动在某一段时间内的高效率，它是注意在时间上的特性。

注意的稳定性在概念上有狭义和广义之分。

狭义的注意稳定性是指注意保持在同一对象上的时间。但是这种对同一对象的注意保持非常困难，容易受到注意起伏现象的影响。注意起伏现象也叫注意的动摇，指人的感受器不能长时间地保持固定的状态，在稳定注意的条件下，感受性也会发生周期性的增强和减弱的现象。例如，你可以让别人帮忙拿着一只手表，离开耳朵一定距离（刚能听到表的嘀嗒声），保持一会儿，你会感到表的声音并不是同样的，而是一会儿强一会儿弱。日常生活中也有类似的例子，当人摸着自己手腕看着闹钟，测定一分钟内脉搏的时候也会有这样的体验。注意的起伏周期一般为 2～12 秒。对于不同的刺激来说，声音刺激的注意起伏周期最长，其次是视觉刺激，触觉刺激的注意起伏周期最短。

广义的注意稳定性指注意长久地保持在同一活动上的时间。此时注意的稳定性并不意味着它总是指向于同一对象，而是说注意所针对的对象和行为本身可以变化，但是活动的总方向始终不变。如学生在考前复习过程中，需要阅读教材、看看老师批改过的作业，还要看课堂笔记，偶尔还和同学讨论几句等，虽然注意会指向不同的对象，但始终是保持在认真复习这一项活动上。

影响注意稳定性的因素有以下三个方面：

（1）注意对象的特点。

在一定范围内，注意的稳定性程度随着注意对象的强度和复杂性的增加而提高。刺激的强度越大、持续时间越长、内容越丰富、活动变化越多，注意就越容易保持稳定；而对于内容单调的、静止不变的对象，注意则很难稳定。

（2）主体的意志力水平。

如果人对活动有浓厚的兴趣，对活动的意义理解深刻，抱着积极的态度，注意的稳定性会明显提高。注意的稳定性实际上就是保持良好的有意注意，因此也需要有效地抗拒各种干扰。主体具备坚强的意志力，就可以战胜各种困难，克服自身缺点和不足，始终如一地保证活动的进行和活动过程的高效率。

（3）个人的主观状态。

人在身体健康、精力充沛、心情愉快时，就会在学习和工作中全力投入、不知疲倦，注意容易保持稳定。相反，一个人处于失眠、疲劳、疾病状态或者情绪受挫的情况下，注意无法保持稳定，活动效率也会大大降低。

与注意的稳定性相反的注意品质是注意的分散，也叫分心，是指注意离开了心理活动所要指向的对象而被无关事物所吸引去的现象。

（三）注意的转移

注意的转移是指人根据新任务的需要主动地把注意从一个对象转移到另一个对象上，或从一种活动转移到另一种活动上。例如，前两节是语文课，后两节是化学课，学生们根据新的任务把注意从语文课转移到化学课上，这就是注意的转移。

影响注意转移的因素有以下四个方面：

（1）对原活动的注意集中程度。

个体对原来活动的兴趣越浓厚，注意力越集中，注意的转移就越困难。如果对原活动的注意力本来就不够集中，就比较容易随活动任务的要求而转移。原来的注意紧张度越高，新的事物或新的活动越不符合引起注意的条件，转移注意也就越困难、越缓慢。

（2）新注意对象的吸引力。

如果新的活动对象引起个体的兴趣，或能够满足他的心理需要，注意的转移就比较容易实现。

（3）明确的信号提示。

在需要注意转移的时候，明确的信号提示可以帮助个体的大脑处于兴奋和唤醒状态，灵活迅速地转换注意对象。

（4）个体的神经类型和自控能力。

神经类型灵活性高的人比不灵活的人更容易实现注意的转移，自控能力强的人比自控能力弱的人更善于主动及时地进行注意的转移。

注意转移与注意分散不同。虽然都是注意对象的更换，但两者的区别在于是否符合当前的目标和需要。注意转移是在活动需要的时候，有意识地把注意从一个对象转向另一个对象，使一种活动合理地被另一种活动所代替；而注意分散则是在需要注意稳定的时候，受到无关刺激物的干扰，使注意中心离开了需要注意的对象。

（四）注意的分配

注意的分配是指在同一时间内，把注意指向不同的对象，同时从事几种不同的活动。例如，教师需要一边讲课，一边写板书，一边观察学生听讲的情况；学生需要一边听讲，一边记笔记，一边注视教师等。

影响注意分配的因素有以下两个方面：

（1）同时进行的几种活动至少有一种应是高度熟练的。

注意分配的重要条件之一，就是在同时进行的两种或多种活动中至多只能有一种是不熟悉的，需要以较多的注意去观察或思考它，成为注意的中心，而其余的动作都已达到相对"自动化"的程度，在进行时不需要集中注意。因此一个人越是熟练地掌握了这些动作，他进行注意分配也就越容易。实验研究表明，在控制双手调节器非常熟练了以后，被试可以在控制双手调节器的同时，还可以进行心算。

（2）同时进行的活动之间必须有内在联系。

这是因为活动间的内在联系有利于形成固定的反应系统，经过训练就可以掌握这种反应模式，同时兼顾几种活动。为了能很好地分配注意，必须在同时进行的几种活动之间建立一定的联系。这就需要通过练习把复杂的活动形成一定的联系系统，使其达到自动化的程度，在需要的时候就很容易把整个活动实现。例如，自弹自唱，边歌边舞，要在弹和唱、歌和舞之间形成了系统联系后，才能够实现注意分配。但是，如果同时进行的几种活动之间毫无联系，那么要同时进行这些活动就很困难。

在日常生活中，有很多工作要求高度的注意分配能力，如课堂教学、驾驶飞机、音乐指挥、节目主持等，都需要有良好的注意分配。

综上所述，我们可以知道，注意的品质在每个人身上都有可能是不同的，如有些人注意转移与注意分配能力强，有的则较差；有的注意范围大，有的则较小；有的人注意比较稳定，有的则不稳定。这些个别差异有时和神经的功能有关，如神经衰弱患者一般注意力不集中，较难持久。但是，对于一般人，这些差异可以通过锻炼、教育或训练得到改善和提高。因此，应该根据不同职业的要求，进行有关人员的筛选和培训，提高其从事某种职业的工作能力。

《 本章小结 》

感觉是个体借助感觉器官直接反映作用于它的客观事物个别属性的过程。感觉虽然是最基本的、简单的心理活动过程，但对个体来说，具有重要的作用，甚至关系到个体的正常生存。感觉分为外部感觉和内部感觉，感觉产生的条件是感受性与感觉阈限，感觉具有感觉适应、感觉对比、感觉后像、感觉补偿和联觉等特性。知觉是人脑对直接作用于感觉器官的客观事物的整体与意义的反映。知觉有四个基本特征，即知觉的选择性、整体性、理解性和恒常性。注意是心理活动对一定对象的指向和集中。它可以分为无意注意、有意注意和有意后注意。注意的四个品质是注意的范围、稳定性、转移和分配，其影响因素各不相同。

1. 感觉有什么特性?
2. 知觉的特性有哪些?
3. 注意有哪些分类?
4. 注意有哪些品质? 各有什么影响因素?

第三章　记忆与思维

【本章学习要点】

1. 了解记忆的分类。
2. 掌握遗忘的规律和原因。
3. 应用记忆规律促进中学生的有效学习。
4. 了解思维的种类，理解创造性思维的特征。
5. 了解想象的分类。
6. 了解问题解决的影响因素。

【案例导入】

偶遇一次，过目不忘

一些记忆力超强的人可以识别出曾见过的任何一个人。其实世上只有极少数人能做到这样，他们被称为"超级识别者"。对于超级识别者们来说，即便当时只是擦肩而过，他们也能在多年后识别出曾见过的面孔。是的，他们非常擅长感知和回忆面孔。

一位超级识别者介绍说，她曾认出一名服务生，而对方是五年前她在另一座城市中碰到的。通常，超级识别者不会受到对方外貌变化的影响，像是衰老或改变发色都不妨碍他们进行识别。

但拥有这么强大的识别能力也不完全是件幸事，就像一位女性说的，"只要我们见过一面，不论过去多久，我都能认出来。"而她却经常假装自己不认识对方，"我跟他只不过是四年前在校园里偶遇过，如果只是这样却记得那么清楚会让对方误以为他对我有特别意义似的！"

多数人都能较好地辨别他人面孔，这是因为人类的大脑中有一部分区域是专门负责感知面部的。超级识别者只代表了一小部分人，他们在识别面孔上拥有极为突出的能力。另一种极端的情况是"脸盲症"，这类人在人群中所占的比例同样很小。对于他们而言，识别面孔极其困难，即使面对自己亲人或朋友的面孔，他们也会深感陌生。

超级识别者和脸盲症的现象说明了我们依赖于感知觉的正常工作来体验这

个世界。感觉为我们了解世界打开了一扇窗，它不仅为我们提供意识、理解和欣赏美的能力，也使我们注意到潜在的危险。借由感觉，我们才能感受到徐徐微风、闪烁星光，以及鸟儿的歌唱。但是如果没有记忆，我们所感知的事物就只能瞬间闪过，只有记住了这些感知，我们才能在很久以后都记住曾经感知过的事物。

（资料来源：麦格劳—希尔编写组. 妙趣横生的心理学 ［M］. 2 版. 王芳，等译；许燕，审校. 北京：人民邮电出版社，2013：53.）

【思考与讨论】
1. 你是超级识别者还是脸盲症患者？
2. 有什么办法可以增强记忆？

第一节　记忆

人类自诞生以来，记忆便跟随并服务于人们的生活。远古时代，人们为了生存就要记住周围的环境，要分辨出哪些动物、植物对人们有害或有益，如何寻找食物，如何应付各种自然灾害。这些经验能够一代一代地传递下去，是建立在个体记忆基础上的。记忆就是过去经历过的事物在大脑上留下的痕迹。记忆有着复杂的形式和内容。这里要谈论的就是记忆这一有趣的心理现象。首先讨论记忆的概念、分类和三个基本过程，然后将介绍记忆规律在学习中的运用。

一、记忆的概念

记忆指过去的经验在头脑中的反映，也可以说是人脑对经验的识记、保持和再现的过程。凡是过去人们感知过的事情、思考过的问题、体验过的情绪或操作过的活动，都可以通过映象的形式储存在大脑中，在一定条件下，这种映象又可以从大脑中提取出来，这个过程就是记忆。因此，记忆是个复杂的心理过程，有了记忆，个体才能在环境中积累和扩大经验，从而适应新异、多变的环境。从信息加工的角度看，记忆是对输入信息进行编码、储存和提取的过程。这个定义说明：

（1）记忆与感知觉一样，都是人脑对客观事物的反映，但记忆与感知觉不同。感知觉是人脑对当前直接作用于感觉器官的客观事物的特征或属性的反映，它不能离开当前客观事物而独立存在，相当于信息的输入；记忆以感知觉为基础，发生在感知觉之后，总是指向过去，相当于信息的编码、存储和提取。感知过的事物只能有一部分会成为记忆的内容，人对环境中各种刺激的感知只有在一定条件下，经过编码才能被记住。

（2）记忆是一种积极、能动的活动。人对外界输入的信息能主动地进行编码，使其成为人脑可以接受的形式。人们对外界信息的接受是有选择的，只有那些对人们的生活有意义的事物，才会有意识地进行记忆。再有，记忆还依赖于人们已有的知识结构，只有当输入的信息以不同形式，汇入人脑中已有的知识结构时，新的信息才能在头脑中巩固下来。例如，我们要记住一个外文单词，将它与过去学过的单词组成词组或句子时才更容易记住。信息的提取与编码的程度、信息存储的组织结构有着密切的关系。一般来说，编码较完善，组织得较好，提取就较容易，否则就较困难。

二、记忆的分类

记忆是一种复杂的心理过程，按照不同的标准，可以进行以下的分类：

（一）根据记忆内容不同，记忆可分为形象记忆、情绪记忆、逻辑记忆和动作记忆

1. 形象记忆

形象记忆是对感知过的事物具体形象的记忆。例如对刚刚见过的产品广告留下的鲜明印象。

2. 情绪记忆

情绪记忆是对自己体验过的情绪和情感的记忆。例如多年不见的老同学聚会之后留下的愉快记忆。

3. 逻辑记忆

逻辑记忆又叫语义记忆，即对语词概括的各种有组织的知识的记忆。例如学生复习考试时，如果真正理解知识内容之间的逻辑关系，记忆就更容易了。

4. 动作记忆

动作记忆是对身体的运动状态和动作技能的记忆。例如舞者对完成一系列舞蹈动作的记忆。

（二）记忆按保持时间长短可分为瞬时记忆、短时记忆和长时记忆

从信息加工的过程上看，根据记忆编码方式不同、储存时间不同，可以把

记忆分为瞬时记忆、短时记忆和长时记忆。

1. 瞬时记忆

瞬时记忆也叫感觉记忆，是极为短暂的记忆，是当感觉刺激停止之后头脑中仍能保持瞬间映象的记忆。也就是说，当作用于我们感觉器官的各种刺激停止作用后，感觉信息并不随着刺激的消失而立即消失，人脑仍然按输入刺激信息的原样，以感觉痕迹的形式有一个极短的保持过程，故而又称它感觉记忆。例如，人们将电影、电视中相继出现的静止画面看成运动的图像，就是感觉记忆在起作用。

（1）瞬时记忆的特点。

①时间极短。一般是 0.25～1 秒，最长不会超过 5 秒。如此短暂的信息，若不加以注意，很快就会消失；若得以加工，就会转入短时记忆。

②容量较大。一般来说，凡是进入感觉通道的信息都能被登记，其记忆容量很大，以图像为例，记忆容量为 9～20 个比特。

③形象鲜明。感觉记忆储存的信息未经任何处理，以感觉痕迹的形式存在，完全按客观刺激的物理特性编码，并按感知的先后顺序被登记，所以形象鲜明。

④信息原始。记忆痕迹容易衰退。

（2）瞬时记忆的编码。

主要依赖于信息的物理特征，具有鲜明的形象性。编码方式包括图像记忆（形象特征、视觉器官的编码）和声像记忆（听觉器官的编码）。

（3）影响因素。

①模式识别。就是从感觉登记向短时记忆传送信息并赋予它意义的过程。感觉记忆中的一部分信息由于模式识别而被传送到短时记忆中，并在那里赋予它意义。

②注意。使信息从感觉记忆传送到短时记忆，从而使信息得到进一步的加工。确定选择哪些信息传送到短时记忆，哪些信息从感觉记忆中衰退，在这一过程中，注意起主要的作用。

2. 短时记忆

短时记忆是信息从感觉记忆到长时记忆之间的一个过渡阶段。信息在头脑中储存的时间比瞬时记忆长一些，但一般不会超过 1 分钟。

（1）短时记忆的特点。

①时间很短。不会超过 1 分钟，一般是 30 秒左右。

②容量有限。一般为 7±2 个组块，平均值为 7。

③意识清晰。短时记忆是服从当前任务需要，主体正在操作、使用的记忆，

主体有清晰的意识。

④操作性强。学者们也把短时记忆称作工作记忆，是记忆研究领域的热点。

⑤易受干扰。

（2）短时记忆的编码。编码方式可以分为听觉编码和视觉编码。

（3）影响因素。觉醒状态（即大脑皮层的兴奋水平）；组块；加工深度。

短时记忆一般包括两个部分：一个成分是直接记忆，即输入的信息没有经过进一步的加工。它的容量相当有限，约为 7 ± 2 个组块单位。编码方式以言语听觉形式为主，也存在视觉和语义的编码。另一个成分是工作记忆，即输入信息经过再编码，使其容量扩大。由于与长时记忆中已经储存的信息发生了意义上的联系，编码后的信息进入了长时记忆。必要时还能将储存在长时记忆中的信息提取出来解决面临的问题。

3. 长时记忆

长时记忆又叫永久性记忆，信息在记忆中储存时间超过 1 分钟，直至几天、几周或数年，甚至终生不忘。

（1）长时记忆的特点。容量无限；保存时间长久。

（2）编码方式。以意义编码为主，有两种方式，被称为信息的双重编码，即语义编码和表象编码。表象编码主要加工处理非言语的对象和事件的知觉信息。语义编码是按言语发生的顺序以系统方式来表征信息的，包括言语听觉和言语运动两方面的信息。

（3）影响因素。

①编码时的意识状态（有意编码的记忆效果好于自动编码）。

②加工深度。加工程度越深的信息，保留在长时记忆中的时间越长。

瞬时记忆、短时记忆和长时记忆的区分只是相对的。它们之间是相互联系、相互影响的。任何信息都必须经过瞬时记忆和短时记忆才能转入长时记忆，没有瞬时记忆的登记和短时记忆的加工，信息就不可能长时间储存在头脑中。

（三）根据信息加工和存储内容的不同可分为陈述性记忆和程序性记忆

1. 陈述性记忆

陈述性记忆是指以陈述性知识为内容，即事实类信息，这类信息可以用言语表达，包括字词、定义、人名、时间、事件、概念和观念。陈述性记忆有明显的可以用语言描述和传授的特征，主要反映客观事物的性质、内容、状态、事物变化发展的原因等。陈述性记忆中的信息提取往往需要个人意识的参与，涉及"是什么"和"为什么"的知识，其内容可以用言语表达。

2. 程序性记忆

程序性记忆又称技能记忆，即对程序性知识进行记忆，如该怎样做事情或如何掌握技能，通常包含一系列复杂的动作过程，既有多个动作间的序列联系，也包括在同一瞬间同时进行的动作间的横向联系，这两方面共同构成的复合体是无法用语言清楚表述的。程序性记忆涉及的是"如何做"的知识，需要经过多次尝试和练习才能获得，且很难用语言加以描述和表达。程序性记忆的信息检索和提取通常不需要个人意识的参与，如果已经达到纯熟的程度，就会以自动化的方式进行，并且很难忘记，例如，某人小时候一旦学会了游泳，十几年后仍然不会忘记。

三、记忆的过程

在记忆过程中，从记到忆包括识记、保持、再认或回忆三个基本环节，它们是相互联系、相互制约的完整统一的过程。从信息加工观点来看，记忆过程是三个连续的信息加工阶段，识记是信息的输入和编码过程，保持是信息的储存过程，再认或回忆是信息的提取过程。如果记忆失败，说明以上三个阶段至少有一个阶段出现了问题。

1. 识记

识记是记忆过程的开端，是个体获得知识和经验的过程。它具有选择性，即对信息的识记具有选择性。识记可以从以下两个方面进行分类：

（1）根据识记有无目的性，可以分为无意识记和有意识记。

无意识记是事前没有明确目的，也不需要意志努力的识记。在生活中那些具有重大意义，适合人的兴趣、需要、活动目的和任务的事物，以及那些能激起人们情绪活动的事物，人们在无意之中就把它们记住了，并且日积月累，获得了大量的信息。但是，由于缺乏目的性，因而识记内容带有偶然性和片断性，缺乏系统性。

有意识记是有明确的识记目的，并运用一定方法的识记，在识记过程中还需要一定的意志努力。学生的学习活动主要依靠有意识记。

（2）根据识记的方法，可以分为机械识记和意义识记。

机械识记是指在不理解材料意义的情况下，采用多次机械重复的方法进行的识记。

意义识记是在对事物理解的基础上，依据事物的内在联系所进行的识记。

2. 保持与遗忘

保持是指已获得的知识经验在人脑中的巩固过程，它是记忆过程的第二个环节。但是，在保持的过程中，识记的材料会发生不同程度的变化和遗忘。

（1）遗忘的概念。

遗忘是指对识记过的材料不能回忆或再认，或者表现为错误的回忆或再认。

（2）遗忘的规律。

1885 年，德国著名心理学家艾宾浩斯首先对遗忘进程进行了实验研究。在实验中，艾宾浩斯既是主试又是被试，他以无意义音节作为识记的实验材料，采用再学法的测量方法，以再学法的节省率作为记忆保持量的指标。艾宾浩斯每次识记一定数量的无意义音节，直至连续两次背诵无误，然后隔 20 分钟、1小时、9 小时、1 天、2 天、6 天、31 天后，再学习该材料，并求出各阶段节省率（重学时比初学时节省的诵读时间百分数），据此测量出遗忘进程，即艾宾浩斯遗忘曲线（见图 3 - 1 所示）。从遗忘曲线可以看出，识记后的最初一段时间，保持量急剧下降，然后下降速度逐渐减慢，并逐渐稳定在某个水平上，遗忘进程呈现先快后慢的趋势。这表明，遗忘会在学习后立即发生，识记后的短时间内遗忘最快，随着时间推移，遗忘的进程趋于变慢，到了一定时间，几乎就不再遗忘了。由此看出，遗忘的进程是不均衡的，其规律是先快后慢，呈负加速型。

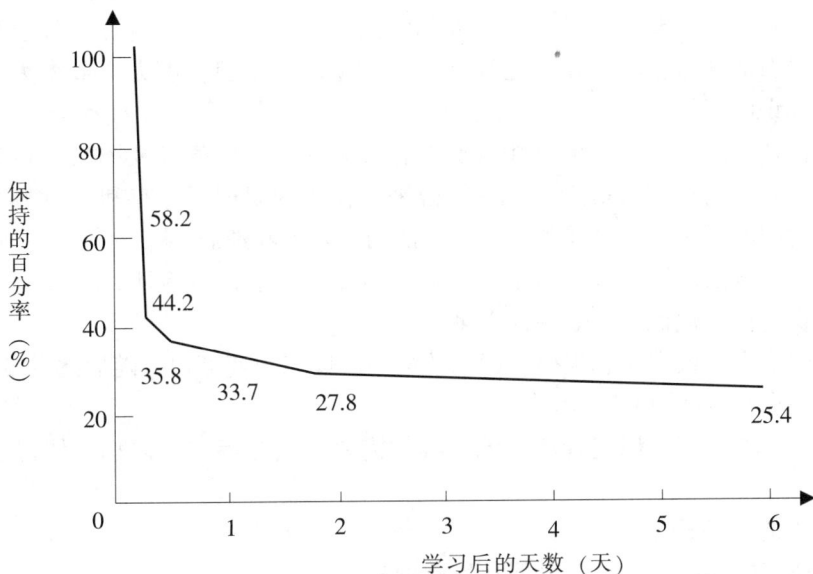

图 3 - 1　艾宾浩斯的遗忘曲线

（3）影响遗忘进程的因素。

①学习材料的性质。学习材料是指材料的种类、长度、难度、系列位置以及意义性。从材料的种类看，有意义的材料比无意义的材料遗忘得慢，形象、直观的材料比抽象的材料遗忘得慢。

【知识拓展】

系列位置效应

人们发现在回忆系列材料时，材料的顺序对记忆效果有重要影响。在一项实验中，实验者要求被试学习 32 个单词的词表，并在学习后要求他们进行回忆，回忆时可以不按原来的先后顺序。结果发现，最后呈现的项目最先回忆起来，其次是最先呈现的那些项目，而最后回忆起来的是词表的中间部分。在回忆的正确率上，最后呈现的词遗忘得最少，其次是最先呈现的词，遗忘最多的是中间部分。这种在回忆系列材料时发生的现象叫系列位置效应。最后呈现的材料最易回忆，遗忘最少，叫近因效应。最先呈现的材料较易回忆，遗忘较少，叫首因效应。

②识记材料的数量和学习程度的大小。这是影响遗忘进程的重要因素。一般来说，材料越多，要平均诵读的次数和时间也多，若不及时复习，就越容易遗忘。对材料的学习程度也在一定程度上影响遗忘，学习程度太小或太大，都不利于对知识的记忆。

③记忆任务的长久性与重要性。是否有长久的记忆任务以及记忆材料的重要性，也是影响遗忘的因素之一。一般说来，长久的识记任务有利于材料在头脑中保持时间的延长，不重要和未经复习的内容则容易遗忘。

④识记的方法。识记方法是学生学习的重要手段。研究表明，以理解为基础的意义识记比机械识记的效果好得多。

⑤时间因素。根据遗忘规律，记忆的最初阶段遗忘速度快，随后逐渐变慢。学习内容的保存量随时间减少。

⑥识记者的态度。识记者对识记内容的需要、兴趣等，对遗忘的快慢也有一定影响。

（4）遗忘的理论学说。

关于遗忘的原因，主要有以下几种理论学说：

①消退说。这是一种对遗忘原因的最古老的解释。这种理论认为，遗忘是记忆痕迹得不到强化而逐渐衰退，以致最后消退的结果。

②干扰说。这种理论认为，遗忘是因为在学习和回忆之间受到其他刺激的干扰所致。干扰说可用前摄抑制和倒摄抑制来说明。前摄抑制是先学习的材料对后学习材料的干扰作用。倒摄抑制是后学习的材料对先学习的材料的干扰作用。干扰作用主要表现在影响识记和回忆。

③压抑（动机）说。这种理论认为遗忘是由于情绪或动机的压抑作用引起

的，如果这种压抑被解除，记忆也就能恢复。

④提取失败说。从信息加工的观点来看，遗忘是一时难以提取出要求的信息，一旦有了正确的线索，经过搜索，那么所要的信息就能被提取出来。

【知识拓展】

舌尖现象

舌尖现象是因为大脑对记忆内容的暂时性抑制所造成的，这种抑制来自多方面，比如对有关事物的其他部分特征的回忆掩盖了所要回忆的那部分特征，又比如回忆时的情境因素以及自身情绪因素的干扰等。而消除了抑制，如经他人提示、离开回忆困难时的情境、消除紧张情绪等，舌尖现象往往就会消失。很多考生在考试中都有过这样的经历：一些平时很简单、很熟悉的字、单词或公式等就是无法记起，考试过后却突然忆起。心理学上称这种特殊现象为记忆的"舌尖现象"，意思是回忆的内容到了舌尖只差一点，就是无法忆起。

3. 回忆或再认

回忆或再认是在不同条件下重现过去经验的过程。对不在眼前的过去经历过的事物，在脑中重新呈现出来的过程称为回忆。对过去经历过的事物，当它再度出现时能识别出是以前经历过的就是再认。

四、记忆规律在学习中的运用

1. 明确记忆目的，增强学习的主动性

有目的才会有动力，才会有责任感和主动性。第一，要有长远的记忆目标和意图，学习记忆应有计划。第二，记忆的时间意图应准确与明确，以便提高记忆效果。第三，要培养学生直接和间接的学习兴趣和求知欲。

2. 理解学习材料的意义

意义记忆的材料保持时间长，利用提取快，受干扰少。在学习中，要以意义记忆为主，机械记忆为辅，发挥两种记忆各自的长处，从而提高整个记忆的效果。

3. 对材料进行精细加工，促进对知识的理解

为了理解记忆的材料，需要对材料进行分析，把它的观点、论据以及逻辑

标示出来，然后概括并确切地叙述出来。精加工的材料组织得好，提取的线索多，利用也更容易。

4. 运用组块化学习策略，合理组织学习材料

对材料的组块化实际上就是把若干的组块组合成数量更少的、体积更大的组块的心智操作，它能使输入信息有效地进入长时记忆。常见的组块加工方式是类别群集，把一系列项目按一定的类别来记忆。

5. 运用多重信息编码方式，提高信息加工处理的质量

对信息进行转换，使之适合于记忆储存，有语义编码又有形象编码的材料易记忆。

6. 重视复习方法，防止知识遗忘

第一，及时复习，在学习的当天进行复习。

第二，合理分配复习时间。在识记后不久，复习的次数要多一些，时间间隔要短一些。

第三，做到分散复习与集中复习相结合。集中复习就是把材料集中在一段时间内进行复习，分散复习就是把材料分配到几段相隔的时间内进行复习。复习难度小的材料可适当集中，复习难度大的材料可以采取分散复习的方式。

第四，反复阅读与试图回忆相结合。这种方法能使学习者及时了解到识记的成绩，从而提高学习的兴趣，激发进一步学习的动机。另外，这种方法还可以及时检查记忆效果，有利于提高复习的针对性。

第五，复习方法多样化。单调的复习方法容易使人产生疲劳和厌倦情绪，会降低复习的效果，在组织学生复习时，方法要灵活多样。

第六，运用多种感官参与复习。多种感官参与可以更好地提高记忆效果，在复习时应尽量运用多种感官参与，要眼看、耳听、口读、手写相结合。

【知识拓展】

适当过度学习

所谓过度学习，是指在学习达到目的后的附加学习。在日常教学中，对于本门学科的一些基本概念、基本原理的学习，仅仅达到目标是不够的，必须在全面理解的基础上达到牢固熟记、脱口而出的程度。当然，过度学习并不意味着复习次数越多越好。有研究表明，学习的熟练程度达到学习量的150%时，记忆效果最好，知识最牢固；超过150%时，效果并不递增，并且很可能引起厌倦、疲劳等而成为无效劳动。

第二节　思维

我们想订个学习计划，想办法摆脱一些烦心事以及在下棋、猜谜语、估计事件发生的可能性的时候，都在思维。早晨起来，推开窗户，看见对面屋顶是湿淋淋的，于是便推断"昨夜下雨了"。这时，我们并没有直接感知到下雨，而是在超出现实情境下，通过分析其他条件（如看到屋顶湿了），间接地推断出来的，这就是思维。

一、思维的概念

思维是人脑对客观现实概括的和间接的反映，它反映的是客观事物的本质及其规律性联系。平时人们说的"思考""考虑""揣度""反省""设想"等都是思维活动的形式。

思维是人类认识的高级阶段，它是在感知基础上实现的理性认识形式。例如，通过对人的观察分析得出"人是能言语，能制造和使用工具的高等动物"；根据对水的研究得出水和温度之间的关系，在压强为 101 千帕时，水的温度降低到 0℃，就会结冰，升高到 100℃，就会沸腾等。这些都是人脑对客观事物的本质及其规律的认识。

二、思维的特征

1. 间接性

思维的间接性，是指思维总是以一定事物为媒介来反映那些不能直接作用于感官的事物。如根据动物的行动可推知天气；根据太阳的位置可推知时间；内科医生不能直接看到病人内脏的病变，却能以听诊、做化验、切脉、测体温、量血压、做 B 超或 CT 检验等手段为中介，经过思维加工间接判断出病人的病情，这些都是人们凭借已有的知识经验间接认识的结果。思维的间接性使人们的认识摆脱了对事物的依赖，从而扩大了认识的范围。

2. 概括性

思维可以把一类事物共同的本质特征和规律抽取出来加以概括，这就是思维的概括性。一切科学的概念、定理和定律、法则都是人脑对客观事物的概括的反映，是思维概括的结果。例如，"花"这个概念，包含规定这一类事物为花的本质的特征，从而舍弃了形状、大小、颜色等非本质的特征。通过感知觉我们只能看到具体的一只鸟的外形和活动情况，而通过思维我们才能认识鸟的本质属性，如有羽毛、卵生的脊椎动物。也只有通过思维，我们才把不会飞的鸡、鸭列入鸟类，而不把会飞的蝙蝠、蜻蜓等列入鸟类。

三、思维的种类

（一）根据思维的发展水平不同，可以把思维分为直观动作思维、具体形象思维和抽象逻辑思维

1. 直观动作思维

直观动作思维是通过实际操作解决具体直观问题时的思维过程。它往往是人们在边做边想时发生的，具有直观实践性的特点。离开了感知活动或动作，思维就不能进行。实际动作便是这种思维的支柱。幼儿的思维活动往往是在实际操作中，借助触摸、摆弄物体而产生和进行的。例如，幼儿在学习简单计数和加减法时，常常借助手指点着具体物件来数的办法，实际活动一停止，他们的思维便立即停下来。成人也有动作思维，如技术工人在对一台机器进行维修时，一边检查一边思考故障的原因，直至发现问题排除故障为止，在这一过程中动作思维占据主要地位。不过，成人的动作思维是在经验的基础上，在第二信号系统的调节下实现的，这与尚未完全掌握语言的儿童的动作思维有本质的区别。

2. 具体形象思维

具体形象思维是人脑对表象进行的思维。表象是思维的材料，思维过程往往表现为对表象的概括、加工和操作。具体形象思维具有形象性、整体性、可操作性等特点。表象是当事物不在眼前时，在个体头脑中出现的关于该事物的形象。人们可以运用头脑中的这种形象来进行思维活动。在幼儿期和小学低年级儿童身上表现得非常突出，如儿童计算 3＋4＝7，不是对抽象数字的分析、综合，而是在头脑中用三个苹果加上四个苹果等实物表象相加而计算出来的。形象思维在青少年和成人中，仍是一种主要的思维类型。例如，要考虑走哪条路能更快到达目的地，便需要在头脑中出现若干条通往目的地的路的具体形象，并运用这些形象进行分析、比较来作出选择。在解决复杂问题时，鲜明生动的形象有助于思维的顺利进行。艺术家、作家、导演、工程师、设计师等都离不开高水平的形象思维。学生更需要形象思维来理解知识，并成为他们发展抽象思维的基础。

3. 抽象逻辑思维

抽象逻辑思维是用语言符号进行的思维。语言符号所体现的概念、公式、法则、定理、定律、命题等都是这种思维的主要材料。抽象逻辑思维不直接依赖所感知的事物的具体形象，它能超越生活经验的局限，把握事物的本质和规律。

概念是这类思维的基础。概念是人反映事物本质属性的一种思维形式，因而抽象逻辑思维是人类思维的核心形态。科学家研究、探索和发现客观规律，学生理解、论证科学的概念和原理以及日常生活中人们分析问题、解决问题等，都离不开抽象逻辑思维。小学高年级学生的抽象逻辑思维得到了迅速发展，初中生这种思维已开始占主导地位。初中一些学科中的公式、定理、法则的推导、证明与判断等，都需要抽象逻辑思维。

（二）根据思维的逻辑性可以把思维分为直觉思维和分析思维

1. 直觉思维

直觉思维是未经逐步分析就迅速对问题答案作出合理的猜测、设想或突然领悟的思维。例如，医生听到病人的简单自述，迅速作出疾病的诊断；公安人员根据作案现场情况，迅速对案情作出判断；学生在解题中未经逐步分析，就对问题的答案作出合理的猜测、猜想等。

2. 分析思维

分析思维是经过逐步分析后，对问题解决作出明确结论的思维。例如，学生解几何题的多步推理和论证；医生面对疑难病症的多种检查、会诊分析等。

（三）根据思维的指向性不同，可以把思维分为聚合思维和发散思维

1. 聚合思维

聚合思维又称求同思维、集中思维，是把问题所提供的各种信息集中起来得出一个正确的或最好的答案的思维。例如，学生从各种解题方法中筛选出一种最佳解法；工程建设中把多种实施方案经过筛选和比较找出最佳的方案等。

2. 发散思维

发散思维又称求异思维、辐射思维，是从一个目标出发，沿着各种不同途径寻求各种答案的思维。例如，数学中的"一题多解"；科学研究中对某一问题的解决提出多种设想；教育改革的多种方案的提出等。

聚合思维与发散思维是智力活动不可缺少的思维，都带有创造的成分，而发散思维最能代表创造性的特征。

（四）根据思维的创造程度不同，可以把思维分为再造性思维和创造性思维

1. **再造性思维**

再造性思维（常规性思维）是指人们运用已获得的知识经验，按现成的方案和程序，用惯常的方法、固定的模式来解决问题的思维。例如，学生按例题的思路去解决练习题和作业题，学生利用学过的公式解决同一类型的问题等。

2. **创造性思维**

创造性思维是指以新异、独创的方式解决问题的思维。创造性思维是人类思维的高级过程。许多心理学家认为创造性思维是多种思维的综合表现，它既是集中思维和发散思维的结合，也是直觉思维与分析思维的结合。例如，在从事文艺创作、技术革新、科学发明创造、教学改革等创造性活动时，创造性思维的表现就特别典型。

创造性思维具有以下三个方面的特征：

（1）流畅性：流畅性指个人面对问题情境时，在规定的时间内产生不同观念的数量的多少。该特征代表心智灵活、思路通达。对同一问题所想到的可能答案越多，即表示其流畅性越高。

（2）变通性：即灵活性，指个人面对问题情境时，不墨守成规，不钻牛角尖，能随机应变，触类旁通。对同一问题所想出不同类型答案越多者，变通性越高。

（3）独创性：指个人面对问题情境时，能独具慧心，想出不同寻常的、超越自己也超越前辈的意见，具有新奇性。对同一问题所提意见越奇特或独特者，其独创性越高。

（五）根据思维过程的依据不同，可以把思维分为经验思维和理论思维

1. **经验思维**

经验思维是以日常生活经验为依据，判断生产、生活中的问题的思维。例如，人们对"月晕而风，础润而雨"的判断；儿童凭自己的经验认为"鸟是会飞的动物"；人们通常认为"太阳从东边升起，往西边落下"等都属于经验思维。

2. **理论思维**

理论思维是以科学的原理、定理、定律等理论为依据，对问题进行分析、判断的思维。例如，根据"凡绿色植物都是可以进行光合作用的"一般原理，去判断某一种绿色植物的光合作用；科学家、理论家运用理论思维发现事物的客观规律；教师利用理论思维传授科学理论，学生运用理论思维学习理性知识。

四、想象

在人们的日常生活中，如读小说、看杂志、学生学习课本知识、逻辑推理等，有时无法也没必要进行亲身体验认知，大量进行着间接性的文本或言语学习，这就需要另一种高级认知形式——想象，它是人们日常生活中有效进行问题解决、进行创造性思维的重要基础。

（一）想象概述

想象是一种特殊的认知机制，其在内涵、功能、品质和构成方式上均呈现出不同的特点。

1. 想象的概念

想象是人脑对已储存的表象进行加工改造，形成新形象的心理过程。

对此概念我们应作如下的理解：

第一，想象是以感知过的事物形象为基础，即以记忆表象（储存在脑中的已有的表象）为原材料进行加工改造而形成的。例如，我们没有去过草原，但当我们读到《敕勒歌》中的诗句"天苍苍，野茫茫，风吹草低见牛羊"时，头脑中就会浮现出一幅辽阔草原的美丽景象。

第二，人的头脑不仅能够产生过去感知过的事物形象，而且能够产生过去从未感知过的事物形象。例如，法国科幻小说家凡尔纳在他小说中出现的霓虹灯、潜水艇、坦克、电视机等是他当时未曾感知过的事物，这些没有感知过的但又出现在头脑中的新形象是想象的结果。

第三，想象过程所产生的新形象称为想象表象。想象表象有四种类型：

其一，在现实中存在着但主体未曾感知过的事物的表象。

其二，历史性事物的表象。

其三，未来会有的事物的表象。

其四，在现实中不可能有的事物的表象。

由于构成想象表象的加工、改造过程是通过思维活动进行的，所以，想象是思维的一种特殊形式，是一种形象思维。

2. 想象的功能

想象作为一种必要的人类心理活动，具有独特的功能。

（1）预见功能。

心理学的研究表明，人从事任何活动（包括学习活动）之前，都必须首先在头脑中确立定向目标，即能够想象出活动过程及其结果，一旦活动过程结束，将是头脑中预定观念的实现，于是人的活动就有了主动性、预见性和计划性，这有助于活动的顺利完成。

（2）补充功能。

由于时间、空间的限制，原始人生活的情景、千百万年前发生的地壳变动和历史变迁、远方的风云变幻、各种宏观世界与微观世界的结构与运动状况等，我们要直接感知是很困难的，有的甚至是不可能的。在这种情况下，我们可以借助想象，弥补人类认识活动的时空局限和不足，超越个体狭隘的经验范围，拓宽人的视野，对客观世界产生更充分、更全面、更深刻的认识。

（3）替代功能。

在现实生活中，当人们的某种需要不能实际得到满足时，可以利用想象从心理上得到一定的补偿和满足。例如，儿童想当一名飞行员，但由于他的能力所限而不能实现，于是就手拿一架玩具飞机在空中舞起来，在游戏中满足了自己当飞行员的愿望。

（4）调节功能。

想象的形象会引起人的情感体验，从而调节人的情绪。这一点人们在阅读文学作品时体会最深。我们借助想象与故事里的人物一起欢笑、流泪，一起紧张、悲愤；借助想象还可以从书中的英雄人物身上获得精神的陶冶，发展具有积极倾向性的情感。同时，想象也是构成人的意志行动内部推动力不可缺少的因素之一。

（二）想象的构成方式

想象过程是一个对已有形象（表象）分析、综合的过程。想象的分析过程，是从旧形象中区分出必要的元素或创造的素材；想象的综合过程，是将分析出来的元素或素材，按照新的构思重新组合，创造出新的形象。想象的分析、综合活动有以下几种形式：

（1）黏合。

黏合是把两种或两种以上客观事物的属性、元素、特征或部分结合在一起而形成新形象的过程，如孙悟空、猪八戒、美人鱼、飞马等的形象。黏合方式是想象过程中最简单的一种方式，多用于艺术创作和科技发明。

（2）夸张与强调。

夸张与强调是改变客观事物的正常特征，使事物的某一部分或一种特性增大、缩小、数量加多、色彩加浓等在头脑中形成新形象的过程，如人们创造的千手千眼佛、九头龙及《格列佛游记》中的大人国、小人国等形象。还有，我们常看到的一些人物的漫画就是绘画者对人物特点进行夸张或强调的结果。

（3）拟人化。

拟人化是把人类的形象和特征加在外界客观对象上，使之人格化的过程。例如，《封神演义》《西游记》《聊斋志异》等古典名著中的许多形象，都采用了拟人化的创作手法。雷公、风婆、花仙、狐精、白蛇与青蛇等均是拟人化的产物。拟人化也是文学和其他艺术创作的一种重要手段。

（4）典型化。

典型化就是根据一类事物的共同的、典型的特征创造新形象的过程。这是一种在文学艺术创作中普遍采用的方式。例如，鲁迅笔下的阿Q、祥林嫂等形象创造，就是鲁迅综合某些人物的特点之后创造出来的。

（5）联想。

联想是由一个事物想到另一个事物，产生新的形象。想象联想不同于记忆联想，它的活动反向服从于创作时占优势的情绪、思想和意图。因而它往往会打破日常联想的习惯，创造出新的形象。例如，由"看见风景"联想到"看见心情"等。

（三）想象的分类及其产生条件

想象是学生进行学习的一个重要条件，教师在教学中必须根据想象的规律，组织好教学，积极引导学生展开各种想象，这样才能使学生更加主动、正确地理解所学知识，使教学达到良好效果。

根据新形象的形成有无目的性，可以把想象分为无意想象和有意想象。

1. 无意想象

无意想象也称不随意想象，它是没有预定目的，在一定的刺激影响下，不由自主地引起的想象。例如，我们看到天上的云，不自觉地把它想象成蘑菇、大象、羊群等；我们看到窗上的冰霜，不自觉地把它想象成美丽的树林、陡峭的山峰等。

梦是无意想象的极端情况。它是人在睡眠状态下的一种漫无目的、不由自主的奇异想象。在梦中，有时见到已故的亲人、昔日的朋友，体验到童年时代的激情，经历一些稀奇古怪的事情。从梦境的内容看，它是过去经验的奇特组合。按照巴甫洛夫的解释，人在睡眠时，大脑皮层会产生一种弥漫性抑制，由于抑制状态不平衡，皮层的某些部位出现活跃状态，暂时神经联系以意想不到的方式重新组合而产生各种形象，就出现了梦。

2. 有意想象

有意想象也称随意想象，它是有预定目的、自觉进行的想象，有时还需要一定的意志努力。根据新形象的新颖性、独特性和创造性的不同，可分为再造想象和创造想象。

（1）再造想象。

再造想象是依据词语的描述或符号的描绘在头脑中形成与之相应的新形象的过程。教师在教学过程中，应当运用各种方法唤起学生的再造想象。

再造想象的产生需要具备以下三个条件：

①必须具备丰富的表象储备。表象是想象的基础，一个人的表象储备越多，再造想象的内容也就越丰富。再造想象不仅依赖于表象的数量，而且也依赖于表象的质量，正确反映客观事实的材料越丰富，再造出来的想象内容也就越正确。如果缺乏必要的表象材料，再造想象时就可能歪曲事物形象，或者无法产生所要求的形象。

②为再造想象提供的词语及实物标志要准确、鲜明、生动。准确、鲜明、生动、形象的语言及实物标志便于人们理解并正确地进行再造想象，而含糊不清、模棱两可的东西，人们就很难正确、逼真地进行想象。采取生动形象的比喻，要比普通描述产生的再造想象的效果好得多。例如，在学习电脑文件名时，学生经常分不清什么是基本名和什么是扩展名，而如果我们说"文件的名字就像我们的姓名，是由姓氏和名字组成的，文件的基本名就像人的名字，扩展名就像人的姓，用以区分各类的文件"，学生就会很容易理解。

③正确理解词语与实物标志的意义。再造想象是由语言的描述和图样的示意所引起的，所以，正确理解和掌握词语与实物标志的意义对其具有重要影响。一个人读小说如果读不懂词语的意义，他头脑中就不可能形成关于主人公的形象；一个建筑工人如果不懂建筑符号所代表的意义，他就无法看懂建筑图，头脑中也就不会出现有关建筑物的形象。

（2）创造想象。

创造想象是按照一定目的、任务，使用自己以往积累的表象，在头脑中独立地创造出新形象的过程。创造想象对学生的学习也有着非常重要的意义。学生在绘画、作文、解应用题、进行实践活动的时候，均需要创造想象的参与。

创造想象产生的条件：

①强烈的创造愿望。创造愿望是创造想象的动力。社会发展不断地向人们提出创造新事物、解决新问题的要求，这种要求一旦被人接受，就会在人的头脑中变成创造活动的需要和愿望。如果这种创造的需要和愿望与活动相结合，并有实现的可能，就会转化为创造性活动的动机，人们就获得了创造想象的动力，也就会进行创造想象。

②丰富的表象储备。进行创造想象，首先要对事物进行详细的观察，储备丰富的表象材料。因为，想象依赖于已有表象材料的数量和质量。表象材料越丰富，质量越高，人的想象也就会越广、越深，其形象也会越逼真；表象材料

越贫乏，其想象也会越窄、越浅，有时甚至完全失真。

③积累必要的知识经验。人们面对一个完全陌生的领域是很难产生创造性想象的，而经过学习和培训，能够逐渐熟悉和了解这一领域，边学边做，直至成为行家里手。人们在这一领域中积累的知识和经验越丰富，完成任务的办法就越灵活多样。

④原型启发。原型是产生创造想象的必要条件，任何一个人对某一项目的发明创造或革新，都不是凭空臆想出来的，在开始时总要受到某种类似事物或模型的启发。例如，阿基米德原理是阿基米德在洗澡时看到水溢出盆外而得到启发后发现的；瓦特发明蒸汽机是受到蒸汽冲开壶盖的启发。原型之所以有启发作用，是因为事物本身的特点与所创造的事物之间具有相似性，存在某些共同点，可以成为创造新事物的起点。

⑤积极的思维活动。创造想象不是一般的想象，而是一个严格的构思过程，必须在思维的调节支配下进行。积极的思维活动在创造想象中是不可缺少的。在创造想象过程中，积极的思维活动要把以表象为基础的形象思维与以概念、判断、推理为手段的逻辑思维结合起来。一方面有理性、意识的支配调节，另一方面积极捕捉生活经历中各种有助于主体目标形象产生的表象，并迅速把它们组合配置，完成新形象的创造思维过程。

⑥灵感的作用。在创造想象的过程中，新形象的产生往往带有突然性，这种突然出现新形象的状态，称作灵感。灵感是产生创造想象的重要条件。例如，我们有时写文章，虽然经过长期构思酝酿，但久久不能落笔，突然有一天灵感来了，思路有了，文章一气呵成。灵感出现时通常具有以下特征：注意力高度集中于创造的对象上，意识活动十分清晰、敏锐，思维活跃。灵感并不是什么神秘之物，它是想象者在长期生活实践中不断积累经验的结果。由于想象者注意力高度集中在要解决的问题上，过去积累的大量表象被唤起，并且迅速组合，就构成了新的形象。

（3）幻想、理想和空想。

幻想是与个人愿望相联系并指向于未来事物的想象。根据幻想的社会价值和有无实现的可能性，可以把幻想分为积极的幻想和消极的幻想。

积极的幻想是符合事物发展规律，并具有一定的社会价值和实现可能性的幻想，一般称为理想。积极的幻想是创造性想象的准备阶段。大量的经验事实告诉我们，昔日的幻想在今日成为现实，古人幻想人能够像鸟一样在天上飞，而我们今天通过各种飞行工具已经实现了这个幻想。幻想的现实化是创造活动的动力和诱因。积极的幻想推动着人们积极地生活和工作，不断发明新事物，提高人类的生活能力，使人类的生活越来越美好。消极的幻想是不符合事物发展规律的、不可能实现的幻想，又叫空想。空想使人碌碌无为，一事无成。因此，有必要使有空想的学生认识事物发展的规律，回到现实中来。培养学生基于现实的积极幻想、崇高的理想，把学生引向对美好未来的憧憬是每个教师义不容辞的责任。

【知识链接】

培养学生想象力的方法

（1）要引导学生学会观察，丰富学生的表象储备。

（2）引导学生积极思考，有利于打开想象力的大门。

（3）引导学生努力学习科学文化知识，扩大学生的知识经验，以发展学生的空间想象能力。

（4）结合学科教学，有目的地训练学生的想象力。

（5）引导学生进行积极的幻想。

五、问题解决

人类掌握知识的目的归根结底在于解决问题，解决问题是一种高级形式的社会活动。加涅指出，"教育的一个重要终极目标，就是培养学生的问题解决能力——无论是数学问题、物理问题、健康问题、社会问题，还是个人适应的问题，都是如此"。

（一）问题解决概述

问题解决是思维的目的，掌握问题解决的规律，对于更有效地解决问题具有十分重要的意义。

1. 问题解决的含义

问题解决是指为了从问题的初始状态到达目的状态，而采取一系列具有目标指向性的认知操作的过程。根据梅耶（Mayer，1990）的观点，问题解决是"当问题解决者找不到明显的问题解决方法时，把特定情境转换为目标情境的认知加工过程"。一般来讲，问题解决的结果是形成一个新的答案，即超越过去所学规则的简单应用而产生的一个解决方案。以梵塔问题（也叫汉诺塔问题、河内塔问题，Tower of Hanoi Problem）为例，如图 3-2 所示，在一块木板上有 1、2、3 三个立柱，在 1 柱上串放着三个圆盘，小的在上面，大的在下面（当前状态）。让被试将 1 柱上的三个圆盘移到 3 柱（目标状态）。条件是：每次只能移动任何一个柱子上面的一个圆盘，但大的圆盘不能放在小的圆盘上，移动的次数越少越好。要将当前状态转变为目标状态，中间必须经过一系列操作步骤，也称为中间状态。这就是一个典型的问题，而问题解决就是从当前状态经过一步一步的中间状态，最后达到目标状态。

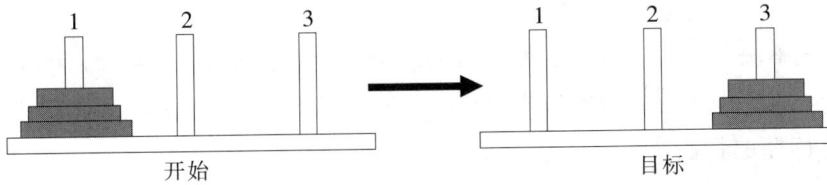

图 3 - 2　三个圆盘的河内塔问题

2. 问题解决的特征

（1）目的性。

问题解决是有明确目标指向的，它总是要达到某个特定的目标状态。问题解决的过程就是寻找和达到目标的过程。问题解决的过程可以通过直觉与猜测，也可以通过分析与推理，还可以通过联想与想象，但无论通过哪一种途径都必须受到目标的指引。

（2）序列性。

问题解决包含一系列心理操作，即认知操作，如分析、联想、比较、推论等。这种操作是成序列、有系统的，一旦序列出现错误，问题就无法解决。当然采用不同的方法和途径解决同一问题时会呈现出不同的序列。选择一种解决问题的方法和途径，实际上就是选择了一种序列和系统。

（3）认知性。

问题解决的活动必须由认知操作来完成，即通过内在的心理加工来实现。其活动依赖于一系列的认知操作来进行。解决问题当然有情感的伴随，也常常需要付诸行动，但是不可缺少的是认知操作。认知操作是解决问题的最基本成分。

（二）问题解决的一般过程

问题解决的基本过程是：发现问题→理解问题→提出假设→检验假设。

（1）发现问题：从完整的问题解决过程来看，发现问题是首要环节。

（2）理解问题：理解问题就是把握问题的性质和关键信息。摒弃无关因素，并在头脑中形成有关问题的初步印象，即形成问题的表征。

（3）提出假设：提出假设就是提出解决问题的可能途径和方案，选择恰当的问题解决操作步骤。提出假设是问题解决的关键阶段。

（4）检验假设：检验假设就是通过一定的方法来确定假设是否合乎实际、是否符合科学原理。检验假设分为直接检验和间接检验，间接检验的结果是否正确，最终还要由直接检验来证明。

（三）影响问题解决的主要因素

问题解决的思维过程受多种因素的影响，有些因素能促进思维活动对问题的解决，有些因素则妨碍思维活动对问题的解决。

1. 问题的特征

解决抽象而不带具体情节的问题时比较容易，解决具体而接近实际的问题时比较困难。此外，由于问题的陈述方式或所给图示的不同，也会直接影响问题解决的过程。如图3-3所示的九点方阵和火柴排图两个问题，看似简单，做起来并不容易，不容易的原因是受到知觉情境的限制。其中图中左上方的9个点，很容易使人在知觉上构成一个封闭的四边，从而让人难以突破知觉经验，但4条线段必须延伸到9个点构成的区域之外才能达到目的；而在图中右上方的6根火柴是在平面上排列的，但想在平面上排成4个连接的三角形，6根火柴无法达到目的，唯一的可能是将6根火柴架成立体的。

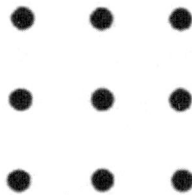

用不中断的4条
直线贯穿9个点

用6根火柴做成4个
彼此连接的三角形

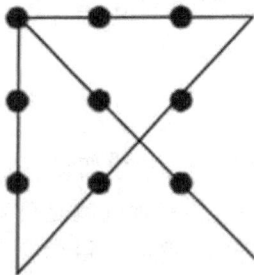

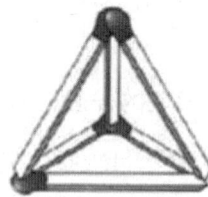

图3-3　两个问题及其解法

2. 迁移

迁移是指已经获得的知识、技能，甚至方法和态度对学习新知识、新技能和解决新问题的影响。这种影响可能是积极的，也可能是消极的，前者叫正迁移，简称迁移，后者叫负迁移或干扰。如汉语拼音学习得好、发音准确，则有助于国际音标的学习；一个方言很重的人，学习汉语拼音和国际音标就比较困难。在教学过程中，教师应充分发挥正迁移的作用，防止负迁移的发生。

Mary Gick 和 Keith Holyoak（1980，1983）曾用"放射疗法问题"来研究正向类比迁移对问题解决的影响，其内容大概是这样的：

想象你是一位医生，正在治疗一位胃部患有恶性肿瘤的病人。因为癌症非常严重，所以无法给病人做手术，但是你必须以某种方式消灭肿瘤，否则这位病人将会死去。你可以采用高强度 X 射线来杀死肿瘤。不幸的是，杀死肿瘤所需要的射线强度同样会杀死射线必须经过的健康组织。较低强度的射线可以不伤害健康组织，但是其能量不足以杀死肿瘤。你的任务是设计一种治疗过程，要求既能杀死肿瘤又不会破坏肿瘤周围的健康组织。

在解决这个问题之前，他们先给被试呈现了一个相对简单的"军事问题"：

有一位将军希望攻破一座城堡，城堡坐落在国家的中心位置。从城堡向外有很多条辐射状道路，但所有道路均埋有地雷，因此，尽管小队人马可以安全通行，但是任何大批军队都会引爆地雷。因此，投入全部兵力施行单一的直接进攻是不可能的。请问：将军应该怎么办？

实验结果表明，先前接受过军事问题训练者中有 75% 的人成功地解决了放射疗法问题，先前没有接受军事问题训练者中仅有 10% 的人正确回答了问题。可知，迁移影响问题解决。

3. 定势

定势是指使用原有已证明有效的方法解决新问题时的心理倾向，定势常常是意识不到的。定势在问题情境不变时有助于问题的迅速解决，而在问题情境变化时会妨碍人采用问题解决的新办法。消极的思维定势是束缚创造性思维的枷锁。定势对问题解决的妨碍作用可以从陆钦斯（Luchins，1942）的实验中看到。在实验中，告诉被试有三个大小不同的杯子，要求他利用这三个杯子量出一定量的水。其实验程序见表 3 - 1。实验结果表明，通过序列 1~5 的实验，由于被试形成了利用 B - A - 2C 这个公式的定势，结果，对序列 6 和序列 7，也大都用同样方式加以解决，竟然没有发现原本应该显而易见的简单办法（即 A - C 和 A + C）。在这个例子中，定势使问题解决的思维活动刻板化。

表 3－1 陆钦斯的量水问题实验序列

序列	三个杯的容量			要求量出水的容量
	A	B	C	
1	21	127	3	100
2	14	163	25	99
3	18	43	10	5
4	9	42	6	21
5	20	59	4	31
6	23	49	3	20
7	15	39	3	18

4. 功能固着

功能固着指个体在解决问题时往往只看到某种事物的通常功能，而看不到它在其他方面可能有的功能。这是人们长期以来形成的对某些事物的功能或用途的固定看法。

一个人看到某个物品有一种惯常的用途后，就很难看出它的其他新用途。如果初次看到的物品的用途越重要，也就越难看出它的其他用途。这是一种特殊类型的定势。这个概念是德国心理学家登克尔（Karl Duncker，1945）首先提出的。他在一个实验中，让学生们想办法在一块垂直的木板上放置蜡烛，并要使蜡烛能够正常地燃烧。登克尔给每个学生三支蜡烛，以及火柴、纸盒、图钉和其他东西。被试中有一半人分到的是放在纸盒里的材料，另一半人分到的东西都散放在桌面上。登克尔发现，把东西放在盒子里提供给被试，会使问题解决变得更困难，因为此时盒子被看作是容器，而不是能够参与解决问题的物体。在这个实验中，解决问题的方法是要先将盒子钉在木板上，把它当烛台用。

5. 原型启发

原型启发是指从其他事物或现象中获得的信息对解决当前问题的启发。其中具有启发作用的事物或现象叫原型。原型启发是根据事物的本质特征而产生新的设想和创意，多表现为一种创新思维方法。生活中所接触的每个事物的属性和特征在头脑中都可形成原型。这种思维方式应用非常普遍。人们通过对鸟翅膀构造的研究，设计飞机机翼；通过对蝙蝠超声波定位的仿效，制造出雷达；通过对狗鼻子构造的分析，发明了比狗鼻子更灵敏的电子嗅觉器……从飞鸟到飞机，从开水壶到蒸汽机，从海豹皮到南极探险服，从木蛀虫到地道导管软钻机……

原型对问题解决是否具有启发作用，一是看原型与要解决的问题之间是否存在特征上的联系或相似性，相似性越强，则启发性越大。二是看主体是否处于积极的思维状态，如果主体不能积极主动地展开联想、想象和类比推理，即使事物间的相似性极大，也难以受到启发。

6. 动机的强度

人在解决问题的过程中，总会伴随一定的动机，如人们的社会责任感、学习态度、学习兴趣等都可成为活动的动机。心理学家的研究表明：面对较复杂的问题时，中等偏低的动机强度有利于问题解决；面对较简单的问题时，中等偏高的动机强度有利于问题解决；一般情况下，适中的动机水平有利于问题的解决，过强或过弱的动机水平不利于问题的解决。因为太强的动机水平，会使人处于高度的紧张状态，因而容易忽视解决问题的重要线索。而动机太弱，个体又容易被无关因素所吸引。

除了上述的因素，个体的智力水平、性格特征、情绪状态、认知风格和世界观等个性心理特征也制约着问题解决的方向和效果。

（四）问题解决的策略

一般来讲，在制订计划或寻求解答的过程中，人们所应用的问题解决策略可分两类，即算法式和启发式。

1. 算法式

算法式指将达到目标的各种可能的方法都一一列出来并进行尝试，直至选择一种有效的方法解决问题。尝试错误法就属于典型的算法式策略。它能确保成功，在解决某一个问题时，如果我们选择的算法合适，并且又能正确地完成这种算法，那么就能保证获得一个正确的答案，这是算法式的根本特点。在学习过程中，这种例子屡见不鲜，例如，解一个 6 个字母组成的字谜（如source），假如确实有这样的一个词存在，你只要系统地改变这 6 个字母的排列顺序，每次到词典中去查字母构成的排列，最终就能找到一个匹配的词（如course 或者 source）。运用这种策略，问题解决者可能需要作出 720 种排列。可见这种算法费时费力，且在现实生活中实现起来会非常困难。

2. 启发式

启发式是人根据一定的经验，在问题空间内进行较少的探索，以达到问题解决的一种方法。启发式不能保证问题解决的成功，但比较省力。

主要有以下三种启发式策略：

（1）手段—目的分析法。

手段—目的分析法是将需要达到问题的目标状态分成若干子目标，通过实现一系列子目标最终达到总目标。手段—目的分析法有两种分析方式，一是把当前的状态转化为目标状态（见图 3-4），二是寻找消除差别的算子（见图 3-5）。

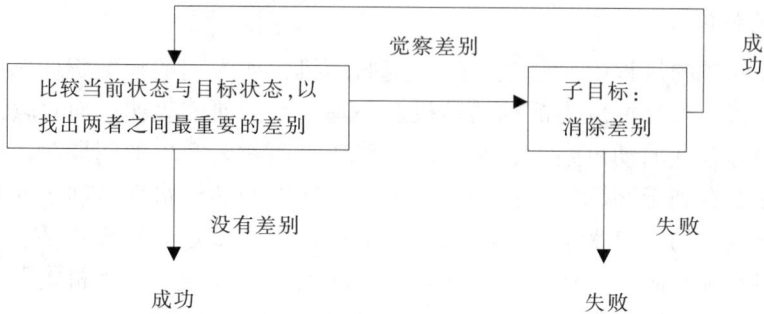

图 3-4　把当前状态转化为目标状态的分析方式

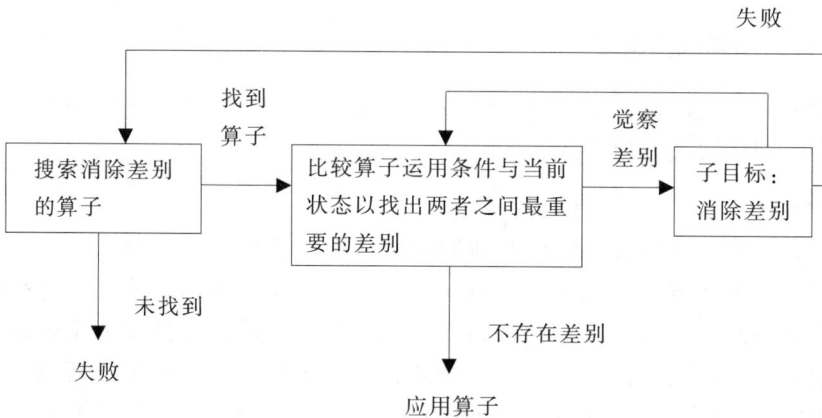

图 3-5　消除差别的分析方式

（2）爬山法。

爬山法是指采用一定的方法逐步降低初始状态和目标状态的距离，以达到问题解决的一种方法。爬山法就好像登山者，为了登上山峰，需要从山脚一步一步地登上山峰一样。爬山法和手段—目的分析法的不同在于后者包括这样一种情况，即有时人们为了达到目的，不得不暂时扩大目标状态与初始状态的差异，以有利于最终达到目标。比如，经过评价当前的问题状态后，限于条件，不是去缩小，而是去增加这一状态与目标状态的差异，经过迂回前进，最终达到解决问题的总目标。爬山也是一样，为了到达山顶，有时不得不先上矮山顶，然后再下来，这样翻越一个个的小山头，直到最终达到山顶。在日常生活中，爬山法是一种有用的方法，不少实际的问题就是靠这种方法解决的。例如，医生在给慢性病人用药时常常用这种方法确定用药的剂量。它的缺点是只能保证爬到眼前山上的最高点，而不一定是真正的最高点，问题解决者往往会到达一个"小山丘"而非真正的山顶。因此，问题解决者在使用爬山法时，最好选择几个不同的起点一起尝试，如果几个起点到达的均是同一个点，这一点才算是真正的目的地。

（3）逆向搜索法。

逆向搜索法是指从问题的目标状态开始搜索，直至找到通往初始状态的通路或方法。在有些问题解决中，从初始状态出发可以有多种走法，但只有一条路可以到达目标状态。在这种情况下，用逆向搜索法解决问题是比较可行的。其主要特点是将问题解决的目标分解成若干子目标，直至使子目标按逆推途径与给定的条件建立直接联系或等同起来，即目标→子目标→子目标→现有条件。例如，解下面问题：已知图 3−6 中的四边形 $ABCD$ 是一个长方形，证明 AD 与 BC 相等。从目标出发，进行反推时问题解决者可能会问：如何才能证明 AD 与 BC 相等？如果能证明 $\triangle ACD$ 与 $\triangle BDC$ 全等，那么就能证明 AD 等于 BC。下一步的推理就是：如果能证明两边和一个夹角相等，那么就能证明 $\triangle ACD$ 和 $\triangle BDC$ 全等。这样，从一个子目标出发反推到另一个子目标，以达到问题的解决。

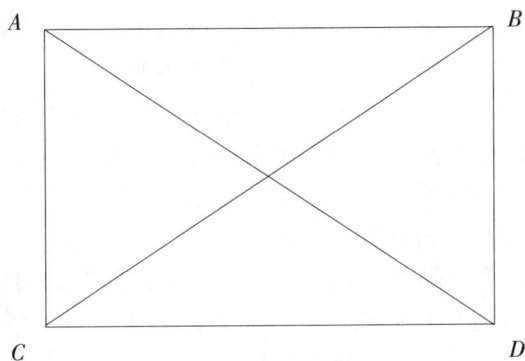

图 3−6　几何题，求证 $AD = BC$

（五）在教学中如何培养学生问题解决能力

在实际教学中，学生问题解决能力的培养完全可以依靠各科内容来进行训练和提高，教师要把重点放在课题的知识、特定学科问题解决的逻辑推理和策略、问题解决的一般原理和原则上。一般来说，问题解决的训练方法要以对问题解决过程的讨论为指导，遵循以下几点：

（1）创造适当气氛，鼓励主动质疑。

教师从外部提出问题，学生就比较被动。教师要鼓励学生在课堂上主动提问，尽量减少这样那样的限制，形成一种自由探究的氛围，从而培养学生的内在学习动机，逐渐从自己提问过渡到学生主动质疑。

放松的、愉悦的环境有助于创造性地解决问题。更重要的是，在问题解决过程中，学生必须感受到他们的观点将被接纳。那些在创造性问题解决中有出色表现的人与那些没有创造性的人相比，似乎更不怕犯错误，也不怕因为失败而受到嘲笑。成功的问题解决者把问题解决情境视为令人愉悦的情境，这意味着放松愉悦的氛围在教授问题解决的过程中是极为重要的。教师应该鼓励学生尝试各种不同的解决办法，切忌对其失败进行不当批评。

（2）提供难度适当的问题。

教师给学生提供的问题要有一定的难度，事先要了解学生的起点行为，即要对已有知识、原则进行重新整合，而不是重新学习新知识。问题过难不易于学生理解，也就不期待学生能解答；反之，问题过易也起不到应有的作用。每个学生的起点行为是极不相同的，如何做到难度适中呢？班级教学与个别辅导相结合被认为是一种行之有效的方法，有的教师在课堂练习中给学生布置数量不等的难题，效果较好。

（3）帮助学生正确表征问题。

教师要提示学生用所学知识理解问题，或者通过画草图、列表、写方程式等方式来表征问题。有研究表明，试图将解决问题的计划以及选择这个计划的理由说出来或写下来，可能有助于成功地解决问题。在生活中，有时向别人解释某个问题时，头脑中可能会涌现一个新的计划。加涅等人发现，让学生说出他们所采取的每一步的原因时，他们解决问题的能力要比其他人好得多。

（4）帮助学生养成分析问题的习惯。

学生应该始终注意对问题进行分析，牢牢掌握问题的目的与主要情境，将精力集中于解答的目的及其标准。教师要帮助学生发展系统思考问题的方式，养成系统分析的习惯。在这里，教师要注意：一方面，不能因为鼓励学生自己找答案，就采取放任的态度，让学生进行盲目的尝试、错误的练习；另一方面，也不能过分热心，越俎代庖，把结论抢先告诉学生。而是要使学生主动投入解题过程，鼓励学生提出多种解法，并鼓励学生不断进行尝试，自己寻找解答的方法。在学生实在有困难时，给学生提供适当的线索，或者补充必要的知识，以弥补其起点行为的不足。

（5）帮助学生从记忆中提取信息。

解决问题需要问题解决者对原有知识、原则进行重新组合。所以，教师要帮助学生从记忆中迅速提取与解决问题有关的信息，并能很快地找出可被利用的有效信息，明确问题情境与欲达到的目的，迅速作出判断。教师要注意帮助学生回忆、提取信息，而不是代替他们；要鼓励学生进行主动类比，但也要防止从过去的方式方法中直接寻找答案，造成思维定势。教师要鼓励学生从不同的角度看问题，有时学生习惯于按一种逻辑思维方式进行思考，教师应该提醒他们突破原有的事实和原则的限制。

（6）训练学生陈述自己的假设及其步骤。

教师要培养学生从引用别人的言语指导到自行指导思考，然后让他们用自己的言语表达出来。如四则运算题的先乘除后加减，最初教师做点提示、提醒，然后就可让学生自己看题并进行陈述。这样可进行自我强化。

（7）提供结构不良的问题，培养学生解决实际问题的能力。

教师要向学生时常提供一些结构不良的问题（或者缺少初始信息，或者缺少目标信息等），学生要解决这种问题，必须灵活运用过去所学的知识，并且通过对这些问题的解决，学生的知识能得到重新建构或组合，能够将解决问题的能力迁移到实际的问题解决中去。结构不良的问题可能存在很多的解决方案，因此，问题解决者必须对自己的观点和所选择方案的理由进行说明，这就需要他们具有良好的证明技能。这一点，教师应予以注意。

（8）训练学生对问题解决过程进行有效监控和调节。

教师要训练学生对问题解决过程进行调节。在解题之前，先充分认识问题的性质和特点，提取有关的策略知识；在制订和执行计划之中，要不断监控自己的行为，察看是否达到了预期的目的，并能对不正确的行为作出相应的调整；教师要鼓励学生验证答案，反思自己的解题过程，总结经验，并对所解决的问题进行归类整理，以提高问题解决能力。此外，教师要给学生提供充分的解答时间。实践证明，在时间紧迫的情况下，让学生做难题，学生难以完成时，很可能是草率了事。

此外，教师应该给学生及时的反馈。或许最有效的教授问题解决技能的方式就是给学生提供大量练习让学生得以尝试解决不同类型的问题，教师在学生解题过程中给予适当的反馈信息，指导学生正确解题。教师反馈的信息不仅涉及答案的正确性，而且涉及学生产生解法的过程。但在解决复杂问题的过程中，不宜过分强调伴有反馈的练习。

《 **本章小结** 》

记忆是过去的经验在头脑中的反映，也可以说是人脑对经验的识记、保持和再现的过程。记忆有三种不同的分类。记忆的每个过程都有其特定的规律而影响记忆的效果。思维是人脑对客观现实的概括和间接反映，它反映的是客观事物的本质及其规律性联系。想象是人对头脑中已有表象进行加工改造，创造新形象的心理过程。问题解决是为了从问题的初始状态到达目标状态，而采取一系列具有目标指向性的认知操作过程。这些心理现象都具有各自的分类与影响因素。本章提出了在教学中如何培养学生问题解决能力的建议。

【思考与讨论】

1. 记忆的分类有哪些？遗忘的规律和原因是什么？如何应用记忆规律促进中学生的有效学习？

2. 思维有哪些种类？创造性思维有什么特征？

3. 想象有哪些分类？

4. 问题解决的影响因素有哪些？

第四章　学习与学习策略

【本章学习要点】

1. 了解学习的基本概念。
2. 掌握行为主义、认知主义、人本主义和建构主义学习理论。
3. 熟悉学习策略的分类，认知策略、元认知策略和资源管理策略。

【案例导入】

再也不迟到了

　　哥哥小豪是一名小学四年级学生，与一年级的弟弟小刚就读于同一所学校。小豪性格开朗、热爱运动，课间总要到操场上疯玩一圈，上课铃响还不愿回到课堂，因此常常上课迟到。一天，老师就此问题批评了小豪，并电话通知了小豪和小刚的父亲。父亲知道后，在兄弟俩面前狠狠教训了小豪。在那之后的一段时间里，小豪发生了很大改变，上课再也没有迟到了，学习态度也端正了许多。而目睹哥哥被教训的小刚也悄悄发生了一些改变，他更加注意上课时间了，总是提前两分钟进入教室等待上课。

【思考与讨论】

1. 案例中的哥哥小豪为什么改变了行为？
2. 你认为弟弟小刚身上发生了何种学习过程？

第一节　学习概述

　　在日常生活中，"学习"这个词常常和教室、考试关联起来。在学生眼中学习就是看书、上课和写作业，然而，这些只是人类学习的部分形式，专指学生的学习，属于狭义的学习。在心理学研究领域，"学习"被赋予更丰富的内涵——既包含了感知、记忆、思维等认知成分，也涉及情绪、动机和动作技能等心理或行为特征。人类生命的全过程中都与学习息息相关，个体需要学习各种技能才能更好地成长与生存，需要进行社会化学习以在现代社会生活中更好地适应与发展。相比于其他物种而言，学习能力的优势使人类成为世界的主人。人类对现实世界的创新与改造也与人类得天独厚的学习能力密不可分。

一、学习概述

长期以来，各派心理学家从各自理论观点出发，对学习进行了不同的定义和解释，各派心理学家的定义具有一定的可取性，其中较为普遍的观点是把学习定义为"学习是指学习者因经验而引起的行为、能力和心理倾向的较持久变化"。

如何理解学习的概念呢？

首先，学习的标志是行为或行为潜能的改变，学习是个体获得新的技能、体验的过程，这种新的技能和体验应当在个体身上表现为可观察的行为转变或行为潜能的转变。如，学习了英语单词的小学生能够说出一些简单英语单词的含义，这是可观察的行为转变。有时这种行为转变是明确的、可测量的，但在另一些情况下，学习带来的结果不容易被发现。例如，当儿童第一次学习 20 个新的英语单词，在学习之时不能说出所有英语单词的含义。而在次日学习中，相比于陌生单词而言更容易学会这 20 个单词的含义。此时，发生改变的不是儿童学习单词的行为，而是其掌握这 20 个英语单词的潜能发生了改变。此时，我们不能认为学习过程没有发生。学习带来的变化可以是知识、技能的获得，也可以是兴趣、信仰、价值观的形成，还可以是情感、态度、人格的养成。

其次，学习的发生是由经验引发的。经验一般包括接受信息、简约信息、转换信息和评价信息的过程。个体在此基础上作出反应以适应或影响环境。生活中习得的习惯、学习的知识、掌握的技能和形成的观念等均属于个体的经验。个体行为、能力或心理倾向的改变由其他因素引起的，不能称其为学习。例如，青春期的个体，会对异性产生兴趣，这主要是生理成熟的作用。经验既可以指个体通过事件活动直接与客观世界发生交互，又可以指个体与客观世界发生交互后的结果，如个体在实践中获得的知识、技能等。经验是个体与客观世界发生交互而产生的，学习必须在这种交互作用中才能产生，这意味着由经验引发的行为改变方能称为学习。有些行为改变需要长期反复练习和经验方能产生，如学习一项复杂的手工技能，需要积累长期的实践经验方能掌握。但有些学习只需要短暂的经验即可，如目睹他人因闯红灯而发生惨剧，仅仅一次经验就可以让个体学习到遵守交通规则的重要性。

最后，学习引发的改变应是相对持久的，只有个体产生的行为或行为潜能的改变相对持久，我们才认为发生了学习过程。如疲劳可能引起行为改变，对任务的态度由一般态度转为倦怠与厌恶，一旦个体得到休整、疲劳感消除，个体的行为也会随之恢复、态度发生转变；麻醉药物可能使个体的正常意识受到破坏，作出一些怪异的行为或产生某些奇怪的想法，这些改变都是暂时的，当引起这些改变的因素消失后，这些改变也就停止了，此时个体发生的转变也不是学习过程。

二、知识的学习

（一）知识的类型与表征

尽管心理学家对知识的解释不尽相同，但普遍认为可以根据知识的功能不同，将知识分为陈述性知识和程序性知识；又可以根据知识表征的内容不同，将知识划分为命题和图式。

1. 知识的类型

根据知识的功能划分，可以把知识分为陈述性知识和程序性知识。

（1）陈述性知识。

陈述性知识也叫描述性知识，它是个人有意识地提取线索，因而能够直接加以回忆和描述的知识。主要用来说明事物的性质、特征和状态，用于区别和辨别事物。陈述性知识主要解决"是什么"的问题，具有静态的性质。例如，我们给出命题："蛇"是一种没有足的爬行动物，它像一根绳子。通过文字描述，我们能理解这句话的内涵并掌握其中包含的知识，还可以将其转述给其他人，命题就是陈述性知识中的一种。

（2）程序性知识。

程序性知识也叫操作性知识，它是个人无意识地提取线索，只能借助某种作业形式间接推测其存在的知识。程序性知识主要用来解决"做什么"和"怎么做"的问题，具有动态的性质。例如，骑自行车的技能是一种程序性知识，尽管我们可以将它描述为"双手抓住车把以控制方向，双脚轮流蹬自行车脚踏板来提供动力，眼睛注视前方观测障碍物"，但看过以上描述并不能帮助我们学会骑自行车这项技能。我们需要亲自尝试骑自行车，甚至可能需要在跌倒几次之后才能学会骑车。

2. 知识的表征

知识表征是指信息在人脑中的储存和呈现方式，它是个体知识学习的关键。人们在学习过程中，都需要根据自己对知识的不同表征而选择相应的学习方法和应用方法。

（1）陈述性知识的主要表征形式。

陈述性知识的主要表征形式是命题（命题网络）和图式。

命题是信息的基本单位，是陈述性知识的一种基本表征形式。它比句子更为抽象。一个命题就相当于一个观念，它是我们能够评价是非对错的最小的意义单元。两个或多个命题常常因为有某个共同的成分而相互联系在一起，从而构成了命题网络，或称为语义网络。

图式是认知结构的起点和核心，是将相互联系的概念、命题和表象组织起来而形成的有组织的认知单元，在记忆中表征一般知识的认知结构图式（或框架和脚本）。图式是指一个有组织、可重复的行为模式或心理结构，是一种认知结构的单元。

（2）程序性知识的主要表征形式。

程序性知识的主要表征形式是产生式和产生式系统。产生式是条件与动作的联结，即在某一条件下会产生某一动作的规则，它由条件项"如果"和动作项"那么"构成，即在满足某种条件的时候，我们作出某个行动。众多的产生式联系在一起，就构成了复杂的产生式系统，表征复杂技能的完成过程。

（二）知识学习的种类

面对不同知识，学习者将采用不同方法进行学习。教育心理学家根据知识的种类、学习任务的区别、原有知识与新知识之间关系的不同，将知识学习划分成了不同的种类。

1. 符号学习、概念学习和命题学习

根据知识种类的不同和学习任务的复杂程度可将学习分为符号学习、概念学习和命题学习。

符号学习又称表征学习，指学习单个符号或一组符号的意义，或者说学习它们代表什么。人们学习历史事件、历史人物、地理信息词汇、图标等均属于符号学习。

概念学习是通过掌握同类事物共同的本质属性来获得知识。例如，为了帮助学生掌握"鸟类"这个概念，教师向学生举例鹰、海鸥属于鸟类，有羽毛，会飞，卵生；鹦鹉、麻雀属于鸟类，有羽毛，会飞，卵生；鸵鸟也属于鸟类，有羽毛，不会飞，卵生。通过归纳若干种鸟的特点，学生获得"鸟类"的概念是体表有羽毛覆盖的卵生脊椎动物，是否会飞不是鸟类的本质属性。

命题学习是学习若干概念之间的关系，即掌握由几个概念联合构成的复合含义。其复杂程度高于概念学习。命题学习必须以概念学习和符号学习为前提。如"圆的直径是半径的两倍"这一命题，包含圆、直径、半径、倍数这些概念，要让学生掌握这一命题，必须先让学生理解其中涉及的概念。

2. 下位学习、上位学习和并列组合学习

根据新知识与原有认知结构的关系可以将学习分为下位学习、上位学习和并列组合学习。

下位学习（类属学习）指将概括程度或包容范围较低的新概念或命题，归属到认知结构中原有的概括程度或包容范围较高的适当概念或命题之下，从而获得新概念或新命题的意义。例如，学生在学习正方形、长方形、正三角形时已经形成了轴对称图形概念。在学习圆时，"圆也是轴对称图形"这一命题纳入或归属于原有轴对称图形概念，新的命题很快获得意义，学生立即能够发现圆具有轴对称图形的一切特征。

上位学习（总括学习）是指新概念、新命题具有较广的包容面或较高的概括水平，这时新知识通过把一系列已有观念包含其下而获得意义，新学习的内容便与学生认知结构中已有观念产生了一种上位关系。例如，儿童在知道"苹果""梨""香蕉""橘子"等概念之后，再学习"水果"这个概念时，新学习的概念总括了原有的概念，新学习的概念就更有意义。

并列组合学习是指当学生的新概念或新命题与认知结构中已有的观念既不产生下位关系，又不产生上位关系时，它们之间可能存在组合关系。学生学习"价值与价格之间的关系"，两者存在关联但两者不属于上位或下位的关系，此时发生了并列组合学习。

（三）知识学习的过程

知识的学习可以从宏观上分为三个阶段，知识的理解、巩固和应用。知识的理解是指学习者了解传递知识的语言文字符号的含义，并使其在头脑中唤起相应认知内容的过程，一般通过对教材的直观和概括化完成。知识的巩固是指个体通过识记、保持、再认或重现等方式对已经理解了的知识进行长久的保存，是在头脑中积累和保持个体经验的心理过程。知识的应用就是将所学的知识灵活、有效地运用到日常生活实践中，其实质是运用已有的认知经验去解决相关问题。

三、技能的形成

技能可划分成不同种类，针对每种技能学习者应采用不同的学习方法。

（一）技能及其分类

技能是通过练习而形成的合乎法则的活动方式。根据技能的性质和特点，

通常把技能分为操作技能和心智技能。

操作技能也叫动作技能或运动技能，是通过学习而形成的合乎法则的程序化、自动化和完善化的操作活动方式。具有客观性、外显性和展开性的特点。例如，网球开球动作中标准的向上抛球动作。

心智技能也叫智力技能或认知技能，它是借助于内部力量调节、控制心智活动的经验，是通过学习而形成的合乎法则的心智活动方式。特点是对象具有观念性、执行具有内潜性、结构具有简缩性。如默读、心算、观察与分析都属于心智技能。

（二）操作技能的形成与培养

学习者要掌握一项特定的操作技能需要经过技能形成阶段与特定的技能培养阶段。

一般来说，操作技能的形成应经历操作定向、模仿、整合和熟练四个阶段。操作定向，也称作操作的认知阶段，即理解操作活动的结构和程序的要求，在头脑中建立起操作活动的定向映象的过程。操作模仿指学习者通过观察实际再现特定的示范动作或行为模式。操作整合是把模仿阶段习得的动作依据其内在联系联结起来，固定下来，并使各动作成分相互结合，成为定型的、一体化的动作。操作熟练是操作技能掌握的高级阶段，这个阶段形成的动作方式对各种变化的条件具有高度的适应性，动作的执行达到高度的程序化、自动化和完善化。

教师在操作技能的培养过程中应进行准确的示范与讲解。准确的示范与讲解有利于学习者在头脑中形成准确的定向映象，进而在实际操作活动中调节动作。学生观察教师的示范、理解讲解内容后，应进行必要而适当的练习。练习是形成各种操作技能所不可缺少的关键环节，是动作技能形成的基本条件和途径，对技能进步有促进作用。一般来说，随着练习次数的增多，动作的精确性、速度、协调性、灵活性都会逐步提高。

教师和学生完成示范与练习后，学生应对学习过程进行充分而有效的反馈。反馈有利于学习者根据自身学习结果对学习方法、计划和目标作出相应的调整；也有利于教师调整教学策略。最后，学习者建立稳定清晰的动觉。动觉是由运动感觉和运动知觉构成的，是复杂的内部运动知觉，它反映的主要是身体运动时的各种肌肉活动的特性，如紧张、放松等，而不是外界事物的特性。动觉是运动知识获得的前提，是运动技能形成的心理基础。

第二节　学习理论

学习理论是对学习的实质及其形成机制、条件和规律的系统描述，其根本目的是要为人们提供对学习的基本理解，为形成科学的教学观奠定理论基础，为教学实践活动提供智力支持。21 世纪，人们对学习的看法发生了数次转变，每一次转变都对教学实践产生了重大影响。

一、行为主义学习理论

行为主义学习理论又称联结理论（connectionism），认为学习是学习者在刺激与反应间建立联结的过程，因此联结理论又称"刺激—反应"理论，联结主义学习理论重视强化在刺激—反应联结中的作用，其代表人物主要有桑代克、巴甫洛夫与斯金纳等。

（一）桑代克的"尝试—错误"学习理论

桑代克（Edward Thorndike，1874—1949），美国著名的心理学家。桑代克设计了著名的迷笼，选取猫作为实验对象，实验装置如图 4-1 所示。桑代克在迷笼外放置食物，将实验猫放入笼中，笼中设置有打开迷笼的开关。开始阶段，进入迷笼的实验猫会根据本能作出许多反应，无法逃出迷笼。直到猫偶然触发笼中的开关，逃出笼子，获得食物。如果将成功逃脱的实验猫再次放入笼中，猫随机作出的本能反应会明显减少，随着放入次数增加则紊乱动作更少，直到一放入笼中猫立即触发开关、获取食物。

图 4-1　桑代克的迷笼装置
（资料来源：Thorndike，1913）

通过以上研究结果，桑代克认为学习的过程是刺激与反应之间建立联结的过程，学习的实质是不断"尝试"，通过"盲目尝试—减少错误率—再尝试"建立联结。尝试的过程将产生许多错误经验，个体得到外界结果不如其愿，则自动放弃该反应。继续进行其他可能的探索，直到个体得到其想要的结果。个体根据环境反馈，放弃错误的尝试、保留正确尝试的过程，就是学习过程。桑代克将其称为"尝试—错误"（Trial and Error）学习理论。

桑代克认为，在"尝试—错误"过程中行为后果对学习过程起关键性作用，并提出三条学习的基本定律。①准备律。在进入活动之前，如果学习者对将要进行的活动有预备性反应，如心理上或生理上的准备，学习者能够更自如地完成学习；②练习律。学习者在实践中重复已形成的联结有助于增强此联结。③效果律。学习者在学习过程中收到的正或负反馈会加强或减弱学习者在头脑中的特定联结。效果律是最重要的学习定律。

（二）巴甫洛夫的经典条件反射

巴甫洛夫（Ivan Petrovich Pavlov，1849—1936），著名的生理学家，曾因为对动物消化腺的创造性研究而获得 1904 年诺贝尔生理学奖。巴甫洛夫与其助手在对狗的研究中发现，狗吃食物过程会分泌很多唾液，熟悉投食规律的狗只要听到助手的脚步声，就开始增加唾液分泌量。这一现象引起了巴甫洛夫的注意，他设计了一系列经典实验，利用呈现铃声与实验系统探究了这一现象，提出了"条件反射"（Conditional Reflex，CR）概念，即"经典条件作用"。

1. 巴甫洛夫的经典实验

巴甫洛夫提出形成条件反射的步骤是：①无条件反射（Unconditioned Reflex，UR）：狗吃到食物，口腔中的唾液分泌自然增加，这是正常的生理反应，不需要学习，这类反应称为无条件反射；在这个刺激—反应联结中，引起反应的刺激物是食物，此类刺激称为无条件刺激（Unconditioned Stimulus，US）。②给狗呈现铃声时，狗不会增加唾液分泌，此时对狗而言铃声属于无关刺激，又称为中性刺激（Neutral Stimulus，NS）。经过一段时间投食，食物呈现在狗面前时总是同时伴有铃声，多次重复后，狗听到铃声就开始分泌唾液，此时中性刺激与无条件刺激结合。③经过多次中性刺激与无条件刺激的结合呈现，狗听到铃声—分泌唾液的刺激—反应联结形成，此时铃声成了条件刺激（Conditioned Stimulus，CS）。具体如图 4-2 所示。

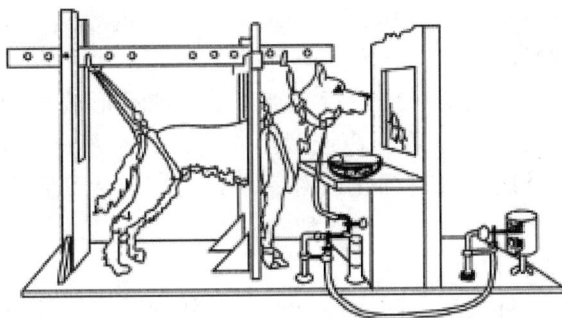

图 4 - 2　经典条件反射

（资料来源：Sternberg，1998）

2. 经典条件反射的规律

通过进一步研究，巴甫洛夫的实验团队得到了经典条件反射作用的几条规律。这些规律在当今教学中也具有相当深远的指导意义，值得当代教育者借鉴。

（1）不同时间的习得效果。

条件刺激（CS）与无条件刺激（US）之间进行联结的过程成为条件反射的习得过程。建立联结的方式可根据二者呈现时间先后顺序分为同时性条件作用、延迟性条件作用和痕迹性条件作用。

同时性条件作用是同时呈现条件刺激与无条件刺激。在巴甫洛夫经典实验范式中即为给狗呈现食物的同时呈现铃声。延迟性条件作用是先呈现条件刺激，条件刺激持续呈现的同时呈现无条件刺激，然后两种刺激同时消失。痕迹性条件作用是先呈现条件刺激，条件刺激结束后呈现无条件刺激。

经过试验发现，以上三种情况中延迟性条件作用形成条件反射（条件刺激先于无条件刺激 0.5 秒呈现）的效果最好；其次是同时性条件作用。如果先呈现无条件刺激后再呈现条件刺激，即使形成了条件反射，其强度和维持时间也比较微弱。

（2）消退。

习得过程发生后，需要进行强化，如果不进行强化，条件反射的效果会逐渐减退，直至消失。例如，狗对铃声形成唾液分泌的条件反射后，仍然以某种联系将铃声与食物呈现给狗，此时可以将食物视为强化物，条件反射作用在呈现强化物后将进一步得到巩固。如仅呈现铃声而不呈现食物，铃声—分泌唾液条件反射会逐渐消退。

（3）泛化与分化。

泛化指与条件刺激类似的其他刺激触发条件反射。如狗形成了听到三声响铃—分泌唾液的条件反射，在听到一声或两声响铃时也进行分泌唾液的反应。原条件刺激与新刺激越相似，越容易产生泛化。

分化与泛化相反，指对事物进行差别反应。如狗形成听到三声响铃—分泌唾液的条件反射，在对狗呈现一声或两声响铃时，狗不进行分泌唾液的反应。可以通过对三声响铃刺激进行强化或对一声、两声响铃刺激进行消退的方法得到分化效果。

（4）二级条件作用。

如已经形成了条件反射，引入一个新的条件刺激，将其与原条件刺激伴随出现，而不呈现原无条件刺激，此时原条件刺激充当了无条件刺激的作用，使新条件刺激与反应之间形成联结，此时发生了二级条件作用。如已在实验狗身上建立了铃声—唾液分泌的条件反射，在此基础上，我们引入一个新的中性刺激如亮光。此时给实验狗呈现铃声的同时伴随呈现亮光，一段时间后我们能在实验狗身上建立亮光—分泌唾液条件反射，这称为二级条件作用。在二级条件作用中，不需要借助无条件反射刺激，而原条件反射中的条件刺激充当了无条件刺激的作用。有机体在已有条件反射基础上形成新的、复杂的条件反射，有助于我们揭示许多复杂的学习过程。

（三）斯金纳的操作性条件作用

经典条件作用可以对个体的某些学习行为进行解释，如有机体对环境中的部分刺激作出反应、学会采取更优的反应以更好地适应外界环境。经典条件作用中个体的学习体现为对刺激进行反应，个体的反应一定程度上取决于一开始呈现给个体的无条件刺激，个体无法预测和干预呈现于自身的刺激，对刺激产生的反应是生物的、不由自主的。这与生活中部分学习的情况相吻合，但我们不难看出，现实中还存在另一些现象，个体可能为了获得某种成效而主动学习一些行为。例如，当婴儿第一次尝试呼唤"妈妈"后得到了妈妈的爱抚和关注，这种后果促使婴儿更加频繁地呼唤"妈妈"。行为始于自发，而不是受到刺激后被动进行反应。很显然，经典条件作用很难解释这类学习行为的发生机制。为了解释与上述情况类似的学习过程，学者们相继提出了新的理论。

1. 斯金纳的经典实验

著名行为主义心理学家斯金纳对桑代克的实验进行了改进。20 世纪 30 年代后期，斯金纳在桑代克"迷笼"的基础上改进得到了"斯金纳箱"，选取各种动物作为实验对象。实验中，动物被放置在斯金纳箱里，开始无序随机动作，偶然触发杠杆得到食物，经过几次重复，实验动物学会了操作杠杆得到食物（见图 4-3）。如是，斯金纳在实验动物身上建立了按压杠杆—获得食物之间的联结。斯金纳继而加大难度，为实验动物建立分化行为。例如，灯亮时按压杠杆将获得食物、灯灭时按压杠杆不能得到食物，数次实验后动物学会了亮灯按压杠杆获取食物的行为，而灭灯时不作反应。

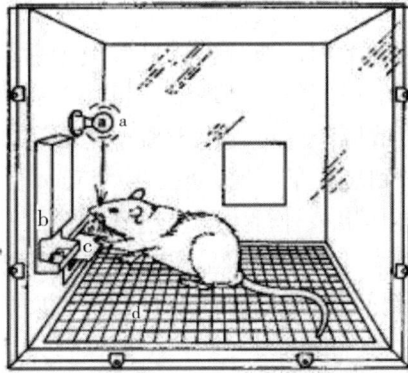

（a）灯　　　　　（b）食物槽
（c）杠杆或木板　（d）电格

图4-3　斯金纳箱

（资料来源：Coon D. , 1998）

2. 基本观点

经过大量研究，斯金纳认为存在两类学习，有机体作出的反应与反应后出现的刺激之间的关系起决定作用，它能影响此反应在今后出现的概率。学习的实质是反应概率的变化，强化是增加概率的手段。如果有机体自发出现某种行为，尾随呈现强化刺激，则该行为的出现概率增加；如果已得到强化的行为在今后出现时逐渐不呈现强化，则此行为出现的概率将减弱甚至消失。

3. 操作性条件作用的基本规律

斯金纳认为人和动物的行为分为两类：一类与经典条件作用类似，刺激引发了行为，学习过程是刺激—反应联结，属于应答行为；另一类称为操作性条件作用。在操作性条件作用下，个体的行为不是由刺激引发的，而是行为后带来的结果巩固了行为，诱发这种行为的再次出现。

（1）强化。斯金纳将行为产生的结果称为强化，将强化分为正强化和负强化。正强化通常是个体偏好的刺激，通过增加这类刺激出现的频率带来个体某种特定行为出现频率增加。如在斯金纳经典实验范式中，食物这一刺激作为正强化，出现频率越高，实验动物越频繁地按压杠杆。负强化通常是个体厌恶的刺激，通过减少这类刺激的出现频率，提升个体某种行为的出现频率。例如，在箱底通电的环境中，实验动物处于不愉快状态，此时按压杠杆可以中断箱底电流、缓解痛苦，在这个过程中停止电流为负强化。需要注意的是，正强化与负强化最终都会增加巩固行为或增加行为再出现的可能性。

斯金纳提出了逃避条件作用和回避条件作用两个概念。逃避条件作用只是当有机体所厌恶的刺激出现时，有机体作出反应逃避了厌恶刺激，该反应在今后类似情境中出现的概率会增加，如行人看见垃圾桶后绕道离开。回避条件作用指当预示厌恶刺激即将出现的信号呈现给有机体，有机体采取某种行动避免厌恶刺激出现，今后类似情境中此行为出现概率增加，如行人听到垃圾车即将驶来的警铃，即使还未看到垃圾车出现，就已经绕道而行。

（2）惩罚。当有机体作出某种行为后，呈现一个厌恶刺激，逐渐消除或减退有机体该行为的出现概率，此过程或呈现的厌恶刺激称为惩罚。惩罚与负强化不同，惩罚通过呈现厌恶刺激消退个体某种行为，而负强化通过减少呈现厌恶刺激塑造个体特定行为。一般认为，惩罚不能使行为永久改变，只能短期抑制，不能根除。

（3）消退。有机体曾经通过强化而塑造的行为，经过一段时间无强化后，此行为出现概率降低，这一过程称为消退。消退的结果是此行为逐步减少乃至消失，因而消退可用于减少不良行为，达到消除坏习惯的作用。

（四）班杜拉的社会学习理论

班杜拉是著名心理学家、社会学习理论和社会认知理论的奠基人，其社会学习理论建立在大量实验研究基础上，对现代教育事业具有深远影响。

1. 班杜拉的经典实验

班杜拉经典实验选取的被试是年龄阶段不等的儿童，班杜拉将被试分为 A、B 两组。实验第一阶段，A 组儿童观看影像，影像中放映的是一位儿童殴打一个娃娃，过了一会儿，一位成人出现，给该儿童一些糖果作为奖励。B 组儿童观看的影片是开头与 A 组儿童一样，不过影片中的成人出现后没给殴打娃娃的儿童带来糖果，而是为了惩戒该儿童的不良行为打了该儿童一顿。看完影片后，班杜拉将 A、B 组儿童一个个送进一间放有娃娃的房间，结果发现，A 组儿童学着影片中的样子殴打娃娃，而 B 组儿童很少有人殴打娃娃。这段实验说明，即使儿童没有经过直接的强化刺激，却从影片中的榜样身上学到了特定的行为模式。

实验第二阶段，班杜拉鼓励儿童学习影像中的儿童殴打娃娃，学得像的儿童可以得到糖果奖励。结果两组儿童都争先恐后地殴打娃娃。这说明，在观看影像的过程中，两组儿童都学会了殴打娃娃的行为，B 组儿童之所以一开始没有对娃娃实施殴打，是因为他们惧怕惩罚，即惩罚短暂抑制了该行为。一旦惩罚撤销或换为奖励，B 组儿童同样可以实施该行为。

2. 基本观点

班杜拉认为学习的实质是个体通过对他人行为和结果的观察，获得新的行为反应或修正已有的行为。认为学习包含四个基本过程，即注意、保持、再现和动机。注意过程保证观察者的认知资源对示范活动进行探索和觉察，决定了观察者选取哪个榜样、抽取哪种特定行为；保持过程将观看的瞬间经验转变为符号概念，形成内部表征，是再现的记忆支柱；再现过程根据内部表征获得指导，通俗而言即为模仿过程；动机过程决定观察者会表现出哪种行为。

3. 观察学习的基本规律

班杜拉认为习得的行为未必得到表现，影响观察者表现哪种行为的不仅是对观察者的直接强化，还有观察者的自我强化和替代性强化。

（1）直接强化。

直接强化，即观察者表现出观察行为，观察者本人得到了伴随呈现的强化。

（2）替代性强化。

替代性强化指学习者通过观察他人受到强化的过程，而提高了自身行为的发生概率。如经典实验中被试观察影片中的儿童得到了奖励，从而表现出殴打娃娃的行为。

（3）自我强化。

人能够自发地预测自身行为和行为结果，依据信息反馈进行自我评价和自我调节，根据自己的内在标准观察自己、进行判断，为自己提供强化或惩罚。

班杜拉的社会学习理论揭示了人类极为普遍的学习形式，其思想对学生的行为习惯、道德品质的形成以及语言知识、人际交往能力的学习方面均有重要的指导意义和参考价值。

总的来说，行为主义学习理论以行为心理学的视角看待学习，认为学习是刺激—反应联结或强化带来的行为改变，各类实验范式关注个体行为或行为出现频率的改变，对于学习的内在动机、学习中个体发生的认知改变并未进行深入探讨。那么刺激究竟如何影响着个体的行为反应呢？个体行为反应发生变化伴随怎样的心理机制？认知心理学家更为关注学习的中间过程，探讨刺激—反应联结内在的发生机制、学习过程内部的各个心理过程。

二、认知主义学习理论

认知心理学家认为，学习是个体主动理解外界信息并在脑海中形成认知结构的过程，这一过程不是由个体习惯或条件反射控制，而是被个体预期所引导的。教学的目标在于帮助个体将新的知识内化到其原有认知结构中。认知派的学习理论主要有以下观点。

（一）格式塔学派的顿悟学习

德国著名心理学家苛勒（Wolfgang Kohler，1887—1967）以大猩猩为实验对象系统探究了猩猩的行为，并于1925年出版了重要著作《猩猩的智慧》，为其后续提出格式塔学说奠定了基础。格式塔理论重视知觉的整体性，认为知觉作为整体而言有别于个别感觉的叠加效果。格式塔理论认为学习也秉承了其主要观点，认为学习是整体过程，学习者对环境信息进行重新组织实现了学习过程。

1. 苛勒的经典实验

苛勒在研究中关注猩猩解决问题的行为，发现了"取香蕉"经典实验范式。实验者在黑猩猩的房间里悬挂一串香蕉，黑猩猩可以看到香蕉的存在，但其身高不足以直接取食香蕉。同时，实验室地上放着几个箱子。研究结果发现：刚看到香蕉时，黑猩猩尝试跳跃抓香蕉，数次失败后黑猩猩不再跃起进行尝试，而是在房间中行走、观察，经过一段时间的观察，黑猩猩走到箱子前面，站立不动，过一会儿，黑猩猩将箱子搬到香蕉下方，站在箱子上取食香蕉。如果一个箱子不够，黑猩猩可能叠加更多箱子以取食。在此基础上，苛勒还以黑猩猩为实验对象设计了其他问题解决情境。通过系列研究，苛勒发现黑猩猩并不是采用试误法学习取食香蕉的，黑猩猩解决"取香蕉"难题的过程好像是突然发生、一蹴而就的。

2. 顿悟说的基本内容

（1）学习通过顿悟过程实现。

苛勒将这种突然发生的学习命名为顿悟（insight）学习。在人类的学习中也存在许多顿悟学习的例子，如突然闪现的灵感让我们解决了苦苦寻思的难题，顿悟突然而来、毫无征兆。为什么会出现顿悟？目前学者对此回答各不相同，但关于顿悟学习已有几点共识：首先，顿悟学习依赖问题呈现的情境，情境中包含信息与答案核心内容越吻合，越容易发生顿悟学习，如在本实验中，箱子离香蕉越近，黑猩猩越容易发现两者之间的联系；其次，顿悟学习产生后，并非转瞬即逝，顿悟可以重复出现在以后的相同情境中；最后，产生于一种情境的顿悟学习可以迁移到其他情境中，个体学习的是手段—目的的认知关系而非刺激—反应的特定联结。例如当黑猩猩学会站在箱子上取食后，可能在另一情境中学会把木棍接起来取香蕉。

（2）学习的实质是主体进行认知重组。

苛勒提出，认知重组观点可以揭示此类学习现象。例如，在黑猩猩的认知结构中已存在箱子的用途和单凭自己身高无法取得香蕉的情境，经过思考，黑猩猩突然发现两者之间的联系，在认知结构中将已有信息进行重组，成功解决了取食香蕉的问题。学习过程中的问题解决，都是基于个体对情境中各种事物的内在关系有充分理解而完成的，苛勒将这种对情境的整体理解称为"完形"。

（二）托尔曼的认知学习理论

托尔曼（Edward C. Tolman，1886—1959）与早期行为主义心理学家一样关注个体行为的研究，但他认为学习发生的理论框架不应是简单的"刺激—反应"联结，此联结中存在"中介变量"，据此，人们将托尔曼的理论称为认知行为主义。

在托尔曼的理论体系中，完整的行为包含三个要件：①外部环境或个体内部生理条件的刺激。②某种中介变量。③由此产生的行为反应。托尔曼认为，要分析个体的行为，就必须将个体认知纳入考虑范围中，认知刺激—反应的中介变量。

1. 位置学习

托尔曼的学生麦克法兰（Macfarlane）报告了白鼠学习迷宫实验的有趣现象。麦克法兰在迷宫中灌水，让实验白鼠学习在迷宫中游泳行进到达目的地。白鼠很快学会如何在迷宫中游到目的地，问题是，白鼠在此实验中学会的到底是什么？是系列动作的刺激—反应联结？还是学会了迷宫中的位置信息？

为了解开这个疑问，麦克法兰将迷宫中的水清除，将白鼠放在同样结构的干燥迷宫中，已学会游到目的地的白鼠能够迅速奔跑并找到目的地。这个实验结果表明，白鼠在游泳中学会的内容在奔跑情景中得以保持，白鼠的学习发生了迁移。据此，托尔曼认为，白鼠在迷宫中掌握了迷宫的空间布局，而不仅仅是如何游向目的地的系列动作，这成功地解释了白鼠采用游泳动作与奔跑动作均能够快速抵达目的地的现象。托尔曼将白鼠在迷宫中学会的内容称为"认知地图"，即迷宫中的位置信息。例如，构建了认知地图的白鼠知道迷宫中哪条路通向食物、哪条路最近。一旦这种信息同化到白鼠的认知地图中，白鼠明白在迷宫中如何行进能够快速获取食物，而不是依靠固定的系列动作。

托尔曼认为，认知地图是关于某一局部环境的综合表象，它不仅包括事件的简单顺序，而且包括方向、距离甚至时间关系等。而位置学习就是根据对情境的认知，在当前情境与达到目的的手段、途径间建立起一个完整的符号系统。

不妨请你设身处地地想一下，你每天是怎样从自己的寝室走到教室的呢？在你的头脑中，是否有一幅校园的认知地图？如果你是一位在校的老学生，头脑中建立了校园的认知地图，你自然就知道，要从寝室走到教室，必须先经过邮局，向东拐弯，走大约300米之后经过书店，再向北走50米就到了。你还知道，这段路大约需要 5 分钟。在你的认知地图中，寝室、邮局、书店等位置标志和方向、距离、时间等组成一个系统，它帮助你在校园中正确定向。但是这个系统又是可变的，如果有一天邮局改变了位置，你也不会因此而迷路。

2. 潜伏学习

托尔曼认为，强化不是学习所必需的。在一个经典的实验中，将实验白鼠分为三组，训练它们走一个复杂的迷宫。A 组白鼠在正常条件下训练，跑到目的箱之后总能得到食物；B 组白鼠始终没有得到食物；C 组白鼠在开始 10 天中没有得到食物，到第 11 天才得到食物。

A 组的错误逐渐减少；B 组的成绩有变化，但没有显著提高；C 组的成绩在没有食物强化的头 10 天里与 B 组一样差，然而一旦有了食物，成绩骤然上升。错误次数与 A 组一样，甚至更少。托尔曼认为，三组白鼠的学习情景是一样的，差别仅仅是有没有食物强化。B 组白鼠没有受到强化，但也在学习，只不过学习效果没有表现出来，托尔曼称这种学习为"潜伏学习"（latent learning）。C 组白鼠在没有食物的头 10 天也存在潜伏学习，它们与 A 组白鼠一样获得了关于迷宫的认知地图，只是由于没有食物，学习效果也没有表现出来。当 C 组白鼠在第 11 天得到食物强化后，学习效果立刻就表现出来了。

托尔曼认为，学习不仅需要知识，而且要有目标（如走到目标箱获得食物）。如果没有目标，学习就可能表现不出来，其结果不一定体现在外显的行为中。

（三）布鲁纳的发现学习论

布鲁纳是美国著名的认知教育心理学家，他着重研究学习过程中个体内部认知过程及学习理论、教育理论在实践中的应用。布鲁纳重视学生的主观能动性，关注学生自主探索，主张发现学习的方式，使新的知识结构内化为学生的认知结构，他的理论被称为发现学习论。

1. 学习观

布鲁纳对学习持有独到看法，对学习的过程提出了新的假设。

（1）学习的实质是主动形成认知结构。

布鲁纳认为，学习的实质是主动形成认知结构，十分强调学习的主动性，重视认知结构。布鲁纳认为，学习的本质不是被动地形成刺激—反应的联结，而是主动形成认知结构。学习者主动地获取知识，并通过把新获得的知识和已有的认知结构联系起来，积极地建构其知识体系。

（2）学习的三个过程。

布鲁纳通过研究发现，学习包括获得、转化和评价三个过程，且这三个过程同时发生。知识在获得阶段所获取的新知识可能是以前知识的深化，也可能与原有知识不一致。接下来需要对新知识进行转化，我们可以运用各种方法对新知识进行转化，使之与原有认知结构相适应，从而适应新的任务。评价可以审核转化过程是否符合新任务的要求，通常包含对知识的合理性进行判断。

2. **教学观**

布鲁纳对教学提出了新的看法。

（1）教学目的在于构建学科的基本结构。

布鲁纳认为学习任何一个学科的最终目的在于构建关于本学科的良好认知结构。因此，教师应当明确学科所包含的主要要素和各要素之间的关系，明确本学科的知识结构，并采取各种教学方法，帮助学生构建获得、转化和评价的知识结构，最终将知识结构内化为学生自身的认知结构。如此，书本中的知识就被学生充分掌握了。

（2）教学原则。

布鲁纳认为教学中应注意以下四条原则：

①动机原则。内部动机是维持学习的基本动力，学生具有三种基本内在动力，即好奇内驱力（求知欲）、成就内驱力和互惠内驱力（与人和睦相处的欲望），教师可以通过激发学生的内在动力达到教学目标。

②结构原则。知识结构可以用动作、图像和符号进行表征，教师应当结合学生的知识背景和课程性质决定选取何种呈现方式。

③程序原则。教师应当引导学生陈述问题、描述学科结构，帮助学生对所学知识掌握、转化和迁移。

④强化原则。教师在教学过程中应该适当制定强化时间和强化步骤，帮助学生巩固已学成果。

（3）提倡发现学习。

布鲁纳认为发现法是学习的最佳方法，曾提出"发现是教育儿童的主要手段"。布鲁纳的发现学习是指在学习情境中，学生自主探索、寻找问题答案的一种方法，发现学习不限于行为探索，也包含学生通过脑力进行思考、探寻新知识等一切范畴。布鲁纳认为，发现学习的优点在于：一是学生自行发现、组织的知识，有助于长期记忆；二是学生主动思维式的学习活动，有助于智力开发；三是发现学习为学生带来成就感，无须额外激励；四是发现学习的学生易形成主动学习的习惯，有助于以后的独立求知。

大量实践证明，发现学习有利于激发学生的好奇心及探索未知事物的兴趣，有利于调动学生的内部动机和学习积极性，并有利于学生创造性思维的发展。这是其可取之处。但是，发现学习也存在某些局限，如消耗时间、不能保证学习进度；学生需要具备基本的知识技能，否则难以完成学习任务，故在低年级学生中无法应用此教学方法。对于思维迟缓或能力较差的学生而言，则易产生挫败感，挫伤学习兴趣。有的研究者认为，我国近年来开展的研究性学习，其实质与发现学习一致。

（四）奥苏伯尔的有意义的接受学习论

奥苏伯尔是和布鲁纳同时代的著名教育心理学家，他对学习进行了分类，根据学习方式把学习分为接受学习和发现学习，又根据学习材料与学习者原有认知结构的关系把学习分为机械学习和意义学习，并认为学生的学习主要是有意义的接受学习。

1. 意义学习与机械学习

奥苏伯尔认为，意义学习本质是将以符号形式呈现的新知识与学习者认知结构中已有的适当观念建立起非人为的和实质性的联系。相反，如果学习者不理解新知识的本质，只记住其呈现出的符号，则是一种死记硬背的机械学习。奥苏伯尔认为实质性的联系是指即使变化个别表达词语，但意思相同的也是等值的，此联系不是字面意义上的联系。非人为的联系指联系不是随机的、任意建立起来的，而是建立在合理的逻辑基础上的。

意义学习的产生受客观和主观双重条件影响。从客观条件来看，意义学习的材料本身必须具有逻辑意义，符合学生的认知结构使其能够理解，在学生的接受能力之内。一般而言，教材中呈现的知识多具有逻辑意义。从主观条件来看，学习者必须具备一些心理条件。首先，学习者具有一定的认知结构，用于同化新知识；其次，学习者有进行意义学习的欲望，具有主动地将新旧知识建立联系的倾向；最后，学习者必须积极主动地实现新旧知识之间的联系，从而揭示新知识的意义。

2. 接受学习与发现学习

奥苏伯尔认为，接受学习，顾名思义，是指学生在教师指导下接受知识的学习方式。在接受学习中，知识大多是现成的、已有定论的、科学的基础知识，通过教科书或教师的讲述，以定义的形式直接呈现。发现学习是指学习内容不以定论的形式呈现给学生，而是由学生自己探索并与已有知识建立联系。因此，接受学习与发现学习之间的本质区别在于学生在将新旧知识相联系之前，是否存在发现探索过程。

接受学习并非被动学习，学习者仍是主动的。在学习新知识时，学生在教师的引导下，运用既有知识从不同的角度去吸收新知识，最终内化到其知识结构中。接受知识的心理过程为：首先，在认知结构中找到能同化新知识的有关观念；然后，找到新知识与起固着作用的观念的相同点；最后，找到新旧知识的区别，使知识不断系统化。不过，学生经由接受学习而产生意义学习的历程也并非全是主动的，要靠教师的教学技巧予以促成。

3. 奥苏伯尔学习理论在教学中的应用

奥苏伯尔的学习理论在课堂教学、教材编撰等诸多方面具有现实指导意义。

（1）课堂教学的原则。

奥苏伯尔提出了课堂教学的两条原则。一是逐渐分化原则，即教师应当先传授一般的、大范围的观念，然后根据具体细节对观念进行分化，这样可以为每个知识点提供理想的知识结构作为支撑。二是综合贯通原则，即教师应当引导学生在学习中对新旧知识进行比较，通过比较异同在观念之间建立起联系。

（2）先行组织者策略。

"先行组织者"是指在学习任务开始之前呈现给学生的引导性材料，具有比学习任务更高的抽象概括水平，并帮助学生在新旧知识间建立联系。奥苏伯尔认为，在教学中设置先行组织者有助于学生在旧有知识结构中找到新知识的固着点，有利于学生在掌握新知识的同时完善学科知识结构。

4. 奥苏伯尔与布鲁纳学习理论的异同

奥苏伯尔的意义学习和布鲁纳的发现学习具有相同之处，就学习的基本理论而言，二者都重视学生的主动性，都强调新知识的学习对已有知识的依赖性，都强调认知结构对学习新知识的重要性，以及认同认知结构的可变性。但在教学组织上，二者存在很大差异。布鲁纳反对教师系统讲解教学内容，主张学生自行探索其中的道理；而奥苏伯尔则认为，教学应当以教师讲解为主。事实上，接受学习是学习者掌握人类文化遗产及先进的科学技术知识的主要途径。在接受学习中，学习者可以在较短时间内掌握大量知识，所得知识系统、完整、精确，且便于存储。因此，奥苏伯尔所倡导的接受学习有其合理性。

（五）加涅的信息加工学习理论

加涅是20世纪最有影响力的著名教育心理学家之一，他结合了行为主义学习理论和认知学习理论的观点，力图将行为主义的刺激—反应学习模式和认知心理学的学习分类模式融合起来，建立综合的学习理论。

1. 学习的信息加工模式

根据现代信息加工理论，加涅提出了学习过程的基本模式（见图4-4），模式展示了学习过程的信息流程，对于理解教学和教学过程、安排教学事件具有应用意义。

长时记忆

短时记忆

期望事项

执行控制

反应发生器

感觉登记

反应器

感受器

环境

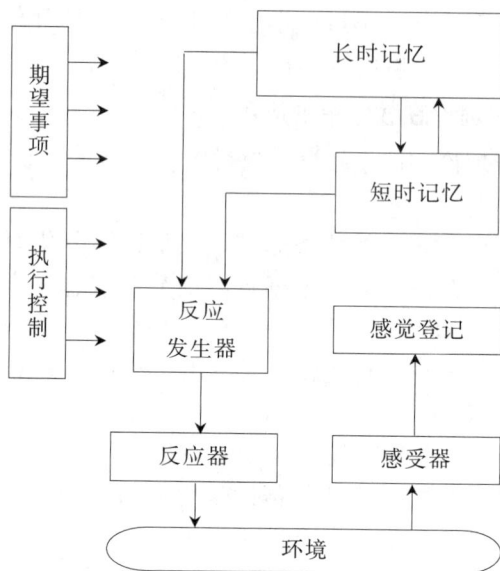

图4-4　加涅信息加工模式

根据该模式，环境中刺激首先到达感受器，感受器将物理信息转换为神经信息，进行感觉登记，发生短暂的记忆储存，此时注意或选择性注意将影响信息被登记或消散。一旦信息被登记，则进入短时记忆，短时记忆可以容纳7个左右信息组块二三十秒，超过7个的信息组块无法保持在短时记忆中，会被新的信息取代。经过复述或其他记忆策略，短时记忆中的内容被编码、储存进入长时记忆。通常认为长时记忆对信息进行永久储存，经过提取就可以进入反应发生器，也可回到短时记忆，对信息内容进行再考虑后进入反应发生器作出反应。

在这一过程中，学生的期望事项和执行控制起到重要作用。期望事项指学生的学习目标即学习动机。执行控制指学生在学习过程中的认知策略决定哪些信息从感觉登记进入短时记忆、如何进行编码、采用何种提取策略等。

2. **学习阶段**

依据学习的信息加工模式，加涅把学生的学习过程划分为八个阶段。

（1）动机阶段。即学习者动机产生的过程。有效的学习离不开学习动机，因此在教育教学情境中，首先要考虑的是激发学生的学习动机，形成学习期望。

（2）领会阶段。即学生对学习材料的注意和觉察过程。通过这一过程，刺激会被进行知觉编码，储存在短时记忆中。因此，教师应采用各种手段来引起学生的注意。

（3）习得阶段。即学生把感知到的材料在短时记忆系统中进行编码的过程。在此过程中，教师可以给学生提供各种编码的方法，鼓励学生选择最佳的编码方式。

（4）保持阶段。即把习得的信息以语义编码的形式进入长时记忆储存的过程。如果对学习材料作适当安排，可以减少干扰，提高信息保持的程度。

（5）回忆阶段。即学生把已经在长时记忆系统中保持的信息给予重现的过程。

（6）概括阶段。即学生把已经获得的知识推广到更广泛的领域中去的过程。这也是学习迁移的问题。教师必须让学生在不同情境中进行学习，并提供在不同情境中运用提取过程的机会。同时，更为重要的是要引导学生概括和掌握其中的原理和原则。

（7）作业阶段。一个完整的学习过程只有通过作业才能反映学生是否已习得所需内容。教师要提供各种形式的作业，使学习者有机会表现他们的操作。

（8）反馈阶段。即对操作的效果进行评价的过程。教学过程中教师应及时给予反馈，让学生知道自己的作业是否正确，从而强化其学习动机。

加涅提出的学习的信息加工模式和学生学习的阶段，为理解教学和教学过程、进行教学设计提供了可操作性的思路。

三、人本主义学习理论

20 世纪 60 年代在美国兴起了一股新的心理学思潮——人本主义心理学（Humanistic Psychology）。人本主义心理学家相信人的自我治愈能力，尊重人的价值与主观能动性，着重研究人的价值与自我实现。其研究理念是以整体的视角看待人，关注人的需求、欲望、感情和价值观等内在心理机制，被称为心理学的"第三势力"。

（一）有意义的自由学习观

人本主义不局限于解释简单的反应或只解释知识学习，而是拓宽视野，关注人的自我实现，关注知识与学习者之间的关系。根据学习对学习者的意义，人本主义心理学家将学习分为无意义学习与有意义学习，着重倡导有意义学习。所谓有意义学习，指个体通过学习不仅增长知识，还能将知识融合在个体各部分经验当中，充分促进个体的行为、态度、个性发展。

（二）学生中心的教学观

人本主义心理学的创始人罗杰斯首先将人本主义应用在心理咨询中，称为"心理咨询中人本主义学派"的鼻祖，是"当事人中心疗法"的创始人。罗杰斯认为能促进学习的心理氛围是：真诚一致、无条件积极关注和充分移情理解。

罗杰斯的教育观秉持这一理念，以学生为教育中心，认为学校为学生而设、教师为学生而教。因此，罗杰斯的教育主张又被称为学生中心教育。罗杰斯对以教师为中心的传统教学模式不以为然，认为传统模式下教师为主体、学生为客体的方式，使知识单向传输，缺乏情感互动、参与性和反馈。学校强制管理导致师生关系不平等，此等教育与当今时代不协调。

在《学习的自由》一书中，罗杰斯提出了他所坚持的以自由为基础的自由学习原则。其要点如下：①人皆有其天赋的学习潜力，为师者必须首先认定每个学生各有其天赋的学习潜能。②教材有意义且符合学生的目的，才会产生学习。所学教材能够满足学生的好奇心，提高学生的自尊感，增进学生的生活经验，学生才乐于学习。③在较少威胁的教育情境下才会有效学习。此处所说的威胁，是指个人在求学的过程中因种种因素所承受的心理压力。教师要使每个学生皆有展现其优点的机会，从而减少学校教育中的威胁气氛，以利于学生学习。④主动的、全身心投入的学习才会产生良好效果。教师在安排学生学习时，只需提供学习活动的范围和各种学习资源，由学生自己确定学习目标，探索发现结果，这样才会启发学生心智，提升学习能力，培养学习兴趣，达到知、情、意并重的教育目的。⑤学生自评学习结果，这有利于养成独立思维的习惯和培养创造力。⑥重视生活能力的学习，以应对变动的社会。

四、建构主义学习理论

继行为主义学习观和认知主义学习观盛行之后，建构主义（constructivism）也提出了自己的学习观。行为主义学习观着重强调个体刺激—行为的外部反应，认知主义强调个体学习发生的内在过程，两种理论虽有差异，但均强调学习是个体的一种行为，着眼于个体研究。建构主义的学习观则认为，学习是个体原有经验与环境进行交互的过程。教育心理学家认为，建构是个体新旧知识体系发生交互、双向作用的过程，是个体形成和调整经验结构的过程。建构主义认为，世界和刺激是客观存在的，但存在本身没有意义，是学习者给客观世界赋予了意义，即意义是个体建构而成的。决定意义的不仅是客观世界本身，我们已有的知识结构和经验也决定着意义。每个个体经验各不相同，因而个体对客观世界所赋予的意义也千差万别。同样的事物对不同个体而言，意义不同，正因为每个个体的经验不尽相同。在学习观上，建构主义心理学家更注重学习过程中个体的已有知识结构和经验如何在学习过程中发挥作用，着重探讨学生如何以原有知识结构为基础建构学习体系，强调学习的主动性、社会性和情境性。

建构主义思想纷繁复杂、流派众多。如激进建构主义、社会建构主义、社会文化认知观、信息加工建构主义、社会建构论和控制系统观。不同流派的建构主义有不同的观点，它们的共同特点是：①知识不是对现实的准确表征，它只是一种解释、一种假设；知识不是问题的最终答案，它会随着人类的进步而不断地得到改造。②学习过程不是由教师向学生传递知识的过程，而是学生主动建构知识的过程，建构就是学习者通过新旧知识经验间的反复的、双向的相互作用来形成和调整自己的经验结构。在建构过程中，一方面学习者对当前信息的理解需要以已有的知识经验为基础；另一方面，在运用已有的知识经验时，又不只是简单地提取和套用，个体同时需要依据新的经验对它作出某种调整和改造。③建构主义者强调，学习者在日常生活和以往的学习中，已经形成了丰富的经验。他们可能没有接触过某些问题，对这些问题没有现成的经验，但问题一旦出现，他们也会基于以往的经验和自己的认知能力，形成对问题的某种解释。教学应该把儿童现有的知识经验作为新知识的生长点，引导儿童从原有的知识经验中"生长"出新的知识经验。教学不是知识的传递（transmission），而是知识的相互作用（transaction）和转换（transformation）。建构主义关于学习的基本观点体现在以下几方面：

（一）新知识观

传统的知识观认为知识是客观的、固化的、不容置疑的，是坚定的客观主义。建构主义的知识观强调知识是动态的。知识并不总是对现实世界的正确表征，并非永远正确，知识仅是与客观事实比较相符的一种解释或假设，知识不断发展，随着时代和科技进步而不断革新、推出新的假设。知识并不总是符合情境，在实际应用中，我们需要结合情境对知识进行甄别和再创造。建构主义还认为，知识需要通过符号表征进行存储和传播，个体基于自身原有的知识经验对符号表征进行理解和加工，个体间知识经验存在很大差异，故而即便是得到普遍认可的命题，个体仍可能产生不同理解。建构主义的知识观比较偏激，但对于传统知识观和传统教学提出的挑战，值得深思。

在建构主义的学习观看来，课本知识不是对世界绝对可靠的解释，仅仅是对现实相对可靠的一种假设；科学家得到的理论不是绝对正确的最终答案，仅仅是相对符合现实的一种解释；知识的权威性被削弱，离开了科学家、教师和教材的权威性，学生的知识由学生根据自身经验、信念和背景建构而成。学生不仅学习新的知识，也分析、审视甚至批判新的知识；学生在不同情境中应用知识时，也要充分考虑情境自身的特异性。

（二）新学生观

建构主义学生观认为，学生在以往学习和生活中已经形成了丰富的知识经验，对从日常生活的常识到日月星辰的运转，大到宇宙起源，小至微末尘埃都有一定的理解和认识。学生带着这些固有知识经验开始新的学习，在接触新知识时，学生也将依靠固有知识经验进行合乎逻辑的理解和解释。教学过程中，教师不能无视学生的固有经验另起炉灶、创设新的知识结构或直接为学生传授新的知识，而应当将固有知识作为新知识的接入点，从原有知识框架中培养出新的知识经验。教学不是简单地将知识作为新的结点告诉学生，教学不是简单传递知识，教师应当对知识进行处理和转化，教师需要洞察学生的原有知识水平，引导学生将新的知识丰富到原有经验中，或调整自己原有的理解。这一过程需要师生共同探索，相互交流，充分了解彼此的看法。同时，学生的固有经验千差万别，学生群体中存在明显的差异性，这种差异形成了多元而丰富的学习资源。教师应当引导学生求同存异，学会从不同的观点中汲取可取之处，学生之间分享所长、增进合作、促进学习。

建构主义学生观重视学生已有知识经验，重视学生学习目的的观点，与皮亚杰和布鲁纳的思想存在一致性。与其不同的是，当今建构主义者更重视在具体情境中形成的非正式经验背景（非结构性经验背景），将它们看成建构的目标和基础。有少数建构主义者甚至走向极端，只重视非结构性的一面，而忽视知识的抽象与概括。

（三）新学习观

建构主义尖锐批评传统的教学观，重新定义了学习，强调学习是学习者主动建构的，存在社会互动性和情境性。

1. 学习的主动建构性

建构主义的学习观认为学习是个体根据固有知识经验主动建构知识的过程，这一过程中学生主动对信息进行建构和选择加工。学习不是教师传授知识、学生接收知识的简单过程，因而也不是行为主义主张的刺激—反应过程。学习过程中核心认知活动是高水平思维（higher-order thinking），这要求学习者分析信息、综合评价和灵活运用知识，解决复杂多变的问题。

2. 学习的社会互动性

建构主义认为，社会文化参与了个体学习知识和掌握技能的过程，学习知识并内化的过程往往需要学习共同体中成员发生互动。学习共同体（learning community）是指学习者及助学者（包括教师、专家、辅导者等）共同构成的团体，相互交流学习过程、共同使用学习资源、完成任务，故学习共同体中存在文化互动和社会文化交融。他们经常在学习过程中进行沟通交流，分享各种学习资源，共同完成一定的学习任务，因而在成员之间形成了相互影响、相互促进的人际联系，形成了一定的规范和文化。在大学里，一个研究生导师及其课题组就是一个学习共同体。

3. 学习的情境性

建构主义强调情境在学习中的重要影响，提出了情境性认知（situated cognition）这一概念，认为知识依存在情境中，不能脱离情境而存在，学习应当结合情境中的社会实践活动。知识存在于具体的、情境性的、可感知的活动之中，知识只有通过实际应用活动才能真正被人所理解，脱离情境的知识只能称为知识符号（如名词术语等）。个体的学习应该与情境化的社会实践活动联系在一起，如同手工作坊中的师傅带徒弟一样。学习者通过对某种社会实践活动的参与而逐步掌握有关的社会规则、工作、活动程序等，形成相应的知识。

（四）建构主义在教学中的应用

建构主义学者批判传统教学观，对教学进行新的定义并提出了改革的思想。

1. 探究学习

建构主义的核心思想是：学生应通过问题解决进行学习。有人就教学与课程改革提出了一条原则：让学生就学科内容形成问题。学生对学科内容产生好奇，想知道"事情为什么是这样的"而后进行探索、寻求答案。

2. 支架式教学

支架式教学指教师为学生的学习提供外部支持，帮助他们完成学生自己无法独立完成的任务，而后逐步撤去帮助，让学生独立探索学习。

3. 情境教学

建构主义不认同传统的教学方法，认为传统教学脱离情境，基于情境性认知理论提出应当进行情境学习（situated learning），主张学习应当结合具体情境，着眼于解决实际问题。

4. 合作学习

许多建构主义者主张合作学习（collaborative learning）、交互教学（reciprocal teaching），重视教学中师生以及学生之间的社会文化交流。建构主义认为，个体基于自身固有的知识经验理解事物，固有经验的不同导致了人们对事物的理解不同，对事物的理解不存在标准答案。合作学习可以帮助同学们学会求同存异，包容理解他人对事物的理解认识，丰富自身知识结构。

第三节　学习策略

一、学习策略

良好的学习策略有利于将学习方法科学化，有助于提升学生的学习质量与学习效率，让学生少做无用功、少走弯路，甚至能达到事半功倍的效果。因此，学习策略已成为教育心理学的研究热点问题。

（一）学习策略的概念

关于学习策略的概念，学术界还没有统一的界定。人们从不同的研究角度对学习策略进行了界定，归纳起来，大致可分为三类。

第一类，把学习策略看成学习过程中信息加工的程序、方法或者规则，即学习策略就是学习方法。学习策略是学生用于获取、保存与提取知识和作业的各种操作的程序，是被用于编码、分析和提取信息的智力活动或思维步骤。

第二类，把学习策略看成对学习过程中信息加工进行调控的技能。加涅认为，学习策略是学习者内部组织起来的，用于调节自己的注意、记忆、思维等过程的一般技能。它脱离了具体的学习材料和学习内容，其功能在于指导学习者反省自己的认知活动。也就是说，在学习活动中有两个相互联系的过程：信息加工过程和控制信息加工的过程，而学习策略正是控制信息加工的这一过程。如在考试时，有的学生拿到试卷后，从第一题按顺序往下做，一旦遇到难题就苦思冥想耗费过多时间，后面的简单题目没有时间完成，最终影响了整体发挥。有的学生则懂得评估自身水平，选择性绕过部分难题，合理分配时间，先做容易的题，最后做难题，从而达到分值最大化。这个对自身能力的评估和对时间的分配过程就是对信息加工的调节和监控，是使用学习策略的体现。

第三类，把学习策略看成学习过程中信息加工的方法与调控技能的结合。

综合前人的观点，我们认为，学习策略是指在学习过程中，学习者为了提高学习效果和效率，有目标有意识地制订有关学习过程的复杂方案。学习策略可以是个体采用的规则、方法、技巧及其调控方法的总和。它能够根据学习情境中的各种变量、变量间的关系及其变化，指导我们选择何种学习活动或学习方法。其中，用来进行信息加工的学习策略被称为学习认知策略，用来调节与控制学习过程、保障信息加工过程有效进行的学习策略则被称为学习监控策略。

（二）学习策略的特点

（1）操作性和监控性的有机统一。

操作性和监控性是学习策略最基本的特性。学习策略实际上是由规则系统构成的程序性知识，学生对学习过程的不断调控，是他们对学习策略的建构和内化的过程。学习策略的操作性体现在学生认知过程的各阶段，它能够为有效认知提供各种方法和技能；监控性则体现在内隐的认知操作之中，因为它具有实施监控的机制。在这种监控机制中，元认知是最主要的动力系统。

（2）外显性和内隐性的有机统一。

首先，从学习者的学习活动和认知过程的可观察性来看，在学生实际的学习中，我们可以直接观察到学习者在使用哪种或哪些外部的学习操作，并对此作出适当的监控，由此可见它的外显性特点；同时，对学习策略来说，它对学习的调控是在头脑中借助内部语言进行的内部意向活动，它支配和调节着外部操作，因而它又具有内隐性的特点。其次，从学习过程的意识性来看，对策略的运用，可能意识得到，也可能意识不到。高水平的策略使用者，策略的使用已相当熟练，达到了自动化的水平，对策略使用的意识水平即便不高，但当要求描述策略的内容，特别是当要求他们注意自己的活动时，也能意识到所用的策略；低水平的策略使用者，往往是随机地、盲目地使用策略，对策略的应用通常处于无意识状态。因此，从意识性上讲，学习策略具有外显性和内隐性的特点。

（3）主动性和迁移性的有机统一。

学习策略可以根据学习材料和学习情境的特点以及学习的变化，进行自我调整以适应不同的学习情境。在某种程度上，学习策略是学习者对学习活动的能动把握，是对自我学习活动的一种调整和监控。学习策略的迁移性则是指学习策略作为一套规则系统，是学习者从具体的学习活动和过程中抽象出来的，能够有效地迁移到类似的或不同的学习情境中去。

（4）生成性和指向性的有机统一。

生成性指大多数学习策略是在学习活动中由学习者从盲目到有目的的过程中逐步发现、体验而生成的，是一种渐进的、累积的、由量变到质变的过程，具有很大的个别差异。指向性指任何学习策略都指向一定问题的解决，它决定了学习者在一定目的的引导下去寻求达到目的的途径、方法和手段，也决定了学习策略运用中的有效性和经济性。有效性指能否达到目的，经济性指能否以最小的代价达到目的。

（三）学习策略的分类

尽管研究者们自 20 世纪 50 年代就开始关注学习策略的研究，但由于研究者对学习策略本质的看法存在差异，因此有关学习策略的结构和层次也就存在着很大的争议。可以说，有多少种学习策略的定义，就有多少种关于学习策略分类的观点。

麦基奇等人对学习策略的成分进行了总结。他们认为，学习策略包括认知策略、元认知策略和资源管理策略三部分（见图4-5）。认知策略是信息加工的策略；元认知策略是对信息加工过程进行调控的策略；资源管理策略则是辅助学生管理可用的环境和资源的策略，它对学生的动机具有重要的作用。

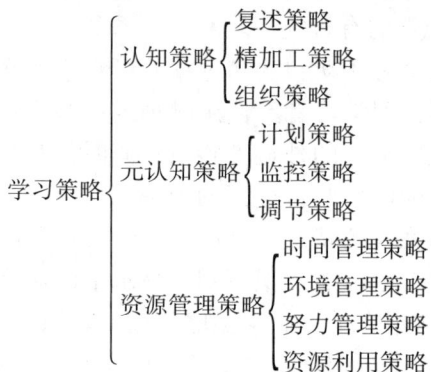

学习策略
- 认知策略
  - 复述策略
  - 精加工策略
  - 组织策略
- 元认知策略
  - 计划策略
  - 监控策略
  - 调节策略
- 资源管理策略
  - 时间管理策略
  - 环境管理策略
  - 努力管理策略
  - 资源利用策略

图4-5　麦基奇的学习策略分类

二、认知策略

认知策略这个术语最初由布鲁纳（Bruner，1956）在其著名的人工概念的研究中提出，随后心理学家纽厄尔（Newell，1958）等利用计算机有效地模仿了人类的问题解决策略，从而形成"学习策略"的概念，这引起了心理学家尤其是教育心理学家的极大兴趣。认知策略是如何对信息进行认知加工，即学习者用来调节自己内部注意、记忆、思维等过程的技能，其功能在于使学习者不断反省自己的认知活动，调控对概念和规则的使用。

学习活动中的信息加工过程主要包括对信息进行编码、存储和提取等几个步骤，相应的认知策略则有深入理解、精加工、合理组织和建构、高效练习和保持记忆等。下面我们将从信息加工的过程来探讨学习活动中几种主要的认知策略。

（一）复述策略

复述策略是指在工作记忆中为了保持信息而对信息进行重复识记的过程，它是短时记忆的信息进入长时记忆的关键。例如，画线是阅读时常用的一种复述策略。在教学生画线时，解释在一个段落中什么是重要的，如主题句等，引导学生重点多看划线内容，让学生利用复述策略促进学习效果。

（二）精加工策略

精加工策略是指把新信息与头脑中的旧信息联系起来，寻求字面意义背后的深层次意义，或者增加新信息的意义，从而帮助学习者将信息储存到长时记忆中去的学习策略，其要旨在于建立信息间的联系。联系越多，能回忆出信息原貌的途径就越多，即提取的线索就越多。精加工越深入、细致，回忆就越容易。如编歌诀就是一种精加工策略，学生把学习内容编成歌诀，力求歌诀精练准确，富有韵律，有利于记忆。

（三）组织策略

组织策略是整合所学新知识之间、新旧知识之间的内在联系，形成新的知识结构。如教学过程中常用的列提纲是一种组织策略。列提纲时，先对材料进行系统的分析、归纳和总结，然后用简要的语词，按材料中的逻辑关系写下主要和次要观点，有概括性和条理性的提纲有利于学习。

三、元认知策略

学习的元认知策略主要是指学习活动中的监控策略，即学生对自己学习过程的有效监视和控制。美国心理学家弗拉维尔（J. H. Flavell）于 1976 年在《认知发展》一书中首先提出了元认知这一概念。

（一）元认知与认知

元认知也被翻译为反省认知、监控认知、超认知、反审认知等，是指人对自己的认知过程的认知。在学习的信息加工系统中，存在着一个对信息的执行控制过程，它监视和指导着认知活动的进行，负责评估学习中的问题，确定用什么学习策略来解决问题，评价所选策略的效果，并且改变策略以提高学习效果。这种执行控制就是元认知的功能和活动。学习者可以通过元认知来了解检验、评估和调整自己的认知活动，如"这段文字到底讲的是什么""我已经把它记住了吗"，这些监控认知活动的提问策略在认知过程中也常常被使用。

（二）学习过程中的主要监控策略

学习过程中主要有三种监控策略：

1. 计划策略

学习中的计划策略包括设置学习目标、浏览阅读材料、编制思考题以及分析如何完成学习任务。合理的学习计划是顺利完成学习活动和提高学习效率的重要前提。学习计划的内容包括学习目标、任务、时间、措施等。一般而言，制订学习计划时应该考虑以下几个方面：

学习目标的种类较多，可以从不同的角度对其进行分类，如从学习的层次目标的制定与类型上可将目标分为记忆的目标、理解的目标、简单应用的目标和综合应用的目标等；从时间上可以将目标分为长期目标、中期目标和短期目标。

目标的制定应该注意以下几个方面：①目标应具有可行性，需要做到一是目标适度，那些过于远大的目标和毫不费力的目标均是不适度的目标。二是目标分层次，即将总目标分解为具体的小目标。②在学习目标基础上制订的学习计划应有具体性。一般而言，一份好的学习计划应该包括三个"明确"，即目标明确、任务明确和时间明确。特别是对于短期目标而言，计划的具体性更为重要。③计划应该有一定的弹性。在制订计划时不应该把时间安排得太满、太死，应该有一定的机动时间应付可能出现的临时任务与活动，这样才便于随时根据学习的具体情况进行适度的调整。

学习计划包含要完成的学习任务及所需要的时间。在学习时间的分配与管理上，有以下几种策略：①求实策略。要相对准确地确定自己每天的活动内容及所需的时间，这样就可以精确地获得能够用于学习活动的时间总量，然后就可以将其在学习任务中进行分配。对于时间的管理，可以对自己每天的活动进行分类，确定所需要的时间，然后再进行合理地分配。②差异策略。要按各种学习任务的轻重缓急分配时间，体现三个"优先"：重点任务优先于一般任务；紧急任务优先于不急的任务；见效快的任务优先于见效慢的任务。③充分策略。在一定时间内，把充足的时间分配在某个具体任务上。这是为了突出主攻方向，确保某个学习目标的实现。

2. 监控策略

监控策略是指在认知过程中，根据认知目标及时检测认知过程，反馈认知活动中的结果与不足，寻找两者之间的差异，并对学习过程及时进行调整，以期顺利实现有效学习的策略。具体包括以下几种策略：

（1）领会监控。

领会监控是指学习者在阅读过程中将自己的阅读领会过程作为监控对象，不断对其进行积极地监视和调整。领会是阅读过程中最重要的目标，领会监控则是不断监控自己是否达到了对学习材料的领会。如果没有找到达成理解的重要信息，或者没有理解关键概念，则会出现一种短暂的认知困惑，领会监控策略就会指导认知系统去采取一定的补救措施，如重新浏览材料、仔细阅读难以理解的地方或者学完整个材料之后再回头来看理解有困难的地方等。

（2）集中注意。

心理学研究发现，在信息加工过程中，只有得到注意的信息才能够进入我们的工作记忆，得到进一步的加工，从而获得较好的学习效果。而没有加以注意的信息则会出现自然衰退和主动抑制，从而不为学习者所感知。因此，要提高学习效果，就必须集中注意力。科诺（Corno，1987）发现，注意与学习者的自我管理能力有关，注意力差的学生很难计划和控制自己的学习。应该教给学生抑制分心的策略，以帮助他们进行自我管理和调节，如注意此刻正在做什么，避免接触分散注意力的事物等。知道并明确自己的学习任务能够使学习者保持学习的心志，随时提醒和监控自己是否完成了学习任务。如果还没有完成学习任务，那么他会让自己将注意力保持在学习材料中。也可以采用自我奖励的方法，如告诉自己，把这部分内容学完之后就可以好好放松一下，这样可能会使自己的注意力能够暂时集中。

3. 调节策略

调节策略是根据对认知结果的检查发现问题而调整计划或制定补救措施，及时修正、调整认知策略。例如，当学习者意识到他不理解学习材料的某一部分时，他就会退回去重新阅读困难的段落，在阅读困难的材料时放慢速度；有的学习者清楚自己不擅长的学科，会有选择地花更多时间学习这些科目。调节策略能帮助学生矫正自身学习行为，以补救理解上的不足。

能够有效进行学习活动中的调节策略，对学习活动进行及时评价是一种重要的策略。学习中的评价是指把学习进程或学习阶段性结果同既定目标比较，以确定学习进展和质量，决定是否接受下一步的学习任务。学习中的评价能够使学习者有效分辨错误，及时获得信息反馈并强化学习成功感，激发学习者的学习积极性。元认知监控策略的这几个方面总是相互联系在一起发挥作用的。学习者在学习过程中一般先认识自己当前的任务，然后使用一些标准来评价自己的理解程度，预计所需要的学习时间，制订有效的计划来学习或解决问题，最后是监视自己的进展情况。

四、资源管理策略

资源管理策略就是帮助学生有效地管理和利用资源，以提高学习效率和质量的策略。常用的资源管理策略主要有以下几种：

（一）时间管理策略

时间作为学习中必不可少的一项资源，具有稀缺性与宝贵性特点，因而对每位学习者而言，时间管理是重要的学习策略之一。

1. 统筹安排学习时间

每个人都应当根据自己的总体目标，对时间作出总体安排，并通过阶段性的时间表来落实。对每一天的活动，都要列出一张活动优先表来。在制订学习计划时，要注意将学习计划落实在学习成果上。在执行学习计划时，要有效防止拖延的情况出现。

2. 高效利用最佳时间

在不同的时间里，人的体力、情绪和智力状态是不一样的，也就是说，各个学习时间段的质量可能是不一样的。首先，要根据自己的生物钟安排学习活动。其次，要根据一周内学习效率的变化安排学习活动。再次，要根据一天内学习效率的变化来安排学习活动。最后，要根据自己的工作曲线安排学习活动。学习时，人的精神状态和注意力会发生变化。一般来说，存在三种变化模式：先高后低；中间高两头低；先低后高。每个人要根据自己的模式，安排学习内容，确保在状态最佳时学习最重要的内容。

3. 灵活利用零碎时间

首先，可以利用零碎时间处理学习上的杂事。其次，读短篇或看报刊，拓宽自己的知识面，或者背诵诗词和外文单词。此外，可以进行讨论和通信，与他人进行交流，在轻松的气氛里与人交流，有助于创造性思维的启发。

（二）环境管理策略

学习环境影响学生学习时的心境，从而影响到学习的效率，因此，为学习创设适宜的环境很重要。首先，要注意调节自然条件，如流通的空气、适宜的温度、明亮的光线以及和谐的色彩等。其次，要设计好学习的空间，如空间范围、室内布置、用具摆放等。

（三）努力管理策略

为了使学生维持自己的学习意志，需要不断鼓励学生进行自我激励。这包括激发内在动机，树立学习的信念，选择有挑战性的任务，调节成败的标准，正确认识成败的原因，适当进行自我奖励。

（四）资源利用策略

资源利用策略主要包括两方面：一方面是学习工具的利用，指善于利用参考资料、工具书、图书馆、广播电视以及电脑与网络等。另一方面是人力资源的利用，指善于利用老师的帮助以及通过同学间的合作与讨论来加深对学习内容的理解。

《 本章小结 》

　　学习是由经验引起的个体行为或行为倾向的持久改变。行为主义学习心理学家认为学习的实质是刺激—反应联结，学习的关键在于强化。认知主义学习心理学家探讨了个体学习过程中的认知改变过程。人本主义的学习观从另一个视角看待学习，强调学生在学习中的主体作用，重视学生的主观能动性和参与度。建构主义的学习观则认为，学习是个体原有经验与环境进行交互的过程，学习是新旧知识相互作用的结果。

　　学习策略是令学习过程更有效的方法集合。认知策略是如何对信息进行认知加工，即学习者用来调节自己内部注意、记忆、思维等过程的技能，其功能在于使学习者不断反省自己的认知活动，调控对概念和规则的使用。元认知是指人对自己的认知过程的认知。资源管理策略是帮助学生有效地管理和利用资源，以提高学习效率和质量的策略，如时间管理策略、环境管理策略、努力管理策略、资源管理策略等。

【思考与练习】

1. 人本主义学习观对我国教育改革有何启示和影响？

2. 学习有关理论的基本概念是什么？

3. 学习策略有哪些？

第五章　学习动机与学习迁移

【本章学习要点】

1. 了解学习动机的功能和影响因素。

2. 熟悉动机的强化理论、需要层次理论、成就动机理论、成败归因理论、自我效能感理论、成就目标理论。

3. 掌握培养与激发学生学习动机的方法。

4. 了解学习迁移的概念及其分类。

5. 掌握学习迁移理论。

【案例导入】

学习的劲头消失了

小刘是刚入学的高一学生，读初中时他成绩优异，是年级里的佼佼者。由于中考失利，他只能进入一般高中就读，父母还是设法让他进入市重点高中读书。小刘想，千万不能辜负父母的期望，也希望能够通过努力学习证明自己的能力。新学期开始，小刘铆足了劲刻苦学习，成绩一直处于班级平均线以上，但期中考试，他的成绩明显落后于班上大多数同学。下半学期，小刘加班加点，更加努力学习，但期末考试成绩仍然处在班里倒数的位置。寒假到了，小刘开始怀疑自己是不是变笨了，为什么以前擅长的数学现在也表现平平。从这以后，一提到学习小刘就打不起精神，甚至不想看书，再也没有过去的劲头了。

【思考与讨论】

1. 小刘为什么开始厌恶学习？

2. 小刘有哪些学习动机？

3. 请用行为主义学习动机理论、需要层次理论分别解释小刘的情况。

第一节　学习动机概述

一、学习动机的含义

一般意义而言，动机是指引起和维持个体活动，并使活动朝向某一目标的内部动力。动机这一概念具有一些基本内涵。首先，动机是一种内部刺激，是个人行为的直接原因，为个人的行为提出目标。其次，动机为个人行为提供力量作为驱动力以达到体内平衡。最后，动机使个人明确其行为的意义。综合来看，动机是由目标或对象引导、激发和维持个体活动的一种内在心理过程或内部动力。

根据动机的起源，可将动机分为生理性动机和社会性动机。生理性动机是与人的生理需要相联系的，具有先天性。人的生理性动机也受社会生活条件所制约。社会性动机是与人的社会性需要相联系的，是后天习得的，如交往动机、成就动机等。不难看出，学习动机属于社会性动机。

参照动机的一般定义，可以把学习动机定义为唤起与维持学生学习的行为，并使该行为朝向预先设定的学习目标的内在心理过程。对知识价值的认识（知识价值观）、对学习的直接兴趣（学习兴趣）、对自身学习能力的认识（学习能力感）、对学习成绩的归因（成就归因）四个方面，是学生学习动机的主要内容。

二、学习动机的构成

学习动机有两个基本成分：①学习需要。这种需要是社会和教育对学生学习的客观要求在学生头脑里的反映；②学习期待。表现为学习的意向、愿望或兴趣等形式，对学生学习起着推动作用。两者相互作用形成学习的动机系统。

（一）学习需要与内驱力

学习需要是指个体在学习活动中感到有某种欠缺而力求获得满足的心理状态。它的主观体验形式是学习者的学习愿望或学习意向，包括学习的兴趣、爱好和学习的信念等。内驱力也是一种需要，但它是动态的。从需要的作用上来看，学习需要即为学习的内驱力。所以，学习需要就称为学习驱力。

学习兴趣常表现为学生的求知欲望，来自于好奇心这一内驱力，有学习兴趣的学生在学习上表现出积极主动、勤学好问等行为，同时伴随相应的情绪体验。学习兴趣是学习动机中富有表现力、带有情绪情感色彩的一个元素。

学习效能感指个体对于能否好好学习的主观自我评估，常表现在学习上富有自信心，是自我效能感的一部分。如认为自己能够胜任学习任务、有能力解决学习中遇到的问题、克服学习困难，则学生的学习自我效能感高。

习得性无助指学生多次失败后挫伤自信心，认为自己没有能力克服困难，这将导致学生丧失学习动力而无法坚持学习。

习得性无助是与自我效能感对应的自我感觉。归因模式指学生将学习成果的好坏归结为某种原因。归因模式的差异将影响学生的学习动机和学习效果。

（二）学习期待与诱因

学习期待是个体对学习活动所要达到目标的主观估计。学习期待与学习目标密切相关，但两者不能等同。学习目标是个体通过学习活动想要达到的预期结果，而在个体完成学习活动之前，这个预想结果是以观念的形式存在于头脑之中的。

诱因是指能够激起有机体的定向行为，并能满足某种需要的外部条件或刺激物。学习期待，就其作用来说就是学习的诱因。

学习需要和学习期待是学习动机心理结构中的两个基本成分。学习需要是个体从事学习活动的最根本的动力，它在学习动机结构中占主导地位。学习期待则指向学习需要的满足，促使个体去达到学习目标。学习期待也是学习动机结构中必不可少的成分。

三、学习动机的功能

（一）激发功能

当学生对于某些知识或技能产生迫切的学习需要时，就会引发学习内驱力，唤起内部的激动状态，产生焦急、渴求等心理体验，并最终激起一定的学习行为。学习动机还能够增强学生学习的准备状态，激活相关的背景知识，提高学习效率。学习动机的激发功能帮助学生完成从"要我学"向"我要学"的过度，帮助学生自主学习，学生有了学习自主性，将对学习内容有更多准备、自主挖掘更多与学习内容相关的知识背景，提升学习效果。

（二）指向功能

学习动机使学生的学习行为在初始状态时就指向一定的学习目标，并推动学生为达到这一目标而努力学习。学习动机的指向功能指引学生明确学习的目标和方向，学生往往会根据学习目标制订迈向目标的学习计划，将目标细分成阶段目标，打下坚实的学习基础。

（三）维持功能

学习动机能够使学生在学习过程中，集中注意力，克服影响，提高努力程度，遇到困难时坚持不懈，直达学习目的。学习动机的维持功能常表现为学生在学习过程中意志力坚定，不畏难，不怕苦，遇到困难时想方设法克服。同时，在日常的学习中，学习动机的维持功能保持了学生稳定的学习状态，学生表现出勤奋好学、克服其他诱惑、坚持不懈的良好品质。

四、学习动机与学习效率的关系

心理学的研究表明，学习动机强度与学习效率之间的关系并不是一种线性关系，而是倒 U 型曲线关系（见图 5 - 1）。学习动机对学习效率的影响存在最佳值。在最佳值以前，学生的学习动机越强，学习效率越高；当学生持有中等强度的学习动机时，学习效率达到最优，有利于完成学习任务；一旦学习动机超过了最佳值，将导致学习效率下降，影响学生完成任务。我们不难联想到在学习过程中，过低的动机水平导致学生对学习满不在乎或提不起兴趣，学习效率自然较低；动机水平过高的学生可能心理压力较大，容易焦虑继而引发注意力下降或发挥失常等问题。动机对学习效率的影响是通过加强努力程度、集中注意力和对学习的提前准备等间接地增强学习效果。

心理学家发现，有机体完成不同任务的最佳动机水平是不同的。心理学家耶克斯和多德森的研究发现，当完成简单任务时，个体持有较高水平的学习动机时，完成任务的情况更好；而面对复杂任务时，学习动机水平较低，就可以达到最佳的完成状态。在生活中我们不难发现这样的例子，简单任务比拼时，好胜的个体最终胜出；而人们完成复杂任务时则经常宽慰自己要放松心态以发挥最好水平。随着任务困难程度的提高，完成任务的最佳动机水平逐渐降低。此外，动机最佳值也受到平时练习的影响，如果学生对某项学习任务进行了充分的练习，则动机的最佳值范围比较大。

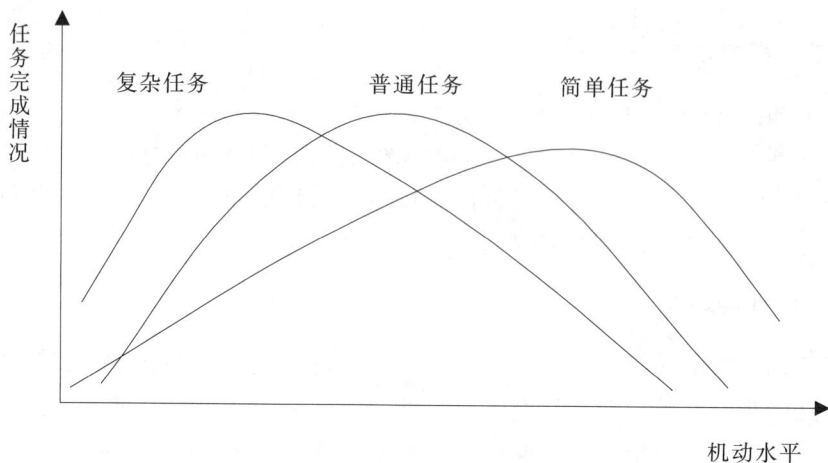

图 5-1　不同难度任务中动机水平与任务完成情况的关系

总的来说，动机的最佳水平因任务不同而不同，同时也存在个体差异，对于大多数学生而言，维持中等水平的学习动机通常是最好的。还需要注意的是，学习动机与学习效率的关系是相互依存的辩证关系，学习动机可以推动学习效率，而高效学习也可以促使个体产生更强的学习动机。正如心理学家奥苏伯尔所说，动机与学习之间的关系是相辅相成的，动机可以促进学习，学习获得的知识又可以增强学习动机。教师要注意安排好学生学习，使之能强化学生的学习动机，又要注意充分利用激励的方法，培养学生的学习动机，以促进学生的学习。

五、影响学习动机的因素

（一）主观因素

影响学习动机形成的主观因素主要有学生的需要与目标结构，年龄特点，性格特征与个别差异，理想与价值观，焦虑程度等。

1. 学生需要与目标结构

学生的认知需要不同，表现出的学习动机水平也不同。有些学生认知需求旺盛、好奇心强，学习动机水平也比较高。根据认知需求的水平，学生的学习目标大致可分为掌握目标和成绩目标。顾名思义，掌握目标指学生的学习目标在于掌握所学知识，关注是否将学习内容融会贯通。这类学生在学习过程中表现出不畏难、不怕挫折，具有探索精神和挑战意识，坚持不懈、不断进步。成绩目标为主的学生在意自己表现得是否优秀、关注行为表现及他人对自己的评价，更重视考试分数和名次。这类学生尽量避免出错，规避挑战，表现为知难而退。

2. 年龄特点

在儿童早期，生理性动机占主导地位，随着年龄增长，社会性动机逐步发挥更重要的作用。例如，儿童早期的生理需要是主要的学习动机，随着年龄增长，学生学习动机的构成发生了改变。（相关知识参看奥苏伯尔关于成就动机思想）

3. 性格特征与个别差异

学生的兴趣、好奇心、意志品质等都影响着学习动机的形成。兴趣是个体对某人或事物具有选择注意和愉悦体验的内在心向。兴趣与动机都可能成为个体行为的内在原因。动机可能诱发行为，行为的结果如果使动机得到满足，多次重复后个体将对该目标物产生兴趣。好奇心与生俱来，是人类求知的最原始的内驱力，它影响着学习动机水平。个体意志力具有选择性和坚持性，意志力强的个体往往目标明确并有为目标坚持不懈的表现。意志可视为人类独有的高层次动机，它可以调整甚至节制较低层次的动机，从而使人克服困难，去追求自认为有价值的目标。

4. 理想与价值观

学生的理想与志向水平影响其学习动机和学习目标结构的形成。一般来说，理想与志向水平越高，学习动机就越强，越倾向于产生远景性动机。世界观、人生观和价值观直接影响个体的价值判断，进而影响个体如何设立学习目标及为目标努力的热烈程度。如果学生认为学习没有太大价值，很难期盼他会有强烈的学习动机；如果学生认为学习很重要或对人生具有深远意义，那么其学习动机也会较强。

5. 焦虑程度

焦虑指学生担心不能完成任务而产生的不舒适、紧张和担忧的情绪。焦虑程度会影响学习动机和学业成绩。大量研究表明，中等程度的焦虑对学习是有益的，焦虑程度过低或过高都会对学习产生不良影响。焦虑程度过低则学习动力不足，焦虑程度过高则导致神经过度紧张、生理节律紊乱、失眠，甚至恐惧等不良反应，从而对学习带来不良影响。

（二）客观因素

1. 家庭环境与社会环境

学生在社会生活中，将社会规则和期待内化在脑海中，个体学习动机的形成和结构受社会生活条件的制约影响。社会对学生产生影响的最小单位是家庭，年级越低的学生受家庭影响越大。家庭教养方式及父母受教育程度对儿童学习动机影响很大，在家长采取权威型教养方式的家庭中，学生容易产生内部动机；在家长采用专制型教养方式的家庭中，学生容易产生外部动机。父母受教育程度高的家庭，学生容易产生内部动机，父母受教育程度越高，子女产生内部动机越强。随着学生年龄增长，家庭环境对其学习动机的影响逐步减弱，社会环境的影响逐渐增强。

2. 学校教育

家庭和社会环境对学习动机的影响往往是潜移默化的，而学校教育对学习动机的形成和发展起主导作用，可以强化学生在家庭和社会环境中初步形成的动机，可以强化学生的正确学习动机，也可以矫正学生错误的动机，还可能通过学校教育为学生培养和塑造学习动机。学校教育对学生的影响是通过教师的作用来实现的。首先，教师作为学生的榜样，其尊重知识、认真负责的工作态度影响学生。其次，教师期望作为重要的外部诱因，对激发学习动机、制定学习目标和规范学习习惯产生巨大影响。著名的"皮革马利翁效应"表明，教师期待可以极大影响学生的学习行为。最后，教师是沟通家庭、社会与学校的纽带，培养和激发学生的学习动机是教师工作的一部分。除此之外，校风、班风、学风、考风等也是影响学生学习动机的重要因素。

六、学习动机的激发

学习动机的培养与激发既有区别又有联系，在教学实践中很难截然分开。培养是激发的前提，而在激发学习动机时又进一步培养和加强了已有的学习动机。

1. 学习动机的培养

学习动机的培养是指使学生建立学习动机的过程，是学生的学习动机从无到有，从弱到强，从错误或低级到正确或高级的发展变化过程。

首先，教师应了解和满足学生的需要，促使学习动机产生。学生的学习动机产生于需要，需要是学生学习积极性的源泉。其次，教师要重视立志教育，对学生进行成就动机训练。通过立志教育可以增强学生的责任感与使命感，启发学生自觉勤奋地学习。再次，教师要帮助学生确立正确的自我概念，获得自我效能感。教师可以创造条件使学生获得成功的体验、为学生树立成功的榜样。最后，教师要培养学生努力导致成功的归因观，引导学生相信成功与努力之间有必然的联系。

2. 学习动机的激发

学习动机的激发是指通过一定的教学措施使学生已有的学习动机由潜在状态转变为激活状态，成为学习活动直接、有效的推动力量。

首先，教师可以创设问题情境，实施启发式教学。兴趣和好奇心是内部动机最核心的部分，它们是培养和激发学生内部学习动机的基础。创设问题情境是指提供能使学生产生疑问、渴望从事活动、探究问题的情景，使学生经过一定的努力能成功地解决问题的学习材料、条件和实践。其次，教师可以根据作业难度，恰当控制学生的动机水平。在学习较容易、较简单的课题时，应尽量使学生集中注意力，使学生尽量紧张一点；而在学习较复杂、较困难的课题时，则应尽量创造轻松自由的课堂气氛；在学生遇到困难或出现问题时，要尽量心平气和地慢慢引导，以免学生过度紧张和焦虑。再次，教师要正确指导结果归因，促使学生继续努力。改变学生不正确的归因，引导学生多进行"努力归因"与"现实归因"，以提高学生克服困难的能力，增强自信心。这种归因训练的好处在于，在学生做"努力归因"时又联系现实，在做"现实归因"时又强调努力。最后，教师应充分利用反馈信息，妥善进行奖惩。"反馈"在此指的是给学生提供关于其成绩的信息。通过反馈，使学生及时了解自己学习的结果，包括运用所学知识解决问题的成效、作业的正误、考试成绩的优劣等。奖励与惩罚是对学生成绩和态度的肯定与否定的一种强化方式。它可以提高学生的认识水平，激发学生的上进心、自尊心。正确的运用奖励和惩罚是激发学生动机的主要手段。

第二节　学习动机的分类

一、内部动机与外部动机

根据动机产生的来源，可以把学习动机分为内部动机和外部动机。

内部动机是人们对学习本身感兴趣而产生的动机。内部动机不需要外部的诱因以使行为指向目标，动机的满足在活动之内，不在活动之外。直接的内部动机来自学生自身的内驱力，如学生喜爱语文，看到优美的古诗词语句感到心旷神怡，于是刻苦学习语文。间接动机是学生将社会规则、父母愿望和老师期盼内化到自身之后产生的动机，如父母认为子女成为工程师是值得骄傲的事，其子女内化这一意愿后，便努力学习理工科。

外部动机是指人们由于诱因所引起的动机。动机的满足不在活动之内，而在活动之外。诱因是可以满足个体需要或剥夺个体需要的外部刺激或情境，可以激发个体的某些行为。这时学生不是对学习本身感兴趣，而是对学习所带来的结果感兴趣。如有些家长对学生许诺期末考试取得满分就奖励学生新款山地自行车，学生听后发奋学习。此时诱发学习行为的动机就是外部动机。有时也存在避免惩罚、取悦教师等外部动机。

二、高尚动机与低级动机

根据学习动机内容的社会意义，可以把学习动机分为高尚学习动机与低级学习动机。高尚学习动机的核心是利他主义，学生把当前的学习同国家和社会的利益联系在一起。如周恩来总理 12 岁在课上被校长问到为什么读书时，他回答道"为中华之崛起而读书"；又如洋务运动前期，魏源提出"师夷长技以制夷"，这些都是高尚的学习动机。低级学习动机的核心是利己的、自我中心的，学习动机只来源于自己眼前的利益。

三、远景性动机与近景性动机

根据动机发挥作用的时间长短，可把学习动机分为远景性动机和近景性动机。远景性动机是指能够激发个体长期行为、使个体制定长期目标的动机。例如，有些学生在选择课程时，考虑到要为今后踏上工作岗位作准备，选择学习与未来工作岗位契合的知识与技能，这就属于远景性动机。近景性动机，是指在近期内激发个体行为，常与近期目标相联系。例如，有些学生选课时考虑课堂要求是否严格、课程考试是否容易，这就属于近景性动机。

四、直接动机与间接动机

根据动机与学习活动的关系，可以把学习动机分为直接动机与间接动机。

直接动机与学习活动本身直接相关联，表现为对所学习的学科内容或学习活动的直接兴趣和爱好。如喜欢舞蹈的同学，在跳舞过程中非常享受，体验到快乐，因此在学习舞蹈时表现出很强的学习动机。

间接动机与社会意义相联系，是学生内化了社会观念、父母意愿以及教师期望的结果。例如，低年级学生为了迎合"乖小孩"形象而遵守课堂纪律、刻苦学习；学生为了获得老师的赞赏而努力学习等。

五、奥苏伯尔成就动机的分类

奥苏伯尔将学校情境中的成就动机分为三类，分别是认知内驱力、自我提高内驱力和附属内驱力。

认知内驱力指向学习任务本身，满足个体理解和掌握知识，并系统阐述问题或解决问题的需求，是一种内部动力，往往从学生的好奇心中派生出来。认知内驱力是学习中最重要、最稳定的一种内驱力。

自我提高内驱力指向完成活动后获得某种成就或名次，满足个体胜任活动、获得他人尊重的需要，与个体自尊水平息息相关，是一种外部驱力，是成就动机的重要组成部分。

附属内驱力是指希望通过学习活动获得他人认可、关心、友谊和接纳的内驱力，满足个体人际交往的需要，显然是一种外部驱力。附属内驱力的产生一般有三个条件：一是学生与长者情感上具有依附性；二是学生曾享受到较多人际支持；三是学生在长者的赞许中得到了派生地位且享受这种派生地位带来的乐趣。持有附属内驱力的个体会有意识地使自己的行为符合长者期待，在考虑个人发展问题时倾向于迎合长者意愿。

随着学生年龄增长和学生眼中的重要他人发生改变，学生内驱力的来源也随之改变。儿童早期，附属内驱力最为突出，儿童努力学习取得好成绩主要是为了赢得长者赞许。进入儿童后期或少年期，随着儿童情感依附性降低，学习的附属内驱力强度有所减退。同时，同伴和集体逐步取代家长和老师成为这一年龄阶段学生的重要他人，赢得同伴和集体的赞许逐步替代了对师长的依附，成为附属内驱力的强有力因素。学生进入青年期后，学生自我认识更加深入，自尊心增强，认知内驱力和自我提高内驱力逐渐成为学生学习的主要动机，学生学习的主要目的在于满足自己的求知需要和兴趣爱好，并从中获得相应的地位和威望。

需要注意的是，认知内驱力、自我提高内驱力和附属内驱力在动机结构中所占的比重并非一成不变，表现出较强的个体差异，受到年龄、性别、个性特征、社会地位和文化背景等因素影响。

第三节 学习动机的理论

不同的教育心理学流派对于学习动机，特别是引起学习动机的原因、如何激发和维持学习动机有不同的看法，即使是同一流派内不同的学者对学习动机也有不同的看法。本节将分别介绍行为主义学派、人本主义学派及认知主义学派中具有代表性的学习动机理论。

一、行为主义的强化理论

行为主义心理学家不仅用强化理论解释学习行为的发生，还用强化解释学习动机的产生。以桑代克、巴甫洛夫和斯金纳为代表的行为主义心理学家认为，人的学习行为完全取决于该行为与强化刺激之间的关系，受到强化的行为今后出现概率将高于未受到强化的行为。假如学生因学习而得到强化（如取得好成绩、师长赞扬或受到物质奖励等），那么他的学习动机就增强；如果学生没有因学习而得到强化（如未取得好成绩、未获得师长或家长关注、未取得物质奖励等），那么他的学习动机就减弱或缺失；如果学生因学习而受到了惩罚（如遭到同学嘲笑或师长批评），那么他的学习动机就可能被极大地减弱或者被抑制。

人类的心理复杂多样。什么能成为强化物？什么不能成为强化物？什么又构成了惩罚？强化物的效果如何？这些问题往往存在很大的个体差异，并且对于同一个体而言也在不断变化当中。例如，老师的关注和赞许对于大部分学生而言是强化，会给学生带来自尊心和自我效能感提升，但对于性格内向、自卑的学生而言，受到过多关注可能会带来困扰。又如，家长以带学生到高级西餐厅吃大餐作为学习进步的奖励，一开始奖励的强化作用很好，学生学习动机水平高、勤奋刻苦。随着去同一家餐厅次数增多，学生逐渐倦怠，此时反复呈现同一强化容易使学生产生疲倦。

按行为主义者的观点，任何学习行为都是为了获得某种报偿。因此，在学习活动中，采取奖赏、赞扬、评分、竞赛等外部手段可以激发学生的学习动机，引起其相应的学习行为。因此，在学习活动中，学校经常采用奖励（赞许、奖品、给予权利、高分数等）与惩罚（训斥、剥夺权利、低分数等）的办法以督促学生学习，其目的就是通过外在强化物来维持学生的学习动机。

强化论在学校教育实践中得到了广泛应用。用奖惩手段维持学习动机收到立竿见影的效果，实践验证了行为主义的有效性。但强化论只重视外在学习动机而忽视内在学习动机，甚至忽视了学习行为的自觉性、主动性，因而这一学习动机理论存在一定的局限性。局限性主要体现在：①为分数和名次而学，不利于培养学生主动积极的求知热情。②多数学生没有成就感，用奖惩方式控制学习，学生自然会形成趋奖避罚而读书的心态，但能获奖励的学生相对还是少数；③阻碍学生人格全面发展，奖优罚劣在实际应用中，往往造成学生以追求高分（特别是学业考试成绩）为目的，全面发展素质的理想容易成为空想；④学生在应付考试的功利主义心态下很难形成良好的知识结构和能力结构。

二、需要层次理论

美国人本主义心理学家马斯洛提出了需要层次理论。他认为，人的任何动机和行为都来源于需要，需要是动机和行为的基础。学习者的需要是影响学习动机的内在因素。需要是个体为了维持健康而必须保持的一种生理或心理状态，是人类积极性的来源。需要可以外化，比如对事物的需要表现为饥饿的状态，也可能是复杂抽象的，比如求知欲。

马斯洛的需要层次论（见图5-2）认为人有七种基本需要：生理需要、安全需要、爱与归属的需要、尊重需要、认识与理解的需要、审美需要与自我实现的需要。人的七种需要可以进一步划分为缺失需要和成长需要。

缺失需要包括生理需要、安全需要、爱与归属的需要、尊重需要，这些需要促使人们保持一种最适宜的状态、条件和平衡。从健康的角度而言，人需要将某些生理条件或社会条件维持在一种相对稳定的、自我平衡的状态以满足缺失需要。一旦缺失需要中的任何一项不被满足，个体就会产生相应的动机对这一情境加以弥补。缺失一旦得到弥补，与之对应的动机就会减弱或消失。例如，人体需要维持一定的水含量以保证身体机能正常运转，一旦缺水个体感到口渴，就会产生需要喝水的动机。一旦对水的需要得到满足，喝水的动机就会减弱。此需要仍然存在，但对行为的影响减弱，不占据支配地位，直到个体下一次产生这种需要。

成长需要包括认识与理解的需要、审美需要与自我实现的需要，属于相对高级的需要。这些需要不会因为被满足而暂时减弱，这些需要驱使个体产生动机，实施行动获得满足后，随着满足而有所增加或成长。例如，人类在求知的路上总是孜孜不倦地奋力前行，是因为一段时间的学习满足了求知需要后，此需要并未得到减弱，而是驱使个体产生更多求知欲望，制定更深层次的学习目标。成长需要是永远得不到完全满足的需要，因为无论是求知，还是审美，都是永无止境的。

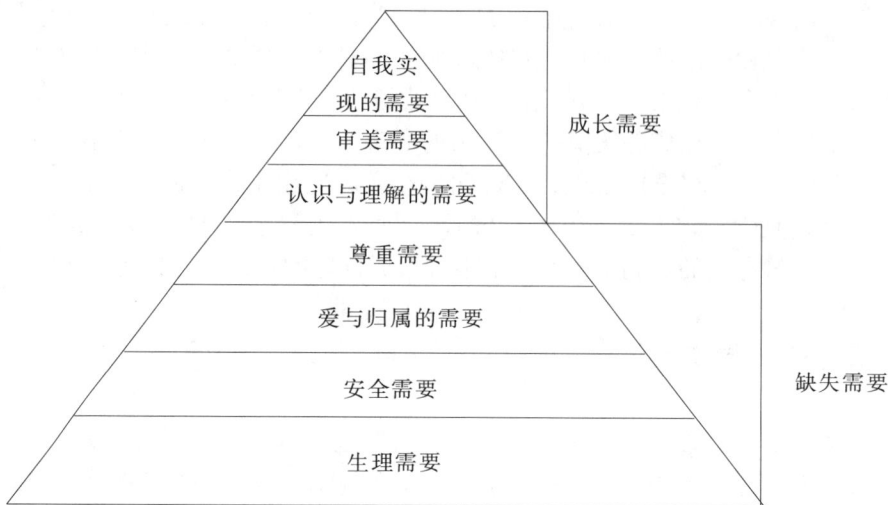

图5-2 马斯洛的需要层次理论

马斯洛认为，人们的行为和动机都是为了满足需要而产生的。如刚入学的学生积极参加集体生活，为班级争得荣誉，可能是为了满足他的爱与归属的需要，参加集体活动有利于他与同伴之间形成支持性社会关系。个体的某种行为可能同时满足其几个不同的需要，如刚进入大学的学生参加话剧团，可能同时满足其两种需要：成为话剧团成员满足其归属的需要；表演话剧节目满足他取得同学的尊重和欢迎的需要。人只有满足了低层次需要才会关注高层次需要，在多种需要未获得满足前，首先满足迫切需要；迫切需要满足后，后面的需要才显示出其激励的作用。

马斯洛的需要层次理论对教育具有特殊意义。显然，食不果腹的学生很难将精力放在学习上；个别学校存在校园欺凌行为，学生的安全需要得不到基本满足，学习自然受到影响；离异家庭不能满足孩子对归属的需要，孩子的学习需要可能就会受到严重的影响。

一般而言，在学校中最重要的缺失需要是爱和自尊，如果学生觉得自己没有被人爱或认为自己无能，他们会很难有强烈的动机去实现较高水平的成长目标，因而容易缺乏主动探索和理解新知识的动力。那些吃不准自己是否惹人喜欢或不知道自己能力高低的学生，往往作出较为"安全"的选择——随大流，为完成作业而学习。如果老师能让学生觉得自在，被人理解和接纳，那么学生将更加渴望学习，乐于创造和冒险，敢于接受新观点。要想使学生成为自我指导的学习者，在马斯洛看来，必须让他们相信教师对他们公正、爱护、始终如一，教师也不会因为他们出了差错而嘲笑甚至惩罚。

三、成就动机理论

成就动机通常被认为是一种通过练习和使用某种力量克服障碍、完成某种任务的愿望或倾向。成就动机理论的代表人物是默里（H. A. Murray，1893—1988）、麦克莱兰（D. C. McClelland，1917—1998）和阿特金森。默里最早提出成就需要的概念，并把它定义为：克服障碍施展才能，力求尽快尽好地解决某一难题的需要。他认为成就需要是人格的成分之一。麦克莱兰对成就需要进行了一系列实验研究，并将其发展成为成就动机理论。

在此基础上，阿特金森进一步研究了成就动机的实质。他认为成就动机由两种力量构成：追求成功的倾向和回避失败的倾向。个体在面临活动任务时，这两种力量通常同时起作用。追求成功的倾向指力求克服障碍，施展才能，从而尽快尽好地解决某一难题的心理倾向。回避失败的倾向指为了避免可能会导致失败产生的情景的一种努力。例如避免自己在他人心中形象受损时产生的不良情绪、因失败而体验到的羞愧感等。追求成功和回避失败这两种倾向的作用模式如表5-1所示：

表5-1　追求成功和回避失败两种倾向的作用模式

条件	追求倾向＞回避倾向	追求倾向＜回避倾向	追求倾向＝回避倾向
结果	趋向成功活动	迟疑退缩	心理冲突

成就动机理论把人的动机的情感方面与认知方面统一起来，用数学模型来简明地表达，揭示出影响成就动机的一些变量和规律，并用大量的实证研究证实和检验了其理论假设的合理性和客观性，在动机理论研究上取得了突破性进展。但成就动机的理论模型尚具有局限性，如过分重视内部因素的作用而忽视了外部因素的作用，成就动机与整个人格特征的关系尚缺乏充分的研究。

四、成败归因理论

归因是人们对自己或他人活动及其结果的原因所作的解释和评价。美国心理学家韦纳提出的归因理论，既是解释学习动机最系统的理论之一，也是最能反映认知观点的动机理论。该理论集中于研究个体在行为之后，对自己行为结果成败的认知解释。韦纳认为，个体对自己的行为及其结果有了解的动机，个体解释自己行为后果时的归因是复杂的，并会产生相应的心理变化，从而影响今后的行为。

韦纳对行为结果的归因进行了系统探讨，发现人们倾向于将活动成败的原因即行为责任归结为六个因素，即能力高低、努力程度、任务难易、运气（机遇）好坏、身心状况和外界环境。同时，韦纳认为这六个因素可归为三个维度，即内部归因和外部归因、稳定性归因和不稳定性归因、可控归因和不可控归因。最后，将三维度和六因素结合起来，就组成了归因模式。不同成败归因对个体动机及行为的影响如表 5 – 2 所示。

表 5 – 2　不同成败归因对个体动机及行为的影响

归因\成败	原因来源		稳定性		可控性	
	内部	外部	稳定	不稳定	可控	不可控
成功	产生自豪感，动机增强	产生侥幸心理	产生自信心，动机增强	产生侥幸心理	积极争取成功	不会增强动机
失败	产生羞愧感	生气	产生绝望感	生气	继续努力	产生绝望感

韦纳认为，可以按照原因来源、稳定性和可控性三个维度对六种因素进行划分。原因来源指个体认为导致行为结果的原因是来自个体内部（内控）还是外部（外控）。能力高低、努力程度及身心状况三项属于内控因素，任务难易、运气好坏及外界环境属于外控因素。稳定性指个体认为导致其成败的因素是否稳定。能力高低和任务难易两种因素是相对比较稳定的，而其余四种因素不够稳定。可控性指个体认为导致其成败的因素能否受个人意志控制。努力程度是受意志支配的、可控的，其余各种因素都是不可控的，详见表 5 – 3 所示。

表 5 – 3　韦纳成败归因理论中的六因素与三维度

维度\因素	成败归因维度					
	原因来源		稳定性		可控性	
	内部	外部	稳定	不稳定	可控	不可控
能力高低	√		√			√
努力程度	√			√	√	
任务难易		√	√			√
运气好坏		√		√		√

（续上表）

维度 \ 因素	成败归因维度					
	原因来源		稳定性		可控性	
	内部	外部	稳定	不稳定	可控	不可控
身心状况	√			√		√
外界环境		√		√		√

综上所述，韦纳得出三个基本结论：①当个体将成功归因于能力和努力等内部因素时，会产生骄傲、自豪感，增强自信心和动机水平；将成功归因于任务容易、运气好、别人帮助等外部原因时，则满意感较少。当个体将失败归因于能力弱、不努力等内部原因时，会产生愧疚感；将失败归因于任务太难、运气不好或教师评分不公正等外部原因时，则较少产生愧疚感。无论成败，归因于努力比归因于能力会产生更强烈的情绪体验。努力而成功会让人感到愉快，努力而失败的人也应受到鼓励，不努力而失败会让人感到愧疚。这与我国传统的观点是一致的。②在取得同样的成绩时，能力低者应得到更多的奖赏。③能力低而努力的人应受到最高评价，而能力高但不努力的人则应受到最低评价。将失败归因于内部、稳定、不可控的因素时最消极，会产生习得性无助感，使人动机水平降低，并产生认知障碍、情绪失调。

韦纳的归因理论在教育上的意义在于它能从学生的观点显示出学习成败的原因。了解学生的自我归因可预测其今后的学习动机。学生的自我归因未必正确，却十分重要，教师应注意了解和辅导。长期消极归因有碍学生健康成长。教师的反馈是影响学生自我归因的重要因素，学生的自我归因并不完全以考分高低为依据，在很大程度上受到教师对其成绩的评价和态度的制约。韦纳的归因理论是对成就动机理论的重要发展，该理论阐明了认知对成就动机的重要作用。韦纳对成败的原因按照三个维度进行分类，具有高度概括性，其研究结论既有科学性，又有实践价值，为教育实践提供了可行的方法和途径。但该理论也有不足：首先，人对行为结果的归因是复杂多样的，六因素三维度归因是否能完全解释人类的归因尚待验证；其次，按照哪些维度对归因进行分类也值得进一步研究；最后，在可控性上，努力程度是否就完全可控，其他因素是否就不可控，也有争议。因此，对各种原因的稳定性和可控性都应持辩证的观点去看待，且不同原因的稳定性和可控性并非截然分为相对的两极。

五、自我效能感理论

自我效能感指个人对自己是否能够成功地从事某一成就行为的主观判断。这一概念由班杜拉最早提出。该理论的基本观点是：当一个人面对一项挑战性工作时是否主动地全力以赴，取决于他对自我效能的评估。自我效能指个体根据以往多次成败的经验，确认自己对某一特定工作是否具有高度效能，即人们对自己是否能够成功进行某一成就行为的主观判断。当一个人面对一项挑战性工作时，是否接受挑战和全力以赴，受两个因素的影响：一是对工作性质的了解掌握情况；二是根据经验对自己实力的评估，即自我效能评估。

班杜拉指出，一个人的行为受行为的结果因素和先行因素的影响。行为的结果因素即强化。这里的"强化"概念与传统行为主义者的"强化"概念不同。班杜拉认为，在学习中没有强化也能获得有关的信息，形成新的行为，但强化能激发和维持行为的动机以调节、控制人的行为。行为的出现不是后效强化的结果，而是由于人认识了行为与强化之间的依存关系后对下一步强化的期望。对强化的期望即行为的先行因素。班杜拉的"期望"概念也有别于传统的"期望"概念。他认为，除了传统的结果期望外，还有一种效能期望。结果期望指人对自己某种行为将会导致某一结果的推测。如果个体推测到某一特定行为将会导致某一期望的结果，这一行为就会被激活和选择。效能期望指的是个体对自己能否完成某项活动的能力的推测（或判断）。若个体确信自己有能力进行某一活动，则他就会产生高度的自我效能感，并会选择该项活动。只有当学生感到自己有能力完成学习任务时，才会努力去学习。学生的自我效能感是其学习行为的决定因素之一。它具有四种功能：①决定个体对活动的选择和坚持。②影响个体面对困难的态度。③影响个体新行为的获得和已获得行为的表现。④影响个体在活动中的情绪状态。

影响自我效能感形成的因素主要有以下几种：①直接经验。指个体以往从事同类工作的成败经验。成功能提高效能期望，失败则会降低效能期望。个体对成败的归因方式也会直接影响自我效能感的形成。②间接经验。指对别人成败经验的观察学习。个体的效能期望也来自于观察他人的替代经验。③书本知识和别人的意见，指通过阅读或跟别人交往获得的经验。这种经验若得到直接经验和间接经验的支持，效果会更好。④情绪唤醒水平。高水平的唤醒会使成绩降低而影响自我效能感，而当人们不为厌恶的刺激所困扰时更期望成功。⑤身心状况。个体对自己身心状况的评估也会影响其效能期望。

自我效能感理论克服了传统心理学重行轻欲、重知轻情的倾向，把人的需要、认知、情感结合起来研究人的行为动机，是动机理论的一大进步。该理论对于教育实践也有深刻启示。自我效能感对学生的学习行为有显著影响，因此，教师应注重对学生自我效能感的培养，以促进其设定合理的、能够实现的目标。在帮助学生设立目标时，教师应注意让学生感受到自己的进步，相信自己能够实现目标，对拟定的目标作出承诺并为实现目标而付出努力，这样学生就能提升自己的学业。具体来说，设定的目标应符合以下几点：①目标具体，且有明确的评估标准。②有一定的挑战性。③是通过努力可以实现的。④长远目标应分割为若干较易实现的子目标。此外，教师应强调学生在实现目标过程中的努力和坚持。

六、成就目标理论

成就目标也称目标定向或成就目标定向，它反映了个体对成就情境的一种认知倾向。树立目标是激发和保持学习动机的方法之一，目标是个体进行某种行为时所期待的结果。

教育家将目标导向大致分为掌握目标和成绩目标。掌握目标又称学习目标，这种目标取向的学生认为，学习是为了个人的成长，他不在乎在这个过程中可能会犯很多的错误或者遭遇众多尴尬，所以他们敢于接受挑战。当遇到困难时，他们更能坚持到底。这类学生关心的是他们是否能完成任务，而不是和他人相比自己的表现是否出众，他们会更多地寻求帮助，使用较高水平的认知策略，运用更有效的学习方法。

具有成绩目标的学生更关心的是能否向其他人证明自己的能力，通俗地说，就是做给别人看。他们更多关注在考试中取得好的成绩、在比赛中获胜、在竞争中超越他人。他们常会使用一些投机取巧的方法来证明自我。例如，选择比较容易的书来读，以此成为读书最多的同学。如果很难获胜，那他们可能会采取回避失败的策略，即装出一副毫不在乎的样子。他们只是想告诉他人，他们没有成功是因为他们不屑做罢了。

埃利奥特等人主张将成就目标划分为以下三种类型：①掌握目标。在这种目标定向的情况下，个体关注的是掌握任务、发展能力，获得一种基于自我参照或任务参照的胜任感。②成绩—接近目标。在成绩—接近目标的情况下，个体关注的是如何取得好成绩，得到基于社会比较结果的胜任感和良好的能力评价。③成绩—回避目标。在成绩—回避目标的情况下，个体关注的是如何避免对自身不利的能力评价，回避社会比较的不胜任结果。

平瑞克指出，成就目标的三分法将接近—回避的概念引入了成就目标理论，具有积极的意义。但是，只将其用于区分成绩目标的两种状态似乎是不够的，也不对称，他主张将掌握目标也区分为接近和回避两种状态，从而形成一个

2×2 的对称结构，如表 5 – 4 所示：

表 5 – 4　四种成就目标的界定

目标／状态	接近状态	回避状态
掌握目标	个体关注的是掌握任务、学习和理解；根据自己的进步和对任务的理解深度来评价自身表现	个体关心的是如何避免不能理解或不能掌握的情况；判断成功的标准是在自我比较的基础上准确无误地完成任务
成绩目标	个体关注的是如何超越他人，显得自己最聪明、最棒；根据常模标准来评价自身表现	个体关心的是如何不让自己显得低能，显得比别人笨；根据常模标准来评价自身表现

　　对掌握目标和成绩目标的研究对教学实践具有重要意义，教师引导学生认识到取得好的分数不是学习的全部目标，教师应当引导学生重视教学内容本身的价值和意义，淡化分数和其他外部激励。例如，教师强调某节课内容重要时，可以说"请同学们注意这部分内容，因为它在学科知识结构中处在重要的位置"，尽量避免引导学生"请同学们注意这部分内容，因为它明天将会考到"。

　　需要注意的是，掌握目标和成绩目标不是相互排斥的，个体想做某件事可能既是由于兴趣爱好同时也可能是由于希望向别人证明自己的能力，这与内部动机和外部动机关系类似，个体产生某种行为的背后可能同时具有内部动机和外部动机。

第四节　学习迁移

　　学生在学习过程中能否触类旁通、举一反三，能否将所学知识运用到现实情境中去解决问题，是学习的重要目标，也是学习迁移所关注的问题。

一、迁移的概念

　　学习迁移是指一种学习对另一种学习的影响，或习得的经验对完成其他活动的影响。迁移广泛存在于各种知识、技能与社会规范的学习中。由于学习活动总是建立在已有的知识经验之上的，这种利用已有的知识经验不断获得新知识和技能的过程，可以认为是广义的学习迁移；而新知识技能的获得也不断地使已有的知识经验得到扩充和丰富，这就是我们常说的"举一反三""触类旁通"，这个过程也属于广义的学习迁移。教育心理学所研究的学习迁移是狭义的迁移，特指前一种学习对后一种学习的影响或者后一种学习对前一种学习的影响。20世纪以来教育心理学家关于学习迁移的研究，就是通过设计两种学习情境，看一种学习对另一种学习的影响。

二、迁移的分类

根据不同的标准，迁移可以分为不同的类别。

（一）正迁移和负迁移

根据迁移的效果，迁移可以分成正迁移和负迁移。正迁移是指已经掌握的知识或技能对学习新知识或技能的积极影响（positive transfer）。在什么情况下会出现正迁移呢？不同学习内容间存在着共同的因素或成果 A 中包含着 1，2，3，4，5 等成分，B 中包含着 4，5，6，7，8 等成分，由于 A 和 B 具有共同的成分或因素（4，5），因而它们之间有可能出现正迁移。不同学习内容间包含着共同的原理，当两种学习内容受同一原理支配时，学会一种内容会促进对另一种内容的学习。例如，学过英语的人比较容易学习法语、德语等，因为这些语言不但在单词的发音上有许多相似之处，而且在语法结构中也有类似的地方；会开摩托车的人，容易学会驾驶汽车；擅长绘画的人，也容易学会书法，因为它们的基本原理非常接近。

负迁移是指已经掌握的知识或技能对学习新知识或技能的消极影响（negative transfer）。负迁移发生在下列情况中：两种学习内容在结构上很相似，但其中某些成分要求相反的反应方式。镜画实验是一个很典型的情况，人们看到的刺激情境是一样的，而反应却相反，这种互相竞争的反应会产生严重的干扰作用。在体育运动中也有类似的情况，例如，在打网球和打羽毛球之间就有负迁移的作用，这是因为两种运动的刺激类似（都用球拍打球），但所要求的反应不同，打羽毛球要求手腕的动作，打网球要求整个手臂的动作，共同的刺激情境和不同的反应要求，便产生了明显的负迁移。

在实际的学习中，正迁移与负迁移常常同时发生，很难截然分开。学过英语的人固然较容易学习德语或法语，产生正迁移。但有时也出现干扰，如会把某些法语单词读成了英语单词，用英语的语法去理解德语的语法等。

（二）顺向迁移和逆向迁移

根据迁移发生的方向，迁移分为顺向迁移和逆向迁移。顺向迁移是指先前学习对后继学习产生的影响。如在物理中学习了"平衡"概念，就会对以后学习化学平衡、生态平衡、经济平衡产生影响；逆向迁移是指后继学习对先前学习产生的影响。如学习了微生物后对先前学习的动物、植物的概念会产生影响等。

（三）一般迁移和具体迁移

根据迁移内容的不同，迁移分为一般迁移和具体迁移。一般迁移也称非特殊迁移、普遍迁移，是指在一种学习中所习得的一般原理、方法、策略和态度对另一种具体内容学习的影响，即将原理、策略和态度具体化，运用到具体的事例中去。如学生学习中获得的一些基本的运算技能、阅读技能可以运用到各种具体的数学或语文学习中。具体迁移也称特殊迁移，是指学习迁移发生时，学习者原有的经验组成要素及其结构有变化，只是将一种学习中习得的经验要素重新组合并移到另一种学习之中。如小学生在学完整数的加减乘除之后，在四则混合运算的学习中就可以把已有经验加以重新组合来解决问题，而在后者的学习中并没有增加新的心智动作。

（四）水平迁移和垂直迁移

根据迁移内容的抽象和概括水平的不同，迁移分为水平迁移和垂直迁移。水平迁移也叫横向迁移，指在难度、复杂程度和概括层次上处于同一水平的先行学习内容与后继学习内容、学习活动之间产生的影响。如通过加、减、乘法学习后获得的一些运算技能会促进除法运算学习等。垂直迁移也称纵向迁移，指先行学习内容与后续学习内容使不同水平的学习活动之间产生的影响。垂直迁移表现在两个方面：一是自下而上的迁移，即下位的较低层次的经验影响上位的较高层次的经验的学习；二是自上而下的迁移，即上位的较高层次的经验影响下位的较低层次的经验的学习。如学了"角"的概念后，再学习"直角""锐角"等概念时就容易多了。

（五）同化性迁移、顺应性迁移与重组性迁移

根据迁移过程中所需的内在心理机制的不同，迁移分为同化性迁移、顺应性迁移与重组性迁移。同化性迁移是指不改变原有的认知结构，直接将原有的认知经验应用到本质特征相同的一类事物中去。原有认知结构在迁移过程中不发生实质性的改变，只是得到某种充实。平时我们所讲的"举一反三""闻一

知十"等都属于同化性迁移。顺应性迁移指将原有认知经验应用于新情境中时，需调整原有的经验或对新旧经验加以概括，形成一种能包容新旧经验的更高一级的认知结构，以适应外界的变化。这也表明，迁移并非仅是先前的学习或经验对以后的影响，也包括后面对前面的影响。比如，学生头脑中有一些日常概念，当这些前期学过的日常概念不能解释所遇到的新事物时，就要建立一个概括性更高的科学概念来标志某一现象或事物，新的科学概念的建立过程也是一种顺应的过程。重组性迁移指重新组合原有认知系统中某些构成要素或成分，调整各成分间的关系或建立新的联系，从而应用于新情境中。在重组过程中，基本经验成分不变，但各成分间的结合关系发生了变化，即进行了调整或重新组合。比如，将已掌握的字母进行重新组合，形成新的单词。在操作技能形成过程中，许多不同成分的动作被组合成连续的整体动作，其中不涉及新动作的增加，只是各动作成分的重新组合、重新排列。通过重组性迁移，可以提高经验的增值性，扩大了基本经验的适用范围。

（六）近迁移和远迁移

根据学习的情景，迁移分为近迁移和远迁移。近迁移，是指先前学习的情境（如学习的方式或者内容）与后继学习的情境虽有所区别，但非常相似时产生的迁移。例如，如果先学习从0开始，连续加2，那么以后学习连续加3就是近迁移，因为连续加2和加3在加工方式上非常接近，只不过具体数值不同而已。再比如，如果大学里学习了发动机的原理，那么将来到发动机制造厂工作时就会发生近迁移。因此，近迁移更接近于把学习到的知识或技能应用到相应的工作中去的过程，二者越相似，迁移的效果就越好。远迁移是指先前学习与后继学习的情境虽有联系，但却有很大区别时产生的迁移。例如，先学习从0开始，连续加2，而新的情境却要求在给定字母的基础上，增加字母来组成单词。虽然都是添加新元素生成新内容，但是添加的对象一个是数字，一个是字母，加工的方式差别也很大。因此，远迁移更接近于独立于具体学习情境的一般知识或技能的迁移。先前学到的知识越通用，越概括，迁移到不同情境中的可能性越大。大学时学到的知识很多都是比较通用的知识，在实际工作中可能感觉没有太大的用处，实际上是近迁移比较弱，而远迁移却比较强。

（七）有意迁移和无意迁移

根据学习者的意识程度，迁移分为有意迁移和无意迁移。有意迁移是指学习者在学习过程中有意识地进行抽象概括和反思、总结，寻找当前情境与新情境的联系和相似性，从而在新情境下产生的迁移。它强调学习者有意识地主动参与和反思、总结。例如，在有些课程中，老师让学生主动参与，甚至让学生主讲一部分内容。在随后的学习中，这些有过认真准备的学生就会比没有认真准备过的学生学得要好一些；再如，学习计算机编程的学生主动思考编程语言的规律和特点，就很容易在不同的编程语言之间迁移。无意迁移是指学习者在学习过程中没有有意识地进行总结和反思，而只是对学习情境的表面特征产生自动化反应。在新情境下原有的概念、技能产生自动化的迁移，叫作无意迁移。在无意迁移中，学习者只是在不同情境下，反复进行大量的练习，建立起一个模式库，当新的学习情境使学习者想起模式库中储存的学习过程时，真正的迁移才会发生。比如，人的文化素养渗透到个人生活的方方面面，并且对认知过程和行为产生广泛的影响，就是无意迁移。

三、学习迁移理论

20 世纪以来，教育心理学家对学习迁移展开了系统的研究。

（一）形式训练说

形式训练说是最早的关于迁移的理论，其心理学基础是官能心理学。形式训练说的基本主张是迁移要经历一个形式训练过程才能产生。其代表人物是 18 世纪德国心理学家沃尔夫。形式训练说假定人类大脑的许多区域代表了许多不同的官能。人的心智是由许多不同的官能组成的，不同的官能活动相互配合就构成各种各样的心理活动。各种官能可以像训练肌肉一样通过练习增加力量。在学校教育中，传递知识远不如训练官能来得重要。知识的价值在于作为训练官能的材料。形式训练说重视能力的培养和学习的迁移，强调对有效的记忆方法、工作和学习的习惯以及一般的有效工作技术加以特殊训练，这些都有积极意义。

（二）共同要素说

桑代克和伍德沃斯等人认为，只有当两个机能的因素中有相同的要素时，一个机能的变化才会改变另一个机能的习得。也就是说，只有当学习情境和迁移情境存在共同成分时，一种学习才能影响到另一种学习，即产生学习迁移。这些理论对学习迁移的研究和实际教学起到了积极的作用，但它只看到学习情境的作用，忽略了主体因素对学习迁移的影响，忽视了迁移过程中复杂的认知活动。

桑代克以大学生为被试，首先训练大学生对平行四边形的面积进行估计，然后对他们进行两种测验。结果表明，被试对矩形面积的判断成绩提高了，但对三角形、圆形和不规则图形的判断成绩并没有提高。据此，桑代克提出学习中训练某一官能未必能使它的所有方面都得到改善。他认为两种学习之间具有相同因素时，才会发生迁移。例如，骑自行车与骑摩托车在协调和操作方式上有相同因素，所以迁移就容易发生。

（三）概括化理论

美国心理学家贾德提出了概括化理论，也称为"经验类化说"。他认为先期学习获得的东西之所以能迁移到后期的学习中，是因为在先期学习中获得了一般原理，这种原理可以部分或全部地运用于两种学习当中。两种学习活动之间存在共同要素仅仅是知识产生迁移的必要前提，而迁移产生的关键是学习者在两种活动中通过概括形成了能够泛化的共同原理。只要一个人对他的经验进行了概括，就可以完成从一种情境到另一种情境的迁移。

贾德曾做过一个著名的水中打靶实验，他把十一二岁的小学高年级学生分成 A、B 两组练习水中击靶。对 A 组被试先教以光在水中的折射原理而后进行练习，B 组则只进行练习、尝试，而不教原理。当他们达到相同的训练成绩以后，增加水中目标的深度，学过光的折射原理的 A 组被试的练习成绩明显优于未学过原理的 B 组。贾德认为这是因为学过原理的学生被试已经把折射原理概括化，从而对不同深度的靶子都能很快作出调整和适应，把原理运用到不同深度的特殊情境中去。贾德认为，折射原理把有关水内物体的知识组织成为整体的思维体系。根据迁移的概括化理论，对原理了解概括得越好，对新情境中学习的迁移就越好。

（四）关系转换理论

格式塔心理学家从理解事物关系的角度对经验类化的迁移理论进行了重新解释，并通过实验证明迁移产生的实质是个体对事物间的关系的理解。

格式塔学说的代表人物苛勒，用"小鸡啄米实验"证明了关系转换的学习迁移理论。他让小鸡在深、浅不同的两种灰色的纸下面寻找食物。通过条件反射学习，小鸡学会了只有从深灰色纸下找食物才能获得食物奖赏。随后变换实验情境，保留原来的深灰色纸，用黑色纸取代浅灰色纸。假设是：如果小鸡仍然到深灰色纸下面寻找食物，那就证明迁移是由于相同要素的作用；如果小鸡到两张纸中颜色更深的那张（即黑色纸）下面寻找食物，则证明迁移是对关系作出的反应。实验结果发现，小鸡对新刺激（黑色纸）的反应为 70%，对原来的刺激（深灰色纸）的反应是 30%。同样实验选取幼儿作为被试，幼儿始终对黑色纸的刺激作出反应。据此，苛勒提出情境中的关系对迁移起了作用，而不是其中的相同要素，被试选择的不是刺激的绝对性质而是比较其相对关系。

苛勒进而提出，迁移产生的实质是个体对事物间的关系的理解，即迁移的产生依赖于两个条件：一是两种学习之间存在一定的关系；二是学习者对该关系理解和顿悟，后者比前者重要。习得的经验能否迁移，并不取决于是否存在某些共同的要素，也不取决于对原理孤立的掌握，而是取决于个体能否理解各个要素之间形成的整体关系，能否理解原理与实际事物之间的关系，即对情境中一切关系的理解和顿悟是获得一般迁移的最根本要素和真正手段。苛勒认为，人们越能发现事物之间的关系，则越能加以概括、推广，迁移越普遍。

关系转换理论可以认为是概括化理论的继续与发展，关系转换理论并不否认学习依赖于学习原理的迁移，但他们强调"顿悟"是迁移的一个决定因素，认为迁移不是由两种学习情境具有共同要素、原理或规则而自动产生的某种东西，而是由于学习者突然发现两种学习经验之间存在着关系的结果，也就是说学习者领悟学习情境中的关系是实现迁移的根本条件。

（五）认知结构迁移理论

奥苏伯尔在有意义言语学习理论的基础上提出了认知结构迁移理论。所谓认知结构是学生头脑内的知识结构。这一理论认为，一切有意义的学习都是在原有认知结构的基础上产生的，不受原有认知结构影响的有意义学习是不存在的。一切有意义的学习必然包括迁移，迁移是以认知结构为中介进行的，先前学习所获得的新经验，通过影响原有认知结构的有关特征影响新学习。原有认知结构的清晰性、稳定性、概括性、包容性、连贯性和可辨别性等都始终影响着新的学习的获得与保持。在教学中，可以通过改革教材内容和教材呈现方式改进学生的原有认知结构变量以达到迁移的目的。

四、有效促进学习迁移的策略

促进学习迁移不仅有利于增加学习内容，还有利于提高学生适应新情境、解决问题的能力。从某种意义上来说，教育的首要任务在于让学生学会学习迁移。

（一）关注知识经验，完善认知结构

教师要促进学生学习迁移，首先要帮助学生构建完整的知识结构，良好的知识结构能够简化知识、促进迁移。首先，教育者应当关注学生原有认知经验的丰富性，教师要关注学生在新学习开始之前，是否具备了必要的知识储备。已有的知识经验越丰富，就越有利于新的学习，迁移也就越容易产生。其次，注意学生原有知识经验的概括与组织性。学生原有的知识经验越概括，越不受事物表面特点的制约，从结构特性着眼，对新情况、新问题的适应性就越广，

就越能产生广泛的迁移。最后，教育者应当充分考虑学生原有知识经验的可利用性。教师在教学过程中，除了关注知识内容本身的掌握，还需要学生明白何时何处如何迁移某种经验，拥有迁移的心理准备，沿着正确、合理的程序分析问题，提高已有知识经验的可利用性。

有研究表明学生对材料的理解程度以及教学方式的有意义程度对迁移有直接的影响。不管学生记得有多清楚，通过死记硬背的知识不可能迁移到新的情境中。没有理解只是机械地记忆很难持久，没有经过熟练化，即使是"过度学习"，若还是不能运用自如，迁移的效果也会大打折扣。对学生有意义的教学包括：所呈现的教学内容要有价值，要对学生离开学校走入社会有所帮助，在强调终身学习的今天，学生今后的学习更依赖于在学校学到的知识的正迁移。另外这种意义性还包括，教学过程有趣味性，符合学生的特点和接受能力，如可以采取真实生活中的例子。内容越能激起学生的主动探究，学生的卷入程度就越深，学得就越牢固，越容易产生正迁移。

（二）选择教学内容，安排教学过程

教师的教材选取、教学内容设置和教学过程的安排对学生学习迁移产生直接影响。

要使学生在有限的时间内掌握大量的有用的经验，教学内容就必须精选。教师应选择那些具有广泛迁移价值的科学成果作为教材的基本内容，在选择这些基本的经验作为教材内容的同时还必须包括基本的、典型的事实材料，并阐明概念、原理的适用条件。精选的教材只有通过合理的编排才能充分发挥其迁移的效能，否则迁移效果小，甚至阻碍迁移的产生。从迁移的角度来看，合理编排的标准就是使教材达到条理化、结构化、一体化、逻辑化、科学化。

教育者要注意在各个教学单元相对独立的前提下，体现出各单元和各部分内容之间的内在逻辑联系和前后衔接，切忌造成各部分之间的相互割裂。教学层次要合理，在选择教材和教学内容时也应注意避免内在逻辑性差的教材和内容。教学中应充分利用教学材料中的内在联系，例如，在小学两步应用题教学中，应充分利用教材中两步应用题与一步应用题之间的逻辑联系，引导学生产生积极的迁移。对缺乏内在联系的教材，则利用教学进行弥补。

合理编排的教学内容是通过合理的教学程序得以体现、实施的，教学程序是使有效的教材发挥功效的最直接的环节。在宏观上，教学中应将基本的知识、技能和态度作为教学的主干结构，并依此进行教学。在微观上，应注重学习目标与学习过程的相似性，或有意识地沟通具有相似性的学习。简而言之，在教学过程中的每一个环节都应努力体现迁移规律。

（三）教授学习策略，提高迁移意识

仅教给学生组织良好的信息还是不够的，还必须使学生了解在什么条件下迁移、所学的内容迁移的有效性如何等。结合实际学科的教学来教授有关的学习策略是达到这一目标的有效手段。

布朗、帕林萨等（Brown & Palincsar，1982）在阅读理解方面的实验表明，使用了元认知策略的学生，不仅对当前任务正确反应的百分数明显提高，而且更多地把这种学到的策略迁移到了他们的常规课堂的其他学习中。但是当前学生对策略的重视不够，可能是因为学习策略太浪费时间，或者没有意识到策略能给他们的学习带来哪些变化。这就需要教师采用灵活多样的方法促进学生对策略的重视，以使学生达到灵活运用的程度。

《 本章小结 》

学习动机引起和维持个体进行学习活动，并使之朝向一定的学习目标，以满足某种学习需要的内部心理状态。学习动机对学习的促进作用表现为决定学习方向、增强学习努力程度和影响学习效果。主要的动机理论包括行为主义的强化理论、自我效能理论、人本主义的需要层次理论、认知派的成就动机理论、成败归因理论、自我价值理论、成就目标理论。学习迁移是指一种学习对另一种学习的影响，或习得的经验对完成其他活动的影响。

【思考与练习】

1. 观察你身边的 1～2 名同学，比较他们的学习动机有何异同？

2. 回顾自己的学习历程，你的学习动机发生了哪些变化？你使用过哪些方法来激发自己的学习动机？

3. 教师在教学过程中常使用题海战术，这种战术对知识的迁移有何利弊？为什么？

第六章　生理与心理发展

【本章学习要点】

1. 了解青春期的生理发展。

2. 了解中学生认知发展的理论、特点与规律。

3. 熟悉皮亚杰认知发展阶段论。

4. 了解中学生的感知觉、注意记忆及思维发展特点。

5. 了解皮亚杰和科尔伯格的道德发展理论。

6. 了解中学生的道德发展特点。

【案例导入】

安妮日记

1942 年 6 月 12 日，安妮·弗兰克 13 岁生日那天，父母送给她一个日记本。这个小小的布皮本子就成了安妮在此后两年中记录自己经历和想法的数本日记中的第一本。她做梦也没有想到，自己匆匆记下的东西日后竟会成为描绘第二次世界大战期间大屠杀受害者的最著名出版物之一。

安妮·弗兰克（1929—1945）和她的父母，奥图·弗兰克、艾迪斯·弗兰克夫妇以及她的姐姐玛格丽特·弗兰克都是德国犹太人。1933 年，希特勒统治德国后，他们全家移居到阿姆斯特丹，不料七年后，德国占领荷兰。1942 年夏，当德国纳粹开始抓捕荷兰的犹太人并关进集中营时，安妮一家躲到了父亲制药公司的楼上。在楼上一个可移动的橱柜后面隐藏着一道门，门后一条陡峭的楼梯通往安妮称之为"隐秘之家"的四个房间。此后两年，丹妮一家都躲在这几间狭小的宿舍里，和他们同住的还有范·丹夫妇和他们 15 岁的儿子彼特以及一位中年牙医艾伯特·杜塞尔，他和安妮住同一个房间。1944 年 8 月 4 日，德国和荷兰治安警察突袭了"隐秘之家"，他们八个人都被送进了集中营，除安妮的父亲外，其余人都死在了那里。

战争结束后，奥图·弗兰克出版了安妮的日记。日记描述了全家人的逃亡生活。在那些日子里，全家人必须保持绝对安静，以防止惊动楼下办公室的人。那时，只有一个基督徒助手冒着生命危险给他们送食物、书籍、报纸和一些必需品，除此之外，全家人再也见不到任何人。安妮长得很快，衣服不久就得需要更换更大的，而且她眼睛近视得越来越严重，所以有时候必须冒险外出，其危险性是难以想象的。

安妮的日记展示了一个在创伤条件下逐渐走向成熟、勇敢、内省的少女的思想、情感、白日梦和情绪波动。安妮记录了对自己"丑陋"外表的担心、有一个"能真正理解自己的母亲"的愿望以及对父亲的崇拜。由于大人们总是批评她的缺点，父母也明显偏爱姐姐，安妮在日记中表达了自己的绝望。她描述了自己的恐惧、对独立的渴望、希望回归以前的生活以及从事写作的心愿。

由于"隐秘之家"的气氛变得越来越紧张，安妮也出现了食欲不振的症状。但随着时间的流逝，她逐渐变得不再自怜自爱，而是更加深沉。后来当她回忆起以前无忧无虑的生活时，觉得自己与以前那个"在围墙中长大的女孩"相比已经不是同一个人了。

她能够清楚地意识到自己的性觉醒："我觉得发生在自己身上的事情非常奇妙，不仅仅是身体外观的变化，还有内部发生的一切。……每次在那段时间……我都觉得……自己有一个甜蜜的小秘密，我总是盼望着能够再次感受这个秘密。"

最初，安妮觉得彼特害羞又笨拙，不是一个理想的伙伴；但是后来她开始去彼特的房间和他进行长时间的亲密交谈，最后是他们的初吻。安妮在日记中记录了自己强烈的性冲动与严格的道德教养之间的冲突。

安妮的最后一篇日记写于 1944 年 7 月 15 日，此时距突然搜捕不足 3 周，距安妮在贝尔根——贝尔森集中营离开人世不到 8 个月。"尽管发生了这一切，我仍然相信，人们的心地还是善良的……我能够听到越来越多的轰鸣声，它或许会毁灭我们，我还能感受到数百万人民的苦难。但是，如果我能够进入天堂，我相信一切都会好起来，如今的残暴会很快结束，和平和安宁会再次回来。"

安妮·弗兰克悲剧性的短暂青少年期以及其令人动容的故事反映了生物性所起的持续作用，以及生物性与个体内部和外部经历的相互关系。安妮的"长大成人"的过程是在一种极其不正常的条件下发生的，但是她的生理发育正常进行，并且伴随着大量认知和心理状态的变化，这些变化都是因为处在高压环境而突显出来。

【思考与讨论】

1. 安妮·弗兰克的日记中描述了哪些典型的青春期变化？这些变化对安妮的心理产生了怎样的影响？

2. 安妮的认知成熟、语言和道德发展有哪些变化？

3. 假如生活在正常环境中，安妮的发展会和现在的青少年有哪些相似和不同之处?

（引自戴安娜·帕帕拉，萨莉·奥尔兹，露丝·费尔德曼. 发展心理学：上册 [M]. 李西营，申继亮，译. 北京：人民邮电出版社，2017：435－436.）

第一节　中学生的生理发展

每个人在中学阶段都会经历生理上的较大变化。青春期是人生理发展的鼎盛时期和性成熟时期。生理上的成熟使中学生在心理上产生成人感，迫切地想要追求独立和自主，出现个体生命中自我意识的第二次觉醒。然而，由于他们的心理发展水平有限，有许多期望不能实现，导致他们容易产生种种心理危机。

一、身体外形的变化

青春期的少年身体发育很快，其身高、体重、头面部都发生了很大变化。同时，第二性征也开始出现。这些变化使他们在外形上逐渐接近成人。

（一）身高

青春期少年外形变化的最明显特征是身高的迅速增长。在这一时期，青少年的身高平均每年增长 6~8 厘米，有的甚至达到 10~11 厘米。青春期男孩和女孩的身高变化存在差异。男孩进入身高生长加速期的平均年龄是 13 岁左右，14 岁左右达到生长高峰期。随后，他们的生长速度逐渐下降，到 15.5 岁时又退回到以前的生长速度。女孩的这一过程要先于男孩，大多数女孩从 9 岁左右开始进入身高生长加速期，12 岁左右达到生长高峰期（Conger，1977）。此外，身高增长的速度和时间存在个体差异。这种差异不仅存在于男女之间，在城乡、地区之间，甚至在同一班级的同龄人之间也存在着。

（二）体重

体重的增长反映出身体内脏的增大、肌肉的发达以及骨骼的增长和变粗的现象，也反映出营养及健康状况的变化等，所以体重也是身体发育的一个重要标志。处于青春发育期的青少年在体重上有较大的变化。城市女生在 11 岁至 14 岁时体重增加最快，平均每年增长 4.4 公斤，12 岁至 13 岁是增长高峰期，14 岁后增长速度迅速下降。城市男生在 13 岁至 15 岁这段时间里，体重增加最快，平均每年增长 5.5 公斤，14 岁是增长高峰期，15 岁后增长速度迅速下降。

（三）头面部

进入青春期的少年，头面部特点也发生着微妙的变化。童年期的面部特征在逐渐消失，发际线逐渐向头顶部及两鬓后移；嘴巴变宽，嘴唇开始丰满；头部骨骼增长速度低于身体其他部位，身体比例逐渐协调，不再是童年期的头大身体小的状态。

（四）第二性征的出现

第二性征是性发育的外部表现，是青少年身体外形变化的重要标志。随着第二性征的出现，青少年从童年的中性状态进入到两性分化的阶段。在男性身上，第二性征主要表现为：喉结突出、嗓音低沉、体格高大、肌肉发达、唇部周围出现胡须、周身出现多而密的汗毛、出现了腋毛、阴毛。在女性身上，第二性征则表现为：嗓音细润、乳房隆起、骨盆宽大、皮下脂肪较多、臀部变大、体态丰满、出现了腋毛和阴毛。第二性征的出现使得男女两性在身体外形上的差异日益明显。

二、体内机能的增强

在青春发育期，个体体内的各种生理机能都在迅速增长并逐渐达到成熟。

（一）心脏压缩机能的增强

个体的心血管系统在青春期出现第二次生长加速。在 9 岁时，儿童的心脏重量为出生时的 9 倍，在青春期后，则增长至 12 ~ 14 倍；心脏密度也在成倍地增长；心室壁的肌肉增强，心肌纤维更富有弹性，从而使心脏每次收缩时能泵出更多的血液。

伴随着心血管系统形态上的变化，青少年的心率、脉搏开始减慢。心脏机能的增强使每次心搏所排出的血量增多，每分钟的搏动约为 70 ~ 80 次。同时，由于心脏收缩力增强以及内分泌系统的变化，青少年的血压升高，其幅度基本与成人一致。心血管系统的生长发育存在性别差异。女孩在心脏重量、大小、每次收缩所排出的血量和血压等方面均比男孩低 10% 左右，而心率、脉搏则比男孩快 8 ~ 10 次/分。

（二）肺的发育

在青春期，肺的发育也明显加速。12 岁左右，肺的重量为出生时的 10 倍，肺小叶结构逐渐完善，肺泡容量增大，与呼吸有关的某些肌肉发育加快，使呼吸功能进一步增强。在整个青春期中，肺活量将比青春期前增加 1 倍多。男女肺活量存在显著的差异。

（三）肌肉力量的增强

青春期少年体重的增加表明肌肉和骨骼发生了变化。在肌肉力量的发展水平上，男女之间也存在明显的差异。男性逐渐变得肌肉发达，而女性则变得身材丰满。

（四）大脑的发育

儿童在 10 岁以前，其脑重已为成人的 95%。因此，青春期少年脑重和脑容量的增长不明显。但大脑的发展日趋成熟。研究表明，个体在 4～20 岁存在两次脑发展的加速期，第一次发生在 5～6 岁，第二次发生在 13 岁左右，即青春期。青春期少年的神经系统基本上与成人一致，大脑皮质沟回组合完善，神经纤维完成髓鞘化。随着脑和神经系统的发育成熟，青少年的兴奋和意志水平也逐渐趋于平衡。

三、性的发育与成熟

生殖系统是人体各系统中最晚发育成熟的，它的成熟标志着人体生理发育的完成。

（一）性激素的增多

青春期前的个体仅分泌少量的性激素。进入青春期后，个体下丘脑的促性腺激素释放因子的分泌量增加，从而使垂体前叶的促性腺激素分泌液增加，进而导致性腺激素水平相应提高，促进性腺发育。女性的性腺为卵巢，男性的性腺为睾丸。性腺的发育使女性出现月经，男性发生遗精。

（二）性器官的发育

女性的性器官包括卵巢、子宫及阴道。在青春期前，女性性器官发育缓慢，8～10 岁时发育加快，之后的发育速度则呈直线上升状态。子宫的发育从 10 岁开始到 18 岁止，长度增加了 1 倍，其形状及各部分的比例也有所改变。

男性的性器官包括睾丸、附睾、精囊、前列腺及阴茎。男性的性器官发育比女性要晚些，在 10 岁以前发育很慢，进入青春期后期发育加速。

（三）性机能的发育

性器官的迅速发育使青春期女孩出现月经。月经初潮的年龄一般发生在10～16岁。女性月经初潮出现的早与晚，与其所处的地理环境、气候条件、经济水平以及营养状况等因素有关。女性月经初潮后，由于卵巢发育尚未完全成熟，因而在一个阶段内，月经周期并不规律，一般在一年内可达正常。男性首次遗精时间也有个别差异，一般发生在12～18岁。

四、中学生自我意识的发展

青春期是个体自我意识发展的第二个飞跃期。个体自我意识的第一次出现发生在3岁左右，以儿童可以用代词"我"来标志自己为重要特点。随后，儿童的自我意识进入相对平稳的发展阶段。进入青春期后，由于身体的迅速发展，青少年的关注点开始从外部世界转向自我，出现自我意识发展的第二次飞跃。

（一）自我意识概述

自我意识是个体对自己以及自己与周围事物关系的意识。自我意识是人格的重要组成部分，也是使人格各部分整合和统一起来的核心力量。一般认为，自我意识包括三种成分：①自我认识。即个体对自己的心理特点、人格特征、能力及社会价值的自我了解与自我评价。②自我体验。即对自身品质的评价及与此相关联的情感体验，如自尊、自爱、自豪、自卑及自暴自弃等。③自我监控。即对自己的意志控制，如自我检查、自我监督、自我调节、自我追求等。

个体自我意识的发展经历了从生理自我到社会自我，再到心理自我的过程。

（1）生理自我（自我中心时期）。

生理自我是自我意识最原始的状态。通常儿童在1周岁末开始将自己的动作和动作对象区分开来，把自己和自己的动作区分开来，并在与成人的交往中，按照自己的姓名、身体特征、行动和活动能力来看待自己，并作出一定的评价。生理自我在3岁左右基本成熟。

（2）社会自我（客观化时期）。

儿童在3岁以后，自我意识的发展进入社会自我阶段。他们从轻信成人的评价逐渐过渡到自我独立评价。这时，自我评价的独立性、原则性、批评性迅速发展，他们对道德行为的判断力也逐渐达到了前所未有的水平，即从对具体行为的评价水平到有一定概况程度的评价水平。但他们的自我评价通常不涉及个人的内心世界和人格特征，自我调控能力较差，从而导致他们常出现言行不一致的状况。社会自我到青少年期基本成熟。

（3）心理自我（主观自我时期）。

心理自我是在青春期开始发展和成熟的。这时，青年开始形成了能够自觉地按照一定的行动目标和社会准则来评价自己的心理品质和能力的行为。他们的自我评价越来越客观、公正和全面，且具有社会道德性，他们在此基础上形成自我理想，并开始追求最有意义和最有价值的目标。

（二）初中生自我意识的发展

青少年时期是自我意识发展的第二个飞跃期。从小学六年级开始到初中三年级，学生的自我意识发展总体上处于平稳期，从初三到高一年级为显著上升期。

初中生自我意识的发展特点主要体现在以下三个方面：

（1）自我体验随年龄增长而不断发展。

随着生理和心理的成熟，初中生开始出现成人感。他们迫切希望获得与成人同等的地位，享受与成人相同的权利。成人感的追求也使得初中生产生极强的自尊感。他们相信自己有能力作出一番事业。然而，他们有时会被现实生活打击，使他们意识到自己的局限性，产生自卑感。初中生产生自卑感的原因还包括与同伴间在学业、自身条件、物质等方面的攀比。

（2）自我开始分化。

在中学阶段，学生的自我开始分化成"主我""客我"或"理想我"和"现实我"。初中阶段，学生对自己的内心品质产生兴趣，开始要求自己了解自己的个性特点，关心自己的形象，想按自己的意愿塑造自己，在"主我"与"客我"、"理想我"与"现实我"产生矛盾时，他们就会自责，对自己不满意。

（3）能够更自觉地评价别人和自己的个性品质。

初中生已经能够较为全面地认识和评价自己与他人，但与高中生比较，他们水平不高，也不稳定。他们常常过分强调自己的优势，夸大别人的劣势。

（三）高中生自我意识的发展

高中时期正是一个人必须明确自己个性的主要特征，开始考虑自己的人生道路的时候，所以一切问题既是以"自我"为核心展开的，又是以解决好"自我"这个问题为目的的。这种主客观上的需求使得青少年的自我意识获得了进一步的发展。

1. 高中生自我意识发展的趋势

高中生逐渐学会较为全面、客观、辩证地看待自己、分析自己，自我评价的能力变得全面、主动，而且日益深刻，这表现为他们不仅能分析自己的思想矛盾和心理状态，还能经常对自己的整个心理面貌进行估量，能认识到自己较稳定的个性心理品质。在此基础上，他们的自我评价水平随着年级的升高而不断提高。高三的学生已经基本能够对自己作出准确的评价和判断。自我评价过程中产生的情感体验在高一、高二比较平稳后，呈现缓慢上升的趋势。自我控制方面，他们从高二开始出现缓慢上升的趋势。从高一到高三，高中生的自我控制能力愈来愈强。他们逐渐具备了行动自主能力。

2. 自我意识发展的特点

高中生自我意识中的独立意向越来越明显，追求独立自主的意识比初中生更加强烈；自我意识的组成成分也产生了分化和相互作用。他们开始不断地用"理想我"去控制"现实我"，果断地追求自己的目标，思考问题时更具理论性。自我评价逐渐成熟，能够对自己作出全面而客观的分析。高中生的自尊心很强，这一方面反映了他们自我的发展，另一方面也反映出他们较差的心理耐挫性。他们强烈地关心着自己的个性成长，有意识地增强优良的品质、克服自身性格缺陷。由于生理上逐渐接近成人，高中生对自我形象非常关注，这种关注达到了空前的水平。高中生道德意识高度发展，道德判断已接近成人水平。

五、中学生心理发展的矛盾性特点

青春期是人类个体生命全程中一个极为特殊的时期，这个阶段的青少年生理发育十分迅速，在 2 ~ 3 年内就能完成身体各方面的生长发育任务并达到成熟水平。但此时，青少年的心理发展的速度相对缓慢，心理发展水平尚处于从幼稚向成熟发展的过渡时期。因此，中学生身体上的成人感和心理上的半成熟是矛盾产生的根源。

（一）生理变化对心理活动的冲击

首先，由于初中生身体外形的变化，使他们产生了成人感。在心理上他们也希望能尽快进入成人世界，希望尽快摆脱童年时的一切，寻找到一种全新的行为准则，扮演一个全新的社会角色，获得一种全新的社会评价，重新体会人生的意义。

其次，由于性的成熟，初中生对异性产生了好奇和兴趣，但又不能公开表达这种愿望和情绪，所以，时常体会到一种强烈的冲击和压抑。

（二）心理上成人感与幼稚性的矛盾

中学生由于身体的快速发育及性的成熟产生了对成熟的强烈追求。在成人感的影响下，他们在对人对事的态度、情绪情感的表达方式以及行为的内容和方向等方面都发生了明显的变化，同时也渴望社会、学校和家长能给予他们成人式的信任和尊重。

同时，中学生在认知能力、思维方式、人格特点及社会经验方面存在幼稚性特点。这主要表现在：青少年的思维虽然已经是以抽象逻辑思维为主要形式，但水平还比较低，处于从经验型向理论型过渡的时期；由于辩证思维刚开始萌发，所以，他们在思想方式上仍带有很大的片面性和表面性；在人格特点上，缺乏成人那种深刻而稳定的情绪体验，缺乏承受压力、克服困难的意志力；社会经验也十分欠缺。

1. 反抗性与依赖性

青春期少年产生了强烈成人感，进而产生了强烈的独立意识。他们对一切都不顺从，不愿听取父母、长辈的意见，常处于一种与成人相抵触的情绪状态中。但是，青少年的内心并没有完全摆脱对父母的依赖，只是依赖的方式较之过去有所变化。童年时，对父母的依赖更多的是在情感和生活上；青春期时，对父母的依赖则表现为希望从父母那里得到精神上的理解、支持和保护。

2. 闭锁性与开放性

进入青春期的少年渐渐地将自己内心封闭起来。他们的心理生活丰富了，但表露于外的东西减少了，加之对外界的不信任和不满意，又增加了这种闭锁性产生的可能性。与此同时，他们又感到非常孤独和寂寞，希望能有人来关心和理解他们。他们不断地寻找朋友，一旦找到，就会推心置腹，毫无保留。因此，青春期少年在显出闭锁性的同时，又表现出很明显的开放性。

3. 勇敢与怯懦

青春期的少年在某些情况下似乎表现出很强的勇敢精神，但其实带有莽撞和冒失的成分，具有初生牛犊不怕虎的特点。他们较少受到规则的束缚，行事时的顾虑较少，也不能立刻判断出危险情景。同时，青少年在一些场合又表现得比较怯懦，如他们在公众场合羞羞答答，不够坦然和从容，见到异性容易紧张等。这与其缺乏生活经验及这个年龄阶段所特有的心理状态是分不开的。

4. 高傲与自卑

青春期少年尚不能确切地评价和认识自己的智力潜能和性格特征，很难对自己作出一个全面而恰当的估价，会凭借一时的感觉对自己轻下结论，这样就导致他们对自己的自信程度把握不当。几次甚至一次偶然的成功，就可以使他们认为自己是一个非常优秀的人才而沾沾自喜；几次偶然的失败就会使他们认为自己无能而极度自卑。在青春期的同一个体身上，这两种情绪往往交替出现。

5. 否定童年又眷恋童年

进入青春期的少年，随着身体的发育和成熟，成人意识愈发明显。他们认为自己的一切行为都应该与幼小儿童的表现区分开来，力图从各个方面对自己的童年加以否定，从兴趣爱好到人际交往方式，再到对问题的看法，他们都想抹掉过去的痕迹，期望以一种全新的姿态出现在生活的各个方面。

但在否定童年的同时，在这些少年的内心又留有几分对自己童年的眷恋。他们眷恋童年时那种无忧无虑的心态，留恋童年时那种简单明了的行为方式及宣泄情绪的方法。尤其当他们在各种新的生活和学习任务面前感到惶惑的时候，特别希望像小时候一样，得到父母的关照。

第二节　中学生的认知发展

伴随着生理和心理的成长，中学生的认知也在不断发展。青少年不仅在外貌上不同于儿童，他们在感知觉、注意力、记忆、思维和智力等方面都表现出此阶段的特点。

一、认知发展理论

在发展心理学领域，维果斯基的文化—历史发展观和皮亚杰的发生认识论对儿童、青少年认知的发展进行了细致的阐述。

（一）维果斯基的文化—历史发展观

维果斯基是苏联心理学家，主要研究儿童心理和教育心理。他强调人类社会文化对人的心理发展的重要作用，认为人的高级心理机能是在人的活动中形成和发展起来并借助语言实现的。

1. 文化历史发展观

维果斯基从种系和个体发展的角度分析了心理发展的实质，提出了文化历史发展理论。由于工具的使用，引起人的新的适应方式，即物质生产的间接方式产生使人不像其他动物一样是以身体的直接方式来适应自然。在人的工具生产中凝结着人类的间接经验，即社会文化知识经验。这使人类的心理发展规律不再受生物进化规律所制约，而受社会历史发展的规律所制约。在这里，维果斯基区分了动物的两种心理机能：一种是作为动物进化结果的低级心理机能；另一种则是作为历史发展结果的高级心理机能，即以符号系统为中介的心理机能。高级心理机能的实质是以心理工具为中介的，受到社会历史发展规律制约的心理活动。

间接的物质生产的工具导致人类在心理上出现了精神生产的工具，即人类社会所特有的语言和符号。物质生产的工具和精神生产的工具是维果斯基提出的工具的两个层次。其相似性就在于它们使间接的心理活动得以产生和发展。所不同的是，生产工具指向外部，引起客体的变化，而符号指向内部，影响人的行为。控制自然和控制行为是相互联系的，因为人在改造自然的同时也改变着人自身的性质。

2. 心理发展观

心理发展指的是一个人的心理（从出生到成年）在环境与教育的影响下，在低级的心理机能的基础上，逐渐向高级的心理机能的转化过程。维果斯基将心理机能由低级向高级发展的标志归纳为四个方面：①心理活动的随意机能。②心理活动的抽象—概括机能，也就是说各种机能由于思维（主要是指抽象逻辑思维）的参与而高级化。③各种心理机能之间的关系不断地变化、组合，形成间接的、以符号或词为中介的心理结构。④心理活动的个性化。

对于儿童心理发展的原因，维果斯基强调了三点：

（1）心理机能的发展起源于社会历史文化的发展，受社会规律的制约。

（2）从个体发展看，儿童在与成人交往过程中通过掌握高级心理机能的工具——语言符号系统，从而在低级心理机能的基础上形成了各种新质的心理机能。

（3）高级心理机能是外部活动不断内化的结果。

3. 教学和发展的关系

在教学与发展的关系上，维果斯基提出了三个重要的问题：一是最近发展区思想；二是教学应当走在发展的前面；三是学习的最佳期限。

维果斯基认为，教师在教学中要确定学生的两种发展水平。第一种水平是指现有发展水平，这是指儿童独立活动时所达到的解决问题的水平；第二种水平是指在有指导的情况下学生所能达到的解决问题的水平，也就是通过教学所获得的潜力。这二者之间的差异就是最近发展区。教学创造着最近发展区，第一个发展水平和第二个发展水平之间的动力状态是由教学决定的。

因此，教学应当走在发展的前面。也就是说，教学可以定义为人为的发展，教学决定着智力的发展，这种决定作用既表现在智力发展的内容、水平和智力活动的特点上，也表现在智力发展的速度上。

要发挥教学的最大作用，就需要把握学生学习的最佳期限。如果脱离了学习某一技能的最佳年龄，从发展的观点来看这是不利的，它会造成儿童智力发展的障碍。因此，开始某一种教学，必须以成熟与发育为前提，但更重要的是教学必须首先建立在正在开始形成的心理机能的基础上，走在心理机能形成的前面。

4. 内化学说

维果斯基分析了智力形成的过程，提出了内化学说。他认为教学最重要的特征是教学创造着最近发展区这一事实，也就是教学激起与推动学生一系列内部的发展过程，从而使学生通过教学来掌握全人类的经验并内化为学生自身的内部财富。维果斯基的内化学说的基础是他的工具理论。他认为，人类的精神生产工具或心理工具，就是各类符号。运用符号可使心理活动得到根本改造，这种改造转化不仅在人类发展中，而且也在个体的发展中进行着。学生早年还不能使用语言这个工具来组织自己的心理活动，心理活动的形式是直接的、不随意的、低级的和自然的。只有掌握语言这个工具，才能转化为间接的、随意的、高级的、社会历史的心理机能。新的、高级的、社会历史的心理活动形式，首先是作为外部形式的活动而形成的，其次才内化，转化为内部活动，才能"默默地"在头脑中进行。

（二）皮亚杰的认知发展阶段论

1. 皮亚杰的心理发展观

皮亚杰（Jean Piaget）认为人类通过认知来更有效地适应环境。人类的思维以图式（scheme）的形式进行组织。图式就是表征行为和动作的有组织的心理模式。它可以是单一的动作或行为，如新生儿的吮吸；也可以是一个行为系列，如对于成年人而言，去餐馆就餐就是一个图式，它包括点餐、等待、就餐、付款、离开等一系列动作。

人类适应环境的方式有两种：同化和顺应。同化是指把环境因素纳入有机体原有的图式之中，从而理解某种体验。换言之，同化就是个体使用当前现有的思维模式去感知和理解新的经验的过程。顺应是指改变内部图式以适应环境。换言之，顺应是当个体遇到新的刺激体验时，需要对原有的思维模式作出调整以适应环境。同化和顺应都将推动个体认知的发展。

2. 儿童智力发展的阶段性

皮亚杰将个体认知发展划分为感知运动阶段、前运算阶段、具体运算阶段和形式运算阶段四个阶段。儿童智力发展阶段性理论包含以下几方面：第一，各阶段都具有独特的结构，标志着一定阶段的年龄特征。第二，每个阶段都是形成下一个阶段的必要条件，但前后两个阶段间具有质的差异。第三，前后两个阶段有一定的交叉。第四，在同一发展阶段内，各种认知能力的发展水平是平衡的，儿童在不同的方面所表现出来的能力是和谐的，水平是相当的。第五，由一个阶段向另一个阶段发展的顺序是不能改变的，任何个体都将按着固定的次序经历相同的发展阶段。

（1）感知运动阶段（出生到两岁）。

处于这一阶段的婴儿还不会做复杂的思维运算，他们对刺激作出反射性的动作，如吮吸反射等。在生命的第二年，婴儿将发展起心理表征——信息在头脑里的表现形式。具有心理表征对婴儿意味着当物体不在眼前时，他们可以借助该物体的心理表征进行复杂的思维运算。因此，心理表征的出现在儿童认知发展中具有重要意义。

认识客体永恒性是这一阶段儿童认知发展一个重要任务。这是指当客体和事件不能被看见、听见或触及时，仍然能够认为这些客体和事件是继续存在着的。考察客体永恒性的方法是在婴儿面前呈现一个玩具，然后用硬纸板将此玩具挡起来，看婴儿是否会表现出寻找该玩具的行为（见图6-1）。皮亚杰认为婴儿在两岁之前一直在发展这一能力。但有研究者发现婴儿在3~4个月甚至更早的时候就已具备了这一能力（Luo & Baillargeon，2005）。

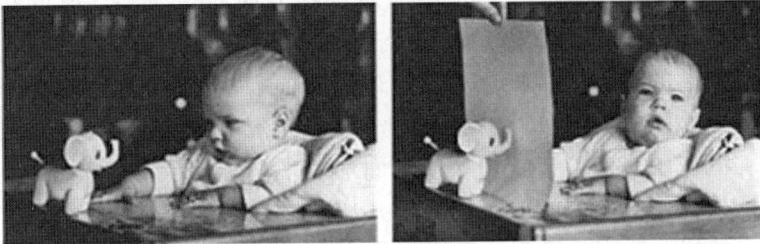

图6-1 客体永恒性测试

（2）前运算阶段（2~7岁）。

此阶段的儿童开始用语言、表象和图画来表征世界。因此，他们已经可以用符号运行思维。但是，这个时期儿童的思维仍存在一些局限，如表现出自我中心、泛灵论、中心化和不可逆性。

自我中心主义是指儿童只能从自己的立场来看世界，而无法理解他人眼中的世界。例如，一个和正在出差在外的妈妈通电话的3岁儿童会对妈妈说："看我的新玩具！"皮亚杰和巴布尔·英海尔德（Piaget & Inhelder，1969）设计了著名的"三山任务"来研究儿童的自我中心主义（见图6-2）。他们在桌子上摆放着三座山的模型，首先让儿童绕着桌子观看模型，让他们看到三座山上有不同的物体；然后，让儿童坐在桌子的一边。实验者则绕着桌子将一个玩具娃娃移动到不同地点，在每一个地点都要求儿童从一系列图片中选出最能反映玩具娃娃所看到的景象的图片。结果发现，处于前运算阶段的儿童往往选择他们自己看到的景象，而非玩具娃娃看到的。这说明他们尚难理解他人眼中的世界，而是认为别人看到的跟自己看到的是相同的。

图6-2　三山任务

泛灵论是指儿童相信无生命物体具有生命特质并能够活动。例如，一个4岁儿童撞到了桌子，他可能会说："桌子很痛"。

中心化是指孩子在看待事物时只看到某些方面而忽视了其他重要的信息。这使得他们无法了解事物的全貌。不可逆性是指儿童无法逆向思考事件发展的顺序或解决问题的步骤。中心化和不可逆性的思维特点使得这一阶段的儿童不具备守恒的概念。皮亚杰设计了著名的烧杯实验来测试儿童是否具备了物质的守恒性。在测试中，实验者首先在儿童面前呈现两个相同的烧杯 A 和 B，里面装有等量的液体。然后，实验者将烧杯 B 中的液体倒入 C 中，C 是一个比 A 和 B 都高且细的烧杯。完成后实验者问儿童 A 和 C 是否装有一样多的液体。处于前运算阶段的儿童会回答："不一样"。当要求儿童指出哪一个烧杯中的液体更多时，儿童会指向那个又高又细的烧杯 C（见图 6-3）。前运算阶段的儿童除不具备液体守恒认知外，也不具备数字、物质和长度守恒的认知。

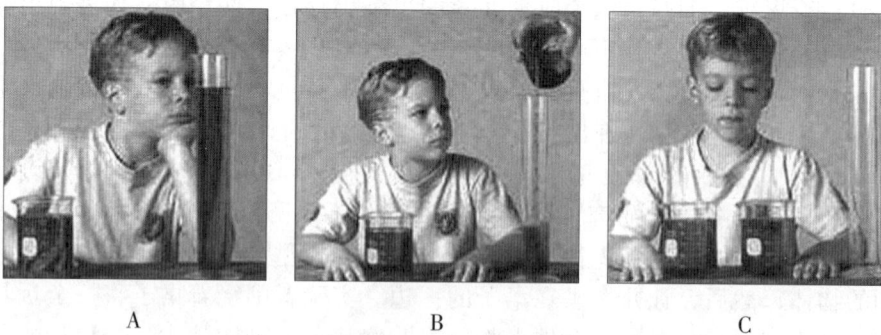

A　　　　　　　B　　　　　　　C

图6-3　烧杯测试（液体守恒测试）

（3）具体运算阶段（7～11岁）。

在此阶段的儿童思维有如下特点：

①表现出具体运算能力，即思维脱离不了具体事物或例子。如果问一个七八岁的孩子2加3等于几，他可能会把问题转化为两个苹果加三个苹果是几个苹果。

②已经克服了不可逆性的问题，掌握了守恒的概念。

③克服自我中心主义。此阶段的儿童已经认识到别人可以有与自己不同的观点和看法。

（4）形式运算阶段（11～15岁）。

处于此阶段的青少年采用抽象、理想和富于逻辑性的方式运行思维。

①学会使用假设——演绎推理。即在解决问题时先提出一系列的假设，然后根据假设进行验证，从而得到答案。

②学会使用命题推理。该思维方式的特点是超越现实。

③学会使用组合分析。此阶段的青少年不仅可以从单一角度对问题作假设—演绎推理，还可以从不同角度对构成问题的全部因素做各种组合，然后逐一进行分析，从而解决问题。

皮亚杰作为发展心理学领域的一名巨匠，其影响之深远是他人所无法匹敌的。然而，他的理论并非没有遇到挑战。首先，新的研究发现，儿童认知发展不同阶段的过渡不是突然的，而是连续的。其次，批评者们认为皮亚杰低估了儿童的能力。前运算阶段儿童思维的局限是由于他们无法用语言表达造成的，并不是因为他们不具备某种能力（如去中心化）。最后，皮亚杰认为个人的认知到青春期就结束发展的观点也不被一些持毕生发展观的研究者所接受。按照毕生发展理论的观点，人的发展是持续一生的。

二、中学生感知觉发展的特点

伴随着生理的发展，青少年的感知觉也不断发展，在某些方面已接近成人。

1. 感觉发展方面

（1）青少年的感受性进一步发展，尤其是视觉感受性不断提高，精确区分各种颜色和色度的能力不断增强。

（2）各种感觉能力接近甚至超过成人水平。

2. 知觉发展方面

（1）知觉的有意性和目的性提高，青少年能够有意识地进行感知和体验。

（2）知觉的精确性和概括性发展起来，对外界信息的把握更加准确，并能触类旁通。

（3）少年期学生开始出现逻辑知觉。这种知觉是和逻辑思维密切联系的，即在知觉过程中，能够把一般原理、规则和个别事物或问题联系起来。

（4）初中阶段，学生的空间和时间知觉有了新的发展。他们学会了在抽象水平上理解各种图形的形状、大小以及空间未知的相互关系。在时间知觉方面，对于较长的时间单位，如"纪元""世纪""年代"等开始初步理解，但往往很不精确，容易把遥远的过去在观念上缩短。

提高中学生的感知能力需要为他们提出明确的观察目的与任务，使其带着目的去感知；要善于激发学生的观察兴趣，指导学生掌握观察的方法和技能。

三、中学生注意发展的特点

中学生的注意力得到进一步发展。注意的广度、稳定性、转移与分配等品质都与童年期有较大差异。

（一）无意注意与有意注意的发展和深化

中学生的无意注意不断发展和变化。注意的发展始于无意注意，最初无意注意的产生主要依靠外部刺激物的作用，随着学生自身兴趣、爱好的逐渐稳定，无意注意的范围变得集中，其在注意中所占的比重也逐渐缩小。有意注意在中学生的注意中占据优势地位。中学生承担大量的课业任务，这就要求他们能够有目的、有计划地组织自己的注意资源。因此，中学生的注意中随意性特征逐渐增强，他们具有较强的自我组织、自我调节和自我控制特征。中学生群体在注意的发展方面存在不均衡性和个体差异性。其注意的发展存在以下几种不同的类型：以无意注意占优势的情绪型；以有意注意占优势的意志型；以有意后注意占优势的自觉意志型。

（二）注意品质的全面发展

中学生的注意稳定性、广度、分配能力和转移能力也在不断地发展。中学生的注意稳定性逐渐提高，但发展速度相对较慢。

随着意志力的发展，中学生控制自己注意的能力显著增强，注意的稳定性得到了迅速的提高。研究表明，7～10岁的儿童每次注意稳定时间约20分钟，10～12岁时为25分钟，而12岁以后则是30分钟左右。虽然注意稳定性随年龄的增长而不断增长，但发展的速度不尽相同，其中小学阶段发展速度最快，幼儿阶段和中学阶段发展速度相对缓慢。中学生随着学习的不断深入，生活经验的丰富和见识的增长，注意的广度有了长足的提高，13岁儿童的注意广度已接近成人。

然而，中学生主动进行注意分配的能力还不够成熟。如何依据学习要点所占比重进行合理的注意分配是中学生需要提升的心理品质。与之相似，中学生注意转移的能力增长也比较缓慢。注意转移的能力是随着个体大脑神经系统内抑制能力、第二信号系统的发展而得以迅速发展的。注意转移发展的趋势是小学二年级至初中二年级属于迅速增长期，初中二年级至高中二年级属于发展的停滞期，高中二年级到大学二年级属于缓慢增长期。

（三）注意力的培养

那么，如何培养和提高中学生的注意力呢？

1. 培养学生善于与注意分散作斗争的能力

教师应告诉学生要正确面对干扰刺激，对这些刺激的突然出现保持镇定的态度。加强注意目的性训练，使学生掌握有目的地、自主地控制自己的注意方向和范围。加强锻炼学生自我调节控制和自我管理的能力。提高注意力最重要的还是要依靠自我调节能力。

2. 培养学生稳定而广泛的兴趣

兴趣对注意力有强烈的影响，学生一般愿意对喜欢的事物付出注意力资源。因此，培养学生广泛的兴趣也是提高其注意力的方法。但需要注意的是，学生兴趣应当比较稳定，这样有利于注意力长时间的保持。没有稳定兴趣的学生很容易被外界的新鲜刺激所干扰。

3. 培养学生养成良好的学习习惯

培养学生养成随时能把注意力集中于一定事物的习惯，使学生能够跟随教师发出的信号迅速进行注意的转移并将注意力高度集中于某一对象。要使学生养成劳逸结合的学习习惯。疲惫状态下人的注意力很难集中，同样，懒散惯了的人也很难将注意力集中起来。

4. 培养学生保持良好的心理状态

培养自信心，相信自己能够做到注意力集中。保持心情愉快与平静，良好的心态有利于维持注意力。

5. 培养学生的自我反思能力

培养学生学会分析自己在注意力方面的优缺点，发扬优点，克服缺点。

四、中学生记忆发展的特点

青少年在中学阶段需要记忆和积累大量知识，记忆的品质显得尤其重要。

由于生理和心理的快速发展，青少年的记忆在某些方面已接近成人的水平，但有些方面也表现出此年龄段的独特性。

（一）记忆的特点

1. 有意记忆在学习中逐渐占据主导地位

随着年龄的增长，青少年的有意记忆和无意记忆都在不断发展，但在学习活动中有意记忆的发展更为突出，逐渐占据主导地位。随着学习活动的逐步深入，青少年学习的动机不断增强，学习的兴趣不断发展，学习的目的日益明确，他们可以根据不同的内容给自己提出识记任务，积极调动更多有意记忆的成分来完成识记任务，因此，青少年的有意记忆得到了长足的发展。虽然青少年的无意记忆已经退居学习活动的次要地位，但是它也在不断发展，所以青少年在学习活动中要考虑到两种记忆的有机配合，协同完成学习任务。

2. 意义记忆在学习中逐渐成为主要的记忆形式

青少年的机械记忆在 10 岁左右急剧上升，而后停滞不前，形成以意义记忆为主要的记忆手段。处在青少年初期的学生大部分使用的还是机械记忆的方法，他们往往在不理解材料意义的基础上，逐字逐句地硬背下来。随着年龄的增长和年级的升高，青少年的有意记忆得到了很大的发展，他们在理解、掌握材料的基础上进行识记，使意义记忆的比重不断增大。进入高中阶段，意义记忆已占据绝对的优势。虽然机械记忆在高中阶段有所下降，但它并不是一点用处都没有，现实生活中的许多东西，如电话号码、门牌号、车牌号等都要靠机械记忆来完成。

3. 抽象记忆的能力进一步发展

形象记忆和抽象记忆都是随着学生年龄的增长而发展的，只是在不同的年龄阶段，二者占优势的情况不同。在青少年时期，抽象记忆占据较大的优势。这是因为在此阶段的学习中，青少年不仅要从直观、具体的材料中学习知识经验，而且必须掌握各种科学的概念、规则和原理进行判断、推理和证明。因此，随着青少年词语和思维的发展，他们抽象记忆的能力也日臻完善起来。

（二）记忆的培养

记忆力的好坏在很大程度上取决于记忆策略的运用，因此青少年需要掌握一些提高记忆力的有效途径。

1. 重视复习，善于复习

遗忘是记忆的相反过程，它是指对识记过的材料不能回忆、再认或错误的回忆或再认的现象。复习是克服遗忘的有效手段。遗忘是有规律的。要使所学的知识得以保持，必须及时复习，这样才能使记忆内容在头脑中留下深刻痕迹，避免被遗忘。除了及时复习外，复习中还要注意前摄抑制和后摄抑制的干扰，这种干扰还提醒我们，复习时不要把相似的学科安排在一起，最好是文理交叉，搭配复习。

2. 运用联想，积极实践

由于意义记忆比机械记忆效果好，所以运用联想把本来不具有意义的抽象材料与生动有趣的事物联系起来，加强记忆的直观性，可以提高记忆效果，例如，把1314520记为"一生一世我爱你"。另外，对所记材料进行比较、分类、分段、拟定小标题或提纲等也都是行之有效的记忆方法。

3. 调节情绪，减轻疲劳

研究表明，人在情绪愉快时记忆的效果又快又牢，因此尽量在完成记忆任务过程中保持愉快的心情，至少也应做到平静轻松、没有负担。因为只有精神放松，才能让脑细胞保持良好的状态。相反，当人焦躁不安、紧张沮丧时，记忆的效果是较差的。另外还需要注意疲劳的干扰，如果无休止地让大脑紧张活动，不仅会造成人的身心疲惫，而且有损身体健康，记忆的效果也不好。因此注意劳逸结合，保持清醒的头脑和旺盛的精力是提高记忆效果的重要方面。

4. 明确目的，树立信心

人脑记忆的潜力是无法估量的，而树立信心则是学生发挥其记忆潜力的前提。教师要善于发现学生的记忆长处，帮助他们建立成功记忆的信心。例如，每个人都有适合自己的记忆方式，比如有的人用书写的方式记忆效果好，而有的人则善于通过听觉来记忆，有的人习惯于在寂静环境下记忆，而有的人却要听着轻松的音乐才能静心学习。教师可以通过帮助学生找到适合自己进行记忆的方法，使学生对自己的记忆能力充满信心。

明确的记忆目的是有效记忆的另一个条件。记忆目标越具体，记忆效果越好；要求长期记住的材料比要求作一般了解的材料记忆效果好；要求精确记忆的知识比要求记大意的材料效果好。因此，要想把知识记牢，就要给学生下达"记得准确、记得永久"的任务，明确要记什么、怎么记、为什么要记、哪些是重难点，集中注意力攻克难关。此外还要进行过渡学习，也就是说当达到勉强背下来的程度后还要多记几遍，这时的记忆效果才会得以巩固。

5. 动脑动手，注重实践

有人曾做过一个实验，让一组学生用装好的圆规画图，另一组学生则先把零件装配成圆规后再画图，然后出其不意地让两组学生尽量准确地画出他们刚才用过的圆规。结果第二组学生画得非常正确，而第一组学生画得很不准确，许多重要部件没有画出。这说明实践活动对增强记忆有非常重要的作用。一方面，实践活动使学生对所要记忆的东西注意了细节，加深了理解；另一方面，实践活动也刺激了脑细胞，使其保持敏锐和活跃，增强了记忆效果。

五、中学生思维发展的特点

按照皮亚杰的认知发展阶段论，中学生正处于形式运算阶段。这个阶段的主要思维特点是在头脑中可以把事物的形式和内容分开；可以离开具体事物，根据假设来进行逻辑推演；可以运用形式运算来解决诸如组合、包含、比例、排除、概率及因素分析等逻辑课题。初中生和高中生各有其思维特点。初中生的思维活动中抽象逻辑思维占优势地位，但有时思维中还需要具体形象成分的辅助作用。高中生的形象思维已经完全发展成熟，抽象逻辑思维的发展也进入成熟期。高中二年级时，经验型向理论型的转化初步完成，标志着他们的抽象逻辑思维趋向成熟。

按照思维中所遵循的逻辑规律与运用的逻辑方法不同，抽象逻辑思维可以分为形式逻辑思维和辩证逻辑思维两大类。这两种思维形式的发展和成熟，是中学生思维发展和成熟的重要标志。

（一）抽象逻辑思维的发展特点

抽象逻辑思维是一种假设的、形式的、反省的思维。这种思维具有以下特征：一是通过假设运行思维；二是思维具有预计性；三是思维形式化；四是思维活动中自我意识和监控能力的明显化。在整个中学阶段，青少年的抽象逻辑思维得到了迅速的发展。初中生和高中生的思维发展存在差异性。

在初中生的思维中，抽象逻辑思维虽然开始占优势，但是在很大程度上还属于经验型，需要感性经验的直接支持。初中生抽象逻辑思维的发展在其运用假设的能力上有所体现。他们在面对智力问题时，不再像儿童期那样直接去找结论，而是通过挖掘出隐含在问题材料情境中的各种可能性，用逻辑分析和实验证明的方法对每种可能性予以验证，最后确定哪种可能性是事实。正是由于初中生已具有了这种建立假设及检验假设的能力，才使他们的思想相对于童年期更具有深度、广度、精确性和灵活性。

高中生的抽象逻辑思维属于理论型，他们能在头脑中进行完全属于抽象符号的推导，能用理论做指导来分析综合各种事实材料，从而不断扩大自己的知识领域或解决各种问题。在高中生的思维中，它既包括从特殊到一般的归纳过程，也包括从一般到特殊的演绎过程，也就是从具体提升到理论，又用理论指导去获得知识的过程。高中生的抽象逻辑思维已具有充分的假设性、预计性及内省性。从高中阶段开始，学生在思维中运用假设的能力不断增强。思维假设性的发展使得高中生的思维更具有预计性，也就是说，在解决问题之前，他们能事先形成打算、计划、方案以及策略等。对思维活动的自我调节是思维顺利开展的重要条件。从高中阶段起，学生思维活动的自我意识或监控能力更加明显化，这就使其思维活动具有内省性，具体表现在，他们已经能够意识到自己智力活动的过程，并在一定程度上控制这一过程，使解决问题的思路更加清晰，判断更加明确。

（二）形式逻辑思维的发展特点

形式逻辑思维是个体抽象逻辑思维发展的初级形式。中学生形式逻辑思维的发展主要体现在其包含概念、推理和逻辑法则的运用能力这三个方面的发展特点上。

1. 概念的发展

进入青少年期后，个体日益掌握了更多的抽象概念和更复杂的概念系统。初中一年级学生是从功用性的定义或具体的描述水平向解决本质的定义或作具体的解释水平转化。初中二年级是个体掌握字词概念的转折点。到初中三年级，大多数学生已能达到接近本质的定义或作具体解释的水平。进入高中阶段后，大多数学生可以达到接近或掌握本质定义的水平，对社会概念、哲学概念和科学概念有了较好的掌握。

2. 推理能力的发展

从初中一年级开始，青少年就开始具备各种逻辑推理能力。初中一年级学生已具备初级水平的各种推理能力，但在假言、选言、复合、连锁等演绎推理方面的能力还比较差。初中三年级学生的推理能力有了明显的发展，在上述几项演绎推理方面的能力有了很大进步。从高中一年级开始，学生的推理能力则有了明显的进步，各种推理能力都得到了较好的发展。高中二年级以后，学生的推理能力已基本达到成熟，各种推理能力都达到了比较完善的水平。

3. 运用逻辑法则能力的发展

初中生已经基本掌握并能运用逻辑法则，他们对各类逻辑法则的掌握主要表现在对矛盾律、排中律和同一律的认识上。到高中二年级，学生在掌握和运用逻辑法则方面已趋于成熟。中学生在掌握不同逻辑法则的能力上存在着不平衡性，其差异也表现在对逻辑法则的掌握与应用水平上。研究发现，在三类逻辑法则的掌握上，矛盾律和同一律的成绩明显高于排中律；在正误判断、多重选择、回答问题这三种问题中，对逻辑法则的应用水平也不一致，其中对正误判断问题的总成绩最高，多重选择次之，回答问题的成绩最差。

（三）辩证逻辑思维的发展特点

辩证逻辑思维是个体抽象逻辑思维发展的高级形式。辩证逻辑思维是反映客观现实的辩证法，是主体自觉或不自觉地按照辩证法进行的思维。初中一年级学生已经开始掌握辩证逻辑的各种形式，但水平较低；初中三年级学生的辩证逻辑思维则处于迅速发展阶段，是一个重要的转折时期；高中学生的辩证逻辑思维已趋于占优势的地位。高中生辩证逻辑思维的发展与其自身的实践活动有密切关系。随着年龄的增长，在学习、生活、活动及人际关系等方面都需要他们有新的思维形式和思想方法，需要他们用对立统一的观点去分析问题，需要他们发展辩证逻辑思维。

在高中生的思维过程中，抽象与具体获得了一定程度的统一。其理论型的抽象逻辑思维迅速发展，在这种思维过程中，既包括从特殊到一般的归纳过程，也包括从一般到特殊的演绎过程，也就是从具体知识上升到理论，又用理论去获得具体知识的过程，这是辩证逻辑思维发展的重要表现。高中生在实践与学习中，逐渐认识到一般和特殊、归纳和演绎、理论和实践的对立统一的关系，并逐步发展到具备用全面的、运动变化的、统一的观点认识问题、分析问题和解决问题的能力，这都是高中生辩证逻辑思维发展的标志。

培养和提高中学生的思维能力需要遵循思维发展的规律，创设适宜的教学情境，提供恰当的教学材料，促进其思维的发展。加强对中学生思维品质的训练，主要从提升思维品质的敏捷性、灵活性、独创性入手来提升思维能力。

第三节　中学生的道德发展

道德是指一定社会调整人与人之间、个人与社会之间行为规范的总和；是指一定社会为人们参与社会生活和处理人际关系所设定的一整套规则体系；是指以善与恶、荣与辱、正义与非正义、公正与偏私、诚实与虚伪等道德观念来评价人们的各种行为和人与人之间的关系，以各种形式的教育和社会舆论力量使人们逐渐形成一定的信念、习惯和传统。道德发展是指涉及个体是非、对错判断标准的思维、情感和行为方面发生的变化。中学生的道德发展有什么特点？他们依据什么标准来判断其行为是被社会认可的或不认可的？最先关注儿童道德发展领域的是著名儿童心理学家皮亚杰。在皮亚杰研究的基础上，科尔伯格经过二十年的访谈研究形成了一套横跨儿童期、青少年期和成年期的道德发展理论。

一、皮亚杰的道德认知发展理论

皮亚杰与他的合作者采用了对偶故事法，设计了许多包含道德价值内容的对偶故事来研究 4～12 岁儿童的道德判断。例如，在研究儿童对过失行为的判断时，向儿童叙述了诸如下面这样的故事，然后要求儿童说出评定的理由。

A. 一个叫约翰的小男孩，听到有人叫他吃饭，就去开吃饭间的门。他不知道门外有一张椅子，椅子上放着一只盘子，盘内有 15 只茶杯，结果撞倒了盘子，敲碎了 15 只杯子。

B. 有个男孩名叫亨利，一天，他妈妈外出，他想拿碗柜里的果酱吃。他爬上椅子伸手去拿，因为果酱放得太高，他的手够不着，结果在拿果酱时，碰翻了一只杯子，杯子掉在地上摔碎了。

皮亚杰对每个对偶故事都提两个问题：

（1）这两个小孩是否感到同样的内疚？

（2）这两个孩子的行为哪一个更不好？为什么？

根据儿童的回答，皮亚杰将儿童道德发展划分为四个阶段：

（一）自我中心阶段

这一阶段（2～5 岁）是从儿童能够接受外界的准则开始的。这时期的儿童还不能把自己同外在环境区分开来，而是把外在环境看作是他自身的延伸。规则对他来说不具有约束力。这个时期的儿童尚不能作出道德判断，他们直接接受行为的结果，属于道德判断之前的阶段。皮亚杰认为儿童在 5 岁以前还是"无律期"，是以"自我中心"来考虑问题的。

（二）权威阶段

这一阶段（5～8 岁）也称作"他律期"。该时期的儿童服从外部规则，接受权威制定的规范，把人们规定的准则看作是固定的、不可变更的，而且只根据行为后果来判断对错。儿童道德判断受它自身以外的价值标准所支配。例如，一个小孩为了帮助妈妈做事，打碎了一盘玻璃杯；另一个为了偷柜上的糖果，打碎了一个玻璃杯。处于他律阶段的儿童往往认为前者错误更大，因为他打碎了更多的玻璃杯。

（三）可逆性阶段

这一阶段（8～10 岁）也称作"自律期"。此阶段的儿童已不把准则看成是不可改变的，而把它看作是同伴间共同约定的，并且一般都形成了这样的概念：

"如果所有的人都同意的话，规则是可以改变的。"这时期的儿童意识到同伴间的社会关系是应当相互尊重的。准则对他们来说已具有一种保证他们相互行动、互惠的可逆特征。同伴间的可逆关系的出现，标志着道德由他律阶段开始进入自律阶段。他们不再无条件地服从权威，而是受到自己的主观价值标准所支配。

（四）公正阶段

这一阶段（10~12岁）的公正观念是从可逆的道德认识脱胎而来的。他们开始倾向于主持公正、公平等。公正的奖惩不能是千篇一律的，应根据个人的具体情况而进行。

二、科尔伯格道德发展理论

科尔伯格使用"两难故事"访谈法考察个体的道德发展。例如，"汉斯偷药的故事"："欧洲有个妇女患了癌症，生命垂危。医生认为只有本城的一个药剂师新研制的药能治好她。配制这种药的成本为200元，但销售价却要2 000元。病妇的丈夫汉斯到处借钱，可最终只凑了1 000元。汉斯恳求药剂师，他妻子快要死了，能否将药便宜点卖给他，或者允许他赊账。药剂师不仅没答应，还说：'我研制这种药，就是为了赚钱。'汉斯别无他法，利用夜间无人撬开药剂师的仓库门，把药偷走。"

这是一个虚构的故事，当这样一个道德两难故事呈现给孩子们之后，科尔伯格围绕这个故事提出了一系列问题，让儿童讨论，以此来研究儿童道德判断所依据的准则及其道德发展水平。

（1）汉斯应该偷药吗？为什么？

（2）他偷药是对的还是错的？为什么？

（3）汉斯有责任或义务去偷药吗？为什么？

（4）人们竭尽所能去挽救另一个人的生命是不是很重要？为什么？

（5）汉斯偷药是违法的。他偷药在道义上是否错误？为什么？

（6）仔细回想故事中主人公的困境，你认为汉斯最负责任的行为应该是做什么？为什么？

根据对两难故事的回答，科尔伯格将个体的道德发展划分为三个水平六个阶段：

（一）前习俗水平

处于这个水平的儿童道德观念的特点是纯外在的。他们为了免受惩罚或获得奖励而顺从权威人物规定的行为准则，根据行为的直接后果和自身的利害关系判断好坏是非。

●阶段1——惩罚与服从定向阶段。在这一阶段，儿童根据行为的后果来判断行为是好是坏及严重程度，他们还没有真正的道德概念，服从权威或规则只是为了避免惩罚，认为受赞扬的行为就是好的，受惩罚的行为就是坏的。

●阶段2——相对功利取向阶段。这一阶段的儿童道德价值来自对自己需要的满足，他们不再把规则看成是绝对的、固定不变的，评定行为的好坏主要看是否符合自己的利益，以行为的功用和相互满足需要为道德准则。

（二）习俗水平

处在这一水平的儿童，能够着眼于社会的希望与要求，并以社会成员的角度思考道德问题，他们已经开始意识到个体的行为必须符合社会的准则，能够了解社会规范，并遵守和执行社会规范。规则已被内化，按规则行动被认为是正确的。儿童在进行道德判断时会遵循一些可靠的标准，而这些标准是由父母或社会法规等他人所制定的。

●阶段3——寻求认可定向阶段，也称"好孩子"定向阶段。处在该阶段的儿童，个体的道德价值以人际关系的和谐为导向，谋求大家的赞赏和认可，总是考虑他人和社会对"好孩子"的要求，并尽量按这种要求去思考。他们认为好的行为是世人喜欢或被人赞赏的行为，很在意人际和谐。

●阶段4——遵守法规和秩序定向阶段。处于该阶段的儿童道德价值以服从权威为导向，他们服从社会规范，遵守公共秩序，尊重法律的权威，以法制观念判断是非，知法懂法。他们认为准则和法律是维护社会秩序的，因此，应当遵循权威和有关规范去行动。

科尔伯格认为大多数青少年和成人的道德认识处于习俗水平。

（三）后习俗水平

后习俗推理是科尔伯格道德发展理论的最高水平。处于该水平的个体认为有不同的道德准则，对这些选项进行探究，然后根据个人的道德标准来作出决定。他们的道德判断已超出世俗的法律与权威的标准，有了更普遍的认识，想到的是人类的正义和个人的尊严，并将此内化为自己内部的道德命令。

●阶段5——社会契约定向阶段。处于这一阶段的人认为法律和规范是大家商定的，是一种社会契约。他们看重法律的效力，认为法律可以帮助人维持公正，但同时认为契约和法律的规定并不是绝对的，可以应大多数人的要求而改变。他们在强调契约和法律的规定享受权利的同时也认识到个人应尽义务和责任的重要性。

●阶段6——原则或良心定向阶段。这是个体进行道德判断的最高阶段，表现为能以公正、平等、尊严这些最一般的原则为标准进行思考。在根据自己选择的原则进行活动时，只要动机是好的，行为就是正确的。在这个阶段上，他们认为人类普遍的道义高于一切。

科尔伯格认为后习俗水平一般要到 20 岁以后才能出现，而且只有少数人能达到。

科尔伯格道德发展理论说明道德发展是连续的、按照不变的顺序由低到高逐步展开的过程。更高层次和阶段的道德推理兼容更低层次和阶段的道德推理方式，反之，则不能。个体的道德发展水平也有较大差异，如有些人可能只停留在前习俗水平或习俗水平，永远达不到后习俗水平阶段。

三、中学生道德发展的特点

中学阶段，个体的道德认知逐渐发展和成熟。从科尔伯格道德发展理论来讲，初中生的道德判断主要以相对功利取向阶段（阶段 2）和寻求认可定向阶段（阶段 3）为主，即天真的利己主义和"好孩子"的定向。在道德发展的第二阶段，遵守规则的个体是为了得到奖赏和满足个人的需要。虽然对于他人的观点有一些考虑，但是归根结底这还是受到得到回报愿望的驱使。在道德发展的第三阶段，所谓的正确就是取悦、帮助，或者是得到他人的认同，主要依据人们的意图来判断其行为的好坏。青春期的个体大约有 80% 的人处于这两个阶段。

到高中时期，第三阶段的道德判断逐渐占据优势。在这一时期，处于第二阶段道德判断的人数迅速下降，同时也出现了第四阶段的道德判断，即"遵守法规和秩序定向阶段"。在第四阶段的道德判断中，所谓的正确就是遵从合法的权威提供的规则，而遵守规则的原因是为了保持一个值得维持的社会规则和法律的信念。处于第三阶段的个体进行道德推理主要参照社会群体，其思维受到他人支配；到了第四阶段时，个体思维受到内部支配，具有了理性思考的能力。高中时期，处于第四阶段的人数明显增加，对社会责任以及社会秩序的维持等在道德判断中所占的比例更大。

总之，中学生道德推理的趋势是从前习俗思维向更为习俗化的推理水平转变。在这个阶段，大多数个体似乎不断超越对外部奖励与惩罚的考虑，开始对父母与权威人物提供的道德标准表现出一种真正的关注，对确保人类关系和谐与公平的法律作出认真的思考，同时也成为法律的维持者。一些青少年也开始把道德看作他们身份特征的一个重要部分，他们也希望自己成为一个诚实、公正以及关心他人的人。

《 本章小结 》

青春期少年生理上的成人感和心理上的依赖感使他们产生了青春期特有的矛盾性心理。随着生理的发展，中学生在感知觉、注意、记忆、思维、道德等领域持续发展。根据皮亚杰的发生认识论，中学生正处于形式运算阶段。他们感知觉的某些方面已接近成人的水平，知觉的有意性和目的性、精确性和概括性提高，他们开始出现逻辑知觉，空间和时间知觉有了新发展。注意的稳定性、广度、分配能力和转移能力不断地发展。有意记忆在中学生的学习中逐渐占据主导地位，意义记忆成为主要记忆形式，抽象记忆的能力也得到发展。抽象逻辑思维逐渐发展和成熟，形式逻辑思维和辩证逻辑思维得到快速发展。道德推理从前习俗思维向更为习俗化的推理水平转变。

【思考与练习】

1. 中学生的矛盾性心理特征体现在哪些方面？
2. 中学生的思维发展有何特征？
3. 简述科尔伯格的道德推理发展理论。

第七章　情绪

【本章学习要点】

1. 了解情绪情感的概念及其分类。
2. 了解情绪的主要理论。
3. 了解中学生常见的情绪问题及其特点。
4. 熟悉中学生良好情绪的标准和培养方法。
5. 了解压力源及压力的调节方法。
6. 熟悉适应挫折的方式。

【案例导入】

价值判断的缺失

伊利奥特是一个谜。他的生活每况愈下，但他还是保持着镇定的态度。他曾经是一个模范雇员，但他的工作质量不断下滑，以致最终丢掉了自己的饭碗。伊利奥特的主管说，要说有什么不正常的地方的话，那就是他养成了一个习惯，一个太过于追求至善至美的工作习惯。他总是埋头于一些诸如整理客户文稿之类的小任务而不能自拔，他甚至会花掉整个下午进行各种分类，而把真正重要的任务扔在一边。

他的个人生活也麻烦不断。他离婚后又结了婚，但是好景不长，很快又离婚了。他屡次尝试着创办自己的公司，但每次都犯下明显的重大错误，这些失败耗尽了他所有的积蓄。

但令人惊讶的是，伊利奥特在大多数方面似乎并没有什么不正常。他有令人愉快的人格，也有吸引人的幽默感。显然，他很聪明，能够清楚地知道重要的事件、人名和约会。他了解每天的政治经济事件。实际上，检查显示，他的运动机能、记忆、感知能力、语言技能、智力和学习能力都没有问题。

伊利奥特说自己总是头疼，这让他的家庭医生怀疑他的变化是由于脑损伤造成的。相关检测证实了这一猜测。脑扫描显示，一个小橘子般大的肿块正在压迫其眼睛上部的额叶区域。

虽然这个肿瘤被切除了，但是它已经造成了更多的损伤。损伤被限制在额叶区域，损伤的特点与约 150 年前的一个著名案例非常相似，即菲尼亚斯·盖奇案例，盖奇因为额叶的损伤而发生了一系列深刻的变化。不过伊利奥特的变化更加微妙。正如对他进行检查的心理学家所说的那样，"我们可以把伊利奥特的困境总结为能够知道，但是无法感觉"。他的推理能力完好无损，但是，他额叶上的脑损伤让他无法对生活中的物体、事件和人作出价值评判。简言之，伊利奥特在情感上残疾了。

对人类心理最有害的误解之一是情绪和理性是对立的。伊利奥特的案例取自安东尼奥·R. 达马西奥（Antonio R Damasio）所写的《笛卡尔的错误》（*Descartes' Error*）一书，这个案例清晰地显示，情绪是进行有效决策的重要因素。由于伊利奥特无法将概念和情绪联系在一起，所以他无法对不同的行为做出价值评估。

（资料来源：理查德·格里格，菲利普·津巴多. 心理学与生活［M］. 王垒，王甦，等译. 北京：人民邮电出版社，2003.）

【思考与讨论】

1. 什么是情绪？
2. 情绪从何而来？
3. 当人体验到持续的压力时，会出现什么问题？

人类在认识和改造世界的过程中，伴随着认知活动的变化，既形成了不同的态度，也产生了相应的情绪情感。情绪情感是人类日常生活中常见且能亲身体验的一种心理活动，是个体受到某种刺激后产生的一种身心激动状态，是对客观事物的主观体验。比如，当人们看一场感人的电影时，会激动得落泪；回想往事的时候，有时会哑然失笑；遇到违背社会公德的人和事时，会义愤填膺；经过艰苦的思索，攻克一道难题时，会满心欢喜。这种伴随着认识活动产生的喜、怒、哀、乐等心理现象就属于人的情绪和情感。

第一节　情绪情感概述

人在生活中，随时随地都会产生喜、怒、悲、惧等情绪、情感的起伏变化，人的一切活动无不打上情绪的印迹。情绪像是染色剂，使人的生活染上各种各样的色彩；情绪又恰似催化剂，使人的活动加速或减速进行。人需要积极的、快乐的情绪，它是获得幸福与成功的动力，使人充满生机；人也会体验焦虑、痛苦等消极的情绪，它使人心灰意冷、沮丧消沉，若不妥善处理，还可能严重危害身心。人的一生，就是这样游弋在情绪的海洋中，在色彩斑斓的情绪世界里领略着人生五味。古往今来，人们为此感叹，亦为此迷惑，不断地提出一个古老又常新的问题：情绪情感究竟是什么？

一、情绪情感的含义

情绪情感是人对客观事物是否符合自身需要而产生的态度体验及相应的行为方式。情绪情感作为一种主观体验，同认知活动一样，也是人脑对客观现实的反映，只不过在反映的内容和方式上有所不同。从反映内容上来看，认知活动反映的是客观事物本身，包括事物的过去、现在和将来，以及它们的外部特征和内在联系。情绪情感反映的是主体与客体之间的关系，是作为主体的人的需要和客观事物之间的关系。当客观事物或情境符合主体的愿望和需要时，人们就产生积极的、肯定的情绪体验；当客观事物或情境不符合主体的愿望和需要时，人们就产生消极的、否定的情绪体验。在生活中，我们经常说的"雪中送炭"或者"雪上加霜"，指的就是某些事物符合或不符合人的需要而引起不同的情绪和情感体验。从上面的叙述中，也可以看出认知活动和情绪情感在反映方式上的不同，前者以其特有的认知方式如形象、表象、概念、符号等反映客观事物，后者以主观态度体验的方式反映客观对象，并伴随有身体的行为表现和生理变化。理解情绪情感的定义时要注意以下三个方面内容：

第一，需要是情绪情感产生的中介。情绪情感作为一种主客体关系的反映，它的产生是有中介的，即人的需要。需要一般分为生理性需要和社会性需要。生理性需要指保存和维持有机体生命和延续种族等方面的需要，如饮食、睡眠、运动、休息等，它往往具有周期性。社会性需要是指人对劳动、交往、成就等方面的需要。一般来说，人的较低层次的生理性需要获得满足后的体验是情绪，人的高级的社会性需要获得满足后的体验是情感。

第二，需要能否得到满足决定情绪情感的性质。根据需要在得到满足和未得到满足时的情绪情感表现，可以将情绪情感分为肯定和否定两种性质。如果客观事物满足了人的需要，就引起肯定的情绪情感体验，如高兴、愉快、喜欢、爱等；如果客观事物不能满足人的需要，引起的是否定的情绪情感，如悲伤、恐惧、愤怒、憎恶等。另外，有些事物可能满足了人某一方面的需要，却又和其他方面的需要相矛盾，这时人的情绪情感体验是复杂而矛盾的，常常会出现百感交集、啼笑皆非的场面。

第三，起主导作用的情绪情感往往与人的最基本需要相联系。人在社会生活中表现出来的各种各样的情绪情感是相互联系的。其中有的在人的情绪情感系统中占主导地位，有的则带有附属的性质，例如，一个学生要离家去远方的城市上大学，情绪情感上更多地感到兴奋和喜悦，但也不免有离开亲人的惆怅和对异地生活的担忧。一般来说，起主导作用的情绪情感是和人的最基本需要相联系的，当衣、食、住、行的基本需要得到满足时，就会产生积极的情绪情感，并在情绪情感系统中占主导地位。

二、情绪情感的维度与两极性

情绪情感的维度是指情绪情感所固有的某些特征，如情绪情感的动力性、激动性、强度和紧张度等。这些特征的变化幅度具有两极性，即存在两种对立的状态。

情绪情感的动力性有增力和减力两极。一般来讲，需要得到满足时产生的肯定的情绪情感都是积极的、增力的，可提高人的活动能力。需要得不到满足时产生的否定的情绪情感都是消极的、减力的，会降低人的活动能力。

情绪情感的激动性有激动和平静两极。激动是一种强烈的、外显的情绪状态，如激怒、狂喜、极度恐惧等，它是由一些重要的事件引起的，如突如其来的地震会引起人们极度的恐惧。平静是指一种平稳安静的情绪状态，它是人们正常生活、学习和工作时的基本情绪状态，也是基本的工作条件。

情绪情感的强度有强和弱两极，如从微怒到狂怒，从惬意到狂喜都是弱和强的两极。在弱和强两极之间还有各种不同的强度，如从微怒到狂怒之间还可有愤怒、大怒和暴怒等。情绪情感强度的大小取决于事件对于个体意义的大小。

情绪情感的紧张度有紧张和轻松两极。情绪情感的紧张程度取决于面临情境的紧迫性，个体心理的准备状态以及应变能力。如果情境比较复杂，个体心理准备不足，而且应变能力比较差，人往往容易紧张，甚至不知所措；如果情境不太紧急，个体心理准备比较充分，应变能力比较强，人不会感到紧张，因而会觉得比较轻松自如。

三、情绪与情感的关系

在日常生活中，情绪情感是紧密联系在一起的。但是，从产生的基础和特征表现上来看，二者有所区别，主要体现在以下几方面：

第一，从需要的角度看差异。情绪是更多地与人的物质需要或生理需要相联系的态度体验。如当人满足了饥渴的需要时会感到高兴，当人的生命安全受到威胁时会感到恐惧。情感是同人的社会性需要相联系的一种较复杂而又稳定的体验形式，如与人交往相关的友谊感、与遵守行为准则规范相关的道德感、与精神文化需要相关的美感与理智感等。

第二，从发生早晚的角度看差异。情绪发生较早，为人类和动物所共有。而情感发生较晚，是人类所特有的，是个体发展到一定阶段才产生的。婴儿一生下来就有哭、笑等情绪表现，而且多与食物、水、温暖、困倦等生理性需要相关。情感是随着心智的成熟和社会认知的发展而产生的，如友爱、归属感、自豪感、责任感、道德感等，与求知、交往、艺术陶冶、人生追求等社会性需要有关。

第三，从反映特点看差异。情绪带有极大的情境性和暂时性，它通常由某些特定情境引起，随着情境的改变和需要的满足而减弱或消失，时过境迁，就会意转情移，所以不稳定。情感则带有很大的稳定性和持久性，可以说是在多次情绪体验的基础上形成的稳定的态度体验，如对一个人的爱和尊敬可能一生不变。因此，情感特征常被作为个性和道德品质中的重要内容之一。

情绪和情感虽然不尽相同，却不可分割。因此，人们常常把情绪和情感通用。一般来说，情感是在多次情绪体验的基础上形成的，并通过情绪表现出来。反过来，情绪的表现和变化又受已形成的情感所制约。当人们从事一件工作时总是体验到轻松、愉快，久而久之就会爱上这一行；反过来，当他们对工作建立起深厚的感情之后，会因出色完成工作而欣喜，也会因工作中的疏漏而伤心。由此可以说，情绪是情感的基础和外部表现，情感是情绪的深化和本质内容。情感是在情绪的基础上形成的，反过来情感对情绪会产生巨大的影响。它们是一种心理活动过程的两个不同侧面，既相互转化，又相互依存。

从情绪和情感的表现来看，一方面，具有一定社会内容的情感，既可能以强烈、鲜明的情绪形式表现出来，又能表现为深沉而持久的情操；另一方面，与生理性需要相联系的情绪，都可能由所赋予的社会内容而改变它的原始表现形式，从而表现为情感。

四、情绪情感的分类

人类的情绪表现多种多样，因此，情绪的分类是一个十分复杂和困难的问题。心理学家们对情绪的分类进行了长期的探索，但由于使用的研究方法不同，结论也多种多样。其中有两种分类方法颇具代表性。

（一）情绪的基本分类

关于情绪的类别，长期以来，说法不一。我国古代有喜、怒、忧、思、悲、恐、惊的七情说。但现在一般认为有四种基本情绪，即快乐、愤怒、悲哀和恐惧。

1. 快乐

快乐是指一个人达到盼望和追求的目的后产生的情绪体验。由于需要得到满足、愿望得以实现，心理的急迫感和紧张感被解除，快乐随之而生。它是具有正性享乐色调的情绪，使人产生超越感、自由感和接纳感。快乐有强度的差异，从满意、愉快、兴奋到大喜、狂喜，这种差异取决于所追求的目的对自身的意义以及实现的难易程度。

2. 愤怒

愤怒是指所追求的目的受到阻碍，愿望无法实现时产生的情绪体验。愤怒时紧张感增加，有时不能自我控制，甚至出现攻击行为。愤怒也有程度上的差异，一般的愿望无法实现时，只会感到不快或生气，但当遇到不合理的阻碍或恶意的破坏时，愤怒会急剧爆发。愤怒的程度取决于干扰的大小及违背愿望的程度，同时也受人个性的影响。

3. 悲哀

悲哀是指失去心爱的事物时，或理想和愿望破灭时产生的情绪体验。悲哀也有遗憾、失望、难过、悲伤和哀痛等程度上的差异。由悲哀引起的紧张的释放会导致人哭泣。哭不仅是表达感情的一种方式，也是一种心理保护措施。当人遭遇极大的委屈或亲友亡故时，都会情不自禁地哭起来。悲哀的程度取决于失去的事物对自己的重要性和价值，也依赖于主体的意识倾向和个性特征。当然，悲哀并不总是消极的，它有时能够转化为前进的动力。

4. 恐惧

恐惧是指企图摆脱和逃避某种危险情境而又无力应付时产生的情绪体验。恐惧往往在缺乏准备，不能处理、驾驭或不能摆脱某种可怕或危险情境下产生。突然的变化，奇怪陌生而又可怕事物的突然出现，身体失去平衡都可能引起恐惧。当险情极度威胁生命时，有的还会产生绝望的体验。所以，恐惧的产生不仅仅由于危险情境的存在，还与个人排除危险的能力和应付危险的手段有关。

（二）按情绪状态分类

情绪状态是指在某种事件或情境的影响下，一段时间内各种情绪体验的一般特征表现。根据情绪发生的强度、持续时间的长短及外部表现，可将情绪分成心境、激情和应激三种。

1. 心境

心境是一种微弱、平静和持久的情绪状态。通俗地说就是平时讲的心情。生活中我们常说"人逢喜事精神爽"，是指发生在我们身上的一件喜事能让我们在很长时间里保持着愉快的心情。但有时候一件不如意的事也会让我们在很长一段时间内忧心忡忡，情绪低落。这些都是心境的表现。

心境具有弥散性和长期性。心境的弥散性是指当人具有某种心境时，这种心境表现出的态度体验会朝向周围的一切事物。一个在单位受到表彰的人觉得心情愉快，回到家里与家人会谈笑风生，遇到邻居时用笑脸相迎，走在路上也会觉得天高气爽；而当他心情郁闷时，在单位、在家里都会情绪低落，无精打采，甚至会"对花落泪，对月伤情"。古语中说人们对同一种事物"忧者见之而忧，喜者见之而喜"，这就是心境弥散性的表现。心境的长期性是指心境产生后要在相当长的时间内主导人的情绪表现。虽然基本情绪具有情境性，但心境中的喜悦、悲伤、生气、害怕却要维持一段较长的时间，有时甚至成为人一生的主导心境。

导致心境产生的原因很多，生活中的顺境和逆境，工作、学习上的成功和失败，人际关系的亲与疏，个人健康的好与坏，自然气候的变化，都可能引起某种心境。但心境并不完全取决于外部因素，还与人的世界观和人生观有联系。一个有高尚人生追求的人会无视人生的失意和挫折，始终以乐观的心境面对生活。陈毅元帅的《梅岭三章》可以说就是这种心境的体现。

心境对人们的生活、工作和健康都有很大的影响。心境可以说是一种生活的常态，人们每天总是在一定的心境中学习、工作和交往，积极良好的心境可以提高学习和工作的绩效，帮助人们克服困难，保持身心健康；消极不良的心境则会使人意志消沉，悲观绝望，无法正常工作和交往，甚至导致一些身心疾病。所以，保持一种积极健康、乐观向上的心境对每个人都有重要意义。

2. 激情

激情是一种爆发强烈而持续时间短暂的情绪状态。人们在生活中的狂喜、狂怒、深重的悲痛和异常的恐惧等都是激情的表现。和心境相比，激情在强度上更大，但维持的时间一般较短暂。

激情具有爆发性和冲动性，同时伴随有明显的生理变化和行为表现。当激情到来的时候，大量心理能量在短时间内积聚而出，如疾风骤雨，使得当事人失去对自己行为的控制力。如《儒林外史》中的范进听到自己金榜题名，狂喜之下，竟然意识混乱，手舞足蹈，疯疯癫癫；有些人在暴怒之下，双目圆睁，咬牙切齿，甚至对他人拳脚相加。但在这些激情被宣泄后，人会很快平息下来，甚至出现精力衰竭的状态。

激情常由生活事件引起，那些对个体有特殊意义的事件会导致激情，如考上大学、找到满意的工作等；出乎意料的突发事件会引起激情，如多年失去音信的亲人突然回归，常会欣喜若狂。另外，违背个体意愿的事件也会引起激情，如中国民间传说中曾记载，春秋战国时期的伍子胥过昭关，因担心被抓回楚国，父仇不能报，一夜之间竟然愁白了头。可见，不同的生活事件会引起不同的激情。

激情对人既有积极的影响又有消极的影响。一方面，激情可以激发内在的心理能量，成为行为的巨大动力，使人提高工作效率并有所创造，如战士在战场上冲锋陷阵，一往无前；画家在创作中，尽情挥洒，浑然忘我；运动员在报效祖国的激情感染下，敢于拼搏，勇夺金牌。但另一方面，激情也有很大的破坏性和危害性。激情中的人有时任性而为，不计后果，对人对己造成损失。一些青少年犯罪，就是在激情的控制下，一时冲动，酿成大错。激情有时还会引起强烈的生理变化，使人言语混乱，动作失调，甚至休克。所以，在生活中应该适当地控制激情，多发挥其积极作用。

3. 应激

应激是出乎意料的紧张和危急情况引起的情绪状态。如在日常生活中突然遇到火灾、地震，飞行员在执行任务中突然遇到恶劣天气，旅途中突然遭到歹徒的抢劫等，无论天灾还是人祸，这些突发事件常常使人们在心理上出现高度警醒和紧张，并产生相应的反应，这都是应激的表现。

人在应激状态下常伴随明显的生理变化，这是因为个体在意外刺激作用下必须调动体内全部能量以应付紧急事件和重大变故。这个生理反应的具体过程是：紧张刺激作用于大脑，使得下丘脑兴奋，肾上腺髓质释放大量肾上腺素和去甲状腺素，从而大大增加通向体内某些器官和肌肉处的血流量，提高机体应付紧张刺激的能力。加拿大心理学家塞利（Selye）把整个应激反应过程分为动员、阻抗和衰竭三个阶段：首先，有机体通过自身生理机能的变化和调整做好防御性的准备；其次，借助呼吸心率变化和血糖增加等调动内在潜能，应对环境变化；最后，当刺激不能及时消除，持续的阻抗使得内在机能受损，防御能力下降，从而导致疾病。

应激的生理反应大致相同，但外部表现可能有很大差异。积极的应激反应表现为沉着冷静、急中生智、全力以赴地去排除危险，克服困难；消极的应激反应表现为惊慌无措、一筹莫展，或者发动错误的行为，从而加剧事态的严重性。这两种截然不同的行为表现，既与个人的能力和素质有关，也与平时的训练和经验积累有关。如接受过防火演习和救生训练，遇到类似的突发事故，就能正确及时地逃生和救人。

（三）按情感的社会性内容分类

人的社会性情感是人类特有的高级情感，它反映着个人与社会的一定关系，体现出人的精神面貌。根据情感的社会性内容可以把情感分为道德感、理智感和美感。

1. 道德感

道德感是用一定的道德标准去评价自己或他人的思想和言行时产生的情感体验，这是一种关于社会生活的善与恶的情操。在我们社会主义国家，爱国主义、集体主义、见义勇为和互帮互助等就是人们普遍意义上的情感体验。人的行为符合自己的理想和价值追求时，就会感到自尊、自重，有一种自豪感；而当他的所作所为与自己坚持的理想和价值标准相违背时，就会感到痛苦、懊悔，甚至丧失自尊心。显然这种情感体验具有明显的自觉性，能对自己的行为产生调控和监督作用。

道德感具有社会性。不同的社会、不同的历史时期、不同的社会集团或民族，有着不同的道德标准和行为规范，人们对这些标准和规范又有着不同的理解，于是就会产生不同的道德需要，因而也就有着不同的道德感。例如，在婚姻观上，封建社会认为"父母之命，媒妁之言"是合理的，男女自己做主的自由恋爱则是伤风败俗。现代人看来，没有爱情的婚姻是不道德的。道德感在社会情感体系中占有特殊地位，对人的活动具有重要的指导作用。

道德感虽然受社会生活条件的制约，受阶级的制约，但是，就全人类来讲，是有共同的道德标准。例如，扶助老弱病残，承担社会义务，热爱自己国家等，任何社会都是宣传和倡导的；而对于吸毒、凶杀、叛国等也是任何社会都加以杜绝、禁止的。

2. 理智感

理智感是在智力活动中，认识和评价事物时所产生的情感体验。这是一种关于客观事物真与假的情操。例如，人们在探索未知事物时表现出来的兴趣、好奇心和求知欲，科学研究中面临新问题时的惊讶、怀疑、困惑和对真理的确信，问题得以解决并有新发现时的喜悦感和幸福感，这些都是人们在探索活动和求知过程中产生的理智感。当一个人认识到知识的价值和意义，体会到获得知识的乐趣，以及追求真理过程中的幸福感时，他就会不计名利得失，而是以一种忘我的奉献精神投入到学习和工作中。理智感是人类世代追求的对世界认识的"真"，摒弃认识的"假"的高尚情操，是促进人类进步必不可少的情感。

理智感与人的认识活动的成就的获得、需要的满足、对真理的追求及思维任务的解决相联系。人的认识活动越深刻，求知欲望越强烈，追求真理的情趣越浓厚，人的理智感也就越深厚。理智感不仅产生于认识活动中，而且也是推动人们探索、追求真理的强大动力。例如，天文学家哥白尼在回顾自己所走的道路时说，他对天文的深思产生于"不可思议的情感高涨和鼓舞"；居里夫妇在提炼镭的艰辛历程中，以及发现镭的那一刻，所体验到的理智感可能不是一般人所能具有的。

虽然理智感对全人类来说表现出更多的共性，但它仍受社会道德观念和人的世界观的影响。因而，人们对科学的热爱，对真理的追求，都反映了每个人鲜明的观点和立场。

3. 美感

美感是用一定的审美标准来评价事物时所产生的情感体验，这是一种关于事物美与丑的感受。在客观世界中，凡是符合我们审美标准的事物都能引起美的体验。一方面，美感可以由客观景物引起，如桂林山水的秀丽、内蒙古草原的苍茫、故宫的绚丽辉煌、长城的蜿蜒壮美可以使人体验到大自然的美或人的创造之美；另一方面，人的容貌举止和道德修养也常能引发美感，甚至一个人身上善良、纯朴的性格，率直、坚强的品性比身材和外貌更能体现人性之美。人在感受美的时候通常会产生一种愉快的体验，而且表现出对美的客体的强烈的倾向性。所以，美感体验有时也能成为人的行为的推动力，使人沉醉其中，乐此不疲。在生活中，由于人的价值追求和审美情趣的多样化，对美的见解也多有不同，如有的人喜欢花好月圆的美，有的人却以丑木、怪石为美；有的人喜欢绚丽和精致的美，有的人却喜欢悲壮和苍凉之美。

美感具有社会性。与道德感一样，美感也受到社会历史条件的制约。在不同的社会历史发展阶段，不同的社会制度下，不同的风俗习惯及不同的阶级中，人的审美标准是不同的，因此，对各种事物美的体验也是各不相同的。正如马克思所指出的那样："忧心忡忡的穷人甚至对最美丽的景色都无动于衷；贩卖矿物的商人只看到矿物的商业价值，而看不到矿物美的特性。"

美感具有个体性。对于同一客观事物，不同的人产生不同的美感，有人觉得美，有人觉得不美。当然人类也有共同的美感，鲜艳的花卉、秀丽的风景、动听的音乐、优美的诗歌、雄伟的建筑，任何人都认为是美的。桂林的山水、西湖的风光、北京的故宫，常常使中外游人流连忘返。这说明虽然人们的生活地域不同，观点、种族各异，但人们的审美观点存在着相同之处。因此，美感的某些内容是存在共同性的。但是，并不能以此来否定美感因文化、民族、宗教、信仰等不同形成的社会性差异。我们应该教育学生在坚持本民族文化传统中正确的审美观念的同时，也去鉴别和吸收别国文化中积极、健康的审美情趣。

五、情绪情感的功能

在人类生活中，情绪情感具有重要的作用，主要体现为信号功能、组织功能、动机功能和适应功能。

（一）信号功能

情绪情感的信号功能是指在人际交往中，人们除借助言语进行交流之外，还通过情绪的流露来传递自己的思想和意图。表情是思想的信号，如用微笑表示赞赏，用点头表示赞同等。表情也是言语交流的重要补充，如手势、语调等能使言语信息表达得更加明显或确定。在社会交往的许多场合，人与人之间的思想、愿望、态度、观点仅靠言语无法充分表达，有时甚至不能言传，只能意会，这时表情就起到了信息交流的作用。例如，学生在上课时不注意听讲，教师的一个眼神或者一个手势都会起到提示、警醒的作用。在表情中，面部表情和体态表情更能突破一些距离和场合的限制，发挥独特的沟通作用。如马路两侧的熟人打招呼说话听不到时就可以通过招手和微笑来示意。

心理学家在对以英语作为母语的人们的交往状况进行研究后发现：在日常生活中，55%的信息是靠非言语表情传递的，38%的信息是靠言语表情传递的，只有7%的信息才是靠言语传递的。表情是比言语更早产生的心理现象，在婴儿不会说话之前，主要靠表情来与他人交流。表情比语言更具生动性、表现力、神秘性和敏感性，特别是在言语信息暧昧不清时，表情往往具有补充作用。人们可以通过表情准确而微妙地表达自己的思想感情，也可以通过表情去辨识对方的态度和内心世界。所以，表情作为情感交流的一种方式，被视为人际关系的纽带。在许多影视作品中，人们用情绪的表露代替了语言的表达，具有"此时无声胜有声"的效果，更具感染力。

（二）组织功能

情绪情感的组织功能是指情绪情感对其他心理过程的影响。情绪心理学家认为，情绪作为大脑内的一个检测系统，对其他心理活动具有组织作用。这种组织作用表现为积极情绪的协调作用和消极情绪的破坏、瓦解作用。中等强度的愉快情绪有利于提高认知活动的效果，而消极情绪如恐惧、痛苦等会对操作产生负面影响，消极情绪的激活水平越高，操作效果越差。研究还表明，情绪影响注意、记忆和决策等认知过程。例如，对焦虑患者的研究表明，焦虑情绪使大脑对注意的加工变得狭窄。当人处于焦虑或恐惧状态时，他们的注意力主要集中在所害怕的事情上而不会注意周围其他事情。由此我们可以理解，为什么儿童犯错以后，父母对儿童施加威胁性要求或压力时，儿童很难选择正确的策略去改正错误行为，因为他们的注意全集中在事件的负性后果上——对惩罚的恐惧。

在记忆的遗忘规律中，情绪是一个重要的变量。在刑事案件中对证人的作证记忆的研究结果显示，涉及情绪的记忆会增加回忆的准确度。情绪被震惊者在事件后（对警察）作证的回忆量为93.36%，5个月后为88.24%；而情绪未被震惊者的两次作证回忆量均为75%。同样地，情绪对决策也有重要作用。过去研究者着重探讨负性情绪的干扰、破坏作用。近20年来，人们开始把注意转向正性情绪与认知的关系，更着重于中等强度的情绪状态，如心境对思维的组织作用。大量实验说明，正性情绪促进思维的灵活性，有助于人应付麻烦事件和减少对抗事件的发生。且中等强度的正性情绪状态对思维和决策的影响不仅是充分的，而且有利于改善思维和决策的质量。

情绪情感的组织作用还表现在人的行为上，当人处在积极、乐观的情绪状态时，容易注意事物的美好方面，其行为比较开放，愿意接纳外界的事物。当人处于消极情绪状态时，容易失望、悲观，产生放弃自己的想法，甚至产生攻击性行为。

（三）动机功能

情绪与动机的关系十分密切，它不仅能作为一种特殊的心理背景影响行为的动机状态，而且它本身就是构成动机系统的一个基本成分，甚至有的心理学家认为情绪本身就是一个动机系统。情绪情感的动机功能又称为调节功能，指情绪情感对人的活动起发动、促进和调控的作用。适度的情绪兴奋可以使人身心处于活动的最佳状态，进而推动人们高效地完成任务。研究表明，适度的紧张和焦虑能促使人积极地思考和解决问题。

情绪情感的动机功能主要表现为以下两个方面：第一，情绪对于生理内驱力具有放大的作用。心理学家汤姆金斯（S. S. Tomkins）指出，不能把内驱力本身的信号和这个信号的"放大器"混淆，内驱力的信号（如食物、水、氧气等生理需要的信号）需要经过一种媒介的放大，才能驱使有机体去行动。对这个信号起放大作用的媒介，就是情绪。例如，人们在缺氧的情况下，产生吸氧的生理需要（内驱力的信号），同时在心理上引发因缺氧而产生的恐慌感，这种恐慌感放大了内驱力的信号，从而产生行为的强大动力。单有生理内驱力而无情绪，还不足以产生相应的行为。第二，情绪不仅能放大内驱力的信号，而且有时候它本身就是一个动机系统，能够以一种与生理性动机或社会性动机相同的方式激发和引导行为。有时我们之所以努力去做某件事，就是因为这件事能够给我们带来愉快与喜悦。这种快乐的情绪成为我们行为的动力。

（四）适应功能

有机体在生存和发展的过程中，有多种适应方式。情绪是有机体适应生存和发展的一种重要方式。如动物遇到危险时产生害怕并进行呼救，就是动物求生的一种手段。

情绪是人类早期赖以生存的手段。婴儿刚出生时，不具备独立的生存能力和言语交际能力，这时主要依赖情绪来传递信息，与成人进行交流，得到成人的抚养。成人也正是通过婴儿的情绪反应，及时为婴儿提供各种生活需要。在成人的生活中，情绪与人的基本适应行为有关，包括攻击行为、躲避行为、寻求舒适、帮助别人和生殖行为等。这些行为有助于人的生存及成功地适应周围环境。情绪直接反映着人的生存状况，是人的心理活动的晴雨计，如愉快可以表示处境良好，痛苦可以表示面临困难；人还通过情绪进行社会适应，如通过微笑表示友好，通过移情维护人际关系，通过察言观色了解对方的情绪状况，进而采取相应的措施或对策等。总之，人通过情绪了解自身或他人的处境，适应社会的需求，得到更好的生存和发展空间。当然，情绪有时也有负面作用，如一些球迷会因为球队输球闹情绪而在赛场闹事、斗殴，破坏公共财产，甚至造成人员伤亡。

第二节　情绪结构和情绪理论

情绪是异常复杂的心理现象，具有独特的内部结构。目前，心理学界对情绪的结构尚未形成一致的看法和理论观点。但是，普遍认为美国心理学家伊扎德（Izard）对情绪成分的划分最具有代表性，他将情绪分为主观体验、生理唤醒和外部表现三个成分。

一、情绪结构

伊扎德将情绪划分为主观体验、生理唤醒和外部表现三个成分。当情绪产生时，这三个成分共同活动，构成一个完整的情绪体验过程。

（一）主观体验

主观体验是指一个人对情绪情感状态的自我感受。情绪情感是主体对客观世界的一种特殊的反映形式，反映的是主体的需要和客观事物之间的关系。凡是与人的需要有关的事物，由于对人有着一定的意义，必然使人对之产生一定的态度，并以主观体验或内心感受到的形式体现出来。每种情绪都有不同的主观体验，它们代表了人们不同的感受，构成了情绪情感的心理内容。而这些主观体验只有个人内心才能真正感受到或意识到，如知道"我很高兴"，意识到"我很痛苦"，感受到"我很内疚"等。情绪的主观体验反映了人内心世界的丰富多彩。

（二）生理唤醒

生理唤醒是指一个人在情绪和情感活动中所发生的生理变化。任何情绪与情感都有其生理基础，并总是发生在有一定的生理唤醒水平的情况下。情绪和情感是大脑和神经系统活动的结果，大脑皮层、丘脑、下丘脑和边缘系统等脑结构与情绪活动存在密切关系。在神经系统的控制下，情绪的生理唤醒突出地表现在呼吸系统、循环系统、消化系统、内分泌系统等活动的改变上，这些生理变化往往反映出情绪的性质和强度，是我们了解和研究情绪的客观指标。如人在紧张、激动和愤怒时，会伴随着血压增高、心跳加快、呼吸加快、肠胃收缩减少、肾上腺素分泌增加等的生理变化。

（三）外部表现

外部表现是指表情，可以被他人直接观察到，包括面部表情、动作表情和言语表情。面部表情是通过眼部肌肉、颜面肌肉和口部肌肉来表现的人的各种情绪状态，如高兴时嘴角上翘，眉毛上扬；悲哀时嘴角下弯，眉毛低垂。动作表情是通过身体和四肢的变换来表现的人的各种情绪状态，如高兴时手舞足蹈，悔恨时顿足捶胸，恐惧时缩成一团。言语表情是通过音调、音速、音高的变化来表现的人的各种情况状态，如高兴时语调激昂，节奏明快；悲哀时语调低沉，节奏缓慢，声音断续且高低差别很小；愤怒时语言生硬，态度凶狠。有时同一句话，由于语气和音调不同，就可以表示不同的意思，如"怎么了？"既可以表示疑问，也可以表示生气、惊奇等不同的情绪。

主观体验、生理唤醒和外部表现是情绪的三个组成成分，只有三者同时活动，同时存在，才能构成一个完整的情绪体验过程。只有其中一种或者两种成分，不会产生真正的情绪。例如，当一个人假装快乐时，他只有快乐的外部表现，并没有真正的主观体验和生理唤醒，也就算不上真正的情绪过程。因此，情绪必须是上述三个方面同时存在，并且有一一对应的关系，一旦出现不对应，便无法确定真正的情绪是什么。

二、情绪理论

情绪是主观体验、生理唤醒和外部表现相互作用的结果。然而，对于这种相互作用存在着不同的争论。首先是一个老话题，即先有鸡还是先有蛋的争论：你的生理唤醒先于还是晚于你的情绪体验？例如，我们是先注意到心跳加速或步伐加快，然后才感到焦虑恐慌呢？还是先感到恐惧再引发心脏和腿的反应？

其次是关于认知与情绪的相互作用：认知总是先于情绪吗？如我们必须在情绪反应之前有意识地对威胁作出评价吗？

（一）詹姆斯—兰格理论

美国心理学家詹姆斯（Willian James）和丹麦生理学家兰格（Carl Lange），分别于 1884 和 1885 年提出了内容基本相同的情绪理论，他们强调情绪是植物性神经系统的产物，认为情绪是内脏器官和骨骼肌肉活动在脑内引起的感觉。即情绪是源于身体的反馈，刺激引起身体的生理反应，而生理反应进一步导致情绪体验的产生。

根据情绪发生时引起的植物性神经系统的活动，和由此产生的一系列机体变化，詹姆斯提出情绪就是对身体变化的知觉。他说："情绪，只是一种身体状态的感觉，它的原因纯粹是身体的。"又说："人们的常识认为，先产生某种情绪，之后才有机体的变化和行为的产生，但我的主张是，先有机体的生理变化，而后才有情绪。"当一个情绪刺激物作用于我们的感官时，立刻会引起身体上的某种变化，激起神经冲动，传至中枢神经系统而产生情绪。在詹姆斯看来，悲伤乃由哭泣而起，愤怒乃由打斗而致，恐惧乃由战栗而生，高兴乃由发笑而生。

兰格认为，情绪是内脏活动的结果。他特别强调情绪与血管变化的关系，提出"情感，假如没有身体的属性，就不存在了"。"血管运动的混乱、血管宽度的改变以及各个器官中血液量的改变，乃是激情的真正的最初原因。"兰格以饮酒和药物为例来说明情绪变化的原因。酒和某些药物都是引起情绪变化的因素，它们之所以能够引起情绪变化，是因为饮酒、用药都能引起血管的活动，而血管的活动是受植物性神经系统控制的。植物性神经系统支配作用加强，血管舒张，结果就产生了愉快的情绪；植物性神经系统活动减弱，血管收缩或器官痉挛，结果就产生了恐惧的情绪。因此，情绪取决于血管神经支配的状态、血管容积的改变以及对它的意识。

从詹姆斯—兰格理论中看到了情绪与机体变化的直接关系，它强调了植物性神经系统在情绪产生中的作用，这是其合理的一面；但是，他们过于强调植物性神经系统的作用，相对忽略中枢神经系统的调节、控制作用，因而引起了学者的争议。

（二）坎农—巴德学说

坎农（Cannon）对詹姆斯—兰格理论提出了三点疑问：第一，机体上的生理变化，在各种情绪状态下，并无多大的差异，因此，根据生理变化很难分辨各种不同的情绪。第二，机体的生理变化受植物性神经系统的支配，这种变化缓慢，不足以说明情绪瞬息变化的事实。第三，机体的某些生理变化可由药物引起，但药物（如肾上腺素）只能激活生理状态，而不能造成某种情绪。坎农认为情绪的中心不在外周神经系统，而在中枢神经系统的丘脑。

坎农进一步描述了这一神经系统活动的过程：由外界刺激引起感觉器官的神经冲动，通过内导神经传至丘脑；再由丘脑同时向上向下发出神经冲动，向上传至大脑，产生情绪的主观体验，向下传至交感神经，引起机体的生理变化，如血压升高、心跳加快、瞳孔放大、内分泌增多和肌肉紧张等，使个体生理上进入应激准备状态。情绪体验和生理变化是同时发生的，它们都受丘脑的控制。例如，某人遇到一只老虎，由视觉感官引起的冲动，经内导神经传至丘脑处，在此更换神经元后，同时发出两种冲动：一是经过体干神经系统和植物神经系统到达骨骼肌和内脏，引起生理应激准备状态；二是传至大脑，使某人意识到老虎的出现。这时某人的大脑中可能有两种意识活动：其一，认为老虎是驯养动物，并不可怕。因此，大脑即将神经冲动传至丘脑，并转而控制植物性神经系统的活动，使应激生理状态受到压抑，恢复平衡；其二，认为老虎是可怕的，会伤害到人，大脑对丘脑的抑制解除，使植物性神经系统活跃起来，加强身体的应激生理反应，并令人采取行动尽快逃避，于是人产生了恐惧，随着逃跑时生理变化的加剧，恐惧情绪体验也加强了。

坎农的情绪学说得到巴德（Bard，1934，1950）的支持和发展，故后人称坎农的情绪理论为坎农—巴德情绪学说。但是，坎农—巴德情绪学说并不完善，有研究者提出切除动物的全部丘脑，动物仍有愤怒反应。只有切除腹部和后部下丘脑，情绪反应才完全消失。

（三）阿诺德的评定—兴奋说

美国心理学家阿诺德（M. B. Arnold）在20世纪50年代提出了情绪的"评定—兴奋说"，强调情绪来源于大脑皮层对情境的评估。阿诺德的评定—兴奋说有三个主要观点：

第一，刺激情境并不直接决定情绪的性质，从刺激出现到情绪的产生，要经过对刺激情境的评估，情绪产生的过程是刺激情境—评估—情绪。同一刺激情境，由于对它的评估不同，会产生不同的情绪反应。评估的结果可能认为对个体"有利""有害"或"无关"。如果是"有利"，就会引起肯定的情绪体验，并企图接近刺激物；如果是"有害"，就会引起否定的情绪体验，并企图躲避刺激物；如果是"无关"，人们就予以忽视。

第二，情绪的产生是大脑皮层和皮下组织协同活动的结果，大脑皮层的兴奋是情绪行为的最重要的条件。

第三，情绪产生的理论模式是，作为引起情绪的外界刺激作用于感受器官，造成神经冲动，神经冲动通过内导神经送至丘脑，更换神经元后再传至大脑皮层，刺激情境在此得到评估，形成一种特殊的态度（如恐惧及逃避、愤怒及攻击等）。这种态度通过外导神经将皮层的冲动传至丘脑的交感神经，将兴奋发送至血管或内脏，所产生的变化使其获得感觉。这种从外界来的反馈信息，在大脑皮层中被评估，使纯粹的认识经验转化为感受到的情绪。

（四）沙赫特—辛格的情绪理论

20 世纪 60 年代初，美国心理学家沙赫特（S. Schachter）和辛格（J. Singer）提出，对于特定的情绪来说，有两个因素是必不可少的：一是个体必须体验到高度的生理唤醒，如心率加快、手出汗、胃收缩、呼吸急促等；二是个体必须对生理状态的变化进行认知性的唤醒。

事实上，情绪状态是由环境因素、生理状态和认知过程（期望）在大脑皮层中整合的结果。环境中的刺激因素，通过感受器向大脑皮层输入外界信息；生理因素通过内部器官、骨骼肌的活动，向大脑输入生理状态变化的信息；认知过程是对过去经验的回忆和对当前情境的评估。来自这三个方面的信息经过大脑皮层的整合作用，才产生了某种情绪体验。将上述理论转化为一个工作系统，称为情绪唤醒模型（见图 7-1）。

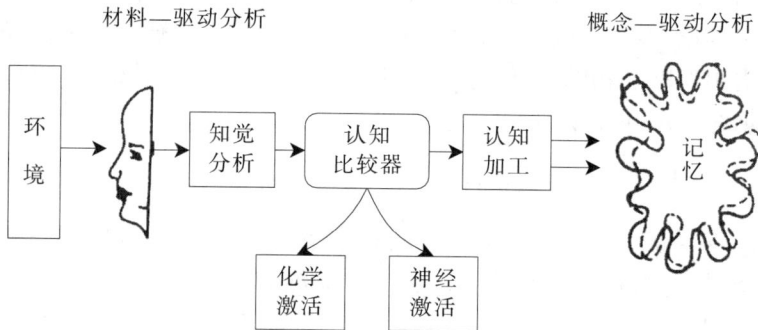

图 7-1　情绪唤醒模型

这个工作系统包括三个亚系统：

第一个亚系统：对来自环境的输入信息的知觉分析。

第二个亚系统：在长期生活经验中建立起来的对外部影响的内部模式，包括对过去、现在和未来的期望。

第三个亚系统：现实情境的知觉分析与基于过去经验的认知加工间的比较系统，称为认知比较器，它带有庞大的生化系统和神经系统的激活结构，并与效应器官相联系。

这个情绪唤醒模型的核心部分是认知，通过认知比较器把当前的现实刺激与储存在记忆中的过去经验进行比较，当知觉分析与认知加工间出现不匹配时，认知比较器产生信息，动员一系列的生化和神经机制，释放化学物质，改变大脑的神经激活状态，使身体适应当前情境的要求，这时情绪就被唤醒了。沙赫特—辛格理论又可称为认知—生理结合说。

（五）拉扎勒斯的认知—评价理论

拉扎勒斯（Lazarus）是情绪的认知—评价理论的代表。他认为情绪是人与环境相互作用的产物。在情绪活动中，人不仅接受环境中刺激事件的影响，同时要调节自己对刺激的反应。也就是说，情绪活动必须有认知活动的指导，只有这样，人才能了解环境中刺激事件的意义，选择适当的、有价值的动作组合，即动作反应。按照拉扎勒斯的观点，情绪是个体对环境事件知觉到有害或有益的反应。因此，在情绪活动中，人们需要不断地评价刺激事件与自身的关系。具体地讲，有三个层次的评价：初评价、次评价和再评价。

初评价是指人确认刺激事件与自己是否有利害关系以及这种关系的程度。只要人处在清醒的状态下，这种评价随时随地都会发生，这是人适应生存的一个重要方面。

次评价是指人对自己的反应行为的调节和控制，它主要涉及人们能否控制刺激事件，以及控制的程度等，也就是一种控制的判断。当人们要对刺激事件作出行为反应时，必须根据主观条件和客观社会规范来考虑行为的后果，从而选择有效的措施和方法。如当人们受到侵犯或伤害时，是采取攻击行为还是防御行为，这取决于人们对刺激事件的判断。在这种评价过程中，经验起着重要的作用。

再评价是指人对自己的情绪和行为反应的有效性和适宜性的评价，实际上是一种反馈性行为。如果再评价结果表明行为是无效的或不适宜的，人们就会调整自己对刺激事件的次评，甚至初评，并相应地调整自己的情绪和行为反应。

（六）伊扎德的动机—分化理论

伊扎德（lzard）认为情绪具有重要的动机性和适应性功能，它是人格系统的组成部分，是人格系统的动力核心。情绪体验是情绪系统与人格的其他系统相互作用的主要成分，对形成系统间的稳定和特定的联结起着重要作用。情绪特征主要来源于个体的生理结构；遗传是某种情绪的阈限特征和强度水平的决定因素。每种具体情绪都有其发生的根源，都有特定的意识品质和适应功能。

1. 情绪是分化的

伊扎德认为，情绪是分化的，人存在着具有不同体验的独立情绪，这些独立的情绪都具有动机特征。他假定存在 10 种基本情绪，即兴趣、愉快、惊奇、悲伤、愤怒、厌恶、轻蔑、恐惧、害羞与胆怯，它们组成了人类的动机系统。每种基本情绪在组织上、动机上和体验上都有其独特性。不同的情绪具有不同的内容体验，这种内部体验对认知与行为会产生不同的影响。情绪过程与有机体的内部动态平衡、驱力系统、知觉与认知是相互影响的。

2. 情绪在人格系统中的地位和作用

伊扎德认为，人格由体内平衡系统、内驱力系统、情绪系统、知觉系统、认知系统和动作系统六个子系统组成。其中情绪既是人格系统的组成部分，也是人格系统的核心动力。情绪的主观成分——体验是起动机作用的心理机制，是驱动有机体采取行动的力量。人格系统的发展是这些子系统的自身发展与系统之间联结时不断形成和发展的过程。

3. 情绪系统的功能

伊扎德从进化的观点出发，提出大脑新皮层体积的增长和功能的分化、面部骨骼肌肉系统的分化以及情绪的分化是平行的、同步的。情绪的分化是进化过程的产物，具有灵活多样的适应功能，在有机体的适应和生存上起着核心的作用。每种具体的情绪都有其发生的渊源和特定的适应功能。

第三节　情绪管理和挫折应对

对于大多数人来说，不论是清醒时的工作、学习和休闲，还是睡眠中的做梦，每一件事情中都蕴含着情绪。"笑一笑，十年少""愁一愁，白了头""笑口常开，青春常在"和"乐极生悲"等，这些语句明确地告知人们，不同情绪对身心有不同的影响，有效地运用情绪调节机制，合理地调节情绪，将有助于人的身心健康。因此，不同年龄的人群应该学会识别自己的情绪问题，并能够正确地调节。

一、中学生常见的情绪问题

中学时期是人生迈向成熟的一个过渡阶段，也是成长发育过程的一个重要阶段。然而，在这一时期，由于身心发展不健全以及外在因素的影响使得中学生容易产生一些心理问题。这些心理问题若影响严重的话，会影响到中学生的正常成长和发展，我们需要正确认识这些心理问题，提前预见并采取措施积极应对，为青少年的健康成长尽可能地"保驾护航"。

(一) 抑郁

抑郁是一种感到无力应付外界压力而产生的心境持久低落的情绪状态。处于抑郁状态下，人常表现为情绪低落、心境悲观、郁郁寡欢、闷闷不乐和思维迟钝等。具体来说，抑郁的临床表现主要有：一是情绪上表现为悲伤、苦闷、压抑与失望；二是生理上表现出各种明显的不适感，如疲倦、头痛、失眠、食欲不振、腰酸背痛、四肢乏力、肠胃不适等；三是认识上表现为总体的自我否定，对失败过分自责；四是行为上表现为退缩、封闭，不愿与人交往，神情呆滞，经常长吁短叹，甚至有自残、自杀冲动。长期的抑郁易使人的身心受到严重损害，使人难以有效地开展学习、工作和生活。学生的抑郁情绪一般由学习成绩落后、自我概念欠佳、人际关系不良、经常遭受挫折等因素引起。

(二) 恐惧

恐惧指对某些特定的事物、情境产生的一种回避情绪，产生恐惧时会出现主动回避的行为以消除不安。中学生中较常见的是社交恐惧和学校恐惧，而且前者有增长的趋势。社交恐惧表现为怕与人打交道，遇到生人特别是异性时面红耳赤、神经紧张，严重时拒绝与任何人接触，把自己孤立起来，这对日常生活、学习造成很大的阻碍。学校恐惧表现为对环境不适应、紧张、焦虑和害怕去学校等。这种紧张情绪有时会导致一些诸如呼吸困难、心跳加快、出汗发抖、腹泻等情况，个别严重者会演变成情绪障碍。例如，有的学生每到星期一早晨就会出现莫名的心慌，或一直想上厕所等，但遇上星期一是假日时则一切症状皆无。

(三) 孤独

孤独感是青春期一种常见的情绪感受，是自然正常的，它标志着中学生的独立意识、自我意志的发展。由于自我意识开始觉醒并逐渐建立，产生了解别人内心世界并被其他同龄人接受的需要。正因为这样，他们会将自己隐藏起来。一方面他们觉得自己心中有很多秘密，不愿告诉别人，产生一种封闭心理；另一方面他们又特别渴望别人能真正了解自己。当这种需要得不到满足时，便会陷入惆怅和苦恼，产生孤独感。一般而言，短暂的或偶然的孤独不会造成心理行为紊乱，但长期孤独会使多数人变得消沉、脆弱、萎靡不振、痛苦，进而影响身心健康，影响正常的学习、生活和人际关系。

(四) 愤怒

愤怒是由于主体愿望的实现受客观事物的阻碍而产生的激烈的情绪反应，

其程度可以从不满、生气、恼怒、愤怒到暴怒。中学生由于思维片面、偏激，控制冲动能力差，容易产生愤怒情绪。一般会有几种表现：一是把怒气压在心里，自己生闷气，表现出很强的克制能力；二是把怒气发在自己身上，比如自己骂自己，自己打自己耳光，甚至选择自残、自杀等过激方式来惩罚自己；三是把怒气用很激烈的方式发泄出来，表现出冲动行为和攻击行为，如大发脾气、大吵大闹、摔东西、打人等；四是通过倾诉、改变认知、转移注意力等方式来化解怒气，无疑这是比较理智的一种方法。学生的愤怒情绪与错误的认知、不良的家庭环境、个性修养方面的缺陷、先天的气质类型等因素都有关系。在这段时间里，学生需要老师和家长以很大的耐心和广阔的胸怀不断地引导和帮助。

上述四大情绪问题，对有些中学生来说极易出现。一旦出现，要及时地进行调控，避免身心受到不利的影响。

二、中学生的情绪特点

青春期是"疾风怒涛"时期，是人生的"第二次断乳期"。这时期的青少年情绪体验跌宕起伏、剧烈波动，情感活动广泛且丰富多彩，表现出很明显的心理年龄特征，具体表现为以下特点：

（一）爆发性和冲动性

青少年学生对各种事物比较敏感，自我意识迅速发展，心理行为自控能力较弱。一旦激起某种性质的情感，情绪就如火山般猛烈爆发出来，表现出强烈的激情特征，情绪情感冲破理智的意识控制，淋漓尽致地显露出他们对外界事物的爱、恨、不满或恐惧、绝望等情绪。

（二）不稳定性和两极性

青少年学生情绪不但强烈，而且波动剧烈，两极性明显，容易从一个极端剧烈地转向另一个极端，他们对事物看法比较片面，容易产生偏激反应。心理学家曾把处于这个时期青少年的情绪情感形象地比喻为"一个钟摆"，在寻求平衡点的过程中摇晃于两极之间，这主要与这个时期青少年学生的认知发展特点有关。

（三）外露性和内隐性

随着年龄的增长、认知范围的扩大、个人知识经验的积累、自我意识的逐渐成熟，青少年学生情绪情感的自我认识、自我观察体验、自我控制的能力逐渐增强，他们逐渐学会控制自己的情绪情感表现和行为反应。外露性是指他们表现出强烈的情绪情感反应，对外界事物的喜、怒、哀、乐喜形于色，淋漓尽致地抒发他们的内心感受。内隐性（掩饰性）表现为逐渐掩饰、压抑自己的情绪，这使情绪的表露有时往往带有很大的掩饰性，他们逐渐学会用理智控制自己的情绪反应。

（四）心境化和持久性

一方面，青少年会因为成功或收获而使快乐的情绪体验延长成为积极良好的心境；另一方面，挫折或失败会使不愉快的消极情绪延长为不良的心境。青少年的许多不良情绪（如焦虑、抑郁、自卑、烦躁、失望等）往往具有情绪心境化色彩。

三、中学生良好情绪的培养

中学生处于情绪变化最为丰富的时期，同时也是最容易受情绪困扰的时期。情绪广泛地渗透在中学生的一切活动中，不仅影响到他们的学习和生活，还影响到他们的身心健康。因此，中学生应该注意培养良好的情绪。

（一）中学生良好情绪的标准

良好情绪有如下几条标准：

1. 善于准确表达自己的感受

有良好情绪的学生能正确反映一定环境的影响，善于准确表达自己的感受。需要注意的是，教师不但应该鼓励学生表达积极的情绪，同时也应该允许学生表达消极的情绪，因为压抑消极情绪对身心健康是有害的。但在学生表达消极情绪后，教师应该正确引导他们予以克服。

2. 对刺激的反应适度

有良好情绪的学生能对引起情绪的刺激作出适当强度的反应。当教师发现学生对某些事情表现出过度强烈或过分抑制时，就应注意到这是不正常的。

3. 具备转移情绪反应的能力

有良好情绪的学生应该具备情绪反应的转移能力。如果引起积极情绪的刺激环境消失，学生还长时间地陶醉在愉快、兴奋的情绪中，这是不适当的。同样，陷入消极情绪而不能自拔，也会影响学习或活动效率。

4. 情绪表现与年龄相符

良好的情绪应符合学生的年龄特征。如果一个学生表现出来的情绪特点与他所处的年龄阶段应有的情绪特点不符合，则需引起教师的注意，并采取相应的教育措施。

（二）中学生良好情绪的培养方法

调节和控制情绪一般可以从以下方面进行：

1. 敏锐觉察情绪

敏锐地觉察情绪就是能够自我觉察、了解自己当时的主要情绪，并能予以命名，且大概知道各种感受的前因后果。只有觉察自己的情绪及产生的真正原因，才能适时地对自己的情绪作出适当的反应，进而给情绪一个转化的出口。一般通过以下方式了解自己的情绪：

（1）了解自己的个性特征。

（2）了解自身成长经历及早期经验。

（3）反思自己的情绪状态。

2. 平和地接纳情绪状态

生命中的一切情绪都有它该有的意义。以平和的心态接纳发生在生命中的一切。负性情绪也有它存在的价值，如恐惧提醒我们危险的存在。坦然接受自己的情绪，不苛求自己、不过于追求完美，以平常心来面对自己情绪上的波动。

3. 正确调整情绪

善于及时调整自己的不良心态。其中包括能够保持正确的理性的认知；善于采用多种方式及时宣泄自己的情绪；在生活中遇到挫折时能够积极地自我暗示，或使自己的情感升华。有效调节情绪的方法包括：

（1）宣泄。指采用一定的方法和方式，把人的情绪体验充分表现出来。当人受到不良刺激而产生消极情绪时，应让不良情绪充分宣泄，通过合理宣泄来减轻心理负担，恢复心理平静。宣泄可以采取适当方式，如放松训练、体育锻炼、户外活动、唱歌等，注意宣泄方式必须合理、适当，否则会导致消极后果。

（2）转移。指主观上努力把注意力从消极或不良情绪状态转移到其他事物上去的自我调节方法。当人受到不良刺激产生不良情绪时，应尽可能离开不良刺激的环境，把注意力转移到新环境和新事物上去，避免不良情绪的蔓延和加重。如在公交上与人冲突时应尽快下车换乘。

（3）调节认知功能。主要是运用艾利斯 ABC 合理情绪疗法合理改变认知。对自己习惯习性的思维方式进行重组，看到问题的不同角度，以更宽广的视角理解自己和他人。

（4）积极的自我暗示。指运用内部语言或书面语言，以隐含的方式来调节和控制情绪的方法。

4. 有效表达情绪

学会正确表达、合理宣泄情绪。在恰当的时候以适当的方式表达自己的情绪体验。不要把情绪隐藏在心里，情绪不会因为压抑而消失，累积的情绪越多，心里的压力就越大，很难说哪一天会突然爆发出来，导致灾难事件的发生。有效表达情绪包括：

（1）选择恰当的方式。

（2）进行完整客观的情绪表达。

5. 保持和创造快乐的情绪

我们可以通过陶冶性情的艺术类兴趣爱好、身体锻炼、创造愉快的生活环境等来保持和创造积极快乐的情绪。

四、压力与压力管理

随着社会的快速发展和竞争的日益加强，人们感受到的压力越来越大，不少人因为不堪重压而导致身心失调、情绪失控、行为失常。学会正确认识压力和有效地管理压力，对于保持积极的情绪和健康的心态具有重要意义。

（一）压力及压力源概述

你是否注意到人们越来越多地说"处于压力之中"。我们似乎被压力过剩的人所包围，而环顾四周，到处都是压力源。那么什么是压力？我们的压力源自哪里？如何及时觉察自己正在承受过大的压力？

1. 压力的概念

压力又称应激，是由紧张刺激引起的、伴有躯体机能以及心理活动改变的一种身心紧张状态。压力既包括"紧张"也包括"应激"。"紧张"侧重于压力的内部体验；"应激"侧重于压力的内部反应，往往具有一定的生理和生化基础，伴随一定的心理和行为的反应和变化。例如，在参加一个重要的考试时，个体会感到紧张、焦虑，处于一种不安的情绪状态；同时，他的机体内部也会有一种自然而然的变化和反应，如心跳加快、手心出汗、血压升高等，处于一种准备应付紧张情况的"应激"状态。

2. 压力源

压力源即心理压力产生的原因，指具有威胁性或伤害性并因此带来压力感受的事件或环境。压力的来源是多方面的，既有生理的，也有心理的；既有社会的，也有文化的；既有自身的，也有环境的。引起压力的事件既包括一些重大事件，如亲人去世或遇到地震，也包括生活中的小事件、小烦恼，如钥匙丢了、家里水管漏了等。小烦恼积累起来对人的心理危害也不小，正如谚语所说："最后一根稻草压断了骆驼的脊梁"。心理学家在研究中通过分析造成压力的各种生活事件，提出了四种类型的压力源：

（1）躯体性压力源。指通过对人的躯体直接产生刺激作用而造成身心紧张状态的刺激物，包括物理的、化学的、生物的刺激物，如过高或过低的温度、微生物、变质食物、酸碱刺激等。

（2）心理性压力源。指来自人们头脑中的紧张性信息，如心理冲突与挫折、不切实际的期望、不祥预感以及与工作责任有关的压力和紧张等。

（3）社会性压力源。指造成个人生活方式上的变化，并要求人们对其作出调整和适应的情境与事件。社会性压力源包括个人生活中的变化，也包括社会生活中的重要事件。

（4）文化性压力源。是最常见的文化性迁移，即从一种语言环境或文化背景进入另一种语言环境或文化背景中，使人面临全新的生活环境、陌生的风俗习惯和不同的生活方式，从而产生压力。

根据国内一些学者的调查研究，我国当代青少年面临的主要压力源可以归为六大类别：人际关系方面的压力、学习方面的压力、未来前途方面的压力、与父母交往方面的压力、经济方面的压力以及恋爱和性方面的压力。

3. 对压力的身心反应

当我们承受心理压力时，身心系统会随之发生一系列的变化。心理压力会影响认知、情绪、行为和生理过程，而认知、情绪、行为和生理过程也在影响或改变着心理压力，对心理压力有着"放大"或"缩小"的作用。一般来说，适度的压力能引起我们的积极反应，例如集中注意力、激发斗志、促进思考等；压力过度则可能引起我们生理、心理、行为上的消极反应，产生种种身心失调的现象，会带来焦虑、紧张、不安、沮丧、烦躁等消极的情绪体验，同时还会带来种种身体上的不适，如头疼、心悸、肠胃不好、肌肉酸痛、失眠等，甚至诱发高血压、胃溃疡、痤疮等心因性疾病，严重还会导致心脏病、癌症等疾病。这些身心失调反过来又"放大"了心理压力，造成恶性循环，最后可能导致心理危机，使人出现冲动杀人、抑郁自杀等严重问题。

例如，某个学生因考试不及格而感到心理压力很大。这种心理压力可能使他产生这样的认知"我能力不行，别的同学都比我强"。这种认知会让他产生自卑、不安、无助、抑郁等情绪，这些消极情绪又会影响生理，产生失眠、疲劳、食欲不振等种种不适。反映在行为上，他可能学习懒散、交往退缩、沉溺网络或试图逃避目前的环境。而所有这些，又会让他更加没有自我控制力，更加不能适应情境，从而"放大"了心理压力。久而久之，他的心理就有可能陷入危机状态。

（二）压力的调节方法

压力的调节方法是指人们为了防止压力对自己造成伤害而作出的努力。面临压力，不同的人会采取不同的方法。有的应对方式是健康、积极的；而有的是不恰当的，例如，面临考试失败，有的学生怨天尤人，有的痛苦沮丧，有的极度自卑，有的破罐子破摔，这都是对压力的不适当应对。如果能找到考试失败的原因，采取有效的措施，争取下次考好，则是一种更为积极的方式。

一般而言，应对压力的策略有两类：处理困扰与减轻不适感。处理困扰是指直接改变压力来源；减轻不适感是指不直接解决压力，而是调节自己，消解不良反应。具体来说，有如下几种方法：

（1）了解自己的能力，制定切实可行的目标。

（2）劳逸结合，适当休息，培养业余兴趣爱好。

（3）适度体育锻炼，生活有规律，睡眠有保障。

（4）建立和扩展良好的社会支持系统，拥有能帮助自己的朋友。

（5）积极面对人生，自信豁达，知足常乐，笑口常开。

（6）改变不合理观念，通过有意地改变自己的内部语言来改变不适应状况。

五、挫折及其调适

人们在日常生活和学习工作中，并非总是一帆风顺的，常常会碰到各种各样的困难和障碍，产生挫折的体验。挫折人人都会遇到，但反应方式却各不相同，有的人在挫折中奋起，而有的人在挫折中沉沦。能否对挫折进行积极调适，是衡量一个人意志是否坚强的重要标准。

（一）挫折的含义

挫折是个体的动机、愿望、需要和行为受到内部和外部因素阻碍的情境和相应的情感态度。

挫折具有挫折情境、挫折认知、挫折行为三方面的含义。挫折情境，即导致个体确定的目标不能实现的干扰事件或阻碍达到目的行动的条件以及情境等。人生不如意之事十有八九，每个人都会遭受许多挫折，如考试失败、比赛失利、被老师批评、与同学争吵、求职无门等，都是学生经常遇到的挫折情境。挫折认知，即对挫折情境的认识、态度、评价与解释状况，是产生挫折和如何应对挫折的关键。挫折行为（反应），即对挫折认知产生的情绪和行为反应。

心理学研究表明：人对挫折的承受力受生理条件、过去挫折的经验以及个人对挫折的主观认识的影响。身强力壮、神经系统坚强的人比体弱多病、神经系统脆弱的人更能承受挫折；在生活中历尽艰辛的人比一帆风顺的人更能承受挫折；善于从积极方面看待挫折的人比更多地从消极方面看待挫折的人有更强的承受力。

（二）适应挫折的方式

通过训练和有意识的辅导，帮助学生掌握积极适应挫折的方法和技术，使他们学会如何对挫折作出积极主动的适应是挫折教育不容忽视的内容。适应可以分为消极适应和积极适应两方面。常见的积极适应方式有：升华、补偿、幽默、合理的宣泄、认同、认知改变等。以下是一些常见的心理防御机制：

（1）升华。指心理欲望从社会不可接受的方向转向社会可接受的方向的过程。

（2）补偿。指个人所追求的目标、理想受到挫折，或由于本身的某种缺陷而达不到既定目标时，用另一个目标来代替或通过另一种活动来弥补，从而减轻心理上的不适感。

（3）幽默。指个体遇到挫折、处境困难或尴尬时，利用机智、双关、比喻、诙谐、自嘲等语言、动作的良性刺激方式来化解困难，以摆脱内心的失衡状态。

（4）合理的宣泄。指通过创设一种情境，使受挫者能自由抒发受压抑的情绪。遇到挫折、失败时，最好是一吐为快，想办法把内心的不满、不愉快的情感宣泄出来。

（5）认同。指一个人以各种各样的方式去建立与另一个人、另一个团体或另一个目标的同一性。就是把别人具有的使自己感到羡慕的品质加在自己身上，或是将自己与所崇拜的人视为一体，以提高自己的信心、声望、地位，从而减轻挫折感。

（6）认知改变。指对挫折情境的重新认识与评价。个体对挫折情境的认知评价如何，直接影响挫折感的产生。比如高考落榜是考生产生挫折的情境，如果改变对高考落榜严重性的认识，看到上大学并非唯一成长之路，这样就可以减轻挫折感。

《 本章小结 》

情绪情感是人对客观事物是否符合自身需要而产生的态度体验及相应的行为方式。依据情绪发生的强度、持续性和紧张度，可以把情绪状态分为心境、激情和应激；根据情感的社会性内容，可以把情感分为道德感、理智感和美感。情绪是主观体验、生理唤醒和外部表现相互作用的结果。对于这种相互作用，心理学家提出了不同的理论，如詹姆士—兰格理论、坎农—巴德学说、阿诺德的评定—兴奋说、沙赫特—辛格的情绪理论、拉扎勒斯的认知—评价理论和伊扎德的动机—分化理论。中学生常见的情绪问题有抑郁、恐惧、孤独和愤怒，其情绪具有爆发性和冲动性、不稳定性和两极性、外露性和内隐性、心境化和持久化等特点。中学生应采用有效的方法如合理宣泄、转移、调节认知功能、积极的自我暗示等调节情绪。当在生活和学习过程遇到压力和挫折时，可以采用积极的适应方式如升华、补偿、幽默、合理的宣泄、认同和认知改变等。

【思考与练习】

1. 简述阿诺德的评定—兴奋学说。
2. 简述中学生良好情绪的培养。
3. 简述压力产生的来源。
4. 简述中学生的情绪特点和中学生常见的情绪问题。

第八章　人格

【本章学习要点】

1. 了解人格的含义及其相关理论。
2. 了解如何塑造良好的人格。
3. 熟悉影响人格成长的因素主要有哪些。

【案例导入】

也许你有过这样的体验：你和老朋友分开多年之后，会有一种冲动想去看看他们。久别重逢，你起初会对他们的某些变化感到惊讶，但不久你就发现，这些人真是"万变不离其宗"，一个个还都是当初的样子。

我有一位老同学，名叫安妮。当初在班里，她是有名的"大嗓门儿"，也是个万事不愁的乐天派。但后来听说，她的生活很不顺利，先是与丈夫离婚，后又到一个富人家当佣人来维持生计。现在，她居然到了一个偏僻的林场去当伐木工人。我去看望她，在颠簸不平的乡间小路上，我一边开车，一边看着路边那些年久失修的房屋，心想：安妮将如何在这种地方熬过即将到来的严冬呢？

我按地址找到了安妮的住处，那是一所古老破旧的农舍。车还未停稳，安妮就大叫着从房子里冲出来。我一下子感到自己的担心是多余的，因为我看到的依旧是那个"大嗓门儿"，依旧是那个永远乐观的安妮！她曾是个无忧无虑的学生，我本以为艰难困苦的生活会使她发生某些变化，但安妮的本色没有改变，那是蹉跎岁月所未能使之改变的一些稳定的核心品质，心理学家称之为人格或个性。在心理学中，人格和个性是同一个概念。

毋庸置疑，人格问题与我们日常生活的很多方面息息相关。不管科学技术的发展达到多么先进的水平，在很多情况下，事情的成败终究是人的因素决定的。从航天飞机的数次灾难到每天可见的交通事故，究其原因，都是由于人的判断失误所致。我们在选择自己的生活伴侣、交友、与同事相处、投票选举一位总统时，都要考虑与人格有关的很多问题。

（资料来源：丹尼斯·库男. 心理学导论［M］. 郑钢，等译. 北京：中国轻工业出版社，2004：580.）

第一节　人格概述

心理学是关于人类自身的一门科学，人是地球上生命有机体发展的最高形式，在劳动基础上形成的社会化的高级动物。《说文》："天地之性最贵者也。"《尚书·泰誓》："惟人万物之灵。"这些都是对人在自然界地位的论述。而所谓"格"，《尚书·尧典》有言："光被四表，格于上下。""格，至也。"可见，人格之意，是指一个人所能通晓达到的境界。在心理学层面，人格是探讨一个完整的个体所区别于其他个体的领域。大多数心理学家认为，人格（personality）是一个人独特的、相对稳定的行为模式。人格是由每个人所具有的才智、态度、愿望、感情和习惯以独特的方式结合的产物①。

一、人格的含义

人格的定义有很多，但也许我们理解了最广义的人格的概念，对于什么是人格就会有一个较为清晰的认识。人格也称个性，这个概念源于希腊语 persona，原指演员在舞台上戴的面具，类似于中国京剧中的脸谱。后来心理学借用这个术语用以说明：在人生的大舞台上，人也会根据社会角色的不同来更换面具，这些面具就是人格的外在表现。面具后面还有一个实实在在的真我，即真实的自我，它可能和外在的面具截然不同。一般人所理解的人格一词是指品格而言，其所云人格之高尚或低下，是指品格之高尚或低下；在心理学上，人格指个人之特质，人格之研究在教育心理学与教育学上尤其重要。

二、人格的特征

人格是一个具有丰富内涵的概念，不同心理学家对人格的理解也是基于人格的几个基本特征。综合起来，人格的特征主要表现在独特性、稳定性、统合性、功能性四个方面。

---

① 丹尼斯·库男. 心理学导论［M］. 郑钢，等译. 北京：中国轻工业出版社，2004：581.

（一）人格的独特性

一个人的存在与发展是全然不同于另一个人的，这不仅仅体现在遗传要素上，其父母、家庭、成长环境、同伴影响、教育及个人品质等诸多方面，都使个体的存在全然不同于他人。正如同世界上不可能存在两片相同的树叶一样，也不可能存在两个完全相同的人。个体差异的体现，综合起来则完全是人格的差异。因此，独特性是人格的基本特质之一。

（二）人格的稳定性

一个人的遗传要素和成长背景会在其身上留下烙印，这种烙印伴随着他的生活环境并发挥着作用。在一定时间里，除却偶然的、突发的重大因素的影响，个体的人格具有一定的稳定性。但在行为中偶然发生的、一时性的心理特性，不能称为人格。例如，一位性格内向的大学生，在各种场合都会表现出沉默寡言的特点，这种特点从入学到毕业不会有很大的变化。这就是人格的稳定性。中国古代智者对此有比较深刻的认识，明·冯梦龙《醒世恒言》第三十五卷："看官有所不知。常言道得好，江山易改，禀性难移。"元·无名氏《谢金吾诈拆清风府》三折："可不的山河易改，本性难移。"这里的秉性（禀性）也就是我们所说的人格。但是，人格的稳定性特征也并不意味着它在人的一生中就是一成不变的。伴随着个人的成长和环境的变化，随着生理的成熟，环境的改变，人格也可能产生或多或少的变化。

（三）人格的统合性

人格是由多种成分构成的一个有机整体，具有内在的一致性，受自我意识的调控。人格的统合性是心理健康的重要指标。当一个人的人格结构各方面彼此和谐一致时，他的人格就是健康的。否则，会出现适应困难，甚至出现"分裂人格"。

（四）人格的功能性

人格在一定程度上会影响到一个人的生活方式，甚至会决定某些人的命运，因而是人生成败的根源之一。当面对挫折与失败时，坚强者能发奋拼搏，懦弱者则一蹶不振。这就是人格功能的表现。

三、人格的结构

人格是一个复杂的结构系统，它包括许多成分，如气质、性格、认知风格、自我调控等。

（一）气质与性格

1. 气质

气质（temperament）是表现在心理活动的强度、速度、灵活性和指向性等方面的一种稳定的心理特征。即我们平时所说的脾气、秉性。人的气质差异是先天形成的，受神经系统活动过程的特性所制约。人出生时，最先表现出来的差异就是气质差异，如有的孩子爱哭好动，有的孩子稳重安静。

气质是人的天性，无好坏之分。它只给人们的言行涂上某种色彩，但不能决定人的社会价值，也不直接具有社会道德评价含义。一个人的活泼与稳重不能决定他为人处世的方式，任何一种气质类型的人既可以成为品德高尚、有益于社会的人，也可以成为道德败坏、有害于社会的人。气质不能决定一个人的成就，任何气质的人只要经过自己的努力都有可能在不同实践领域中取得成就，也可能成为平庸无为的人。

2. 性格

性格（character）是一种与社会相关最密切的人格特征，在性格中包含有许多社会道德含义。性格表现了人们对现实和周围世界的态度，并表现在人的行为举止中。

性格主要体现在对自己、对别人、对事物的态度和所采取的言行上。所谓态度，是个体对社会、对自己和对他人的一种心理倾向，它包括对事物的评价、好恶和趋避等方面，并表现在人的行为方式中。例如，当国家和集体财产遭受损失时，有人不惜献出自己的生命奋起保卫，有人则退缩自保，有人甚至趁火打劫。这就是人们对同一事物的不同态度。这些不同的态度表现在人的不同行为方式中，它们构成了人的不同性格。

性格体现了一个人的品德，受人的价值观、人生观、世界观的影响，如有的人大公无私，有的人自私自利。这些具有道德评价含义的人格差异，我们称之为性格差异。性格是在后天社会环境中逐渐形成的，是人的最核心的人格差异。性格有好、坏之分，能最直接地反映出一个人的道德风貌。

（二）认知风格

认知风格是指个人所偏爱使用的信息加工方式，也叫认知方式。认知风格有场独立型和场依存型、冲动型和沉思型、同时型和继时型等。

1. 场独立型和场依存型

场独立型的人在信息加工中对内在参照有较大的依赖倾向，他们的心理分化水平较高，在加工信息时，主要依据内在标准或内在参照，与人交往时也很少能体察入微。而场依存型的人在加工信息时，对外在参照有较大的依赖倾向，他们的心理分化水平较低，处理问题时往往依赖于"场"，与别人交往时较能考虑对方的感受。

2. 冲动型和沉思型

在学习过程中，有的学生反应非常快，但往往不够准确，这种反应方式称为冲动型；而有的学生反应虽然很慢，却很仔细、准确，这种反应方式称为沉思型。冲动型学生反应虽快，但往往出现很多错误，这主要因为他们在解决问题中没有审查全部问题和可能的答案就匆匆解答。沉思型的学生则相反，他们喜欢深思熟虑，在学习过程中常表现出比冲动型学生更为成熟的学习策略，答案也相对准确。

针对认知风格在反应速度上的差异，冲动型的学生要提醒自己注意深思熟虑，先想后说，先思后行，克服信口开河、乱发议论的毛病，养成严谨、认真、一丝不苟的学习态度和学习习惯。沉思型的学生则应要求自己在提高学习速度和效率上下功夫，可进行一些必要的反应速度训练，来提高自己灵活快速解决问题的能力，做到又快又准。

3. 同时型和继时型

左脑优势的个体往往表现出继时型加工风格，而右脑优势的个体往往表现出同时型加工的风格。继时型认知风格的特点是，在解决问题时，能一步一步的分析问题，每一个步骤只考虑一种假设或一种属性，提出的假设在时间上有明显的前后顺序；同时型认知风格的特点是，在解决问题时，采取宽视野的方式，同时考虑多种假设，并兼顾到解决问题的各种可能。

（三）自我调控系统

自我调控系统是人各种的内控系统或自控系统，具有自我认知、自我体验、自我控制三个子系统，其作用是对人格的各种成分进行调控，保证人格的完整、统一与和谐。

1. 自我认知

自我认知（self-cognition）是对自己的洞察和理解，包括自我观察和自我评价。自我观察是指对自己的感知、思想和意向等方面的觉察；自我评价是指对自己的想法、期望、行为及人格特质的判断与评估，这是自我调节的重要条件。如果一个人不能正确地认知自我，只看到自己的不足，觉得处处不如别人，就会产生自卑，丧失信心，做事畏缩不前等现象。相反，如果一个人过高地估计自己，也会骄傲自大、盲目乐观，导致工作的失误。因此，恰当地认识自我，实事求是地评价自己，是自我调节和人格完善的重要前提。

2. 自我体验

自我体验（self-experience）是伴随自我认知而产生的内心体验，是自我意识在情感上的表现。当一个人对自己作出积极的评价时，就会产生自尊感；作出消极的评价时，就会产生自卑感。自我体验可以使自我认识转化为信念，进而指导一个人的言行；自我体验还能伴随自我评价，激励适当的行为。如一个人在认识到自己不适当的行为所产生的后果时，会产生内疚、羞愧的情绪，进而制止这种行为的再次发生。

3. 自我控制

自我控制（self-regulation）是自我意识在行为上的表现，是实现自我意识调节的最后环节。如一个学生意识到学习对自己发展的重要意义，会激发起努力学习的动机，在行为上表现出刻苦学习、不怕困难的精神。自我控制包括自我监控、自我激励、自我教育等成分。

第二节　人格理论

人格是研究个体心理差异的领域，有着异常复杂的心理结构。研究者是如何描述人格的结构呢？下面介绍一些人格理论，最有代表性的是人格特质理论、精神动力学理论、行为主义理论、人本主义理论、社会发展阶段理论。

一、人格特质理论

有多少个词可以用来描述人的个性特点呢？也许我们可以列出一串长长的词汇。在英语中，用于描述人的特点的单词超过 18 000 个。特质（trait）是指一个人在大多数情境中表现出的相对稳定和持久的品质。人格特质理论（Theory of Personality Trait）起源于 20 世纪 40 年代的美国，主要代表人物是美国心理学家奥尔波特（Gordon Allport）和卡特尔（R. B. Cattell）。人格特质理论的观点主要是，特质是决定个体行为的基本特性，是人格的有效组成元素，也是测评人格常用的基本单位。

心理学家奥尔波特提出，特质可分为若干类。其中一类是共同特质（common trait），即一种文化背景中的大多数人都有的特质。共同特质表现出一个特殊民族或文化中人的相似性，同时也反映了这种文化中所注重的某些特质。在美国群体文化中，"竞争"是一个典型的共同特质，但是在美国亚利桑那州背部的印第安人霍支族（Hopi）居住地区，"竞争"却不是一种当地文化所提倡的共同特质。

然而，共同特质并不能反映一个具体的人的人格。在美国文化中，尽管很多人极具竞争性，但在这个特质上，有人得高分，有人得低分。一个人独特的人格品质通常是由"个性特质"（individual trait）决定的。

为了更清楚地说明共同特质和个人特质之间的差别，让我们举一个例子：如果你要买一条宠物狗，首先你需要了解特定品种的狗的一般特性（即共同特质），之后，你要在这个品种的几条狗中进行选择，根据每条狗的"个性"（即个人特质）选中其中一条狗。

奥尔波特还对首要特质（cardinal trait）、次要特质（secondary trait）做了区分。首要特质是最基本的品质，决定人在一切活动中的本色。据说，德国著名传教士、医生史怀哲（Albert Schweitzer）的一切行为都体现着他人格中的一个首要特质，即"尊重每一个有生命的物体"；美国前总统林肯（Albraham Lincoln）的人格中占主要地位的首要特质是"诚实"。根据奥尔波特解释，像史怀哲和林肯那样具有明显的首要特质的人并不多。

首要特质指一个人人格的基本构成单位。奥尔波特提出，我们只需要发现几个首要特质即可揭示一个人的人格。例如，当研究者让大学生们描述一位他们最了解的人的个性特点时，他们说出的首要特质的平均数是7个。

相对而言，次要特质是指人的一些表面的特点和不一定很稳定的品质，如食物偏好、政治观点、态度和音乐品位等。因此，在描述一个人的时候，使用次要特质的数量可多可少。

综上所述，我们可以使用奥尔波特理论中的术语，通过以下表述对一个人进行人格描述。

姓名：简·多尔
年龄：22岁
首要特质：占有欲强，自主性强，爱好艺术，引人注目，自我中心，轻信。
次要特质：喜欢色彩鲜艳的衣服，喜欢独自工作，主张政治自由，上班爱迟到。

二、精神动力学理论

精神动力学观点认为，研究人格必须探索人格表面之下的东西，了解那些使人产生活力的东西，如内驱力、冲突和能量。精神动力学最著名的代表人物是维也纳医生弗洛伊德。弗洛伊德在他的临床工作中发现，许多病人的问题似乎不是由生理原因引起的，由此产生了研究人格的兴趣。从 1890 年开始，他在这一领域的研究工作一直持续到 1939 年去世为止。弗洛伊德提出的精神分析理论（Psychoanalytic Theory）深深地影响了现代的人格理论思想，但他的理论非常复杂，难以尽述。

弗洛伊德将人格视为一个动力系统，由本我、自我和超我三个心理结构组成。要了解弗洛伊德的理论，需要首先了解他使用的一些独特的术语及概念，如表 8－1 所示。弗洛伊德认为，人类的大多数行为中都包括本我、自我和超我的共同活动。

表 8－1　弗洛伊德精神分析理论中的主要概念

术语	概念
肛门期（anal stage）	心理—性欲发展阶段之一，在 1～3 岁。此阶段是父母训练幼儿自己大小便的时期
肛门期—排泄型人格（anal-expulsive personality）	具有破坏性的人格特质，人亦残忍、醒齪
肛门期—滞留型人格（anal-retentive personality）	具有固执而吝啬的人格特质，有强迫性行为倾向，遇事"拿得起，放不下"
良心（conscience）	"超我"的一部分，当人的行为不能达到特定标准时，将产生内疚感
意识（conscious）	人的精神世界的一部分，包括人所能够意识到的全部心理内容
自我（ego）	人格中的行为执行部分，决定着个体的理性行为
自我理想（ego ideal）	"超我"中代表理想行为的部分，当人的行为达到自我理想标准时，人便产生自豪感
恋父情结（Electra conflict）	尼勒克拉特冲突，女孩产生对父亲的性爱，并产生与自己母亲的对抗
快感区（erogenous zone）	身体上每一处能使人产生快感的区域
厄洛斯（Eros）	爱神之名，在弗洛伊德用语中为"性的本能"或"生的本能"
固执（fixation）	由挫折或过度放纵所致的某种持久心理冲突

术语	概念
生殖期（genital stage）	完成心理—性欲发展后所达到的阶段，标志为成熟，成人性欲的出现
本我（id）	本能冲动，人格中的原始部分，存在于"无意识"中，追求快感的满足，是心理动力的源泉
潜伏期（latency）	儿童期心理—性欲发展过程中出现的暂时停滞或受阻的时期
力比多（libido）	驱动人格的能量，主要为追求愉快的力量
道德性焦虑（moral anxiety）	当人的思想、冲动或行为与"超我"中的标准发生冲突时所产生的焦虑感
神经性焦虑（neurotic anxiety）	当"自我"难以控制"本我"的冲动时所产生的焦虑感
恋母情结（Oedipus conflict）	俄狄浦斯冲突，男孩产生对母亲的性爱，并产生与自己父亲的对抗
口唇期（oral stage）	在此阶段，婴儿通过口唇获得愉快和表达满足
口唇期—攻击型人格（oral-aggressive personality）	一种具有攻击他人倾向的人格，此类人总是以叫喊、咒骂或撕咬等方式表达对他人的敌意
口唇期—依赖型人格（oral-dependent personality）	一种具有被动倾向的人格，此类人习惯于被动地接受他人的注意、礼物、爱情
生殖器期人格（phallic personality）	以爱虚荣、好表现、敏感和自恋为特点的人格
快乐原则（pleasure principe）	一旦产生希望、愿望或需要，即要立刻得到满足的原则
前意识（preconscious）	当信息被传入"意识"之前，首先进入"前意识"区
精神（psyche）	思想、精神生活和人格的总和
心理—性欲发展阶段（psychosexual stages）	包括口唇期、肛门期、生殖器期和生殖期
现实原则（reality principle）	把愉快需要及行为延迟至情况相宜时
超我（superego）	人格中负责对思想和行为进行判断、审查的部分
萨那托斯（Thanatos）	死神之名，在弗洛伊德用语中为"死的本能"
无意识（unconscious）	精神世界中"意识"之外的部分，人意识不到的冲动和愿望都存在于"无意识"之中

（一）本我

根据弗洛伊德的理论，本我是由先天的生物本能和欲望组成的，以追求非理性的、冲动性的和无意识的自我满足为目标进行活动。本我遵循的是快乐原则，即要求自由表达寻求快乐的各种欲望。如果每个人的人格都只受本我控制，每个人都为所欲为，那么这个世界定会处于无法想象的混乱之中。

本我为人的整个精神和人格的活动提供能量，这种能量叫作力比多（libido），源于人的生存本能。根据弗洛伊德的理论，力比多决定了人的生存的愿望，即一种潜在的满足性欲的愿望，人追求快乐的一切形式都是这种愿望的表达方式。与生存本能同时存在的，还有破坏本能，这种本能表现为对他人的攻击行为和破坏的欲望。弗洛伊德列举了人类漫长历史中的种种暴力和战争，作为这种本能存在的佐证。在大多数情况下，个人会通过非破坏性的形式释放本我的能量，缓解由于性冲动或攻击冲动造成的内部压力。

（二）自我

本我产生能量，但如何使用能量则由自我控制。因此，有人把自我比喻为一个"执行官"。例如，本我就像一个双目失明的国王，虽然他拥有可怕的力量，但是其命令的实施必须依赖"执行官"。本我只能够决定一个期望行为的意象，而真正有权将本我的愿望落实为外部行为的系统是自我。

自我是思考、计划、问题解决和决策的系统，是在人格的意识控制之下发生作用的。本我按照快乐原则行事，而自我则按照现实原则行事。因此，在本我的要求不符合实际或不合时宜的情况下，自我会对这种冲动进行控制，将行动拖延，直到认为它适宜时再行动。

（三）超我

超我对于自我的思想和行动起着判断和监察的作用。超我的一部分成为良心，反映着一个人的道德标准。当人的行为有违这种标准的时候，良心就会受到内疚感的惩罚。超我的另一部分成为自我理想，反映着一个人在幼年时受到父母赞扬或奖赏的那些行为。自我理想是一个人目标和抱负的源泉，当达到这种标准时，人会感到自豪。

通过以上过程，超我以一种"内化的道德标准"的形式控制着人的行为。根据弗洛伊德的理论，一个缺乏控制力的超我可能使一个人成为不良少年、罪犯，或形成反社会人格，而一个过渡严格的超我则可能使人产生压抑感或难以承受的内疚感。

（四）本我、自我、超我的相互作用

在理论上，弗洛伊德把本我、自我和超我这三种力量描述为既相互独立又互相矛盾的心理过程，它们通过冲突达到一种微妙的平衡。例如，本我要求愉快的愿望立即得到满足，而这经常会与超我的道德标准发生冲突，本我的冲动会受到自我和超我的控制。让我们通过下面的比喻来说明这三个系统的相互作用：假设你被一位熟悉的异性朋友所吸引，此时你的本我叫喊道："我想马上得到她！"你的超我严厉地回答："不许有这种邪念！"而你的自我则说道："不能胡来，但我可以有一个追求计划。"

也许这是一个过于简单化的解释，却表现了弗洛伊德学说的核心思想。为了减轻内部冲动的压力，自我可以采取各种可行的途径达到目的，比如，与这位异性朋友建立友谊、谈恋爱或结婚。当然，如果本我的力量占绝对上风，本我也可能决定采用某种引诱或强迫的行为；如果超我占据上风，本我则可能不得不通过其他活动方式对性冲动进行掩饰或使其升华，如通过体育运动、演奏音乐、跳舞或洗冷水浴使那些被压抑的冲动得到释放。

根据弗洛伊德的理论，人格系统的主要功能就是接近这些内部的冲突，并为疏导另辟蹊径。

三、行为主义理论

根据一些批评家的说法，行为主义者似乎把人都视为受程序驱动的机器人。事实上并非如此。行为主义者的理论并不是如此简单和机械的，他们的学习理论有着非常完善的体系。行为主义者已经反复证明，儿童能够通过学习形成善良和慷慨的品质，同时也可以通过学习形成敌意或破坏的品质。例如，弗洛伊德认为，攻击性的驱力是"本能的"，相反，行为主义理论家认为攻击性行为是习得的，一切行为习惯都是习得的，人格也不例外。

行为主义理论认为，人格不外乎各种习得行为模式的集合。像其他习得行为一样，人格也是通过经典条件反射和操作性条件反射的过程形成的，包括对他人行为的观察、强化、消退、泛化和辨别等。例如，小女孩看到妈妈用搅拌机打苹果馅，于是在游戏时也把搅拌机搬来玩，用泥巴当"馅"来搅拌。妈妈教育女儿说："泥巴会把搅拌机弄坏的。你是一个懂事的大姑娘了，以后不再玩妈妈的搅拌机了，好吗？"女儿的人格就是在模仿目前的行为和接受母亲的教育中逐渐形成的。

（一）人格与行为的联系

行为主义观点认为，人格就是行为。这一观点可以用多拉德（John Dollard）和米勒（Neal Miller）早期提出的理论来解释。他们认为，组成人格的结构是习惯（habit）。习惯是指各种习得的行为模式，作为人格的动力，习惯受学习中的驱力（drive）、线索（cue）、反应（response）和奖赏（reward）四种成分控制。具体讲，驱力指能够促使一个人去行动、具有足够强度的刺激，如饥饿、疼痛、欲望、挫折或恐惧所产生的驱力；线索指来自环境的信号；反应指信号所引发的行动；奖赏指这些行动后所得到的正强化。

让我们通过一个例子解释上述观点：一个小女孩的哥哥把她的一件玩具拿走了，这个小女孩受到挫折，因此可能产生几种反应，如冲着她的哥哥发脾气，或者找妈妈告状等。她将选择哪一种反应取决于过去反应的效果以及当时的情境线索。如果她在过去曾经成功地通过告状的方式报复了哥哥，那么当母亲出现时，她会再次找母亲告状。如果当时妈妈不在家，或者哥哥的样子很可怕，这个女孩将酌情选择其他的反应方式。一位特质理论家会说：小女孩的行为反映了她的人格；而一位行为主义理论家则会说：这个小女孩的行动是基于"驱力—线索—反应—奖赏"的共同效果的一种直接反应。

学习理论家所提出的人格模型虽然简单明确，但是忽略了一个极为重要的因素。近年来，他们发现最初的学习理论中遗漏了对"思维"作用的考虑。因此，新一代行为主义心理学家提出了社会学习理论（Social Learning Theory），对人的知觉、思维、期望和其他心理过程的作用进行了更为系统的整合，在对人格的解释中，也更全面地涉及学习原则、榜样的作用、认知以及社会关系效应等理论问题。

（二）行为主义的人格发展观

多拉德和米勒同意弗洛伊德的一个观点，即人出生后的头六年是人格发展的关键期，但他们对人格发展的原因则有一套不同的解释。行为主义者不考虑诸如"心理—性欲冲动"或"固执"等含义复杂的术语，他们的问题直截了当：是什么因素使早期经验和学习效果得以保持的？他们的回答也很简明：儿童期是一个本能冲动急迫表现的时期，是一个奖励和惩罚发挥强大作用的时期，也是一些刻骨铭心的挫折感产生的时期。儿童的行为在他人的赞扬、注意或赞同中得到强化，这种社会性强化（social reinforcement）对人格发展起着非常重要的作用。人格的核心就是在上述因素和过程的综合作用下形成的。

什么是关键情景？

多拉德和米勒认为，儿童期有四个关键情景（critical situation）会对人格产生持续性的"印刻"效应。这四个情景包括：喂养方式，大小便训练，性别训练，愤怒及攻击的表达。

喂养方式（feeding）。如果婴儿一哭父母就马上喂奶，婴儿即会获得强化，并学会主动操纵他们的父母。如果父母由着婴儿哭，一直不给奶吃，婴儿即学会被动的等待。因此，喂养方式使一个婴儿形成了对外部时间的基本反应取向，一些婴儿较为主动，而另一些较为被动。早期的喂养方式也可能影响后来的社会关系，因此，在一些儿童的经验中，避免主动与人交往则可能免受挫折和痛苦。

大小便训练（toilet training）或保持清洁训练（cleanliness training）。对父母和孩子来说，大小便训练的方式对于情感联系的建立有着特别重要的意义。当父母第一次看到孩子满地乱拉大便时，都会禁不住大喊大叫，或对孩子进行某种惩罚。对于无知的孩子来说，他们对父母的反应迷惑不解，感到害怕。儿童对许多事情的态度倾向都是在此阶段形成的，其中不但包括对清洁和各种身体功能的态度，也包括对"顺从"的态度。研究表明，过于严厉和惩罚性的大小便训练可能对人格发展产生不良影响。因此，父母在对儿童进行大小便训练或保持清洁训练时，最好多一点耐心和幽默感。

性别训练（sex training）。性别训练不但对儿童学习成为男人或女人有着重要作用，也对基本人格的形成有着重要作用。从出生开始，父母就确定了孩子是男孩还是女孩，并鼓励孩子学习与其性别相适应的行为。根据社会学习理论，认同（identification）和模仿（imitation）对于整体人格的发展和特定性别训练具有很大的作用。认同指儿童对所喜欢的成年人的情绪依恋，对那些爱护并关心他们的人的依赖，这种认同会鼓励孩子去模仿他们所依恋或依赖的人，并希望自己的行为举止也像那些榜样一样。因此，人的很多性别化的行为特点都是在童年时期模仿同性别的父或母的行为过程中形成的，而这些模仿可能是有意识的，也可能是无意识的。

愤怒（anger）及攻击（aggression）的表达。儿童学会表达自己愤怒的情绪或了解攻击行为的时间、地点和方式对其人格发展是非常重要的。与对性别行为的学习一样，对愤怒和攻击行为的早期学习经验也会在人格中打下非常深刻的烙印。尤其值得提出的是，一个人成年后对权力的需求与其在儿童期形成的对自己攻击性行为和攻击性行为的"放任度"有着一定的联系。一种解释是，如果一个人放任自己的行为并固执地从中取得快乐，便更想得到能够实现个人意愿的权力。

四、人本主义理论

人本主义心理学主要研究人的主观经验、人的潜能、人生中的问题和人类的理想。人本主义者把积极的自我形象（self-image）视为一个核心因素，一个决定人的适应行为的因素。人本主义者认为，特质理论是静止的，学习理论是机械的，精神分析理论是悲观主义的。因此他们提出了一套自己的理论。

其中，最著名的是马斯洛（Abraham Maslow，1908—1970）的"自我实现"学说和罗杰斯（Carl Rogers，1902—1987）的"自我"理论。

（一）马斯洛的"自我实现"学说

在马斯洛的早期研究中，他对取得特殊成就者的生活经历具有浓厚的兴趣，他想知道这些人与普通人究竟有什么区别。为了找到答案，马斯洛开始研究一些名人，如伟大的科学家爱因斯坦、威廉·詹姆士和约翰·米尔，美国总统亚当斯、林肯和罗斯福，诗人惠特曼等。此后，他又研究了一批艺术家、作家和富有创造性的人。然而，就在马斯洛对那些名人、伟人的研究过程中，他的思想发生了彻底的变化。马斯洛发现，成功并不是名人的专利，不论你是木工、职员、学生或家庭妇女，都能够使自己的生活美满、充实并富有创造性。马斯洛把这种充分发挥个人潜能的过程称为"自我实现"（self-actualization）。

（二）罗杰斯的"自我"理论

罗杰斯在他的临床工作经验基础上提出了自己的理论，这一点与弗洛伊德是一样的。与弗洛伊德把正常的人格解释为"内部冲突"适应后的产物不同，罗杰斯认为正常人的人格是在较大程度上达到"内部和谐"而形成的。按照罗杰斯的观点，一个具有完善功能的人（fully functioning）能够与自己的内部情感和冲动保持和谐，根据自己的生活经验，这样的人形成了一种对外部的开放态度，并相信自己的内部感觉和直觉。罗杰斯相信，一个人从外部得到关爱和肯定的机会越多，形成这种积极的开放态度的可能性就越大。

在关于人格结构和动力的问题上，罗杰斯人格理论的核心概念是自我（self）。自我指人对"我是什么样的人"的知觉，这种知觉本身是不断变化的。自我是在对与"我"有关的认同经验中形成的，也是从"非我"经验中分离出来的。根据罗杰斯的理论，人类许多行为的目的都是为了保持一个人的自我形象与其行动之间的一致性。自我形象指一个人对本人体貌和人格的总体主观知觉。例如，如果你的自我形象是一个和蔼可亲的人，那么你在大多数场合都会表现得和蔼可亲。

（三）人本主义的人格发展观

我们知道，当人们从相片、录像或镜子中看到自己后，有时会感到欣喜，有时会感到恐惧，听到别人对自己的反映也往往会对自己的行为有同样的影响。这究竟是为什么？罗杰斯的解释是，自己的影像或他人的反映提供了一个关于一个人的"自我"的信息。一个人的自我形象的建立和发展，在很大程度上依赖于来自环境的信息。首先，我们根据这些信息来确定知觉和情感水平的自我形象，比如，我的身体、我的脚和我的鼻子是什么样子，我的愿望和喜好是什么等；之后，我们还要根据外部信息进行自我评价，问自己：我是不是一个好人？我刚才那样对不对？

自我的发展是如何影响人格发展的？

罗杰斯相信，儿童对自己行为的内部评价标准是在成人的肯定评价或否定评价基础上形成的，他把这种内部评价标准称为价值标准（condition of worth）。儿童逐渐知道，一些行为能够得到父母的赞同和关爱，而另一些行为则是父母所不赞同的。更为重要的是，儿童还从父母的评价中知道哪些表达情绪的方式是"对"的，哪些则是"不对"的。例如，虽然伤心和害怕是人的两种正常的情绪，但父母可能教导一个小男孩，当男子汉就不能流泪，而且要无所畏惧。再如，父母还会告诉他，虽然哥哥或姐姐欺负他是不对的，但他无论如何不可以恨哥哥或姐姐。

当儿童了解了哪些情绪体验或情感会被认为是"好"的，哪些会被认为是"坏"的之后，这些标准将影响到他们的"自尊"和"肯定自我评价"的形成。在罗杰斯的术语中，"肯定自我评价"被称为"积极自我肯定"（positive self-regard）。如果一个人认为自己是个善良、受人欢迎和有价值的人，那么就必须使自己的情感和行为体验与特定的价值标准相匹配。当一个人的许多真实情感和体验与价值标准不相符时，这就可能成为自我发展的不利条件。

五、社会性发展阶段理论

社会性发展阶段理论是由美国著名精神病医师、新精神分析派的代表人物爱利克·埃里克森（Erik H Erikson）提出的。埃里克森认为，人的发展是按阶段依次进行的，如果人的生命是一个周期，那么可划分为八个阶段①，就像我们的身体器官是按照一个预定的遗传时间表发展的一样，我们同样也遗传了一个心理时间表来发展我们的人格。在出生的时候，所有八个阶段都是未充分展

---

① 许燕. 人格心理学［M］. 北京：北京师范大学出版社，2009：219-237.

开的，之后每一个阶段呈现出一个新的整体，就像是从前一个阶段脱胎进化而来，这便是埃里克森的"胚胎渐次生成说"，他以此来类比人发展的原则。

1. 婴儿期（0～1.5岁）：基本信任和不信任的心理冲突

不要认为此时的婴儿是一个不懂事的小动物，只要吃饱不哭就行。此阶段是基本信任和不信任的心理冲突期，因为这期间婴儿开始识人，当婴儿哭或饿时，父母是否出现则是建立信任感的重要问题。信任在人格中形成了"希望"品质，它起着增强自我的力量。具有信任感的儿童敢于希望，富于理想，具有强烈的未来定向。反之则不敢希望，时时担忧自己的需要得不到满足。埃里克森把希望定义为：对自己愿望的可实现性的持久信念，反抗黑暗势力标志着生命诞生的怒吼。

2. 儿童期（1.5～3岁）：自主与害羞（或怀疑）的冲突

这一时期，儿童掌握了大量的技能，如爬、走、说话等。更重要的是他们学会了怎样坚持或放弃，也就是说儿童开始"有意志"地决定做什么或不做什么。这时候父母与子女的冲突很激烈，也就是第一个反抗期的出现，一方面父母必须承担起控制儿童行为使之符合社会规范的任务，即养成良好的习惯，如训练儿童大小便，使他们对肮脏的随地大小便行为感到羞耻，训练他们按时吃饭，节约粮食等；另一方面儿童开始产生自主感，他们坚持自己的进食、排泄方式，所以训练良好的习惯不是一件容易的事。这时儿童会反复应用"我""我们""不"来反抗外界控制，而父母决不能听之任之、放任自流，这将不利于儿童的社会化。反之，若过分严厉，又会伤害儿童自主感和自我控制能力。如果父母对儿童的保护或惩罚不当，儿童就会产生怀疑，并感到害羞。因此，把握住"度"的问题，才有利于在儿童人格内部形成意志品质。埃里克森把意志定义为：不顾不可避免的害羞和怀疑心理而坚定地自由选择或自我抑制的决心。

3. 学龄初期（3～6岁）：主动对内疚的冲突

在这一时期，如果幼儿表现出的主动探究行为受到鼓励，幼儿就会形成主动性，这为他将来成为一个有责任感、有创造力的人奠定了基础。如果成人讥笑幼儿的独创行为和想象力，那么幼儿就会逐渐失去自信心，这使他们更倾向于生活在别人为他们安排好的狭窄圈子里，缺乏自己开创幸福生活的主动性。

当幼儿的主动感超过内疚感时，他们就有了"目的"的品质。埃里克森把目的定义为：正视和追求有价值目标的勇气，这种勇气不为幼儿想象的失利、罪疚感和惩罚的恐惧所限制。

4. 学龄期（6～12岁）：勤奋对自卑的冲突

这一阶段的儿童都应在学校接受教育。学校是训练儿童适应社会、掌握今后生活所必需的知识和技能的地方。如果他们能顺利地完成学习课程，他们就会获得勤奋感，这使他们在今后的独立生活和承担工作任务中充满信心。反之，就会产生自卑。另外，如果儿童养成了过分看重自己工作的态度，而对其他方面木然处之，这种人的生活是可悲的。埃里克森说："如果他把工作当成他唯一的任务，把做什么工作看成是唯一的价值标准，那他就可能成为自己工作技能和老板们最驯服和最无思想的奴隶。"

当儿童的勤奋感大于自卑感时，他们就会获得有"能力"的品质。埃里克森说："能力是不受儿童自卑感削弱的，完成任务所需要的是自由操作的熟练技能和智慧。"

5. 青春期（12～18岁）：自我同一性和角色混乱的冲突

一方面，青少年本能冲动的高涨会带来问题，另一方面，更重要的是青少年面临新的社会要求和社会冲突而感到困扰和混乱。所以，青少年期的主要任务是建立一个新的同一感或自己在别人眼中的形象，以及他在社会集体中所占的情感位置。这一阶段的危机是角色混乱。

"这种统一性的感觉也是一种不断增强的自信心，一种在过去的经历中形成的内在持续性和同一感（一个人心理上的自我）。如果这种自我感觉与一个人在他人心目中的感觉相称，很明显这将为一个人的生涯增添绚丽的色彩。"（埃里克森，1963年）

埃里克森把同一性危机理论用于解释青少年对社会不满和犯罪等社会问题上，他说："如果一个儿童感到他所处的环境剥夺了他在未来发展中获得自我同一性的种种可能性，他将以令人吃惊的力量抵抗社会环境。在人类社会的丛林中，没有同一性的感觉，就没有自身的存在，所以，他宁做一个坏人，或干脆像死人般地活着，也不愿做不伦不类的人，他自由地选择这一切。"

随后，自我同一性形成了"忠诚"的品质。埃里克森把忠诚定义为：不顾价值系统的必然矛盾，而坚持自己确认的同一性的能力。

6. 成年早期（18～40岁）：亲密对孤独的冲突

只有具有牢固的自我同一性的青年人，才敢于承受与他人发生亲密关系的风险。因为与他人发生爱的关系，就是把自己的同一性与他人的同一性融合一体。这里有自我牺牲或损失，只有这样才能在恋爱中建立真正亲密无间的关系，从而获得亲密感，否则将产生孤独感。埃里克森把爱定义为：压制异性间遗传的对立性而永远相互奉献。

7. 成年期（40～65岁）：生育对自我专注的冲突

当一个人顺利地度过了自我同一性时期，在以后的岁月中将过上幸福充实的生活，他将生儿育女，关心后代的繁殖和养育。他认为，生育感有生和育两层含义，一个人即使没生孩子，只要能关心孩子、教育指导孩子也可以具有生育感。反之没有生育感的人，其人格贫乏和停滞，是一个自我关注的人，他们只考虑自己的需要和利益，不关心他人（包括儿童）的需要和利益。

在这一时期，人们不仅要生育孩子，同时要承担社会工作，这是一个人对下一代的关心和创造力最旺盛的时期，人们将获得关心和创造力的品质。

8. 成熟期（65 岁以上）：自我调整对绝望期的冲突

由于衰老过程，老人的体力、心力和健康每况愈下，对此他们必须作出相应的调整和适应，所以被称为自我调整对绝望感的心理冲突。

当老人们回顾过去时，可能怀着充实的感情与世告别，也可能怀着绝望走向死亡。自我调整是一种接受自我、承认现实的感受，一种超脱的智慧之感。如果一个人的自我调整大于绝望，他将获得智慧的品质，埃里克森把它定义为：以超然的态度对待生活和死亡。

老年人对死亡的态度直接影响下一代儿童时期信任感的形成。因此，第八阶段和第一阶段首尾相连，构成一个循环或生命的周期。

埃里克森认为，在每一个心理社会发展阶段中，解决了核心问题之后所产生的人格特质都包括了积极与消极两方面的品质，如果各个阶段都保持向积极品质发展，就算完成了这阶段的任务，逐渐形成了健全的人格，否则就会产生心理社会危机，出现情绪障碍，形成不健全的人格。

第三节　人格发展

人格是怎样形成的？这使我们想到一个古老而又争论不休的问题：先天遗传与后天环境的关系与作用。人格的形成仍离不开这一问题。心理学家会说，人格是在遗传与环境的交互作用下逐渐形成的。具体而言，影响人格形成与发展的因素有以下几个方面的内容。

一、人格的影响因素

（一）生物遗传因素

遗传因素在人格形成中产生重要的影响。英国心理学家艾森克（Hans J. Eysenck）认为人格的个体差异主要是遗传造成的，研究表明人格的内—外向、神经质和精神质三种基本特质在人的一生中保持相当的稳定性。大多数心理学家通过对双生子的研究来了解人格的遗传因素，提出了双生子的研究原则：同卵双生子具有相同的基因，他们之间的任何差异都可归结为环境因素的作用。异卵双生子的基因虽然不同，但在环境上有许多相似性，如出生次序、母亲年龄等，因此也提供了环境控制的可能性。

此外，高尔顿的《遗传天才》显示了家族遗传的作用，克瑞奇米尔的《体型与性格》和谢尔顿的体型与性格研究等均说明了遗传对人格的影响。

遗传对人格的作用有多大，是一个具有重要理论意义和实践意义的复杂问题，当前还难以定论。人作为生物个体，人格必然受遗传因素的影响；同时，人又是社会个体，人格也必然受后天环境因素的影响，例如家庭因素、社会文化因素等。

（二）早期童年经验

麦肯侬（Mackinnon，1950）认为：早期的亲子关系确定了行为模式，塑造了一切日后的行为。中国也有句俗话："三岁看大，七岁看老"。人生早期所发生的事情对人格的影响，历来为人格心理学家，尤其是弗洛伊德所重视。为什么人格心理学家会如此看重早期童年经验对人格的作用呢？

安斯沃斯通过陌生情境进行婴儿依恋的研究，将婴儿依恋模式分为安全依恋、回避依恋与矛盾依恋三类，并做了数十年的追踪研究，将婴儿时期的依恋对人格的发展进行了相关研究，结果表明：早期安全依恋的婴儿在长大后有更强的自信与自尊，确定的目标更高，表现出对目标更大的坚持性，更小的依赖性，并容易建立亲密的友谊。

早期童年经验的问题引发了许多争论，如早期经验对人格产生何种影响？这种影响是否为永久性的？我们认为，人格发展虽受早期童年经验的影响，但并非遭遇过不幸的孩子就一定会形成不良人格，溺爱也可使孩子形成不良人格。早期经验不能单独对人格起决定作用，它与其他因素共同决定人格。早期经验对后期人格影响也因人而异，对于正常人来说，随着年龄的增长、心理的成熟，童年的影响会逐渐缩小、减弱，其效果不会永久不衰。

（三）自然物理因素

生态环境、气候条件、空间拥挤程度等这些物理因素都会影响人格的形成与发展。一个著名的跨文化心理学巴里（Berry，1966）研究实例：关于阿拉斯加州因纽特人和非洲特姆尼人的比较研究，说明了生态环境对人格的影响作用。①

因纽特人以渔猎为生，夏天在船上捕鱼，冬天在冰上打猎，主食为肉，没有蔬菜，过着流浪生活。这个民族以家庭为单元，男女平等，社会结构比较松散，除了家庭约束外，很少有持久、集中的政治与宗教权威。在这种生存环境下，父母对孩子的教养原则是能够掌握成人的独立生存能力。男孩由父亲在外面教打猎，女孩由母亲在家里教家务。儿女教育比较宽松、自由，孩子不受打骂，父母鼓励孩子自立，使孩子逐渐形成了坚定、独立、冒险的人格特征。而特姆尼人生活在杂草灌木丛生地带，生产活动以农业为主，人们种田为生；居住环境固定，形成 300～500 人的村落；社会结构稳固，有比较分化的社会阶层，建立了比较完整的部落规则。在哺乳期时，父母对孩子很疼爱，孩子断奶后就要接受严格管教，这使孩子形成了依赖、服从、保守的人格特点。由此可见，不同的生存环境影响了人格的形成。

另外，气温也会导致人的某些人格特征的出现频率提高。如热天会使人烦躁不安，对他人采取负面反应，甚至进攻，发生反社会行为。世界上炎热的地方，也是攻击行为较多的地方。另一项有关的实验室研究也进一步证实了这一点。自然环境对人格形成不起决定性作用，更多地表现为一时性影响，而且多体现在行为层面。自然物理环境对特定行为具有一定的解释作用，在不同的物理环境中，人可以表现出不同的行为特点。

（四）社会文化因素

人一出生，便置身于社会文化之中并受社会文化的熏陶与影响，文化对人格的影响伴随着人的一生。社会文化塑造了社会成员的人格特征，使其成员的人格结构朝着相似的方向发展，而这种相似性又具有维系一个社会稳定的功能。社会文化对人格的影响力因文化而异，这要看社会对顺应的要求是否严格，要求越严格，其影响力就越大。影响力的强弱也视其行为的社会意义的大小而定，对于不太具有社会意义的行为，社会允许较大的变异；但对在社会功能上十分重要的行为，就不允许较大的变异，社会文化的制约作用就越大。

（五）家庭环境因素

T. 帕金斯说道："家庭是'人类性格的工厂'，它塑造了人们不同的人格特质。家庭虽然是一个微观的社会单元，但它对人格的培育起到了至关重要的作用。家庭是社会的细胞，不仅具有自然的遗传因素，也有着社会的'遗传'因素，这种社会遗传因素主要表现为家庭对子女的教育作用。"

---

① 彭聃龄. 普通心理学［M］. 北京：北京师范大学，2001：451.

麦肯侬（Mockinnon）认为：早期的亲子关系定出了行为模式，塑成日后一切行为。俗话说："有其父必有其子。"其中不无一定的道理，父母们按照自己的意愿和方式教育孩子，使他们逐渐形成了某些人格特征。

西蒙斯（P. Symonds）研究认为：儿童人格的发展和他（她）与父母之间的关系息息相关。这意味着当我们考虑亲子关系时，不仅要注意它们对造成心理情绪失调和心理病理状态的影响，也得留意它们与正常、领导力和天才发展的关系。

孩子的人格是在与父母持续相互作用中逐渐形成的，富于感情的父母将会示范并鼓励孩子采取更富情感性的反应，因此也加强了孩子的利他行为模式而不是攻击行为模式。孩子的人格就是在父母与他们的相互磨合中形成的。强调人格的家庭成因，重点在于探讨家庭间的差异对人格发展的影响，探讨不同的教养方式对人格差异所构成的影响。家庭教育方式一般可以分为三类：权威型教养方式、放纵型教养方式和民主型教养方式。

（六）学校教育因素

学校是一种有目的、有计划地向学生施加影响的教育场所。教师、班集体、同学与同伴等都是学校教育的元素。教师的公平、公正性对学生有着至关重要的影响。一项有关教师公正性对中学生学业与品德发展的研究结果表明，学生极为看重教师对他们是否公正、公平，教师的不公正表现会导致中学生的学业成绩和道德品质的降低。"皮格马利翁效应"说明了每个学生都需要教师的关爱，在教师的关注下，他们会朝着教师期望的方向发展。实验研究表明，如果教师把自己的热情与期望投放在学生身上，学生会体察出教师的希望，并努力奋斗。很多学生都有受教师鼓励并开始奋发图强，受教师批评而降低学习兴趣的人生体验。一位大学毕业生在谈到他的大学经历时有如下表述：大学一年级时英语不及格，正是英语老师的积极鼓励使他重新认识与定位大学生活，如果不是老师及时而积极的鼓励，也许他会放弃，正是老师的鼓励使他更加珍惜大学生活，并考取硕士研究生。

（七）自我调控系统

人格的自我调控系统是人格发展的内部因素，是以自我意识为核心的。自我意识（self-consciousness）是人对自身以及对自己与客观世界的关系的意识，具有自我认知、自我体验、自我控制三个子系统。自我调控系统的主要作用是对人格的各个成分进行调控，保证人格的完整、统一、和谐，它属于人格中的内控系统或自控系统。

自我认知（self-cognition）是对自己的洞察和理解，包括自我评价和自我观察，其中自我评价是自我调节的重要条件。自我观察是对自己的感知、期望、行为以及人格特征的评价和评估。当一个人不能正确地认识自我，只看到自己的不足，觉得处处不如人，就会自卑，丧失信心，做事畏缩不前，甚至失败；相反，过高地评价自己，盲目乐观，也会导致失误出现。因此准确地认识自我，实事求是地评价自我，是自我调节和人格完善的重要途径之一。

自我体验（self-experience）是自我意识在情感上的表现，是伴随自我认识而产生的内心体验。当一个人对自己作正向的评价时，就会产生自尊感；作负向评价时，便会产生自卑感。自我体验的调节作用体现在它可以使自我认识转化为信念，进而指导其言行；同时，自我体验还能够伴随自我评价激励积极向上的行为或抑制不当行为。在一个人认识到自己不当行为的后果时，会产生内疚、羞愧的情绪，从而收敛并制止自己再次发生不当行为。

自我控制（self-regulation）是自我意识在行为上的表现，是实现自我意识调节作用的最终环节。当个体认识到社会要求后，会力求使自己的行为符合社会准则，从而激发自我控制的动机，并付诸行动。当一个学生意识到学习对于自己的发展具有重要意义时，会激发他努力学习的动力，从而在行为上表现为刻苦学习、不怕困难、持之以恒、积极进取。自我控制包括自我监控、自我激励、自我教育等成分。

自我意识是通过自我认知、自我体验和自我控制三个方面来对个体进行调控的，使个体心理的各个方面和谐统一，使人格达到统合与完善。

综上所述，在人格的培育过程中，各种因素对人格的形成与发展起到了不同的作用。遗传决定了人格发展的可能性，环境决定了人格发展的现实性。

二、人格评估

人格评估是人格研究中最为重要的工作之一。通过简便易行的评估手段进行人格测量和测查，不仅是基础理论研究的需要，而且在工业管理、教育及心理治疗中都有着广泛的应用意义。

（一）访谈

在访谈过程中，咨询师通过提问题的方式获得来访者的个人信息，包括过去的经历、人格特质或当前的心理状态等。访谈法可用于对心理变态者的诊断，获取进行心理咨询和治疗所必需的信息。访谈法也被广泛用于雇员或考生的面试及特殊行业人员的选拔。

访谈可分为两种，一种是无结构性访谈（unstructured interview），一种是结构性访谈（structured interview）。在无结构性访谈中，谈话的主题可以是随意的；在结构性访谈中，咨询师必须按照事前设计好的问题提问，以获得相应信息。

在面对面的访谈中，咨询师可以观察到来访者的面部表情、手势、姿势和语调。例如，一个人嘴上说自己"非常镇静"，但咨询师却看到他在无法控制地颤抖。这些由身体语言所提供的线索能够更完整地表现出来访者所传递的信息，因此是非常重要的信息源。

访谈法的优点是可以快速了解一个人的人格，但这种方法本身也有一些局限性。首先，咨询师可能会受到"定式"的影响。例如，一旦咨询师把一位来访者标定为"家庭主妇""大学生""运动员""颓废派"或"流浪汉"，他就可能根据自己对该类人的"定式"而对来访者的反应作出错误判断。其次，咨询师本人的人格特点也可能会影响来访者的行为，并因此而改变来访者行为所反映的表面特质。再次，来访者有时会试图欺骗咨询师，例如，一个被控有罪的人可能为逃避惩罚而假装自己有精神问题。

还有一个问题，就是光环效应（halo effect），这对人的第一印象总是非常重要的。光环效应指我们会由于对一个人的总体印象好（或不好）而把这种印象泛化到与人格无关的方面。例如，如果一位应聘者长得招人喜欢或很有吸引力，那么，所得到的评价就可能比实际情况更好。在面试中，甚至应聘者服装的颜色都可能影响到给人的第一印象，因此，主考人员必须意识到这种光环效应。

访谈法在人格评估中有着重要的作用，往往作为进行人格测量、心理咨询或治疗的第一个步骤。

（二）人格问卷

人格问卷主要是客观化测验，即让被试自己提供关于个人人格特征的报告。具体来说就是对拟测验的人格特征编制许多测量题目，要求受测者作出符合自己情况的回答，从其答案来衡量这项特征。主要形式为自陈问卷法，这是一种纸笔测验方法。自陈量表通常也被称为人格量表。

1. 明尼苏达多相个性调查表

明尼苏达多相人格测验（Minnesota Multiphasic Personality Inventory，MMPI）是现今国外最流行的人格测验之一，由明尼苏达大学教授哈特卫（S. R. Hathaway）和麦金利（J. C. Mckinley）于1942年合作编制而成。该测验的问世是自陈法人格测验发展史上的一个重要里程碑，对人格测验的研究进程产生了巨大影响。到目前为止，它已被翻译成各种文字版本达100余种，广泛应用于人类学、心理学和医学领域，是世界上最常引证的人格自陈量表。1966年修订版（MMPI - R）确定为566题（其中有16题是重复的，用以检验被试反应的一致性，被试回答是否认真）。所有的题目按性质可以分为26类，内容包括：健康状态、情绪反应、社会态度、心身性症状、家庭婚姻问题、可鉴别强迫症、偏执狂、精神分裂症、抑郁性精神病等。该问卷有10个临床量表，可以得到10个分数，代表10种人格特质。该问卷有4个与效度有关的量表，去考察被试作答的态度。如果被试在4个量表中得分特别高，则表明被试没有诚实地、认真地作答。

所有题目采用是否来回答，题目举例如下：

1. 我相信有人反对我。	是 [ ]	不一定 [ ]	否 [ ]
2. 我相当缺乏自信。	是 [ ]	不一定 [ ]	否 [ ]
3. 每隔几夜我就会做噩梦。	是 [ ]	不一定 [ ]	否 [ ]

2. 艾森克人格问卷

艾森克人格问卷（Eysenck Personality Questionnaire，EPQ）由英国心理学家H. J. 艾森克编制的一种自陈量表，是在《艾森克人格调查表》（EH）基础上发展而成。20世纪40年代末开始制订，1952年首次发表，1975年正式命名。有成人问卷和儿童问卷两种格式。包括四个分量表：内外倾向量表（E）、情绪性量表（N）、心理变态量表（P，又称精神质）和效度量表（L）。有男女常模。P、E、N量表得分随年龄增加而下降，L则上升。精神病人的P、N分数都较高，L分数极高，有良好的信度和效度。EPQ所测得的结果可同时得到多种实验心理学研究的印证，因此它也是验证人格维度理论的根据之一。艾森克人格问卷是目前医学、司法、教育和心理咨询等领域应用最为广泛的问卷之一。

3. 爱德华个人偏好量表

爱德华个人偏好量表（Edwards Personal Perference Schedule，EPPS），是美国心理学家爱德华（A. L. Edwards）于1953年使用理论推演法编制的人格问卷，其依据是美国心理学家默里（H. A. Murray）于1938年提出的需要理论。由此构成了15个分量表：成就需要、顺从需要、秩序需要、表现需要、自主需要、亲和需要、自省需要、求助需要、支配需要、谦虚需要、助人需要、变通需要、坚毅需要、性爱需要、攻击需要。整个量表共有225个题目，每个题目通常包括两个以"我"为开头的陈述句，用"强迫选择法"，要求被试从两者中按照自己的喜好选出其中的一个。举例：

1. A. 我喜欢结交新朋友。
   B. 当我有难时，我希望朋友能帮助我。
2. A. 在长辈和上级面前，我会感到胆怯。

B. 我喜欢用别人不太懂其意义的字词。

（三）人格投射测验

投射测验是一种极为特殊的人格探查方法，其特点是以简洁的方法揭示人们无意识的或内隐的愿望、想法及需要。

我们中的许多人小时候可能都有过这样的经验：我们看着天上的云，试图从中找出人脸或其他什么东西，这就是投射测验的理论基础。在投射测验中，主试要求被试描述一个模糊的刺激，或根据一个模糊刺激编一个故事。显然，假如要求被试描述一个清晰的刺激，比如对一辆汽车的照片进行描述，便很难发现与他们的人格有关的东西。但是，如果要求被试对一个模糊的刺激或无结构情景进行描述，那么，他们就必须用经验中的事物来描述眼前所看到的事物。面对同一个投射刺激，不同人所看到的事物是不同的，而每个人所能知觉到的事物恰好可以反映其人格的内部情况。在生活中，不同的人对同一部电影或同一幅画的反应可能大不相同，这些反应也可以投射出人格特征。

投射测验的答案没有"对"和"错"之分，因此，被试不需要通过"伪装"来掩饰什么。此外，由于投射测验的答案不限于少数几个选择答案，因此，被试的报告可以提供非常丰富的信息。投射测验主要有罗夏墨迹测验和主题统觉测验。

罗夏墨迹测验（Rorschach Inkblot Test）也称为罗夏技术（Rorschach Technique）或墨迹测验，是历史最久和应用最广泛的一种投射测验，由瑞士心理学家罗夏（Hermann Rorschach）于 20 世纪 20 年代发明。整套测验由 10 幅标准的墨迹图组成，不同的图在颜色、阴影、形状及复杂程度等方面均有所不同。

如何进行墨迹测验？首先，主试向被试呈现每幅墨迹图，并要求他们描述从中看到了什么。然后，主试可能回到其中任何一幅图，请被试确切地辨别图中的一个特定部分，详细解释刚才的描述，或根据新的印象作出解释。不同的人对同一幅图片的回答可能有着明显的差别，例如，有些人从一幅图上看到的是"鲜血正从匕首上滴下来"，而有的人则认为这幅图是"原野上盛开的鲜花"。这些报告对于诊断人的心理冲突和幻觉有着重要意义。

实际上，被试从图中所看到的具体东西是什么不是最重要的。心理学家们认为，更为重要的线索是了解被试发生想象的内容在墨迹图中的位置，以及被试是如何组织自己的想象的，只有后面这些信息才能够反映被试的知觉方式和情绪障碍。罗夏墨迹测验对于鉴别精神错乱等严重精神病患者极为有效。

另一种被广泛使用的投射测验是主题统觉测验（Thematic Apperception Test，TAT），发明者是哈佛大学的心理学家、人格理论学家默里（Henry Murray，1893—1988）。

主题统觉测验由 20 幅素描画组成，每幅中都有一个不同的场景或生活情境。首先，主试向每一位被试逐一呈现每幅画，并要求被试根据这幅画编一个故事；稍后，主试再次呈现那些画，并要求被试详细解释他们刚才编的故事，或重新编一个故事。心理学家通过记分的方法来分析故事，如被试描述故事中主人公生气、被忽视、冷漠、嫉妒或恐惧的次数。重点分析的内容包括：被试讲述的故事中人物的感受，人物之间如何交往，事件的起因是什么，故事的结局如何等。

投射测验的准确性如何？尽管投射测验在临床中很流行，但也有明显的局限性。一般认为，投射测验比其他人格测验的效度低很多。不论是主题统觉测验还是罗夏墨迹测验，不同心理学家对测验结果进行记分时的客观性和可信度也非常低。这不奇怪，因为被试对一个模糊刺激作出的是一个模糊反应，而这种反应对于记分者来说仍是一个模糊刺激。从某种程度上来讲，一个心理学家在对一个投射测验的结果进行解释时，就像是自己在进行一次投射测验。

三、根据学生的个体差异塑造良好人格

1. 加强对学生的人生观、价值观基础上的理想教育

中学时期是一个人的人生观、价值观成型的重要阶段，社会、家庭、学校等方面不良因素的影响都会在他们的心灵产生不同程度的折射和反映。因此，作为教育工作者，我们要树立强烈的使命感和责任意识，有针对性地加强对青少年学生法制及思想品德方面的教育，引导他们树立正确的价值观和人生观。以理想信念为核心，深入开展树立正确的世界观、人生观、价值观教育是完善中学生人格的核心任务之一。中学阶段的学生有两个明显特点，一个是排斥心理较强，对正统的思想教育有逆反心态；另一个是主体意识较强，以我为中心，易产生自满情绪。

2. 不断提高教师的自身素质

作为人类文明的传承者——教师，更应该意识到终身学习的紧迫性和必要性。这是由"教师的职业是一种综合性很高，需要高度创造性的工作，教师的专业也是一种特殊的复合的专业"所决定的。教师要想胜任本职工作，绝不止于职前的专业教育和师范培训，还需要不断地进行学习和提高，树立终身学习的观念。终身学习的观念不仅是教师教学和自身发展的需要，更是时代的呼唤，教育发展的要求。

教师是教育过程的首要因素。学校教育对学生人格发展的影响首先表现为教师的影响。优秀教师的人格应该是道德品质、意志作风、智慧能力三者的统

一，教书育人，为人师表，教师应身体力行。心理学研究表明，教师的人格特征潜移默化地影响着学生人格的塑造。因此，教师本身就应具有乐观开朗、情绪稳定、谦虚正直、宽容理智、奋发向上等良好的人格特征。所以，教师应努力开拓自己的知识视野，提升涵养品性，砥砺意志，真正成为学生除污去垢、塑造理想人格的一面明镜。

3. 大力开展心理健康教育和咨询

中小学心理健康教育是根据中小学生生理、心理发展特点，运用有关心理教育方法和手段，培养学生良好的心理素质，促进学生身心全面和谐发展和素质全面提高的教育活动，是素质教育的重要组成部分，是落实跨世纪素质教育工程，培养跨世纪高质量人才的重要环节。心理健康教育在中小学以活动和体验为主，在做好心理品质教育的同时，要突出品格修养的教育，它可以通过开设心理健康选修课、活动课、专题讲座、个别咨询与辅导等方式，把心理健康教育贯穿在学校教育教学活动之中，并积极开通学校与家庭同步实施心理健康教育的渠道。自20世纪80年代以来，我国一些省、市便在中小学开展心理健康教育，教育部成立了全国中小学心理健康咨询委员会，把中小学心理健康教育作为推进素质教育的一项重要措施。2001年9月教育部颁布了相关文件，进一步指导学校心理健康教育工作的开展。

4. 优化育人环境

人在塑造环境，环境也在塑造人。现代教育的发展离不开现代育人环境的创设，不断优化育人环境是现代教育发展的新要求，宜人的环境氛围有利于中小学生的健康成长和全面发展。育人环境包括校园环境、家庭环境和社会环境，其中校园环境是育人的主阵地，家庭环境和社会环境也是必不可少的条件。学校除了要以知识育人、服务育人外，还要加强环境育人。

校风是学校的风貌，是全校师生员工精神状况的集中体现，对人格的发展也有较大的影响，良好的校风能随时为学生提供调节自己行为的信号。因此，学校应尽力创造和谐优美的成长环境，为塑造学生健康人格创造外部条件。这就要求学校的全体人员都要在自己的岗位职责内有明确的教育目标和要求，尤其要使健康人格的培养渗透到学校工作的各个方面，造就良好的教风、学风和校风。此外，更新教育、教学观念，采取灵活多样的方式，培养学生的自信心和创造力，如多组织各种竞赛、社团活动等集体性、竞争性、趣味性较强的活动，丰富校园生活，激发学生兴趣，发展学生特长，使学生从中受到鼓舞，获得自信，建立健康的人格框架结构，培养正确的价值取向。此外，要协调好家庭、学校、社会三方面的教育，造就人格健康教育的正合力。建立以学校教育为主体，家庭教育为基础，社会教育为延伸的健康人格教育体系，实现人格健康教育的整体化、系统化、一体化，使三方面的教育趋于协调，促进中小学生的人格健康发展。

5. 建立健全人格健康发展的激励与约束机制

中小学生的人格教育作为一种人类的社会活动，是一个多方面相互影响的过程，教育环境、教育者、受教育者、教育的内容和方法都在其中发挥各自的作用。要使各种要素有机地结合起来，形成一股合力，实现受教育者的人格健康发展，离不开科学完善的管理和评价机制，需要靠制度、法规来提供保障和导向。完善的激励和约束机制对组织教育过程不仅是必要的，而且对中小学生自身进行人格自建也是必不可少的。因为身心处于迅速发展时期的中小学生不可能不受社会规范和制度的制约，积极通过健全的规范和机制对中小学生的思想行为进行调控，是保证其思想品德沿着社会主义方向发展的必要措施。通过健全的激励和约束机制，鼓励和强化那些社会需要的思想行为，制约或惩罚那些超越社会规范的言行，让中小学生知道什么该做，什么不该做，什么是社会倡导的，什么是社会反对的，从而明确是非，掌握行为的准则和规范，逐步形成健康高尚的人格。

总之，具有健康人格的人有积极进取的人生观和世界观，对自己和社会有较为明确的了解，能客观地认识和评价自己，客观地分析、评价社会，正确处理与社会和他人的关系，平衡自身与环境的关系。因此健康人格的培养，会使学生拥有良好健康的性格，积极向上的价值观。

《 **本章小结** 》

人格是一个人区别于另一个人的总体体现，在心理学上，它综合了个体的一切生理基础，统合了感知觉、记忆思维、情绪情感与意志力。本章从人格的定义、人格的基本理论、人格的影响因素以及良好人格的塑造等方面进行了阐述。同时，阐述了青少年学生尤其是中学生塑造良好人格的有效方法，如从环境、教育、自身等方面进行良好人格的塑造。

【思考与练习】

1. 阐述埃里克森的人格发展阶段理论。
2. 中学生良好人格塑造的方法有哪些？
3. 简述人格的影响因素。

第九章　人际交往

【本章学习要点】

1. 了解人际关系概念、特点。

2. 了解人际沟通概念。

3. 了解人际吸引概念。

4. 了解青少年性心理特点及异性交往。

【案例导入】

林某，20岁，某本科院校二年级学生，性格十分内向、孤僻、不善言谈、不会处事，很少与人交往。入学一年多来，他和班上同学相处得很不融洽，与本宿舍同学发生过几次冲突，关系相当紧张。后来他擅自搬出宿舍，与外班的同学住在一起。从此，他基本上不和本班同学来往，集体活动也很少参加，与同学的感情淡漠、隔阂加深。

他认为自己没有一个能相互了解、相互信任、谈得来的知心朋友，常常感到特别孤独和自卑。他情绪烦躁、痛苦至极，长期的苦恼和焦虑，加之巨大的精神痛苦无处倾诉使他患上了神经衰弱症。经常性的失眠、头痛使他精神疲惫、体质下降，进而学习效率降低、成绩急剧下降，出现了考试不及格的情况。他深感自己已陷入病困交加的境地而无力自拔，逐渐失去了坚持学习的信心。他开始厌倦学习，厌恶同学和班级，一天也不愿再在学校待下去了。于是，他听不进老师的劝告，也不顾家长的劝阻，坚持要求休学。

（资料来源：http：//www.oh100.com/ahsrst/a/201707/306991.html）

【思考与讨论】

1. 人际关系是什么？其特点有哪些？本例中林某的人际关系出现了哪些问题？

2. 人际关系具有哪些重要作用？本例中不良的人际关系对林某的学习和生活产生了怎样的影响？

人际关系问题是学校生活中存在的最常见问题之一。由于社会影响、家庭教育及自身素质等原因，相当多的学生存在着不同程度的人际关系不良和心理障碍问题。这些问题是造成留级、休学、退学的主要原因，对学生的正常学习和生活造成很大影响，妨碍他们健康成长和顺利成才。

本章将首先探讨人际关系的概念、特点、类型、人际交往理论及青少年人际关系特点；然后分析人际交往过程中的沟通模式，青少年人际沟通能力的提高；最后介绍人际吸引的条件，青少年性心理发展及异性交往指导等。

第一节　人际关系概述

人际关系是建立在个人情感的基础上，在社会活动过程中形成的，是人与人之间相互作用的结果。人际关系的建立与维持满足了人类的生存需要，个人为了生存，与他人建立联系、交流信息，建立各种人际关系如亲子关系、师生关系、同伴关系、同事关系、上下级关系和买卖关系等，进而形成各种各样的群体。同时，人际关系的建立与维持满足了人类健康发展的心理需要，个人与他人沟通、交往形成友谊，以此满足自身归属与爱、被尊重、自我实现等心理需要。因此，人际关系的建立与维持对于个人的生存与发展非常重要。有研究表明，一个人在职业上的成就，只有15%归因于专门学识，而85%归因于他们的待人技巧、领导才能与品格。

一、人际关系的概念

人际关系（interpersonal relation）指在特定的社会文化环境中，人与人之间通过言行互动建立起来的心理关系。这种人与人之间通过直接交往而形成、发展起来的心理关系，"是较低层次的社会关系，但同时又渗透和影响着社会关系"[1]，受诸多因素影响。

人们在共同生活中，为满足各种需要而建立相互间的心理关系，主要表现为个体间心理距离、个体对他人的心理倾向及其相应行为等，带有浓厚的情感色彩。

人际关系在动态分析上表现为人际交往，人际交往的结果是形成具有一定稳定性的人际关系，而人际关系的形成又会影响和制约人际交往的内容和方式。

人际关系的形成需要的条件，即人际吸引和人际交流。人际吸引是指人与人之间彼此注意、欣赏、倾慕等心理上的好感，并进而接近彼此以建立感情关

---

[1]　辞海［M］. 上海：上海辞书出版社，2009：1881.

系的历程，是发展人际关系的前提。

二、人际关系的特点

相比社会关系，人际关系有其自身明显的特点：

（一）个人性

与社会关系不同，人际关系的本质表现在具体个人的互动过程中。在人际关系中，"教师"与"学生"、"上级"与"下级"等角色因素退居到了次要地位，而对方是否为个体所喜欢或愿意亲近的对象，成为主要的问题。

（二）社会性

社会性是人的本质属性，是人际关系的基本特点。随着社会生产力的发展和科学技术的进步，人们的活动范围不断扩大，活动频率逐步增加，活动内容日趋丰富，人际关系的社会属性也不断增强。

（三）复杂性

人际关系是多方面因素联系起来的，并且这些因素处于不断变化的过程中。人际关系具有高度个性化和以心理活动为基础的特点，在人际交往过程中，由于人们交往的准则和目的不同，交往可能出现心理距离或远或近、情绪状态或积极或消极、交往过程或冲突或和谐、评价态度或满意或不满意等复杂结果。

（四）情感性

情感性是人际关系的基础和主要特点。人际间的情感倾向可以归结为：联合的情感。即促使人们互相接近或吸引的情感。如果交往的对方是个体所希望的、满意的客体，那么个体有强烈的与其合作或结合的行为倾向。分离的情感，即促使人们互相排斥和反对的情感。如果交往对象是不能被接受的、难以容忍的、甚至是让个体感到厌恶的客体，那么个体有强烈的离开或逃避的行为倾向。

三、人际关系的类型

人际关系遍布于社会活动的一切领域。社会活动的复杂性及交往行为的多样性使人际关系呈现出多样化。心理学家雷维奇（P. Lewicki）利用"雷维奇人际关系测量游戏"方法，把人际关系归纳为如下八种类型：

（一）主从型

主从型的人际关系特点是，一方处于主导的支配地位，而另一方则处于被支配或服从的地位。主从型的人际关系是八种类型中最基本的一种，几乎在所有的人际关系中都有主从型的因素。同时，主从型的人际关系也是最牢固的一种关系。

（二）合作型

在合作型的人际关系中，两个人有共同的目标，为了达到既定目标，他们能默契配合，互相让步和忍耐。在双方发生分歧时，双方往往能够互相谦让。一般来说，人们都希望与他人结成这种类型的关系。

（三）竞争型

竞争型的人际关系是一种令人兴奋、又使人精疲力竭的不安宁的关系。竞争的双方为了达到各自的目标，常常会竭尽全力争取胜利。这种人际关系的主要优点是有生气、有活力，缺点是竞争时间过久，难免令人感到精疲力竭。

（四）主从—竞争型

这是一种难以相处的人际关系。双方在交往过程时，有时表现出主从型的人际关系，有时则表现出竞争型的人际关系，这种不断的变化使双方不得安宁。这种混合型的关系中，常常包含了主从型和竞争型中的缺点。

（五）主从—合作型

这是一种互补和对称的混合型人际关系。这种人际关系较为理想，在这种关系中双方能够和谐共处，即使有些摩擦也没有多大危害性。如果在这种关系中合作因素超过主从因素，那么双方会感到更加融洽。

（六）竞争—合作型

这是一种自相矛盾的人际关系类型。适合朋友之间，维持这种关系需要保持一定的距离以避免双方频繁互动。

（七）主从—合作—竞争型

这也是一种混合型的人际关系。属于这种关系的双方往往陷入困境，因为在他们的相互关系中，同时具有主从、合作、竞争三大类人际关系的特点，所以他们生活中的矛盾冲突比其他类型的关系要多。

（八）无规则型

这种无规则型的人际关系，在八种人际关系中所占的比例最小。这种人际关系类型的交往双方毫无组织能力，往往连他们自己也弄不清自己在干什么，他们的相互关系显得毫无规则。只要对他们施加一种外力，这种相互关系就会转变成其他类型的人际关系。

雷维奇的八种人际关系类型，尽管是来自对夫妇关系的测试，但对于大部分人际交往关系来说具有普遍意义。

四、人际交往理论

人际交往理论主要有人际需要三维理论、社会交换论、社会比较论、自我成长论、符号互动论等。

（一）人际需要三维理论

美国社会心理学家舒兹（W. Schutz，1958）从人际反应倾向的角度将人际关系的需要分为三类：

1. 包容需要

包容需要指个体想要与人接触、交往、隶属于某个群体，与他人建立并维持一种满意的相互关系的需要，由此产生的行为有沟通、融合、参与、随同等。与此动机相反，产生的人际反应特质有排斥、对立、疏远、退缩等。

2. 支配需要

支配需要指个体控制别人或被别人控制的需要，是个体在权力关系上与他人建立或维持满意人际关系的需要。个体以权力或权威建立与维持良好关系的愿望，其行为特征表现为使用权利、权威、威信去影响、支配、控制、领导他人等。与此动机相反，产生的人际反应特质有服从权威、追随他人、模仿他人、受人支配等。

3. 情感需要

情感需要指个体爱别人或被别人爱的需要，是个体在人际交往中建立并维持与他人亲密的情感联系的需要。个体在感情上愿意与他人建立及维持良好的关系，其行为特征有同情、热情、喜爱、亲密等。与此动机相反的人际反应特质有冷淡、疏远、厌恶、憎恨等。

舒茨认为，上述三种基本的人际需要都可以转化为行为动机，使个体产生行为倾向，而个体在表现三种基本人际需要时又分为主动的和被动的两种情况，于是个体的人际关系的行为倾向就可以被划分为六种，如表9-1所示。

表9-1　人际关系的行为倾向

需要行为倾向	主动性	被动性
包容需要	主动与他人交往	期待与他人交往
支配需要	支配他人	期待他人支配
情感需要	主动表示友好	期待他人的情感表达

（二）社会交换论

社会学家霍曼斯（G. C. Homans，1958）采用经济学的概念来解释人的社会行为，提出了社会交换论。他认为人和动物都有寻求奖赏、快乐并尽少付出代价的倾向，在社会互动过程中，人的社会行为实际上就是一种商品交换。人们所付出的行为肯定是为了获得某种收获，或者逃避某种惩罚，希望能够以最小的代价来获得最大的收益。人的行为服从社会交换规律，如果某一特定行为获得的奖赏越多的话，个体就越会表现这种行为；而某一行为付出的代价很大，获得的收益又不大的话，个体就不会继续从事这种行为。

霍曼斯指出，社会交换不仅是物质的交换，而且还包括了赞许、荣誉、地位、声望等非物质的交换，以及心理财富的交换。个体在进行社会交换时，付出的是代价，得到的是报偿，利润就是报偿与代价的差值。个体在社会交往中，如果给予别人的多，他就会试图从双方的交往中多得到回报，以达到平衡。如果他付出了很多，但得到的却很少，就会产生不公平感，从而终止这种社会交往。相反，如果一个人在社会交往中总是付出的少，得到的多，他就会希望这种社会交往继续保持，但同时也会产生内疚感。只有当个体感到自己的付出与收益达到平衡时，或者自己在与他人进行社会交往时，自己的报偿与代价之比相对于对方的报偿与代价之比是同等的时候，个体才会产生满意感，并希望双方的社会交往继续保持下去。

当然，个体在进行社会交往时，还存在心理效价的问题，他们对报偿和代价的认识并不是固定不变的，也不一定是根据物质的绝对价值来估计的。当个体对自己的报偿与代价之比的认识大于他人的报偿与代价之比时，可能会被别人所不理解或不认可。例如，在社会交往过程中，有时会出现在有些人看来根本不值得做的事情，却被当事人做得很有趣；而有些时候在别人看来是值得做的事情，却被另一些人所不齿。

持相似观点的理论还有公平论（Equity Theory），认为判断个体之间的友谊能否保持的依据在于对彼此有无益处；得失论（Gain-Loss Theory）认为个体对于提高其自尊心的人产生较多的好感，而越来越不喜欢常与其闹意见和争辩的人。

（三）社会比较论

美国社会心理学家利昂·费斯廷格（Leon Festinger，1954）提出社会比较论。他认为个体利用他人作为比较的尺度来进行自我评价，并且个体为了获得回馈而交朋友，以此降低不知所措的不确定感。例如，面对生活中不确定的事情，人们经由询问并寻求他人的忠告，获得社会真相，以便决什么是合适的行动。在情况混沌未明时，人们似乎更希望与他人一起，以确定自己的感受。

（四）自我成长论

人本心理学家罗杰斯（C. Rogers）提出自我成长论。主要观点即友谊能促进个体的成长，协助个体完成自我实现的需求。健全友谊关系的途径包括：

（1）真诚。忠于自己的感觉，不隐藏。

（2）温暖。接纳对方而不附加条件。

（3）同理心。细心倾听对方说些什么与感受到什么，关心对方。

（4）自我揭露。坦诚的人可能更容易结交朋友，但初次揭露可能冒风险，也可能遭受讥讽或贬损。

（五）符号互动论

符号互动论由美国社会学家米德（G. H. Mead）创立，其学生布鲁默于1937年正式提出，这一理论又译作"象征互动论"。该理论的基本观点为：事物本身不存在客观的意义，是人在社会互动过程中赋予它意义的；人在社会互动过程中，根据自身对事物意义的理解来应对事物；人对事物意义的理解可以随着社会互动的过程而发生改变，不是绝对不变的。

符号互动理论主张从人们互动的个体的日常自然环境去研究人类群体生活，"符号"指在一定程度上具有象征意义的事物。事物对个体社会行为的影响，往往不在于事物本身所包含的世俗化的内容与功用，而在于事物本身相对于个体的象征意义。事物的象征意义源于个体与他人的互动（包括言语、文化、制度等），在个体应付所遇到的事物时，总是会通过自己的解释修改事物意义。

五、学校中基本的人际关系

学校中基本的人际关系是师生关系和学生关系。

（一）师生关系

师生关系是教育活动中最基本的人际关系，师生关系的情感特征决定了其本质是教师和学生间的心理关系。

1. 师生关系的特点

教师要善于发挥师生关系中的人际情感因素在促进学生发展中的作用。教师和学生间的心理位差有助于教师更好地发挥主导作用，但也为师生间的情感交流设置了障碍。师生关系是教师和学生在教育活动中心理互动的结果，师生间的心理互动是一个综合网络系统，其教育影响作用能够促使教学相长。

教师对学生的教育应以良好的师生关系为基础，教师与学生交往应遵循尊重、理解、平等的原则。尊重是一种爱，只有教师对学生付出真挚的、深沉的爱，才能得到同样的回报，完成教育的任务，达到育人的目的；教师与学生在观念、信息、思维方式、情感体验、价值取向等方面存在差异，师生交往应以理解为前提，教师要深入了解学生的内心世界；平等是现代师生关系的基本标尺，尽管教师与学生在角色上处于不平等的位置，但是在人格上是平等的，这是师生有效沟通的前提。

2. 影响师生关系的因素

（1）师生关系受师生认知的影响。

师生关系以相互的认知为起点。在师生交往初期，教师通过间接方式获得学生信息而形成认知，如根据学籍材料、性别特征、家庭背景、民族等形成对学生个体或群体的认知，而学生则常常借助高年级学生的传闻、家长和社会成员对教师的评说等获得信息，形成对教师的认知。

此外，师生通过直接接触而获得对方的一些言行信息所形成的认知，这一认知可以验证和修正之前的主观认知，也可以给师生新的认知体验。具体而言，学生以教师的衣着、表情、体态、气质、言谈、态度、外显行为等认识和评价教师，形成对教师的认知。这一认知易成为心理定式，影响学生对教师以后行为的解释和判断，同时也影响后续的交往关系。也就是说，如果学生对教师的认知印象良好，学生会喜爱教师，同时对教师其他方面的特征给予积极的肯定，与教师交往的频率会有所增加；反之，学生将不良的认知印象与已有的关于教师一般化、概括化的角色形象进行比较，从而在心理上不自觉地进一步削弱具体化的教师形象，对教师其他方面的特征作消极评价。

（2）师生关系受师生人格特征的影响。

良好的师生关系是一种民主、平等、友好、和谐的关系，教师在达到必要的智力、知识水平和教育能力之后，其自身人格极大地影响师生关系的建立和发展，同时也影响着学生的学习和成长。正如我国教育家徐特立所说，师生的相互关系，首先要谈的是人格问题。教师的人格，是一种巨大的教育力量。好教师的人格特征有：能设身处地地考虑学生的情感，积极主动地调整与学生的人际关系；能真诚、友好、平等地对待学生，对学生的错误采取宽容的态度；能正确地评价自己，有正确的自我意识等。

（3）师生关系受师生角色特征的影响。

在学校教育过程中，教师和学生处于不同的角色地位，具有不同的角色职能和特征。具体来讲，教师接受社会的正式委托，以对学生身心施加特定影响为其职责，担当教育者、组织者和领导者的角色，而学生以学习为主要任务，处于接受教育的地位。师生在教育中的角色差异，要求双方必须以共同的活动目标为依据，合理地履行各自的角色职能，真正作到协调一致。

（二）学生关系

心理学家班杜拉（Bandura，1977）认为，儿童、青少年的社会行为是直接学习、模仿和强化的结果，儿童、青少年在同伴交往中观察同伴的活动，观察的结果在头脑中形成一种意向，指导儿童、青少年在处于与榜样相似的情境时，作出与之相似的行为。哈图普（Hartup，1977）也指出，没有同伴平等交往的机会，儿童、青少年将不能学习有效的交往技能，不能获得控制攻击行为所需要的能力，也不利于性别社会化和道德价值的形成。可见，儿童、青少年的人际关系是其社会性发展的表现之一。

1. 青少年人际关系的特点

（1）非正式群体特征。

青少年常因兴趣、爱好和性格特征，在校内外自发结成以心理、动机、倾向一致等为基础的非正式群体。这一非正式群体形式松散而成员行动协调一致，多数能在学习和活动中起到正式组织无法替代的作用。

（2）以友谊为基础。

青少年往往喜欢选择兴趣、爱好、性格相同的同学做朋友，大多数学生愿意和有一定威信的同学、教师交往。

（3）社会化趋势。

人际关系的社会化倾向日益明显。青少年已不满足于课堂上所获得的知识，好奇心和求知欲促使他们通过各种渠道，利用各种机会扩大交往范围，获得更多的社会信息。例如，青少年自发成立各种学生社团，举办各种兴趣沙龙，进行各类体育比赛和文娱活动，进行跨班级、年级或者学校的交往。青少年好交往、重友情，将友谊视为人生中最宝贵的事物，这使青少年的交往变得非常单纯，感情也非常真挚。

（4）性别间存在差异性。

性别间存在差异性表现为女生比男生人际关系更好，交往能力更强。异性关系比同性关系更加和谐。

（5）同伴关系优于师生关系和亲子关系。

青少年的人际关系主要包括同伴关系、师生关系、亲子关系。比较而言，青少年与教师的交往多集中在学习方面，较少交流生活中的问题。同时，在此阶段与父母交往容易产生矛盾，亲子关系弱化，青少年更重视同伴关系。

有研究者对"心中有烦闷和苦恼，你最想和谁谈"这个问题的调查结果表明[①]，青少年选择同伴的占首位，其次是选择自我倾诉。关于青少年求助对象选择的调查结果显示，学习上的困难以靠自己为选择首位，其次是同伴；生活上的困难仍以选择靠自己为首位，其次是母亲、父亲，再次是同伴和教师。青少年总体上倾向于将同伴作为课余时间娱乐、倾诉和乐趣分享的首选对象。

2. 青少年人际关系中的问题

（1）自我中心型。

突出特点为交往以自我为中心。具体表现为：青少年对于集体生活没有充分的思想准备，觉得周围的人都应该让着自己，不考虑他人需要，或者自认为学习优秀，看不起其他同学，不愿与他们共同探讨学习问题、互相帮助、共同进步，或者自认为是团体中的核心人物，不愿听取他人想法和建议等。

（2）自我封闭型。

自我封闭型的交往方式主要有几种情况：自身性格导致不愿与他人交往或不了解如何与他人相处；独立意识过强，认为他人友谊和援助都是多余的；过于看重个性，认为如果为了彼此关系融洽而努力适应对方，会泯灭自己的个性；否定友谊，对真正的友情持怀疑甚至否定态度。

（3）亦步亦趋型。

持这一态度的人往往人云亦云，本质是无交友原则。这一交往方式容易助长坏风气，既不能获得真正的友情，又不利于集体优良风气形成。

（4）社会功利型。

青少年的社会功利型交往方式是社会不良风气的折射，持这一交往方式的

① 陈义明. 初中生人际交往研究——以常州市武进区两所学校为个案 [D]. 上海：华东师范大学，2007.

人往往把友情看作交易，认为友谊是无所谓真情实意的情感交流，只是人与人之间彼此利用的代名词。

青少年人际交往问题产生的原因是多种多样的。家庭因素，如父母对孩子的态度、父母面对青少年日益增强的自我意识缺乏心理准备等；学校因素，如教师言行、学校教育中的道德行为与价值观的引导等；社会环境因素，当代社会中的诚信危机、功利性价值观盛行、网络依赖等对青少年影响很大；个人因素，模仿心理、无法正确认识性心理发展、恐惧、嫉妒、自卑、自傲、孤僻等负面情绪造成交往障碍等。其中，社会环境因素是外因，个人因素是内因，对此应从中分析原因，正确解决，让家庭、学校、社会还有青少年自身共同努力，发现并解决问题，使青少年形成正确的人际交往观念。

第二节　人际沟通

人是社会性的动物，离不开个体之间的相互作用与信息交流。人与人之间的信息交流过程就是沟通过程。研究发现，沟通在人的社会生活中占有重要地位，人在醒着的时候大约有70%的时间都在进行着各种各样的沟通。人们通过沟通和信息交流可以建立各种各样的人际关系，在广泛的交往过程中，彼此还可能产生情感、相互吸引，形成亲密的关系。

一、人际沟通概述

沟通分为广义和狭义两种。广义的沟通指的是人与信息的相互作用，人与机器之间的信息交流，人与自然界的信息交流；狭义的沟通主要指在社会生活中的人际沟通，是信息的发送者与接收者之间的信息相互作用过程，在此过程中，沟通的双方彼此交流思想、情感、观念、态度和意见，从而建立一定的人际关系。本节主要对狭义的沟通进行讨论。

（一）人际沟通的概念

在社会生活中，人际沟通（interpersonal communication）即社会中人与人之间的联系过程，是人与人之间传递信息、沟通思想和交流情感的过程。

人际沟通可以发生在个人与个人之间，也可以发生在个人与群体或群体与群体之间，还可以发生在大众传播过程中。不管发生在什么情况下，人际沟通总是沟通者为了达到某种目的、满足某种需要而展开的。人们在沟通时，会根据双方的特点选择沟通的内容、通道及策略，以达到影响对方的目的。

（二）人际沟通的功能

综合研究者的论述，人际沟通的功能可以归纳为以下三方面：

1. 协调功能

促进人们之间相互了解，协调人们的社会生活，使人们能够更好地适应社会环境，进而使社会生活维持动态的平衡，这是人际沟通最基本的功能。人际沟通有利于提供信息、增进了解，起到提高情绪、增强团结、调整行为的作用，即协调作用。例如，人们通过沟通，对外界信息作出适当的反应，维持个体正常的生命活动。

2. 保健功能

个人通过表达自己的身心状态，建立与他人的联系，明确人际关系的行动方向，从而使自我价值得以实现。研究结果显示，个体如果缺乏信息交流，其语言能力及其他认知能力都将受到严重伤害，如在印度发现的狼孩和在我国发现的猪孩。对老年人和新生儿研究也发现，多给他们提供刺激，特别是社会性刺激，能够减缓老年人的衰老速度，促进儿童心理发展，有利于心理健康。对于个人来说，如果人际沟通需求得不到满足，就会影响身心健康。

3. 发展社会心理的功能

个体在与他人进行人际沟通的过程中，逐渐形成和发展社会心理。社会心理现象主要包括个体在社会、群体和他人的影响下心理发展变化的规律，个人对群体、群体对个人的相互影响和心理效应，以及群体间的相互影响和作用，这些心理现象和规律都与交流信息密不可分。没有人际的信息交流，就没有社会心理的产生。

（三）影响人际沟通的因素

人际沟通是人与人之间信息的传递、思想的沟通、情感的交流。思想、情感可以看作信息的一种类型，所以人际沟通可以归结为信息的交流，遵循一般的信息沟通规律。实现人际沟通的必要条件包括：信息源（information source），即发出信息者；信息，即沟通的内容；信息渠道（information channel），即信息的载体，如对话、动作、表情、广播、电视、电影、报刊、电话、电报、信件等；接收者，即接收信息，是沟通的根本目的；反馈，即信息发出者和接收者相互间的反应；障碍，即沟通中止理解和准确解释信息的因素等。

影响人际沟通的因素主要有以下几个方面：

1. 影响信息来源的因素

（1）信息源所使用的传播技术。包括信息源的语言文字表达能力、思考能力以及手势、表情等。

（2）信息源的态度。包括自信、尊重对方、竭力使对方对沟通内容感兴趣等。

（3）信息源的知识程度。包括丰富的知识、社会经验、人情世故等。

（4）信息源的社会地位。人们获得信息的来源之一就是权威，当信息源处于较高社会地位时，我们倾向于更加相信对方的话。

2. 影响信息的因素

（1）语言和其他符号的排列与组合次序。信息传递时的首因效应和近因效应，即先呈现的信息和最近呈现的信息容易被记住。

（2）信息的内容。直接影响沟通双方，信息传递者力图通过信息的内容传达自己的信念、态度和知识，从而试图影响或改变对方。

（3）信息的处理情况。选择合适的语言和非言语行为表达信息非常重要，同一个信息用不同的词语和语气来表达会有不同的效果。

3. 影响信息渠道的因素

同一信息经过不同的信息渠道传递，其效果大不相同。因此，要注意选择适当的信息渠道，使之与传播的信息相配合，并符合接收者的需要。如教儿童数数时，借用实物可以让孩子理解得更容易，演讲时使用投影仪或电脑展现的图表、图画等信息令孩子印象深刻。

我们的五种感官都可以接收信息，但日常生活中所发生的沟通主要是视听沟通。电视、广播、报纸、电话等都可以被用作沟通的媒介，但心理学家研究表明，面对面的沟通方式是各种沟通中影响力最大的。

4. 影响接收者的因素

（1）接收者的心理选择性。如有些信息接收者愿意接受，而另一些信息接受者不愿接受。

（2）接收者当时的心理状态。如处于喜悦情绪状态的人容易接受他人所提出的要求。

在实际沟通过程中，上述四个方面的因素通常是共同发生作用的。

（四）人际沟通的类型

1. 言语沟通

言语沟通指人们运用语言符号进行信息交流，传递思想、情感、观念和态度，达到沟通目的的过程。言语沟通是人际沟通中最重要的一种形式，大多数的信息编码都是通过语言进行的。

言语沟通分为口语沟通和书面言语沟通。在面对面的人际沟通中，人们多数采用口头言语沟通的方式，例如会谈、讨论、演讲及对话等。口头言语沟通可以直接地、及时地交流信息。这个过程取决于由"说"和"听"构成的言语沟通情境，说者在沟通过程中积极地对信息进行编码，然后输出信息。同时，听者也要积极地思考说者提供的信息，进行信息译码，从而理解信息源所发送的信息，将它们储存起来并对信息源作出反应。

在间接沟通过程中，书面言语用得比较多。书面言语沟通的优点为不受时空条件的限制，有机会进行内容修正，便于保留，所以沟通的信息不容易造成失误，沟通的准确性和持久性都较高。同时，由于人们通过阅读接收信息的速度通常高于通过听讲接收信息的速度，因而在单位时间里的书面言语沟通的效率较高。但是，书面言语沟通往往缺乏信息提供者的背景资料，所以对信息接收者的影响力不如口头言语沟通的高。

2. 非言语沟通

非言语沟通主要指说和写（语言）之外的信息传递，包括手势、身体姿态、音调（副语言）、身体空间和表情等。非言语沟通与言语沟通往往在效果上是互相补充的。有研究表明，在人所获得的信息总量中，语词只占7%，声音占38%，而来自于身体语言主要是面部语言的信息大约占55%。

人们不仅通过他们说什么和怎么说进行沟通，而且还通过姿势、手势、面部表情、触摸、所站的距离远近等进行沟通。一般来说，人们能够很好地掌握信息的言语内容，但对非言语渠道的信息内容很难掌握，言语信息与非言语信息并不一定一致，如撒谎可以通过非言语信息加以伪装。

非言语沟通的类型主要有以下几种：

（1）表情。

人类祖先为了适应自然环境，达到有效沟通的目的，逐渐形成了丰富的表情，这些表情随着人类的进化不断发展、衍变，成为非言语沟通的重要手段。人们通过表情来表达自己的情感、态度，也通过表情理解和判断他人的情感和态度，学会辨认表情所流露的真情实感，是人类社会化过程的主要内容。

（2）眼行为。

俗话说，眼睛是心灵的窗户。目光被认为是表达情感信息的重要方式。在人际沟通中，目光接触往往能够帮助说话人进行更好地沟通。爱人和仇人的目光是完全不同的，前者含情脉脉，后者怒目而视。当我们喜欢一个人的时候，我们就会与他有更多的目光接触。在一般交谈的情况下，相互注视约占31%，单向注视约占69%，每次注视的平均时间约为3秒，而相互注视约为1秒。长时间的注视会引起生理上和情绪上的紧张，对此人们通常会很快作出回避行为。

（3）身体语言或身体动作。

在日常生活中，我们也经常采用身体姿势或身体动作来与他人交流信息、传达情感。比如，摆手表示制止或否定，搓手或拽衣领表示紧张，拍脑袋表示自责，耸肩表示不以为然或无可奈何等。触摸也能表达一定的情感和信息，也常被人们用作沟通的方式，同时身体的接触或触摸是受一定社会规则和文化习俗限制的。

身体语言大致可分为以下四类：

① 象征：不同民族、不同文化背景的人们通常对身体语言有不同的理解，他们约定俗成的身体语言也具有不同的象征意义。例如，有的地区用点头表示不同意，用摇头表示同意，而大多数地区对此的象征意义则正好相反。

② 说明：身体语言或身体动作作为言语沟通的补充说明。

③ 调节：身体语言或身体动作在沟通过程中能够调节沟通过程，强化或弱化沟通者传达的意义、节奏和情感。

④ 情感表露：在沟通中，沟通者的坐姿、站姿、走姿等也传达着很多的信息，特别是情感信息。例如情感亲密的人坐在一起的时候就会面对面，形成一个小包围圈，以排除外来人的干扰或介入，而相互憎恨的人之间动作则不同，往往会发出更高的说话声调，表现出比较激烈的动作等。

（4）服饰。

服饰也在为沟通者传达信息，也可以起到交流的作用。从服装的质地、款式、新旧上往往可以看出一个人的身份、地位、经济条件、职业和审美品位等。

（5）言语风格。

言语风格在沟通过程中起着重要作用。如缓慢的、细心的言语表示我们在与一个小孩子或一个老人说话。轻声小心的言语（比如用升调、加强的语气、闪烁其词、附加问题等）表示我们面前可能出现一个社会地位高的人。言语风格还包含着群体成员关系的信息，如社会阶层、种族、性别、年龄等。

（6）人际空间。

人际空间即人与人之间的距离，是表露人际关系的"语言"，能传递大量的情感信息。通常较近的人际距离代表关系亲密，而较远的人际距离则表示关系疏远。人际距离传达的意义具有文化特色，如有的民族喜欢双方保持近距离，而另一些民族则与之相反。在特定情况下，人们由于距离太近会产生紧张感，如在拥挤的公共汽车上或电梯里，人们往往会避免面对面或目光接触。

尽管非言语符号在人际沟通中起着很大的作用，但是非言语符号系统在使用时具有较大的不确定性，往往与沟通情境，沟通者的身份、年龄、性别、地位等有关。所以，非言语沟通符号在使用过程中一定要注意内容、气氛、条件等因素。一般情况下，非言语符号系统的使用总是与言语沟通交织在一起。

二、提高青少年人际沟通能力的途径

当代青少年尤其是独生子女缺乏与他人沟通的机会，沟通能力较差，人际冲突和矛盾增多，其适应社会和环境的能力减弱，心理健康水平降低。对青少年心理健康因素分析的相关研究发现，青少年心理问题的发生在很大程度上与其人际关系的处理有关，而人际关系处理的好坏则很大程度上与其沟通能力有关。因此，加强青少年的人际沟通教育可以有效地预防心理问题的发生。另一项调查研究发现，只有17%的学生表示自己人际关系较好，有40.2%的学生表示人际关系一般，有42.8%的学生表示人际关系较差，突出问题是有师生关系以及同伴关系、父母关系方面的困扰。[①] 这一方面说明当代青少年的人际沟通能力亟须提高，另一方面也提示我们对青少年进行人际沟通教育的必要性。

（一）开展校园交往实践活动

学校可以通过开展丰富多彩的校园交往实践活动，促进学生在交往中学会沟通。古人云："纸上得来终觉浅，绝知此事要躬行。"同样，青少年通过相关课程学习所获得的沟通知识如不应用于实践就等同于"纸上谈兵"。因此，学校应多从沟通教育的角度设计、组织各种课外交往实践活动，为学生进行人际沟通提供实践的舞台，如组织集会演讲、辩论赛、假日郊游、社会调查等活动。

另外，学校还应对学生自己组织活动给予支持和鼓励。学生自己组织活动更有利于提高学生的实际工作能力，包括沟通、组织、领导、说服能力等。总之，丰富多彩的校园交往实践活动能满足青少年内在的人际交往需求，并使他们借助交往行为的自然结果提高独立解决人际冲突的能力，最终实现在交往中学会沟通的目的。

（二）开展家庭人际沟通教育

首先，家长应有意识地营造一个民主、平等、和谐的家庭氛围，并在此基础上多向子女传授一些人际沟通的技巧，带孩子参与一些人际交往活动等。其次，家长要多与学校合作，建构起家校共育的社会化教育模式，在青少年的社会化过程中，教师是学校中的"社会代表者"，父母是家庭中的"社会代表者"，尽管身处不同的社会环境，却承担着共同的教育使命。因此，教师和父母是促进儿童社会化发展的"天然盟友"，只有发挥家校教育的合力作用，才能

---

① 阳德华. 师生、同伴关系与初中生焦虑［J］. 中国心理卫生杂志，2001（15）.

更好地促进学生人际沟通能力的发展。

（三）提高自我沟通能力

1. 评价自己的沟通状况

为了提高人际沟通能力，学生首先应该正确评价自己的沟通状况。学生可以根据自己独特的生活范围和交往对象来评价自己的沟通状况。

第一，列一个自己的沟通情景和沟通对象的清单。沟通情景包括家庭、学校、朋友聚会、开会及日常生活沟通（包括乘车、购物、看戏、看电影、跳舞、看病）等。沟通对象包括同学、领导、父母、同胞、朋友、亲戚、邻居等经常性的沟通对象，也包括乘车买票、购物付款、看病、问路过程中的偶然沟通对象。开列清单的目的，是对自己的沟通范围和对象建立一个明确的概念。

第二，评价自己的沟通状况。在这一步骤中，对自己的提问包括：对哪些情景的沟通感到愉快？对哪些情景的沟通感到有心理压力？最愿意保持沟通的对象是谁？最不喜欢与哪些人沟通？能否经常与多数人保持愉快的沟通……

第三，评价自己的沟通方式。沟通主动性、沟通注意水平和沟通信息的充分性是评价沟通方式的三个最有效的维度。沟通主动性评价的是我们在与人沟通时，究竟是主动式沟通还是被动接受式沟通。沟通注意水平评价的是沟通者投入沟通，对沟通过程起相互支持的作用，使其自然持续的注意水平。沟通注意水平高的沟通者，不仅注意自己所发出信息的指向性、准确性和对方的可接受性，而且对于对方的反馈过程也保持高度注意。沟通信息的充分水平有三种情况：充分、不足和冗余。充分是指信息恰好准确表达沟通意图，实现沟通目的。不足是指沟通还不能使别人理解沟通意图，但沟通者不再提供有关信息，这种情况常导致沟通者之间产生误会。冗余指在信息已经充分的情况下，还进一步强调、解释或重复。

2. 编制改善沟通的个人计划

（1）学生应充分了解自身人际沟通能力存在的问题，明确改进自己的哪些方面。

（2）将自身选定的改善目标与实际生活联系到一起，并转化成可以在日常生活中实施的每一个具体做法。

（3）计划执行监督，必要时可请自己充分信任的朋友监督。

（4）对自己的计划执行情况进行自我奖赏。

第三节　人际吸引

人类具有强烈的依附于他人的需要，我们通过归属于群体和发展亲密的人际关系来满足这种需要。如果社会性交往被剥夺，就会造成严重的社会适应不良。大量研究显示，我们关于自己的所有知识、技巧、能力、知觉和态度，几乎都来自于我们在与他人交往时所进行的社会比较过程。

一、人际吸引概述

人际吸引是个体之间在情感方面相互亲近的状态，是人际关系中的一种肯定形式。相互间吸引程度是人际关系的主要特征，不同层次的人际关系反映了人和人之间相互吸引的程度，心理距离越接近，则反映人们相互之间越吸引；心理距离越疏远，则反映双方越缺乏吸引。在人际交往中，交往者有进一步接触的倾向，互相在态度上能够获得接受，在情感上得到互相肯定，就会表现为互相喜欢、彼此吸引。影响人际吸引的条件有以下几个方面：

（一）相似与互补

个体倾向于喜欢那些与自己具有相似态度和价值观的人，与其交往并表现出相互吸引。他人与自己的观念、态度的相似或一致，不仅是对自己观点的支持，而且也是对自己观点正确性的证实。通常年龄、性别、社会背景、教育水平、职业、经济收入等方面的相似性都会影响到个体间的相互喜欢。纽康姆（T. Newcomb，1961）曾就相似性对人际吸引的影响进行了研究，他发现彼此相似的人如果相互接触的机会较多的话，则增加彼此的喜欢，不相似的人即使彼此接触很多，仍然难以改变他们彼此的态度。在人们的交往初期，信念、价值观和个性特点相似性的作用往往还显示不出来，这时年龄、社会地位、外貌的相似性，以及空间距离等因素起更重要的作用，随着交往的加深，信念、价值观、需要互补等方面的因素就会突显出来，甚至成为压倒其他一切因素的影响因素。但是，当交往双方的角色、需要不同时，交往者对对方的期望也就不同，人们倾向于选择行为与其角色相符合的人。如支配型的男性通常能够与顺从型的女性搭配成很好的夫妻，独立性强的人往往喜欢与依赖性较强的人在一起等。

（二）个人品质

随着人际交往的深入，外在的因素变得越来越不重要，而交往者的内在品质却变得越来越重要。安德森（N. H. Anderson，1968）曾向100名大学生展示了表现性格的555个形容词的词表，询问大学生对各种性格的人的喜欢或厌恶程度，让他们对各个词进行评价，并按照自己对它们的喜欢程度排出顺序。结果发现，热情是令人喜欢的重要个性品质，一个开朗的人总是比冷淡的人具有吸引力。另外一些内在的个人特性，比如真诚、幽默、有涵养、礼貌、有能力、聪明等，也是影响人际吸引的重要因素。

（三）外表

外貌特点对人际交往的影响在大多数情况下是显而易见的。兰迪等人（D. Landy & H. Sigall，1974）的一项研究就发现了有趣的现象，他们让男性被试评价有关电影影响社会的短文，告诉被试短文的作者是女性。文章的客观质量有好有坏，文章的作者也分为有魅力组、无魅力组和控制组。有魅力组的短文所附的作者照片是有魅力的女性，无魅力组的短文所附的作者照片是无魅力的女性，控制组的短文不附照片。实验结果由于外表辐射的作用，同样的文章当被认为是有魅力的作者写的时候，得到的评价更高，文章本身质量并不好的时候，这种效应更明显。

然而，进一步的研究表明，人们对有魅力的人所做的判断并不总是朝向有利的一面。西格尔等人（H. Sigall & N. Ostrove，1975）的一项研究就显示了这种现象。研究者让被试阅读详细的案件材料，让他们设想自己是法官，要对罪犯判刑。分为三种情况，第一种情况是漂亮的女性罪犯照片附在案例上，第二组所附照片是无魅力的女性罪犯，第三组是控制组。而案件又分为两种类型，一种是诈骗，另一种是偷窃。研究结果表明，对于被认为与魅力有关的诈骗罪，被试倾向于对有魅力的罪犯给予重判，平均刑期明显长于其他两组，而其他两组间没有明显的差别。此外，在与外表魅力无关的偷窃罪方面，具有外表魅力的罪犯却得到了同情，平均给予的判刑年数低于其他两组。可见，尽管在一般情况下漂亮的外表能够使人们作出更为积极的评价，但是，当人们感到有外表魅力的人在滥用自己的美貌时，则会反过来倾向于对其作出更不利的判断。

（四）接近与熟悉

费斯廷格（L. Festinger，1950）曾以麻省理工学院已婚学生为研究对象，多次研究他们之间的吸引力与彼此居住距离的关系，结果发现，相互沟通的多少与彼此居住距离的远近有关，人们选择的新朋友多为隔壁邻居（41%），其次是隔一个门的邻居（22%），再次是住在同一层的邻居（10%），其他为27%。另外一些学者在其他大学里所做的类似研究也得到了同样的结果。空间上距离较近的个体相互间接触的机会较多，能够增进彼此的了解，所以他们在人际交往中容易成为知己，特别是在交往的初期更是如此。比如，学生在排定座位后，同桌的和邻座的同学就有了更多的接触机会，因而彼此能够互相吸引，成为好朋友。但是，接近性这个因素随着时间的推移，其作用将越来越少，尤其是当交往者双方的关系紧张时，空间距离越接近彼此的反应会越消极。

二、青少年性心理及异性交往

个体进入青春期后，随着内分泌的变化，身体发生了许多变化，其中以性器官发育成熟和第二性征出现为标志。随着性心理发育的成熟，青少年的性心理开始萌动和发展，进而影响青少年期个体的性行为表现。因此，性心理发展成为青少年期的一个重要发展主题。

（一）青少年性心理

性心理指人在性方面的心理现象，是性意识、性欲望、性情感以及性梦等性心理活动的总和。性生理、性心理与性行为共同构成性研究的体系，其中性生理是性心理的基础，性行为是性心理的后果，而性心理则是性的核心。

青少年性心理的发展，指个体在青少年时期顺应自己性别的生物学特点和社会性特点的种种心理过程。青少年时期各种性心理现象存在发展的先后顺序，首先对自身性发育产生好奇，进而想了解一切与性有关的知识，其后在性欲驱使下产生性冲动，通过性梦、性幻想等方式来释放性欲。

青少年性心理的特点，主要表现为性意识的逐渐觉醒、对性的敏感。

性意识是人对性的认识和态度，是人类关于性问题的思维活动，左右着人的性行为。青少年性意识的特点包括：①渴望了解性知识，由于第二性征出现，青少年渴望了解自己和异性的不同，理解新奇的生理变化；②对异性充满好奇和爱慕，当青少年发现异性与自己的差异时，希望通过多种途径进行了解，喜欢与异性交往，愿意互相亲近，出现感情上相互吸引和爱慕；③在异性面前容易紧张和兴奋，青少年希望自己在异性面前表现得更加出色，展示自己的才华和外貌以吸引异性，如男孩希望在自己钟爱的女孩心目中成为英雄和崇拜对象，女孩则以文静庄重或矜持等方式展示女性美；④性冲动和性欲望的出现，青少年进入青春期以后出现这一现象，是发育中正常的心理和生理现象。

性情感是两性活动中有关爱慕、吸引或憎恨等感情的发展变化，青少年性情感的发展经历以下几个阶段：①疏远异性阶段。青少年处于青春发育初期，由于生理上的急剧变化，开始朦胧地意识到两性差异，往往对性的问题感到害羞、腼腆、不安和反感。②接近异性阶段。随着青少年年龄的增长，生理、心理进一步成熟，男女之间会产生一种情感上的吸引、怀有好感，对异性表现出关心，萌发出彼此接触的要求和愿望。③异性眷恋期。随着生理上的进一步成熟及社会生活的全面影响，此时男女学生在异性好感的基础上，各自形成一个或几个异性"理想模型"，并在众多男女生交往中，逐渐由对群体异性的好感转向对个别异性的依恋，他们仅把特定的异性视为自己交往的对象，持续地交往，相互爱慕，进入恋爱。④择偶尝试期。高中毕业进入大学的青少年，青春期已到尾声，是由青少年到青年期的过渡阶段，此时的青年显然比青春期中期更为成熟，对异性的爱慕和追求更趋专一化，萌发爱情，进入恋爱择偶的时期。

（二）青少年异性交往

青少年异性交往指青少年群体中不同社会性别之间的交往行为，是青少年人际发展的重要方面。

青春期是个体由儿童变成独立成人的过渡阶段，处于该时期的青少年心理呈现出跌宕起伏、充满冲突与矛盾的特点。由于心理和生理的发育，他们体验到了从未有过的成人感和对异性的兴趣，学会与异性交往是这一时期青少年的主要发展任务之一。已有研究表明，良好的异性关系可以促进青少年的自我同一感发展，促使其形成清晰的自我知觉，促进青少年友谊的发展，为其在将来能够获得成熟的恋爱关系打下基础，同时能够促进青少年心理健康，有助于青少年社会性发展，丰富社会交往的技巧和提高交往的能力。

青少年在低年级时与异性交往中的体验是较为平静和淡然的，他们在异性面前表现得自然大方，多数学生并不关心自己在异性眼里的形象，同异性交往没有什么特别的感觉，认为求爱被拒是正常的事情，这一现象可能与社会以学业为重的舆论和教化有关。但是，随着年级的升高，学生的自我意识不断高涨，越来越多的学生开始注重自己在异性心目中的形象，在异性面前的表现反而并不从容自信。多数学生在异性交往中的烦恼在于，异性同学之间缺少友谊及不知道如何同异性交往，这表明青少年希望与异性交往，同时迫切需要得到这方面的指导。

现实生活中，青少年异性交往会出现种种问题，如容易出现极端、拒绝与异性交往、异性交往困难，或者频繁与异性同伴来往、超出友谊界限（如"早恋"现象）等。

（三）对青少年异性交往的指导

为最大限度地减少处于"危险期"的青少年出现异性交往方面的心理问

题，需要联合家庭、学校、社区及同伴群体，组成坚不可摧的"屏障"，将涉及性生理、性心理及性道德等内容的性教育作为一个重大工程，贯穿于青少年阶段的始终。

1. 对青少年的建议

（1）树立合理的异性交往观。

正确认识异性交往是树立合理异性交往观的前提。首先，青少年已经具备一定的辨识力和理性思维能力，应能认识到性别差异并非孰优孰劣的关系，也应能认识到合理的异性交往的积极意义。其次，在异性交往价值取向上，选择异性朋友应注重思想品德、兴趣爱好、共同语言等内在品质，端正交往态度和动机，注重交往方式，遵循自然、适度原则，保持恰当合理的关系和距离，不过度亲密，更不要过早发生越轨行为。

（2）远离不良同伴群体。

首先，青少年在生活和学习中应注意洁身自好、严于律己，如注意文明使用网络、远离社会娱乐场所、注意与异性保持适当距离。其次，远离不良同伴群体。对于心智不成熟，价值观、人生观尚未成型的青少年来说，他们极易受到不良群体的诱导，进而影响自己树立正确的价值观念并做出不良行为。对于一些行为无目标、结构松散、缺少规则约束、价值观念错误、是非不分的不良同伴群体，青少年不要逞一时之快，盲目为寻找归属感而加入其中，从而影响自身长远发展。

（3）遇到困惑，积极寻求帮助。青少年在与异性交往过程中如遇到困惑，应积极与家人、教师或同学沟通，寻求帮助。沟通和交流有利于建立融洽的家庭、师生、生生关系，为青少年的生活、学习营造良好氛围。此外，可以通过多种途径寻求专业帮助。

2. 对家长的建议

家庭是社会的基本细胞，是个体成长和社会化的重要场所，个体从嗷嗷待哺的婴儿成长为符合社会角色要求、被社会环境所认可和接纳的人，家庭环境起了极为重要的塑造、影响作用。为了中学生更好地发展，父母应注重充分发挥家庭的功能，具体包括：

（1）改变教育方式，营造良好家庭氛围。

已有研究将家庭教养方式归为四种类型，即溺爱型、专制型、放任型、民主型。其中，民主型家庭教养方式更有利于孩子健康成长。其主要特征为父母将理解、尊重、沟通及帮助作为教养孩子的起点，孩子拥有极大的自由，父母尊重孩子的自我选择等。此外，良好的家庭氛围可以让孩子体会到更多的爱与支持，让其更加自信，人生态度更加积极，并树立正确的家庭观和婚恋观。

（2）正确认识青少年异性交往。

父母对于异性交往认识上的偏差，将不同程度地影响孩子对于异性交往的认识。同时，处于青春期的孩子往往比较叛逆，盲目地阻止不但没有成效，还可能带来相反效果。由此，父母应正确认识青少年异性交往及其积极意义，帮助孩子树立合理的异性观和异性交往观，注意引导孩子在异性交往中趋利避害，把握交往尺度，促进其身心健康发展。

（3）加强沟通，了解孩子。

父母应当积极主动地与孩子沟通和交流，听听孩子的心声，多了解其情感变化和内心世界。尊重、理解、信任与宽容是融洽的亲子关系建立的前提。同时，加强与学校的沟通与交流，了解孩子在学校的真实情况，积极与学校配合，及时解决其成长中遇到的难题。

（4）开展恰当的家庭性教育。

家长应当充分认识到给予孩子恰当的家庭性教育的必要性。家长应勇于解答孩子提出的关于性的问题，努力倾听孩子的心声，与孩子进行有效沟通，以科学诚实的态度对待家庭性教育等。处于青春发育期的青少年，由于性生理和性心理的快速发育，会产生很多的性困扰，他们在这个时期已经意识到男女有别，关于性方面的困扰很难对异性家长开口，因此由同性家长向孩子传递合理的性知识会取得更好的效果。

3. 对学校的建议

（1）转变观念，正视异性交往。

学校应采取多方面措施引导学生正确合理地与异性交往，帮助青少年疏导与解决异性交往方面的各种困惑与难题，具体建议包括配备心理教师、开展多种多样的有关指导异性交往的活动等。

（2）将青春期性教育工作落到实处。

青春期性教育要落到实处，需要来自各级部门的共同努力。首先，作为上级监管部门应当加强对青春期性教育工作的监督与管理，采取一定的考评措施，保障各级各类学校将青春期性教育工作落到实处。其次，加强对师资力量的培训，设立专职或兼职的青春期性健康教育教师。再次，应注意开展内容完善的青春期性健康教育课程，并将重点放在对青少年的性道德教育上。

4. 对社会的建议

（1）加强社会文化的导向作用。

社会文化在青少年异性交往价值的导向上扮演着十分重要的角色，主要体现在大众传媒和社会舆论的导向上。加强社会文化的导向作用，具体来说可以利用大众传媒弘扬正确的异性观和异性交往观，采取多种方式，如编制适合青少年观看的书籍、宣传片、广播电台等，同时应加大对电影、电视、网络游戏的审查力度，建立分级制，对传播不良文化的违法犯罪活动进行严厉打击等。

（2）性教育早期化。

性教育实施应提前至儿童阶段，在不同年龄阶段给予不同内容和形式的性教育。如低年级儿童阶段，可以将性器官名称、婴儿诞生、男女人际关系等性教育内容融合到生理卫生课、常识课和语文课中。高年级儿童阶段，即青春期生理和心理出现变化之前，讲述关于生理发育过程、生殖系统发育过程、遗传作用、男性和女性角色等内容。这样，儿童在进入青春期之前对性知识有了一定的了解，有助于其平稳过渡到青春期，减少不安和焦虑。

《 本章小结 》

本章在对人际关系的概念和特点进行阐述的基础上，较为详细地介绍了人际关系对于人类个体生存和发展的重要意义。在此基础上，论述了人际沟通的概念、功能、类型及提高青少年人际沟通能力的途径。此外，分析了作为人际关系中肯定形式的人际吸引相关概念、条件等理论，并对青少年异性交往进行合理指导。人际关系是人际交往的产物，随着时代的发展，新媒体和沟通工具的涌现，也使得人际关系的重要性更加凸显。

【思考与练习】

1. 什么是人际关系？其特点有哪些？
2. 简述人际交往理论的观点？
3. 在人际交往过程中，促进人际吸引的影响因素有哪些？
4. 青少年性心理的特点有哪些？

第十章　心理健康与辅导

【本章学习要点】

1. 了解心理健康的含义及标准。
2. 掌握中学生常见的心理障碍。
3. 掌握学校心理健康教育的方法和实施途径。

【案例导入】

李某，初一女生。小学时学习刻苦努力，成绩一直很好。进入初中后，学习依然刻苦努力，她几乎把所有的时间和精力全部用在了文化课学习上。刚开始，她的文化课学习取得了较好的成绩。但与此同时，她的心理承载着超负荷的压力。她怕看到老师和家长期待的目光，一遇到考试就十分紧张，常常口干、恶心、呕吐、吃不好、睡不好，甚至有时考试时手指哆嗦、腹泻等。考试就像一块巨石压在她的心上，成绩也每况愈下。

张某，进入初中后，虽刻苦有余，成绩却不理想，在班上处于中下游水平。原因是数学极差。虽然情况如此，但该生对自己提出很高的要求，尤其上数学课时认真听讲，专心做笔记，但考试时却手忙脚乱，成绩与自己的期望值总是差距很大。而本学期情况发生了 180 度大转弯，第一次数学测验破天荒的考了90 分，这给了他极大自信和动力。接下来，他感觉数学课很有趣，听得也很明白，慢慢地对学数学产生了信心，而且数学学好了还带动了其他学科的学习进步。

上述是一组对比案例，但有着共同的特点：

1. 两位学生都有很强的自尊心，他们一心想获得好成绩。
2. 两位学生在遇到挫折后，均陷入了较大的心理压力之中，但结果不同。李某需要调节自己的心理，从而激发出内在的动力；而张某通过一次数学测验激发了内在的信心和动力，获得了学习上的成就感，步入了良性循环的发展轨道。

（资料来源：百度文库．https：//wenku. baidu. com/view/aa1fe027df80d4d8d15abe23482fb4daa58d1d25. html.）

【思考与讨论】
【思考与讨论】
1. 心理健康的标准是什么？
2. 心理健康教育受到重视的原因是什么？
3. 如何开展心理健康教育？

心理健康，是现代人健康的重要方面，一个人只有心理健康，才能接纳自我、接纳他人、乐于学习、适应环境、正常生活。然而，随着社会的发展变化，当代学生所表现出的心理问题已经引起了整个社会的关注。国内外学校的工作实践证明，心理健康教育的普及有助于教育观念的更新和方法的改善。因此，大力加强学校心理健康教育，已经成为世界性的教育共识，学生的心理健康问题也越来越引起学校教育工作者的重视。什么是心理健康？它产生的原因是什么？青少年学生存在哪些心理健康问题？学校如何进行心理辅导？学生又如何自我保健？这便是本章要探讨的主要内容。

第一节　心理健康概述

长期以来，大多数人一直持有"没有疾病就是健康"的传统观念。然而，随着科学、文化、社会的不断发展，医学模式的转变，心理社会因素对于健康和疾病的影响越来越引起人们的关注，人们在重视生理健康的同时，对心理健康的关切程度也与日俱增。对健康及心理健康等概念的理解和把握，将会影响到诸如健康知识的宣传、心理健康的诊断、心理健康教育的实施和研究等一系列理论问题和实践操作。因此，为了有效地开展心理健康教育工作，首先要了解心理健康的含义，树立正确的心理健康理念。

一、心理健康的含义

1946 年，第三届国际心理卫生大会将心理健康定义为：在身体、智能以及情感上与他人的心理健康不相矛盾的范围内，将个人心境发展成最佳状态。具体表现为：身体、智力、情绪协调；适应环境，有良好的人际关系；有幸福感；在工作和职业中，能充分发挥自己的能力，过有效率的生活。除此定义表述外，人们还从不同的方面来对心理健康进行阐释，较为普遍的观点认为，心理健康是能够充分发挥个人的最大潜能，以及妥善处理和适应人与人之间、人与社会环境之间的相互关系。具体来说，主要包括两层含义：一是与绝大多数人相比，其心理功能是正常的，无心理疾病；二是能积极调节自己的心理状态，适应环境，能有效地富有建设性地发展和完善个人生活。经过仔细分析、比较和综合，我们认为，心理健康是指个体在适应环境的过程中，生理、心理和社会性方面达到协调一致，保持一种良好的心理功能状态。

二、心理健康的标准

心理健康的人一般都能够善待自己，善待他人，适应环境，情绪正常，人格和谐。心理健康的人并非没有痛苦和烦恼，而是他们能适时地从痛苦和烦恼中解脱出来，积极地寻求改变不利现状的新途径。他们是那些能够自由、适度地表达、展现自己个性的人，并且与环境和谐相处。他们善于利用各种资源，不断地学习，不断地充实自己。他们也会享受美好人生，同时也明白知足常乐的道理。他们不会去钻牛角尖，而是善于从不同角度看待问题。

参照现实社会生活及人们的心理和行为表现，现代人和青少年学生的心理健康标准应从下七个方面来考虑。

1. 智力正常

智力是以思维能力为核心的各种认识能力和操作能力的总和。它是衡量一个人心理健康的最重要标志。正常的智力水平是人们生活、学习、工作的最基本的心理条件。

2. 情绪适中

情绪适中是指情绪的产生是由适当的原因所引起，情绪的持续时间随着客观情况的变化而变化，情绪活动的主流是愉快的、欢乐的、稳定的。

3. 意志健全

一个人的意志是否健全主要表现在意志品质上，意志品质是衡量心理健康的主要意志标准，其中又以行动的自觉性、果断性和顽强性作为判断意志是否健全的重要标志。

4. 人格统一

人格是一个人的整体精神面貌，是各个特征有机结合而成的具有一定联系和关系的整体。如果各种成分之间的关系协调，人的行为就是正常的；如果失调，就会出现人格问题，产生不正常的行为。

5. 人际关系和谐

人际关系和谐具体表现在人际交往中，能与他人心理相容，互相接纳、尊重，对人情感真诚、善良，能以集体利益为重，懂得关心，乐于奉献。

6. 与社会协调一致

心理健康的人，应与社会保持良好的接触，认识社会，了解社会，使自己的思想、信念、目标和行动跟上时代发展的步伐，与社会的进步与发展协调一致。

7. 心理特点符合年龄特征

一个人的心理、行为，总是随着年龄的增长而发展变化。一个人的认识、情感和言谈举止等心理行为表现基本符合他的年龄特征，这是心理健康的表现；如果严重偏离相应的年龄特征，心理发展严重滞后或超前，则都是行为异常、心理不健康的表现。

以上是衡量心理健康的几个主要标准。在理解这些标准时，需注意两点：第一，一个人的心理不健康并不一定在上述所有方面都有表现，而往往是在某方面表现出或轻或重的失调。同时，这些标准对我们衡量人的心理健康状况仅仅提供了一些有价值的线索，并且太笼统，在实际应用时必须具体化、绝不可生搬硬套进行判断。第二，一个人的心理是否健康是与大多数人的心理状况相比较而言的。一方面是看在某种情况下，他的心理活动是否与大多数人的心理意向相符合。如当一个人得知自己身患绝症时，一般都很紧张、恐惧，而如果某人此时却欣喜若狂，则往往被视为精神异常。另一方面是指要与同龄人、同性别的人的心理状况大致相同，行为表现与年龄、性别要相称。

当具体判断一个人心理是否健康时，还应因人、因事、因时做具体分析。有些人的思想认识、行为习惯与众不同，只要这些行为和思想是符合客观事物发展规律的，就是正常的、健康的。有些行为由于受某些条件的限制一时不能被人们理解和接受，随着历史的发展和科学的进步，最终可能被人们理解和接受，也不能称为心理不健康。因此，判断一个人心理是否健康应该看他的思想言行是否符合客观发展规律，只有这样才能作出比较全面、客观的判断，而不应该用某一标准去生搬硬套进行判断。

三、影响心理健康的因素

正如健康是生理健康、心理健康、社会适应三方面相互作用的结果一样，心理健康的影响因素也是多方面的。影响个体心理健康的主要因素有生理因素、家庭因素、学校因素、社会因素和个体因素等。

（一）生理因素

影响个体心理健康的生理因素包括遗传和疾病。

1. 遗传

遗传能在多大程度上影响个体的心理健康水平呢？这个问题还没有定论，但有一点可以肯定，生理是心理的基础，如果没有充分的生理条件，人的心理活动就要受到影响。心理学家们曾用家谱分析的方法研究遗传因素对个体心理健康的影响，结果发现，在有心理健康问题的学生中，家族中有癔症、活动过度、注意力不集中病史的学生所占比重较大。国内的资料表明，多动症儿童的家庭成员中有多动症史的占 13.6%，其中父辈或同辈有类似病史者各占 50%。精神分裂症是一种严重的心理病理形式，采用家谱分析、双生子研究以及寄养子女调查等方法的研究表明，遗传占有十分重要的地位。可见，虽然遗传因素在一定程度上对个体的心理健康有影响，但其作用也不是注定不变的。遗传只是提供了一种可能性，个体是否表现出心理障碍或心理异常，关键还看后天环境的作用。在遗传与环境的相互作用中，遗传因素所决定的不良发展倾向可以得到有效的防止和纠正。

2. 疾病或者生理机能障碍

除了遗传因素之外，病菌、病毒干扰、大脑外伤、化学中毒、严重躯体疾病等都可能会导致心理障碍甚至精神失常。有研究发现，与正常个体相比，有心理健康问题的个体，早期患有高热惊厥、头颅外伤和其他严重疾病所占的比例更大，且差异明显。生理疾病对他们的心理活动的影响可能是轻微的，如出现易激惹、失眠、不安等，随着疾病的消除，这些心理症状也会完全消失。但是，随着疾病的继续，心理障碍也会加剧，甚至会出现各种程度的意识障碍、幻觉、记忆障碍、躁动和攻击行为等。[①]

（二）家庭因素

家庭是社会的细胞，是儿童的第一所学校，家长是儿童的第一任教师。家庭对儿童的个性发展和心理健康具有十分重要的影响。

1. 家庭结构

家庭结构是指家庭中的人员组成。由于家庭规模和组成家庭的成员不尽相同，家庭又可分为不同的类型。如由一夫一妻，或由父母与未成年子女组成的核心家庭；由祖父母、父母和子女三代同堂组成的主干家庭；除了主干家庭成员之外，还有其他家庭成员的扩大家庭。对于家庭结构的完整性与儿童心理健康的关系，曾经有过不少研究。多数研究发现，家庭结构完整且气氛和谐的家庭，有利于儿童心理健康地成长，而破裂家庭或父母关系不和谐，对儿童身心

---

① 俞国良. 心理健康教育：教师用书［M］. 北京：开明出版社，2000：24.

健康成长明显有不利的影响，容易使儿童产生躯体疾病，同时心理障碍的发生率也较高。

2. 父母的教养方式

父母的教养方式对个体的心理发育、人格的形成、归因方式及心理防御能力等都有着极其重要的影响。有研究表明，父母不良的教养方式对青少年心理健康水平有显著的消极影响。父母的教养方式是影响儿童心理健康发展的重要因素。有关调查表明，父母在教育中表现出态度不一致、压力过大、歧视、打骂或者冷漠等特点时，儿童常常会表现出更多的心理健康问题。

一般研究者把家庭的教养方式分成三类，不同的教养方式对儿童的人格特征具有不同的影响。第一类是权威型教养方式，采用这种方式的父母在子女的教育中表现得过于支配，儿童的一切都是由父母来控制的，在这种环境下长大的儿童容易形成消极、被动、依赖、服从、懦弱，甚至不诚实的人格特征。第二类是放纵型教养方式，采用这种方式的父母对儿童过于溺爱，让儿童随心所欲，对儿童的教育有时达到失控的状态。在这种家庭环境中成长的儿童多表现为任性、幼稚、自私、野蛮、无礼、独立性差、唯我独尊、蛮横无理、胡闹等。第三类是民主型教养方式，父母与儿童处在一种平等和谐的家庭氛围中，父母尊重儿童，给儿童一定的自主权和积极正确的指导。父母的这种教育方式能够使儿童形成一些积极的人格品质，如活泼、快乐、直爽、自立、彬彬有礼、善于交往、富于合作、思想活跃等。研究也发现，在这种民主、尊重的教养方式下，儿童行为问题的发生率显著偏低。

表 10-1　D. Baumrind 按教养方式把父母分为四种类型

教养风格	父母行为	儿童行为模式
专制型	严格的，带有惩罚性（例如："如果不打扫房间，我就把你的随身听砸烂。"）	孤僻的，不友好的，内向的
放纵型	溺爱，指令不明确，过于放纵（例如："宝贝，你最好打扫一下房间，不过也可以等等。"）	不成熟的，情绪化，依赖性强，自我控制能力较低
权威型	严格的限制，明确的目的，但是讲道理，鼓励孩子养成独立的个性（例如："在我们出去吃饭前，你必须要打扫好房间。等你干完了，我们就出发。"）	有良好的社交能力，随和，自信，独立
冷漠型	感情冷漠，认为父母只是为孩子提供吃、穿、住（例如："要不要打扫随你的便。"）	冷漠，拒绝他人

家长对学生心理健康的影响除了通过"言传",即口头教育外,更重要的是通过"身教",即通过儿童模仿的心理机制发生作用。家庭是影响人的第一个场所,家长的品格、行为等都直接影响子女的成长。如果一个儿童生活在批评之中,他就学会了谴责;如果一个儿童生活在敌意之中,他就学会了争斗;如果一个儿童生活在恐惧之中,他就学会了忧虑;如果一个儿童生活在怜悯之中,他就学会了自责;如果一个儿童生活在讽刺之中,他就学会了自卑……反之,如果一个儿童生活在鼓励、忍耐、表扬、接受、认可、诚实、安全和友爱之中,他就学会了自信、自爱、耐心、感激、相信他人,就会以良好的心理品质从事学习与生活。不少研究指出了家长本身的不良思想品德和行为表现对儿童心理健康的影响。

(三) 学校因素

在个体发展中,学校教育是相当重要的。学校的重要性首先表现在它在较长时间内对学生进行系统教育,而这种系统教育对学生社会行为的塑造是其他机构无法替代的。学校的重要性还在于它是独特的、完整的机构,是社会的雏形,对学生了解社会、发展自我和人格、培养合乎角色的社会行为模式起着重要的作用。

1. 学校的管理和教学

首先,教育体制、学校的教育指导思想和管理制度等会对学生心理健康产生影响。它们往往决定了一所学校的校风,决定了教师教学和学生学习的状况。目前,我国相当一部分中小学仍然没有摆脱"应试教育"体制。这些学校片面追求升学率的教育指导思想,无形中给教师和学生都造成了很大的影响。学生在巨大的升学压力下而导致心理障碍的事情屡屡发生。对很多因睡眠障碍而接受心理咨询的学生进行分析后,往往发现他们的问题是由学习上的压力造成的。对自己学业成绩不满,以及来自教师、家长以及个体自尊心方面的压力,往往使个体长期处于一种智力超负荷的紧张状态,使其容易出现厌学、神经衰弱、失眠、注意力减退等心理与行为问题。在这种教学模式下,学生的学习兴趣、学习主动性、创造性被扼杀,严重影响他们身心的健康发展。

2. 学校环境

学校环境包括物理环境和心理环境,这两个方面对学生的心理健康都有重要作用。

首先,从学校的物理环境来说,宽敞明亮、优美整洁的教学环境对学生的心理具有熏陶的作用,使学生心灵得到净化,从而促进学生心理健康发展。校园的一草一木,每个角落都应给人以美的感受,使学生从中得到教育和心灵的净化。其次，良好的校风、班风能够感染学生，促使学生积极向上、团结互助，人际关系和谐。这样的学校环境有利于学生心理健康状况的改善和提高。而消极的校风、班风则会使学生情绪低落、压抑，纪律涣散，师生关系紧张，教师的教育态度和水平也必然降低。这会给学生心理健康带来极坏的影响。再次，人际关系和谐是心理健康的一个重要标志，也是对心理健康的一种强有力的促进。学生能否在学校里和老师、同学建立起和谐的人际关系，对他们的心理健康发展有着极为深远的影响。研究表明，学生出现的各种心理问题以至于引发较为严重的心理障碍，很多都和学校中不良的师生关系、不和谐的同学关系密切相关。所以，建立良好的学校人际关系是促进学生心理健康发展的重要途径。大量的实践和研究表明，一个学生拥有良好的师生关系和同学关系，通常有很强的归属感和安全感，心理也会健康发展；而一个师生关系紧张，经常遭到同学排斥、否定、冷淡、不平等对待的学生，往往产生更多的敌对、自卑、焦虑、恐惧等负面情绪，这必然影响学生心理的健康发展。

3. 教师因素

师生之间的关系及相互影响是在师生活动过程中形成和发展起来的，在这一过程中，教师的认知和行为对学生的发展有着至关重要的作用。可以说，教师的一举一动、一言一行对学生都会有影响。①

首先，教师对学生的认知直接影响学生的心理健康状况，这具体表现在教师对学生的理解、教师对学生的态度和教师对学生的期望上。

教师在理解每个学生的基础上，会对每个学生未来发展的潜力有所推测，这被称之为教师对学生的期待。教师对不同的学生会有不同的期待，这会影响到学生的发展。著名的罗森塔尔效应，又称皮格马利翁效应，即期望效应揭示出这样一个规律：教师的高期望可以对学生产生良好的自我实现预言效应，促使学生向好的方向发展，并营造和谐的课堂气氛；而教师的低期望则可能导致学生自暴自弃，学习成绩越来越差，并严重影响课堂气氛。

其次，教师的言语对学生心理健康的消极影响主要表现在教师任意使用不当语言，以及在批评学生时使用过激言行。教师不良言行对学生心理健康的不良影响主要表现在使学生的自尊心、自信心受损，产生焦虑、自卑、胆怯等不良心理，甚至产生人格扭曲，留下终生的人格缺陷，如某些成绩差而又长期遭受教师言语伤害的学生容易产生反社会心理。教师的教学管理行为和日常行为表现都会对学生的心理健康产生影响。

再次，作为学生人格的影响者和知识与技能的传授者，教师在学生的人格发展方面的影响也仅次于父母。教师的心理健康与心理辅导能力，会对学生的

---

① 俞国良，林崇德. 心理学视野中教师的培养与发展 [J]. 教育研究，1999（10）：29－35.

心理健康产生深远影响，并直接影响教育教学的效果。

（四）社会因素

人生活在现实的社会环境中，在一定的社会环境影响下成长和发展。一定社会的文化背景、社区环境、社会风气和学习生活环境等因素都对个体的心理健康产生影响。

1. 社会环境

一定的社会文化背景，如风俗习惯、道德观等，以一种无形力量影响着人们的观念，反映在人们的价值观、信念、世界观、动机、需要、兴趣和态度等心理品质上。社会意识形态对人心理健康的影响，主要是通过社会信息这一媒介实现的，如影视、报纸、杂志、书籍、网络等。健康的社会信息有助于个体的心理健康发展，而不健康的社会信息则会对个体的心理健康造成严重危害。

2. 学习工作环境

个体所处的学习工作环境不同，其心理健康状况也会有所不同。研究发现，城乡差异、人口密度、环境污染、噪音等对人的心理状况都存在明显影响。如城市中的学生，由于住房单元化，同邻居、同伴的交往明显减少，这种状况不利于他们的社会化，使其缺乏人际交往的技巧，容易形成孤僻的性格。拥挤、嘈杂的环境使人的心理严重超负荷，人与人之间更容易产生矛盾、争吵，生活在其中的个体也容易产生紧张心理，出现心理健康问题。

（五）个体因素

除了上述原因之外，个体某些方面的因素如外貌、能力、习惯等也会影响个体的心理健康状况。外貌较好、能力较强的个体，往往在生活中会更多地获得别人的喜爱，会感到更多的满意、愉快，这有助于其心理健康；反之，外貌较差的个体，特别是处于青春期时，往往容易感到自卑、焦虑、挫折，从而导致心理问题的出现。因此，对这些群体更应当关注他们的心理健康，注意疏导和调节。人格特征是与心理健康密切相关的品质，同样一种生活挫折，对不同个性的人，其影响程度完全不同。有的人可能无法承受，或消极应付，从此自暴自弃；有的人则可能接受现实，正视挫折，加倍努力，奋发图强。研究表明，特殊人格特征往往是相应精神疾病，特别是神经官能症的发病基础。例如，谨小慎微、求全求美、优柔寡断、墨守成规、敏感多疑、心胸狭窄、事事后悔、苛求自己等强迫性人格特征，很容易导致强迫性神经症；易受暗示、耽于幻想、情绪多变、容易激惹、自我中心、自我表现等特殊人格特征，很容易导致癔症。因此，培养健全人格是保持身心健康的关键因素之一。

总之，上述各种因素是相互影响、相互制约的，对一个人的身心健康往往是综合发生作用的。因此，我们在观察、分析、诊断心理失调、心理障碍或心理疾病时，务必要充分考虑各种因素的作用，逐一考察，逐一排除，全面正确地作出诊断，采取有效措施进行调适和治疗。

良好的环境有助于孩子心理的健康发展，在民主、和睦、生活丰富多彩的环境中长大的孩子，大多自信、活泼、独立；而在专断、关系紧张、缺乏爱的环境中长大的孩子，容易形成胆小、自卑、孤僻或叛逆的性格。

第二节　中学生常见的心理障碍

心理障碍是心理学、精神医学和心理卫生学等学科中常用的一个概念，从严重程度来看，指轻微的心理异常、心理疾病或精神问题。轻微的心理异常大多是在心身疲乏、紧张不安、心理矛盾冲突、遇到突如其来的问题或面临难以协调的矛盾时出现，其持续时间短，程度轻，并随情境的改变而消失或减缓。而精神问题则持续时间长，程度较严重，需治疗方可减缓。

一、中学生常见的心理异常问题

中学生常见的心理异常问题主要表现在学习、适应、不良行为、情绪、不良个性、压力与挫折、网络成瘾等方面。

（一）学业与适应问题

随着生活水平的提高，学生的学习生活越来越受到重视，与此同时，中学生的适应问题也不容忽视，中学生常见的学业及适应问题包括：学习动机问题、学习焦虑及考试焦虑、适应不良问题（学习适应不良、环境适应不良及社交适应不良）等。

1. 学习动机问题

学习动机是指引发与维持学生的学习行为，并使之指向一定学业目标的一种动力倾向。学生常见的学习动机问题包含学习动机缺乏和学习动机过强。

学习动机缺乏的表现：

（1）懒惰行为。表现为不愿上课、不愿动脑筋、不完成作业、贪玩；学习上拖拉、散漫、怕苦怕累、并经常为自己的懒惰行为找借口。

（2）容易分心。动机不足的学生注意力差，不能专心听讲，不能集中思考，兴趣容易转移。学习肤浅，满足于一知半解。

（3）厌倦情绪。动机缺乏的学生对学习冷漠、畏惧，常感厌倦，对学校与班级生活感到无聊。学习中无精打采，很少享受学习成功带来的快乐。

（4）缺乏学习方法。不愿积极寻求一些适合自己的学习方法，满足于死记硬背，应付考试。

（5）独立性差。在学习上没有明确的学习目标，学习行为往往表现出从众与依附性，随大流，极少有独立性和创造性。

学习动机过强的表现：

（1）自我期望值过高。抱负与期望远远超过了自己的实际水平。

（2）学习过于勤奋。把学习看成是至高无上的，不允许自己浪费时间去从事其他与学习无关的活动，精神长期处于紧张疲惫状态。

（3）争强好胜心强烈。把分数和名次放在最重要的位置上，害怕失败，强烈希望得到老师、长辈、朋友、同学的肯定与赞赏。

（4）情绪紧张。常伴随学习焦虑和考试焦虑，常感到紧张不安，情绪上难以松弛。

（5）易于自责。由于学习上制定的目标过高，通常会导致自己不太满意现状，总觉得自己应该做得更好，即使成功也不能给他们带来内心的愉悦感。

2. 学习焦虑及考试焦虑

学习焦虑常表现为学生在学习过程中心神不宁、自卑自责、头疼头晕、惶恐急躁等。过度的焦虑使学生难以集中注意力，从而影响思维活动，降低学习效率，对学生身心健康产生较大危害。考试焦虑则是考生中常见的一种以担心、紧张或忧虑为特点的复杂而延续的情绪状态。当考生意识到考试对自己具有某种潜在威胁时，就会产生焦虑的心理体验，这在面临高考或中考的学生中普遍存在。考试焦虑是学习焦虑中的一种特殊形式，包括考前焦虑、临场焦虑（晕考）及考后焦虑。

学习焦虑的表现：

（1）心理表现。失眠、急躁、莫名其妙地烦恼、害怕吵闹的环境、疲惫不堪、苦恼、情绪不稳、无法专心致志地学习等。

（2）生理表现。皮肤瘙痒、心悸、腹泻、尿频等。

考试焦虑的表现：

（1）生理表现。失眠多梦、头晕头痛、恶心呕吐、面色苍白、四肢发凉、胸闷气短、食欲减退、肠胃不适、频繁小便等。

（2）心理表现。紧张、担心、恐惧、忧虑、注意力差、记忆力减退、学习效率下降、情绪抑郁、缺乏自信、丧失学习热情、过度夸大失败后果、常有大难临头之感等。

（3）行为表现。拖延时间、逃避考试、坐立不安、怕光怕声，考试时思维混乱、手抖出汗、视力模糊、草草作答、匆匆离开考场等。

3. 适应不良问题

适应是一个反映个体与其环境的相互作用情况，反映个体在环境中能否有效发挥其身心机能，从而有健全的个人生活的概念。由于外在环境和内在身心的变化，或者由于人格特征的某些缺陷，有些青少年会出现不同程度的暂时性心理适应不良问题。青少年常见的适应不良问题包括：学习适应不良、环境适应不良及社交适应不良等。

（1）学习适应不良。

从小学到中学再到大学，学习目标、学习内容和学习方法都会发生很大的变化，如果不能适应，就容易导致升学后学习目标的迷惘和学习成绩的下滑。例如，大学和中学相比，在学习上会有很多变化。如果大学生不能及时调整自己以适应这些变化，就会出现各种学习问题。大多数人在中学时，学习目标非常明确，就是为了考上大学而奋斗；进入大学后，原有目标实现，相当一部分人未能及时确立新的目标，使他们陷入"无目标、无方向"的苦恼之中。在学习内容上，大学的课程内容多、范围广、层次深，有些内容还具有探索性和创造性，这也使一些学生无所适从。在学习方法上，中学以老师课堂讲授为主，各个教学环节老师安排得很具体，督促检查严格，学生被动依赖；而大学强调自主学习和创造学习，老师对学生具体指导减少，学生需要课后自学，如继续沿用中学的学习方法，就会感到不适应。

（2）环境适应不良。

当环境发生变化时，个体会产生一系列生理和心理的反应去适应环境。如果环境变化非常强烈，而个体又缺乏必要的心理调适能力，就会出现环境适应不良，表现为情绪紊乱、行为退缩、学习和工作效率明显下降、躯体不适等。

青少年的环境适应不良主要发生在刚入学的一年级新生身上。从小学到中学或从中学到大学、从家庭生活进入集体生活，青少年的客观环境、人际环境和心理环境都会发生某种程度的变化。有些青少年不能很好地适应这种变化，就会出现各种情绪和行为问题。常见的情绪和行为问题包括：情绪低落、抑郁；孤独和失落感；自尊和自卑的矛盾冲突；回避和退缩行为；轻度神经衰弱的症状等。青少年的环境适应不良主要来自各种环境的变化，如文化环境的变化、生活环境的变化和人际关系变化。

（3）社交适应不良。

青少年社交适应不良主要表现在不敢与人交往、不愿与人交往和不会与人交往等几个方面。有的青少年虽然渴望友谊，但由于性格内向、胆小、害羞、敏感等而不敢主动与人交往，害怕被别人评价，害怕在交往中受伤害，从而致使自身独来独往、心事重重。有的青少年由于性格孤僻或曾经历过一些社交挫折，导致其不愿与人交往，很少参加集体活动，把自我封闭起来。有的青少年则因缺乏人际交往技巧，容易引发人际矛盾和人际冲突。

（二）问题行为

青少年的问题行为，是指青少年由于个人行为表现无法顺利适应这种多变的环境，致使他们开始感到适应的困难，无论在家庭、学校还是社会等各个方面，可能造成其在生理上的或者精神上的困扰。中学生常见的问题行为包括注意力问题及攻击行为等。

1. 注意力问题

注意是心理活动对一定对象的指向和集中，是一种伴随着感知觉、记忆、思维、想象等心理过程的心理现象。注意力有两个基本特征，一个是指向性，指心理活动有选择地反映一些现象。二是集中性，指心理活动停留在被选择对象上的强度或紧张。指向性表现为对出现在同一时间的许多刺激的选择，集中性表现为对干扰刺激的抑制。学生群体中常见的注意力问题包括注意力涣散、注意力不集中等。

注意力问题的表现：

（1）持续时间。一般来说，个体 2～3 岁时专注时间为 10～12 分钟，5～6 岁达到 12～15 分钟，7～10 岁为 20 分钟，10～12 岁为 25 分钟，12 岁以上可以达到 30 分钟以上。注意力问题的表现之一在于注意的持续时间明显少于所处年龄的平均水平。

（2）行为表现。频繁地改变注意对象；对指令心不在焉，做事常半途而废，不断地以喝水、吃东西、上厕所等理由中断做事过程，做事时间明显延长；逃避、不喜欢或不愿参加那些需要精力持久的工作或活动；容易遗忘日常活动。

2. 攻击行为

攻击行为是以伤害他人身体或心理为目的的行为，如敌视、伤害或破坏性行为等。攻击行为的首要特点在于，攻击者有伤害他人身心健康的意图并付诸行动。攻击行为包括身体攻击、心理攻击、言语攻击等。

根据攻击的目的不同，可以将攻击行为分为两种类型：敌意性攻击和工具性攻击。敌意性攻击一般由痛苦或不安引起，是个体的情绪性行为，其目的是伤害别人，以给他人造成痛苦作为最终目标，如打架、斗殴等。工具性攻击并不直接由愤怒或某种情绪引起，而是把伤害他人作为一种手段，目的是通过攻击获得所希望的奖励或有价值的东西，如抢劫等。

攻击行为在不同年龄有着不同的发展特点。幼儿期孩子的攻击行为特点是散乱的、无目的地发脾气。到了学龄期，小学生经常对直接的挑衅采取攻击行为，而且这种反应性攻击行为的意图常常是为了伤害挑衅者。青少年的攻击行为主要表现为欺负弱小同伴和低年级学生，如殴打、勒索他人。在攻击行为的方式上，男女间也存在着明显差异。男性较喜欢使用直接的身体攻击，而女性则喜欢采用言语形式的攻击，且伴随着女性的成长，她们将更多地采用诽谤、孤立、使用诡计等间接的攻击方式。

（三）情绪和个性问题

随着自我意识的发展、社会经验的积累和社会技能的提高，青少年的情绪由强烈的外部表现逐步转变为较为稳定的内心体验，情绪的表现方式由外在冲动性向内在文饰性转变，情绪体验的内容更加深刻丰富，社会性情绪占主导地位，同时个性发展也出现了许多新特点。中学生常见的情绪和个性的问题包括：抑郁情绪、焦虑情绪、自我中心及自卑等问题。

1. 抑郁情绪

抑郁情绪是以显著而持久的心境低落为主要特征的情绪状态。抑郁情绪的表现：

（1）心境方面。表现为显著而持久的情感低落，抑郁悲观，闷闷不乐，无愉快感，兴趣减退。在心境低落的基础上，会出现自我评价降低，产生无用感、无望感、无助感和无价值感，常伴有自责自罪的行为。

（2）思维方面。思维联想速度缓慢，反应迟钝，思路闭塞，自觉"脑子好像是生了锈的机器""脑子像涂了一层糨糊一样"。

（3）意志活动方面。意志活动呈显著持久的抑制。表现为行为缓慢、生活被动、懒惰、不想做事、不愿与周围人接触交往，常独坐一旁，或整日卧床，闭门独居、疏远亲友、回避社交。

（4）认知功能方面。对近期事情记忆力下降、注意力障碍、反应时间延长、警觉性增高、抽象思维能力差、学习困难、语言流畅性差，以及空间知觉、眼手协调及思维灵活性等能力减退。

（5）躯体症状方面。睡眠质量减退、乏力、食欲减退、体重下降、便秘、身体疼痛等。躯体不适的表现往往涉及各脏器，如恶心、呕吐、心慌、胸闷、出汗等。

2. 焦虑情绪

焦虑是对未来的威胁和不幸的忧虑预期，并伴随着紧张、烦躁不安或一定的身体症状。焦虑的主要表现：

（1）心理表现。对日常琐事的过度和持久的不安、担心。焦虑的痛苦在精神上体现为对一些指向未来的或不确定的事件过度地担心、害怕，如担心自己患病，父母发生意外，学习上的失误，很小的经济问题，人际关系等。

（2）躯体表现。手心出汗、恶心、心慌、心率加快、口干、咽部不适、异物感、腹泻、多汗等；泌尿生殖系统症状有尿频、尿急、勃起不能、性欲冷淡；神经系统症状有耳鸣、视物模糊、周身不适、刺痛感、头晕及"晕厥"感。

（3）神经、肌肉及运动性症状。运动方面的症状表现为烦躁不安、肌肉震颤、身体发抖、坐立不安、无目的活动增多、易激惹、发怒、行为的控制力减弱等。可同时伴有失眠、多梦等。

【知识链接】

焦虑自评量表（SAS）

填表说明：下面有二十条文字，请仔细阅读每一条，把意思弄明白，然后根据您最近一周的实际感觉，选择等级：A. 没有或很少时间；B. 少部分时间；C. 相当多时间；D. 绝大部分时间或全部时间。

1. 我觉得比平常容易紧张或着急。
2. 我无缘无故地感到害怕。
3. 我容易心里烦乱或感到惊慌。
4. 我觉得我可能将要发疯。
5. 我觉得一切都好，也不会发生什么不幸。
6. 我的手脚发抖打战。
7. 我因为头痛、颈痛和背痛而苦恼。
8. 我感觉容易衰弱和疲乏。
9. 我觉得心平气和，并且容易安静地坐着。
10. 我觉得心跳得很快。
11. 我因为一阵阵头晕而苦恼。
12. 我会晕倒，或觉得要晕倒似的。
13. 我吸气呼气都感到很容易。
14. 我的手脚麻木和刺痛。
15. 我因为胃痛和消化不良而苦恼。
16. 我常常要小便。
17. 我的手脚常常是干燥温暖的。
18. 我脸红发热。

19. 我容易入睡而且一夜睡得很好。

20. 我作恶梦。

计分方式：本量表按 4 级评分（1~4 级），1 = 很少有，2 = 有时有，3 = 大部分时间有，4 = 绝大多数时间有。

统计结果：总分（20 个项目所得分之和）：_____；标准 T 分（总分乘以 1.25 并四舍五入取整数）：_____。

焦虑自评量表（SAS）计分标准及注意事项

焦虑自评量表（Self-Rating Anxiety Scale，SAS）由 Zung 于 1971 年编制，从量表构造的形式到具体评定的方法，都与抑郁自评量表（SDS）十分相似，它也是一个含有 20 个项目、分为 4 级评分的自评量表，用于评出焦虑病人的主观感受。

（一）项目、定义和评分标准

SAS 采用 4 级评分，主要评定项目为所定义的症状出现的频度，其标准为："1"表示没有或很少有时间有；"2"是小部分时间有；"3"是相当多时间有；"4"是绝大部分或全部时间都有。评定时间为过去一周内，把每个题的得分相加为粗分，粗分乘以 1.25，四舍五入取整数即得到标准分。抑郁评定的临界值为 $T=50$，分值越高，抑郁倾向越明显。

（二）适用对象

SAS 适用于具有焦虑症状的成年人。同时，它与 SDS 一样，具有较广泛的适用性。

（三）评定方法及注意事项

在自评者评定之前，要让他把整个量表的填写方法及每条问题的含义都弄明白，然后作出独立的、不受任何人影响的自我评定。

在开始评定之前，先由工作人员指着 SAS 量表告诉他：下面有二十条文字，请仔细阅读每一条，把意思弄明白，然后根据您最近一星期的实际情况，在适当的方格里打钩（√）。每一条文字后有 4 个方格。分别代表没有或很少（发生），小部分时间，相当多时间，绝大部分或全部时间。

如果评定者的文化程度太低不能理解或看不懂 SAS 问题内容，可由工作人员念给他听，逐条念，让评定者独立地自己作出评定。一次评定，一般可在十分钟内填完。

应该注意：

1. 评定的时间范围，应强调是"现在或过去一周"。

2. 在评定结束时，工作人员应仔细地检查一下自评结果，应提醒自评者不要漏评某一项目，也不要在相同一个项目里打两个勾（即不要重复评定）。

3. SAS 应在开始治疗前由自评者评定一次，然后至少应在治疗后（或研究结束时）再让他自评一次，以便通过 SAS 总分变化来分析自评者症状的变化情况。如在治疗期间或研究期间评定，其间隔可由研究者自行安排。

（四）应用评价

SAS 是一种分析患者主观症状的相当简便的临床工具。作者对 36 例神经官能症患者进行 SAS 评定，同时并用 HAMA 量表作询问检查，两表总分的 Pearson 相关法的相关系数为 0.365，Spearman 等级相关的系数为 0.341，结果表明 SAS 的效度相当高。国外研究者认为，SAS 能较准确地反映有焦虑倾向的精神病患者的主观感受。而焦虑则是心理咨询门诊中较常见的一种情绪障碍，近年来，SAS 已作为咨询门诊中了解焦虑症状的一种自评工具。

（资料来源：《心理卫生评定量表手册》，中国心理卫生杂志社，1999.）

3. 自我中心

自我中心就是把注意力集中在自己的行为和观点上的现象。自我中心的个体以自己为中心解释世界和处理事情，可视为个人主义的一种表现方式。自我中心的表现：

（1）人际关系疏远。主要表现为从自己的利益出发，较少顾及他人感受。在人际交往过程中不遵循"互惠原则"，以个人利益为中心，对个体有利的则作为交往对象，而对个体没有利益的或者利益关系终结后则开始疏远。

（2）思维僵化。总是以自己的态度作为他人态度的"向导"，认为他人都要和自己的思维一致。在明知他人正确时，也不愿意改变自己的态度或接受他人的态度，因而难以从态度、价值观的层次上与他人进行交往，人际交往的水平低下。

（3）自尊心过强。自我中心者有很强的自尊心，个体的自我保护意识过强，容易产生嫉妒心理，不能接受个体的失败，心理弹性较差。

4. 自卑

自卑是一种不能自助的复杂情感。主要表现在对自己的能力、品质评价过低，同时可伴有一些特殊的情绪反应，如害羞、不安、内疚、忧郁、失望等。自卑的表现：

（1）敏感。表现为过分敏感、自尊心强、非常希望得到他人的重视、唯恐被人忽略、过分看重他人对自己的评价，任何负面的评价都会导致个体内心激烈的冲突，甚至扭曲他人的评价。

（2）失衡。由于种种原因造成的弱势地位，使得自卑个体体验不到自身价值，甚至还会遭到强势群体的厌弃。

（3）情绪化。表现为表面上逆来顺受，但内在情绪变化强烈。个体对于情绪变化的应对能力较差，很容易导致心理压力的产生。当受到不公正的待遇时，往往难以忍受，产生过激言行。

（四）压力与挫折问题

随着社会的发展，中学生所面临的来自家庭、学校和社会的压力和挑战越来越多，从而不可避免地感受到诸多的心理压力和恐惧，产生一些心理健康问题。

1. 压力

压力是由刺激引起的、伴有躯体机能以及心理活动改变的一种身心紧张状态。造成压力的原因有多种，心理学家通过分析造成压力的各种生活事件，提出了四种类型的压力源：

（1）躯体性压力源。是指通过对人的躯体直接发生刺激作用而造成身心紧张状态的刺激物，包括物理化学的、生物的刺激物，如过高或过低的温度、微生物、变质食物、酸碱刺激等。

（2）心理性压力源。是指来自人们头脑中的紧张性信息，如心理冲突与挫折、不切实际的期望、不祥预感以及与学习、工作、责任有关的压力和紧张等。

（3）社会性压力源。是指造成个人生活方式上的变化，并要求人们对其作出调整和适应的情境与事件，包括个人生活中的变化，也包括社会生活中的重要事件。

（4）文化性压力源。最常见的是文化性迁移，即从一种语言环境或文化背景进入另一种语言或文化背景中，使人面临全新的生活环境、陌生的风俗习惯和不同的生活方式，从而产生压力。

2. 挫折

挫折是指人们在有目的的活动中，遇到无法克服的阻碍。心理学上指个体有目的的行为受到阻碍而产生的必然的情绪反应，会给人带来实质性伤害，表现为失望、痛苦、沮丧不安等。挫折易使人消极妥协，具体包含三个方面的含义：一是挫折情境；二是挫折认知；三是挫折反应。

对于同样的挫折情境，不同的人会有不同的感受；引起某个人挫折的情境，不一定是引起其他人挫折的情境。挫折的感受因人而异的原因主要是人的挫折容忍力不同。所谓挫折容忍力，是指人受到挫折时免于行为失常的能力，也就是经得起挫折的能力，它在一定程度上反映了人对环境的适应能力。对于同一个人来说，对不同的挫折其容忍力也不相同，如有的人能容忍生活上的挫折，却不能容忍工作中的挫折，有的人则恰恰相反。挫折容忍力与人的生理、社会经验、抱负水平、对目标的期望以及个性特征等有关。

（五）网络成瘾问题

互联网与信息技术的发展给人类的生活、学习与工作带来了极大的便利。但是网络具有虚拟性、匿名性的特点，存在着极大的危害。青少年网络成瘾综合征便是其典型的产物。现今，学生网络成瘾现象日益突出，严重损害了学生学习的积极性与身心健康的发展。

1. 网络成瘾的概念

网络成瘾，又称"互联网成瘾综合征"（简称 LAD），临床上也称病理性网络使用（简称 PIU），是指由于过度使用网络而导致明显的社会、心理损害的一种现象。其主要特征是无节制地花费大量时间上网，必须增加上网时间才能获得满足感，不能上网时则出现异常情绪体验，学业失败、工作绩效变差或现实人际关系恶化，向他人说谎以隐瞒自己对网络的迷恋程度、症状反复发作等。

2. 网络成瘾的诊断标准

基思·比尔德在金博莉·杨的量表基础上进行修订，制定了"5＋3"的诊断标准。其中前 5 个标准为：

（1）是否沉迷于网络。

（2）是否为了满足需要而增加上网时间。

（3）是否不能控制、减少和停止使用网络。

（4）当减缩和停止使用网络时是否感到疲倦、忧郁、痛苦或易怒。

（5）上网时间是否比最初想要上网的时间长。

这是网络成瘾的必要条件。除此之外，还必须满足至少 3 个标准中的一个：

（1）危及重要的人际关系、工作、学习和职业。

（2）对家庭成员、临床医生和其他人隐瞒真实的上网时间。

（3）使用网络是为了逃避现实生活或减轻精神困扰。

只要满足"5＋1"个标准，就可以诊断为网络成瘾。

3. 网络成瘾的表现及症状

（1）突显性。网络成瘾者的思维、情感和行为都被上网这一活动所控制，上网成为其主要活动，在无法上网时会有强烈的渴望。

（2）情绪改变。如果停止使用网络可能会产生激惹、焦躁和紧张等情绪体验。

（3）耐受性。成瘾者必须逐渐增加上网时间和投入程度，才能获得以前曾有的满足感。

（4）戒断反应。在不能上网的情况下，会产生烦躁不安等情绪体验。

（5）冲突。网络成瘾行为会导致成瘾者与周围环境的冲突，如与家庭、朋友关系淡漠，工作效率降低，学习成绩下降等；会导致成瘾行为与其他活动的冲突，比如与学习、工作与其他活动的冲突；会导致成瘾者内心对成瘾行为的矛盾心态，即意识到过度上网的危害但又不愿放弃上网带来的各种精神满足。

二、障碍性心理问题

障碍性心理问题也称为神经官能症，表现为持久的心理冲突。当事人能觉察到这种冲突，并感到痛苦，且影响当事人的心理功能和社会功能，但没有器质性的病变。具体特征表现为以下几个方面：

（1）时间持久。常以年计算，最少不少于三个月。

（2）心理冲突。存在两种矛盾或对立的观念（如欲望、行为、情感、价值观等），当事人无法使其统一协调。心理冲突具有常形和变形两种，常形是指人们能够理解，现实中也存在，并且往往是冲突的一方和另一方有道德的区别。变形是指不能被人们理解，冲突双方没有道德倾向。

（3）当事人能觉察冲突，并感觉很痛苦。

（4）影响心理功能和社会功能。如记忆力不好、注意力不集中，紧张、学习成绩下降，工作水平降低，人际交往出现问题等。

中学生常见的障碍性心理问题包括：恐惧症、广泛性焦虑、疑病症、抑郁症及强迫症等。

1. 恐惧症

恐惧症也称恐怖症，是一种以过分和不合理地惧怕外界客体或处境为主的神经症。患者明知没有必要，但仍不能防止恐惧发作，恐惧发作时往往伴有显著的焦虑和自主神经症状。患者极力回避所害怕的客体或处境，或是带着畏惧去忍受。

2. 广泛性焦虑

广泛性焦虑是一种以缺乏明确对象和具体内容的提心吊胆，以及紧张不安为主要表现的焦虑症，并有显著的植物神经症状、肌肉紧张及运动性不安。患者常因难以忍受又无法解脱而深感痛苦。

3. 疑病症

疑病症是一种以担心或相信患有严重躯体疾病的持久性优势观念为主的神经症。患者因为这种症状反复就医，各种医学检查和医生的解释均不能打消其疑虑。患者即使有时存在某种躯体障碍，也不能解释症状的性质、程度，或患者的痛苦与优势观念，常伴有焦虑或抑郁。对身体畸形的疑虑或优势观念也属于此症。本障碍男女均有，无明显家庭特点，常为慢性波动性病程。

4. 抑郁症

神经症性抑郁症患者最突出的症状是情绪低落，严重程度可起伏波动。具体表现为兴趣减退甚至丧失，对日常活动和娱乐的兴趣明显减退，体验不到乐趣和愉快；对前途悲观失望，常感到精神疲惫，精力明显不足；对生活和事业缺乏动力和热情，有无助感；自我评价下降，过分夸大自己的缺点，常常自卑、自责、内疚，认为自己是无用的人，看不到自己的优点与长处；感到生命缺乏意义与价值；认为活着没有任何意义，常认为活着不如死了好；遇事常往坏处想，甚至企图自杀，但在具体实施上，则又显得顾虑重重。

5. 强迫症

强迫症指一种以强迫症状为主的神经症，其特点是有意识的自我强迫和反强迫并存，二者强烈的冲突使患者感到焦虑和痛苦；患者体验到观念或冲动来源于自我，但违反自己意愿。个体虽极力抵抗，却无法控制；患者也意识到强迫症状的异常性，但无法摆脱。

第三节　中学生心理辅导的方法

运用有关心理健康教育的方法和手段，帮助学生解决成长过程中的心理问题，培养学生良好的心理素质，促进学生身心和谐发展及素质得到全面提高是中学生心理健康教育的目标。

一、中学生心理辅导的内容

根据中学生身心发展的特点，心理辅导内容主要分为人格培养、学习心理、人际心理、适应问题及职业心理等方面。

（一）健全人格的培养

人格是一个人素质的重要组成部分，犹如人的灵魂。人格的形成与人自身素质有关，同时受生活环境、教育、社会实践等外部因素的影响，其中受教育因素的影响最大。由此可见，人格是教育的根本。积极的人格培养是基础教育的根本目的，也是素质教育的真正内涵。

青少年健康人格培养的基本思路：

1. 树立健康人格教育的理念

健康人格教育是人性化教育，要尊重人的需要价值和差异，同时也是人的社会化教育，是"做人""立人"教育。健康人格教育是养成教育，而非应时性、灌输性教育。青少年健康人格教育是适应年龄特征的教育，但又是立足于人的终生发展的教育，即人生教育、生涯教育、命运教育。健康人格教育要消除和矫正青少年人格健康问题和障碍，但更要关注其人格发展、潜能开发、品质形成，即发展性教育。健康人格教育既是外在行为的教育，又是内在品质的培养教育，是内外人格品质统一的教育。

2. 正确理解青少年人格健康的标准

对人格健康标准的有关理解从发展的角度看，青少年健康人格应表现为：有不断增强的独立自主性；喜欢学习、参与和创造；与周围环境有良好的接触；以积极态度待人，对人友善，有爱心，能合作；气质较协调（包括性别气质），性格活泼、愉快热情、乐观开朗、幽默、有责任心、讲诚信；较能悦纳自我，自知、自信、自尊；富于理想，面向未来；做事有目标，并能坚持到底，善待困难挫折与荣誉。

3. 明确青少年健康人格教育的核心任务

（1）培养理性的认知方式，预防和消除非理性的认知方式。

（2）培养积极的情意品质，预防和消除消极的情意品质。

（3）培养优良的性格品质，预防和消除消极的性格品质。

（4）培养健全的自我意识，预防和消除消极的自我观念。

（5）培养积极的价值定向，预防和消除消极的价值取向。

（6）养成良好的行为习惯，预防和消除不良的行为习惯。

（二）学习心理的辅导

学习心理辅导的具体内容包括：了解学生学习潜能的辅导；学习动机、学习兴趣、学习态度的辅导；学习志向水平的辅导；学习习惯的辅导；学习方法与策略的辅导；学习计划与监控的辅导等。其中学习方法和策略的辅导强调"学习方法的学习"，指导学生在学科学习中逐步掌握阅读的方法、记笔记的方法、检验的方法，掌握集中注意的策略、理解与记忆的策略、解决问题的策略等。此外，学习成败归因辅导、协助个人充实学习内涵的辅导、有效运用各种学习资料的辅导、考试辅导等都属于学习心理辅导的内容范围。

（三）人际交往的辅导

人际交往的辅导是对学生的人际交往过程和人际交往活动进行辅导，促进学生认识交往的意义，提高交往的主动性，掌握交往的技巧，消除交往的心理障碍，进而建立一种和谐融洽的人际关系，促进学生的人格发展和保持学生的心理健康。随着自我意识的发展，青少年学生产生了强烈的交往需求，交往水平也在不断提高。但由于心理不成熟，社会经验缺乏，他们在交往过程中容易产生各种问题。通过人际交往的辅导，可以帮助他们解决交往中的问题，提高交往的能力。人际交往辅导的具体内容包括同伴交往的辅导、师生交往的辅导、亲子交往的辅导和异性交往的辅导。

（四）适应问题的辅导

生活与社会适应辅导的目的是促使学生掌握基本的生活技能，建立合理的生活规范，了解社会的有关信息，培养学生适应社会生活的能力。生活适应包括生活环境的熟悉、生活技能的掌握、生活习惯的养成、休闲生活的安排、生活压力的应付等；社会适应包括社会环境的熟悉、社会规范的掌握、社会角色的认知、社会责任感的形成等。

其具体内容包括：①日常生活技能的教育。指导学生养成良好的生活与卫生习惯，培养学生的生活自理能力。②自我保护的教育。培养学生的安全意识与自我保护意识，引导他们正确认识纷繁复杂的社会现象，掌握与坏人坏事作斗争的适当方式。③学校适应方面的教育。指导学生的心理与行为方式，使他们尽快适应新的学校和学习环境。④性问题方面的教育。帮助学生认识性别差异，认同并接纳自己的性别，学会解决异性心理困惑，例如，初恋、青春期对异性的好感等。⑤休闲教育。帮助学生确立正确的休闲观念和态度，获得必备的休闲知识和技能，学会生活。⑥消费指导。帮助学生了解消费的一般常识，从而养成健康合理的消费行为方式。

（五）职业生涯的辅导

职业辅导涉及专业选择、职业选择、就业准备、职业适应等问题。职业辅导内容的要点是协助学生了解自己的能力倾向、职业兴趣、职业价值观，了解工作特性，获得有关就业、社会人才需求方面的信息，了解国家就业政策，让学生掌握择业决策的技巧，正确处理个人职业兴趣与社会需要之间的关系等。

二、中学生心理辅导的主要途径

中学生心理辅导的主要途径有开设心理健康教育课程、团体心理辅导、个别心理辅导及心理健康知识宣传等。

（一）心理健康教育课程

1. 开设以普及心理健康教育知识为主的有关课程

以普及心理健康教育知识为主的有关课程的开设是学校开展学生心理辅导工作的制度保证。通过相关课程的学习，可以使学生掌握必要的心理学和心理健康的有关知识。这对帮助学生正确认识自己，有效地调控自己的心理和行为无疑是非常必要的。

在开设相关课程时应该考虑以下几个问题：从内容上说，可以开设心理学、心理卫生、心理健康教育等相关课程，也可以定期举办有关的知识讲座；从目的上说，相关课程的开设的目的在于向学生普及心理健康知识，帮助学生预防心理问题和心理疾病，促进学生健康心理的形成和发展，进而全面提高学生的心理素质，而不在于对心理学学科知识的系统讲授；从方法上说，相关课程的开设应该特别重视学生的参与性和活动性，课程离开了学生的参与和活动也就失去了该课程的本质特征；从功能上说，这些课程的开设不仅仅是为了扩展学生的知识，而且还要改善学生情绪状态，转变其态度，培养必要的社会技能等。有的学校在相关课程的开设中，以传授心理学知识为主，简单生硬地说教，甚至对名词、概念进行考试，加重了教师的教学负担、学生的学习负担和心理压力，这种做法是与开设以普及心理健康教育知识为主的有关课程的目的背道而驰的。

2. 开设专门的心理辅导活动课

心理辅导活动课是为学校开展心理辅导工作而专门设计的一种活动课程，一般都被列入正式的课程计划之中。该课程的目的、内容、方法、程序都是有计划、有系统地安排设计的。

首先，要充分认识到开设专门的心理辅导活动课与开设以普及心理健康教育知识为主的有关课程不同。心理辅导活动课的主要目的不在于学科知识的系统讲授，而在于促进学生健康心理的形成和发展。

其次，在开设心理辅导活动课时还要特别注意以下几点：心理辅导活动课的特点是，组织上以教学班为单位，形式上以学生活动为主，内容上充分考虑到学生的实际需要，强调学生认识、情感、行动的全面投入。其过程不是单纯让学生掌握相关知识，而是针对学生实际，通过具体事例或活动，使学生获得认识自我、发展自我、培养自信心、自我调节的能力，最终实现优化心理素质的目的。心理辅导活动课的主要任务是针对学生发展中带有普遍性和倾向性的心理问题，通过科学设计生动有趣的活动，让学生积极参与和亲身体会，及时有效地帮助学生排除心理烦恼，缓解心理压力，消除不良的情绪情感，矫正不良的思想观念和行为表现，提高其适应现实的能力，以保证心理的健康发展。

（二）团体心理辅导

团体心理辅导是在团体情境下进行的一种心理辅导形式，它是通过团体内人际交互作用，促使个体在交往中通过观察、学习、体验，认识自我、探讨自我、接纳自我，调整改善与他人的关系，学习新的态度与行为方式，以发展良好适应的助人过程。团体心理辅导的特色在于培养人的信任感和归属感，由对团体的信任到对周围其他人的信任，由对团体的归属感扩大到对学校、社会及国家的认同感和归属感。由于有独特之处和良好效果，团体心理辅导在国内外得到了迅速发展，被广泛应用于学校、企业、医院、社区等各个领域。团体包括的咨询老师通常为 6～10 人，以 8 人为宜，这样即使有少数组员中途退出，也能保证有 6 人组成互动的团体。团体人数不宜过多，以免咨询老师不能同时观察和把握所有组员的互动，无法明晰团体动力方向。

团体心理辅导由于其特殊的预防性和教育性功能，在学校中有着广泛应用，主要应用领域包括：

1. 学业问题咨询

对于学生来说，学业问题或考试焦虑是最为普遍的问题，学生在学习方法、学习动机、时间管理、压力管理等方面需要专业科学的指导。教师可以通过组织相关主题的团体辅导引导学生正确认识压力、改进时间管理方法、提高学习效率，预防学业压力引发过大的危机。

2. 适应问题咨询

无论是中小学阶段还是大学阶段，环境适应问题都是学生寻求心理咨询的主要问题之一，也是造成学生心理压力的重要来源。适应问题是一种发展性问题，是在一定阶段暂时性出现的问题，如新生入学期、新宿舍适应期、校区转换期等。学校可以定期开展以新生为对象的团体辅导或主题班会，帮助学生度过特殊阶段，提升适应能力。

3. 人际关系咨询

在求学阶段，学生的人际关系主要是同朋辈之间的关系，但也包括家庭关系、亲子关系、与师长之间的关系，同时也包括恋爱关系与对性的认知。学生阶段将经历个人发展的许多关键节点，如初中时期的"疾风骤雨"期、初高中阶段的青春期、大学阶段的"自我同一性混乱"期等。在每个阶段，个体既面临着生理和心理上的重大变化和转折，经历着对自我前所未有的关注及迷茫、困惑甚至原有自我的颠覆，同时也遇到各种各样人际关系方面的问题和困难。所以对于学校教育来说，必须充分了解和关注学生在这一时期的心理变化和人际关系特点，有针对性地开展主题多样的团体心理辅导，这对学生的心理、学业、社会关系培养等具有不可替代的重要作用。

4. 求职择业

求职择业主要涉及学生的职业生涯规划、职业兴趣测评以及择业时的心理冲突等内容，对于中学毕业班以及大学高年级学生来说，对这类问题的需求尤为迫切。求职择业不仅关系到学校的学生就业率，更重要的是和个人前途、人生选择乃至自我实现息息相关，因此，应当引起足够重视。团体心理辅导可以针对学生求职择业时常见的心理冲突和心理问题进行探讨，引导学生将自我认识和人生选择有机地结合在一起，使其既能顺应环境又能突显自我，在职业发展方面作出自主、有效且负责任的选择。

（三）个别心理咨询

面向学生个体的个别心理辅导简称个别辅导，是心理辅导工作者通过与学生一对一的沟通、互动来实现的专业的助人活动。它主要是依据学生个体智力因素、非智力因素，特别是个体发展的差异性及其存在的问题，有针对性地对学生进行的辅导。由于心理辅导的精髓在于个别化对待，因此个别辅导是一种不可替代的辅导方式，是进行学生心理辅导的重要途径。一所学校在开展心理辅导时无论采用什么途径，都应该与个别辅导相配合，否则其心理辅导工作是不完整的。

个别心理辅导一般是通过建立心理辅导室或心理健康指导中心等形式开展具体实施过程。比较常用的方法有门诊辅导、个别交谈、电话辅导、信函咨询和个案研究等。实践证明，个别心理辅导是学校心理辅导工作中常见且有效的一种方法。

（四）心理健康宣传活动

心理健康宣传活动是指教育者根据不同年龄学生的心理特点，设计和组织丰富多彩、形式多样的活动，在活动中开展心理健康教育。随着年龄增长，学生心理逐渐成熟化，学生对活动的体验会更加丰富、更加深入，根据学生的年龄和心理发育特点，组织符合其身心健康和发展的活动，必然有助于学生的成长。

心理健康宣传活动的形式多种多样，如心理健康教育活动月（周）、心理社团活动、校园心理剧、心理主题班会等。心理健康教育活动是向学生宣传、普及心理健康知识，进行心理自助的平台，近年来已经成为学校心理辅导老师的主要工作之一，颇受师生欢迎。

三、中学生心理辅导的方法与技术

（一）认知行为疗法

认知行为疗法是当今最主要的心理咨询与治疗方法之一，它是由行为疗法和认知疗法整合而成。早期的行为疗法只关注可观察、可测量的行为，强调环境与行为之间的交互作用。它忽视所有的心理活动，把心理—大脑看成是一个不容易理解的"黑匣子"，因此在尝试行为改变时，不应该把注意力集中于心理或大脑。认知疗法则强调心理的作用，尤其强调认知因素对情绪和行为的决定性影响。认知行为疗法结合行为疗法和认知疗法的特点，通过改变来访者的不良认知，从而达到消除不良情绪和行为的目的。需要注意的是，认知行为治疗认为治疗的目标不仅仅是针对行为、情绪这些外在表现，而且要分析来访者的思维活动和应付现实的策略，找出错误的认知并加以纠正。

1. 理性情绪行为疗法

理性情绪行为疗法（Rational – Emotive Behavior Therapy，REBT）由美国临床心理学家艾利斯（Ellis）于 1955 年提出，其核心观点是"人不是为事情困扰，而是被对这件事的看法困扰"。REBT 的基础理论是 ABC 理论，该理论认为，诱发性事件 A（activating events）只是引起个体情绪及行为反应 C（consequences）的间接原因，人们对诱发性事件所持的信念 B（beliefs）才是引起个体情绪及行为反应的直接原因。理性的信念会引起人们适度的情绪和行为反应，而不理性的信念则会导致个体不适当的情绪和行为反应，甚至造成情绪障碍和各种神经症的发生。

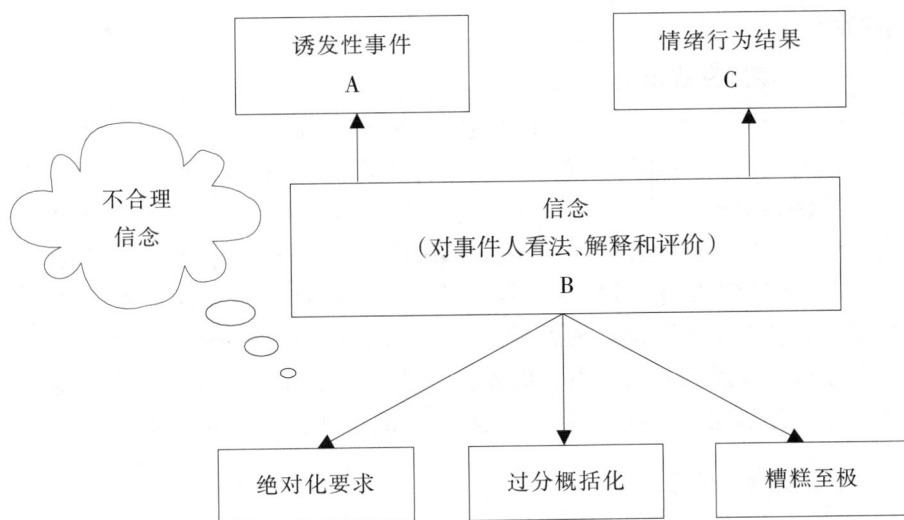

图 10 - 1 合理情绪疗法示意图

理性情绪疗法在实施时基于以下四个原则:

(1) 一个人要为自己的情绪、行为负责。

(2) 一个人表现出来的有害情绪和障碍性行为由他自身不合理的理念所致。

(3) 通过自我暗示、自我激励等练习,人们可以获得符合实际的、有益的、理性的观点和理念,并且能使这些观点、理念成为自身思维的组成部分。

(4) 一个人一旦形成、发展出符合现实情境的观察、理解和分析方法,便可接纳自己所面临的情境,对自己的现状感到满意。

2. 认知行为疗法

美国心理学家贝克(Beck)在治疗抑郁症的临床实践中创建了认知行为疗法(Cognitive Behavioral Therapy,CBT),该疗法的核心是通过调节认知过程来达到改变个体行为的目的。贝克认为,认知导致情绪及行为的产生,异常认知导致异常情绪及行为的产生;认知是情感和行为的中介,情感问题和行为问题都与歪曲的认知有关。每个人都有一个早期发展形成的认知模式,称为图式或思维模式,它决定着人们对事物的评价,支配着人们的行为,导致人们在思考问题时会涌现出一些自动思维,而负性的自动思维会导致个体产生抑郁、焦虑、行为障碍等。

贝克还指出常见的非理性思维包括:武断的推论、选择性抽象、过度概括化、夸大或缩小、极端思维等。这些非理性思维,使个体在遭遇不良事件时容易形成对未来、自我、世界的悲观看法,从而导致个体陷入无望、无助等不良情绪中。

3. 认知行为矫正法

继艾利斯和贝克之后，梅钦鲍姆（Meichenbaum）创立了一种具有明显认知重建模式特征的训练方案——认知行为矫正法（Cognitive Behavior Modification，简称 CBM）。该方法的实质是通过处理内在对话，进而改变个体的思考方式、认知结构和行为方式。认知行为矫正法一般采用渐进方式，它要求人们首先自我觉察消极信念，说出或写出与情境有关的负向、内在对话；然后去寻找与原有非理性观念不相容的思考方式，并用新的积极的内在对话来表达；最后学会独自完成此任务，熟悉、巩固合理认知的步骤，在现实情境中练习新的内在对话，并掌握一些有效的应对技巧，从而达到更好适应环境的目的。

（二）行为矫正法

行为矫正法也称行为疗法，是以行为主义学习理论为指导，按照一定的程序，对个体进行反复训练来消除或纠正其异常或不良行为的一种心理治疗方法。行为疗法有许多技术，包括强化、惩罚、消退、系统脱敏法、厌恶疗法等。

1. 强化法

强化法是指当某一行为在某种情境下出现后得到一种满意的结果，下次遇到类似情境，这一特定行为出现的可能性就会提高，这整个的历程便称为强化。强化法的实际应用如下表：

表 10-2　强化法的实际应用

情境	反应	立即效果	长期影响
小明考试没考好	发下成绩单	妈妈看了试卷后说：很高兴小明对有些科目有兴趣	以后再努力的力量增强
放学回家	抓紧时间写完作业	准许看电视节目	赶紧写作业的行为加强
功课做完	主动练习钢琴	爸爸夸奖弹得越来越好	以后自觉练琴的机会增加
写完功课	主动收拾书桌	得到夸奖	整理书桌行为增加

2. 松弛训练法

松弛训练法也称放松训练法，它是一种通过训练有意识地控制自身的心理生理活动，降低激活水平，改善机体紊乱功能的心理辅导方法。目的在于改变肌肉紧张，减轻因肌肉紧张引起的酸痛，以应付情绪上的紧张、不安、焦虑和愤怒，即通过肌肉的放松达到精神的放松，以此应付生活中产生的压力。一般来说，其方法是紧缩肌肉，深呼吸，释放现在的思想，注意自己的心跳次数等，以此帮助当事人经历和感受紧张状态和松弛状态，并比较其间的差异。如渐进性放松法，就是在安静的环境中采取舒适放松的座位或卧位，按指导语或规定的程序，对全身肌肉进行"收缩—放松"的交替练习，每次肌肉收缩 5～10 秒钟，放松 30～40 秒钟，经过动作的反复，使人知觉到什么是紧张，从而提高消除紧张达到松弛的能力。放松训练可用于缓解学生的日常紧张和焦虑，特别是考试前因焦虑和紧张带来的压力。

3. 系统脱敏法

脱敏就是脱离、消除过敏，是指当学生对某种事物、人和环境产生过分敏感的反应时，辅导员可以在当事人身上发起一种不相容的反应，使其对本来可引起敏感反应的事物或人不再产生敏感反应，如有的儿童害怕老鼠，看见老鼠就出现极度的恐怖感：惊叫、心跳加速、面色苍白等。对这种过敏反应，可在儿童信赖的人（父母、老师等）陪同下，在边从事愉快的事情的同时，从无关的话题到关于老鼠的话题，从图片到玩具宠物，从电视、录音机的形声到真实的老鼠，从远到近，逐渐接近放有老鼠的笼子，鼓励儿童去看、去接触，多次反复，直至儿童不再过度恐惧老鼠。脱敏法一般和松弛训练法结合使用。大致程序如下：进行全身松弛训练，放松身体各部位；建立焦虑刺激强度等级层次，由当事人想象从最恶劣的情境到最轻微焦虑的情境；焦虑刺激想象与松弛训练活动相配合，让学生作肌肉放松，然后从焦虑刺激的最轻微等级开始逐步提高，直到最高等级也不出现焦虑反应为止。若在某一级出现了焦虑紧张，就应退回到较轻的一级，重新进行或暂停。

4. 冲击法

冲击法也叫暴露法、满灌法，就是给予当事人引起强烈焦虑或恐惧的刺激，从而使紧张焦虑或恐惧消失。冲击法一开始时就让当事人进入最使他感到焦虑或恐惧的情境中，或采用想象，或观看电影、录像或直接进入真实的情境，使当事人接受各种不同形式的焦虑、恐惧刺激，同时不允许求助的当事人采取闭眼睛、哭喊、堵耳朵等逃避行为。在反复的刺激下，当事人因焦虑、恐惧而出现心跳加快、呼吸困难、面色发白、四肢发冷等反应，但当事人最担心的可怕灾难却始终没有发生，这样最后焦虑和恐惧的反应也就相应减轻或消退了。国内外报道的"魔鬼营训练"就是采用此法，以提高训练者的心理素质。冲击法使用时，要注意确立主要辅导目标，如找出引起当事人恐惧、焦虑的人、物、事到底是什么；向当事人说明此法的目的、意义、过程等，要求其高度配合，树立坚强的信心和决心，不允许当事人有回避的行为，否则会加重恐怖与焦虑，导致辅导失败；辅导者可采用示范法，必要时和当事人共同训练；使用此法，必须对当事人的身心状况有充分了解，以免发生意外。

5. 厌恶疗法

厌恶疗法是指运用惩罚的、厌恶性的刺激，通过直接的或间接的想象，以消除或减少某种适应不良行为的方法。它的一般原理是，把令人厌恶的刺激，如电击、呕吐、语言斥责、想象等，与当事人的某种不良行为相结合，形成一种新的条件反射，以对抗原有的不良行为，进而消除这种不良行为。例如，农村妇女为使孩子断奶，在乳头上涂黄连、辣椒或难看的颜色，使儿童吮吸时产生厌恶感或望而生畏，以此达到断奶的目的。厌恶法可采用电击、药物、想象等方法。心理辅导常用的方法是运用想象产生厌恶以抑制不良心理与行为。想象厌恶法，是将辅导者口头描述的某些厌恶情境与当事人想象中的刺激联系在一起，从而使当事人产生厌恶反应，以达到减少或中止某种不良行为的辅导目的。运用厌恶法辅导时，为达到足够的刺激强度，可使用一些辅助器具或手段。如有强迫观念的当事人，可用橡皮筋套在其手腕上进行厌恶训练，当出现某种强迫观念时，就接连拉弹橡皮筋弹打手腕，引起疼感。同时责备或提醒自己不要去想，拉弹次数和强度视强迫观念的出现和消退情况而定，直到问题消失为止。在使用厌恶法时要注意，因为它是一种惩罚的方法，带有一定的残忍性和非道德性，辅导者使用前应征得对方同意。一般应把它作为最后一种方法选择。

（三）来访者中心疗法

来访者中心疗法，也称求助者中心疗法，兴起于 20 世纪 60 年代，由罗杰斯倡导，这种咨询方法认为任何人在正常情况下都有着积极的、奋发向上的、自我肯定的、无限的成长潜力，在很大程度上能够理解自己并解决自己的问题，无需咨询师进行直接干预，人能够通过自我引导而成长。如果人的自身体验受到闭塞，或者自身体验的一致性丧失、被压抑、发生冲突，使人的成长潜力受到削弱或阻碍，就会表现为心理病态和适应困难。如果创造一个良好的环境使其能够和他人正常交往、沟通，便可以发挥其潜力，改变其适应不良行为。

来访者中心疗法的基本假设是人性本善，人是完全可以信任的，且人具有自我实现和成长的能力，有很大的潜能理解自己的问题，而无须咨询师进行直接干预，如果处在一个特别的咨询关系中，人能够通过自我引导而成长。罗杰斯认为咨询师的态度和个性以及咨询关系的质量是首要的，咨询师的理论和技能是次要的，相信来访者有自我治愈的能力。建立一种良好的融洽的咨访关系，使来访者处于被接纳的氛围中，充分展现自我，调节自我冲突，利用个体固有的自我成长的能力从而达到自我完善。

1. 真诚

真诚是罗杰斯以人为中心疗法的一个最重要的条件。真诚是指治疗者在治疗关系中是一个表里一致、真诚统合的人。即个人诚实、可靠，心口一致，言行一致，开明、开放、统合，可以表露自己的失败与过错，自由与自然地表达真正的自己，不流于表面化及过长的自我表达。

2. 无条件的尊重

无条件尊重是心理咨询者对来访者的态度，也是心理治疗的前提。无条件尊重是指治疗对来访者丝毫不抱任何企图和要求，对来访者表现出温暖和接纳。

尊重有以下内涵：

（1）尊重来访者是独特的个体。

（2）尊重来访者的个体价值。

（3）尊重来访者是为了帮助他们改变那些不适应的行为，一切为了来访者的利益。

（4）尊重来访者的内部资源。

（5）尊重来访者的自我决定。

3. 共情

共情是指体验别人内心世界的能力。体会来访者的内心世界有如自己的内心世界一般，但永远不能失掉"有如"这个特质。

共情是以人为中心疗法的关键点。共情对于治疗关系的建立，对于促进来访者的自我探讨都起着核心性的影响作用。

共情包含以下几个方面的内容：

（1）治疗者首先要放下自己的主观参照标准，进行有效的聆听，设身处地的从来访者的角度去感受。

（2）共情的重点在于体会来访者的情绪感受，而不是来访者的认识。

（3）共情并不是完全认同来访者的认知和感受，如同罗杰斯在"共情"的定义中所讲的，不能失去"有如"的本质。

（4）共情还包括治疗者能够通过语言把自己对来访者的感受有效地传达给对方。

《 本章小结 》

学生的心理健康问题越来越引起社会的广泛关注，本章从心理健康的定义、心理健康标准及影响心理健康的因素等方面进行阐述。同时阐述了青少年学生尤其是中学生常见的心理障碍的定义及其表现，如学习、适应、不良行为、情绪、不良个性、压力与挫折、网络成瘾等，并介绍了精神类问题的诊断标准，为中学生心理问题的初步诊断提供参考。最后，较详细地介绍了中学生心理辅导的内容，如人格培养、学习心理、人际心理、适应问题及职业心理等，并提供了具体的辅导方法。通过本章学习，读者能基本掌握心理健康概要、中学生常见心理障碍及中学生心理辅导的方法。

【思考与练习】

1. 列举中学生常见的神经症及其表现。
2. 简述常见的心理辅导方法。
3. 简述压力产生的来源。

第十一章　教师心理健康

【本章学习要点】

1. 了解教师心理特征包括教师的认知特征、人格特征、行为特征和教学效能感。

2. 了解教师角色的含义、构成与形成阶段，教师角色意识，教师威信的建立。

3. 了解教师成长阶段、专家型教师的特征、促进教师成长与发展的基本方法。

4. 了解教师心理健康的标准、教师常见的心理冲突、影响教师心理健康的主要因素、教师心理健康的维护。

【案例导入】

罗森塔尔效应

1968 年的一天，美国心理学家罗森塔尔和 L. 雅各布森来到一所小学，要进行 7 项实验。他们从一至六年级各选了 3 个班，对这 18 个班的学生进行了"未来发展趋势测验"。之后，罗森塔尔以赞许的口吻将一份"最有发展前途者"的名单交给了校长和相关老师，并叮嘱他们务必要保密，以免影响实验的正确性。8 个月后，罗森塔尔和助手们对那 18 个班级的学生进行复试，结果奇迹出现了：凡是上了名单的学生，每个人的成绩都有了较大的进步，且性格活泼开朗，自信心强，求知欲旺盛，更乐于和别人打交道。

其实，罗森塔尔撒了一个"权威性谎言"，因为名单上的学生是随便挑选出来的。但这一暗示却改变了教师的看法，使他们通过眼神、微笑、音调等将信任传给那些学生，这种正向的肯定起到了潜移默化的作用。这个实验，后来被誉为"罗森塔尔效应"。

（资料来源：全国十二所重点师范大学. 心理学基础［M］. 北京：教育科学出版社，2002：283 - 284.）

为什么罗森塔尔的"谎言"能够变为现实？这期间教师和学生分别发生了哪些变化？教师如何利用罗森塔效应来提高教育教学效果？

第一节 教师的心理特征

教师的心理特征是指教师在教育教学实践过程中，长期扮演各种不同的角色并随之逐渐形成的特有心理品质。教师的职业特点、社会角色决定了教师应具备一系列特定的心理品质，主要包括教师的认知特征、人格特征、行为特征和教学效能感。

一、教师的认知特征

教师的认知特征包括其知识结构和教学能力。教师的知识结构主要包括专业学科知识、教育学和心理学知识、实践性知识以及文化知识；教学能力包括教学认知能力、教学操作能力和教学监控能力等。

（一）知识结构

1. 专业学科知识

专业学科知识是指教师具有的特定的学科知识，如语文知识、数学知识等，是个体成为一个好教师的必要条件。内容包括：教师应对学科的基础知识有广泛而准确的理解，熟练掌握相关的技能、技巧；教师要了解与所教学科相关的知识点、相关性质以及逻辑关系；教师要了解该学科的发展历史和趋势，对于社会、人类发展的价值以及在人类生活实践中的多种表现形态；教师要掌握每一门学科所提供的独特的认识世界的视角、域界、层次及思维的工具与方法等。

2. 教育学和心理学知识

教育学和心理学知识是指为更好地完成教师职业活动所需的工具性知识，即教师在什么时候、为什么，以及在何种条件下才能更好地运用教育教学陈述性知识和程序性知识的一种知识类型。教育学和心理学知识被称为教师成功地进行教育教学的条件性知识，它是广大教师顺利进行教育的重要保障。

3. 实践性知识

实践性知识是指教师积累的实践教学经验，是教师在实现教学目的的行为中所具有的教育情境知识以及与之相关的知识。实践性知识受个体经历的影响，这种知识的表达包含丰富的细节，并以个体化的语言而存在。教师的教学并非一个程式化的过程，只有针对学生的特点和具体情况恰当地开展教学，才能表现出教师的教育机制。

教师知识结构的上述三方面是紧密联系的，专业学科知识是教学活动的实体部分，教育学和心理学知识对专业学科知识的传授起到理论支撑作用，而实践性知识对专业学科知识的传递起到实践性指导作用。

4. 文化知识

教师丰富的文化知识不仅能扩展学生的精神世界，而且能激发学生的求知欲，事实上，学生的全面发展在很大程度上取决于教师广泛而深刻的文化知识。具体说，教师的文化知识包括：基本哲学理论知识，包含辩证唯物主义和历史唯物主义的理论知识；现代科学和技术的一般常识，包含现代科学的一般原理和现代技术的本质内涵；社会科学的理论与观点，包含法律的知识、民主的思想、经济学的观点和社会学的方法等。

（二）教学能力

1. 教学认知能力

教学认知能力指教师对所教学科的定理法则和概念等的概括能力，以及对所教学生的心理特点和自己所使用的教学策略的理解能力。它是教师在长期教学过程中不断积累知识经验的基础上形成的，对教师的专业发展和有效教学产生直接景。

2. 教学操作能力

教学操作能力指教师在教学中使用教学策略的能力，即教师如何管理组织课堂、引导学生、测评教学效果、运用教材、选择教学技术和方法等方面的能力。教学策略的运用是教师教学能力的重要组成之一，是影响教师教学行为和衡量教学行为水平的重要标准。教师可以把课堂教学策略的训练作为提高自身教学能力的突破口。有实验研究发现，在中学历史教学中使用奥苏泊尔提出的先行组织者教学策略，不但能提高学生的学习效果，促进学生知识的学习与保持，而且对学习的帮助主要是通过提高学生的理解能力来实现的。[①]

3. 教学监控能力

教学监控能力指教师为了保证教学的成功，达到预期的教学目标，而在教

---

① 张爱卿，刘华山，刘玲玲．"先行组织者"教学策略在中学历史教学中的实验研究［J］．心理发展与教育，2000（2）．

学的过程中将教学活动本身作为意识的对象，不断地对其进行积极、主动地计划、检查、评价、反馈、控制和调节的能力。教学监控是教师以一定的元认知知识为基础，对自己的教学活动进行认知监控的过程和自觉反思的过程。教师的教学监控能力有多方面的内容和多样化的表现：一是教师对自己的教学活动的事先计划和安排；二是教师对自己实际教学活动进行有意识的监督、评价和反馈；三是教师对自己的教学活动进行调节、矫正和有意识地自我控制。教师在教学过程的不同教学阶段，其教学监控能力有多种表现形式，包括课前计划与准备、课堂反馈与调节、课后反思与评价。

二、教师的人格特征

教师的人格特征是影响教学的重要因素，这种影响表现为两个方面：一是教师人格特征会影响教师的教学行为，进而影响学生的学习。瑞安斯（D. G. Ryans，1960）的研究表明，成功的教师是趋向于温和、理解、友好、负责、有条不紊、富于想象力和热情奔放的。教师的这些人格特征能满足学生的需要和动机，是学生取得良好成绩的主要因素之一。二是教师人格特征会直接影响学生人格的健康发展。中小学生正处于人格发展的重要时期，教师的人格特征将成为学生直接效法的对象。在教师的人格特征中，有两个重要特征对教学效果有显著影响：一是教师的热心和同情心；二是教师具有激励和想象的倾向。因此，作为一名人民教师应具备良好的、积极的人格特征，如责任心、宽容、同感、热情、公正、客观、坦率、勇敢、助人、谦虚、认真负责、乐观、情绪稳定、亲切、理解、自信、坚强、进取等。下面我们着重讨论教师几种重要的人格特征。

（一）责任心

在具备了一定的知识和能力水平之后，教师对教育工作的认真负责精神便成为一个极其重要的条件，甚至有些研究者认为教师的责任心是取得良好的教育效果的首要条件。教育是一项十分复杂、细致的工作，要求教师必须具备很强的责任心才会取得工作成效。责任心强的教师会把自己的大部分时间、精力投入到各项教育教学工作中，他们对各项工作都认真负责，不仅严格要求学生，也严格要求自己，他们热爱自己的职业，热爱学生。

（二）宽容

皮连生等人（2004）认为，宽容包含三层含义：灵活、体察与无偏见。人们对外部世界的了解，对他人的看法和感情，都有赖于自身的感觉与情感的参照系。如果我们能改变自己的参照系，以适应外界情境的需要和标准，那么我们就能够理解并适应与自己通常的参照系并非完全一致的种种变化，即能够容纳与自己不同的看法、思想与感情，能够对各种不同的人表示关切。认知参照系的灵活性引发了个体对他人的体察和无偏见，这就是宽容。对教师而言，宽容能够使其摆脱固有的先入之见，接纳不同的学生，不管他们的家庭背景、性别、智力、身体、个性、知识等如何，都能与他们和睦相处。教师的宽容在很大程度上能够促进学生的独立性和自主性人格的发展。

（三）同感

同感又称移情、同理心、共感、共情等。在教育教学过程中，良好的师生关系是获得良好教育效果的重要前提，而在良好师生关系的建立中，同感是至关重要的。如何达到正确的同感呢？可以参照以下步骤：第一，放下自己的参照标准，进入学生的内心世界，设身处地地从学生的角度来看待事物和感受事物；第二，投入地倾听学生的叙述，注意学生的语言和非语言信息；第三，跳出学生的内心世界，把在学生那里知觉和体会到的东西做一番梳理，分清哪些是事实内容，哪些是情感内容，找出它们之间的联系；第四，以语言或非语言方式把自己体察到的东西准确地传达给学生；第五，留意学生的反应，以调整自己下一步的行为。

（四）情绪安全感与自信

教育是一项富有挑战性的工作，教师在工作过程中遭遇各种困难、对抗和挫折是在所难免的。皮连生等人（2004）认为，情绪上有安全感的教师能够在讲台上从容地面对众多学生的注视，不担心自己在学生面前的举止和表现。当学生在课堂上表现出问题行为时，有安全感的教师能够镇静、客观地解决冲突，并安定学生的情绪。相反，情绪不安的教师常常会和学生个体或群体发生争吵或结下宿怨，从而影响师生之间的关系乃至班级气氛。教师情感上的稳定、安全与教师有良好的自我形象和自信有关。自信的教师能适时地引导学生，能将情绪的成熟感和安全感传递给学生，从而成为学生喜欢且乐意追随的楷模。

（五）教师期待

教师对学生的期待是影响学生学业成绩和人格品质的一个重要因素。教师对学生的期待和对学生发展的影响称为教师期待效应，也称罗森塔尔效应、皮格马利翁效应。

教师的期待对学生的影响是很大的，这首先表现在学生的自信心上。受到高期待的学生会感受到教师的关怀、信任和爱护，会更加自信；而受到低期待的学生会感到自己能力低或品行不好，产生无力感。教师期待的影响会进一步表现在学生的各种行为和学习成绩上。受到高期待的学生会更加勤奋、进取，学习成绩不断提高；而受到低期待的学生会以消极的态度对待学习，会放弃努力，导致成绩下降。教师的期待还表现在师生关系上，受到低期待的学生与教师的关系会逐渐疏远。因此，教师应了解每个学生的特点，发现他们的长处，对每个学生建立起积极的、恰如其分的期待。教师应不断反省自身的态度和行为，避免由于自己的偏见和消极的期待而导致学生的不良发展。

三、教师的行为特征

教师的行为主要是指教师的教学行为，是教师引起、维持或促进学生学习的所有行为。有效的教师教学行为的形成要求教师在教育教学实践中，批判地审视自己的教育教学行为及所依据的教学理念、教学结果、教学伦理、教学背景，或给予肯定、支持与强化，或给予肯定、思索与修正，以形成有效教学行为的产生。

教师的行为特征一般包括教师教学行为的明确性、教学方法的多样性、任务取向性、活动启发性、学生参与性和及时评估教学效果。下面我们从这六个方面分析教师的行为特征。一是教师教学行为的明确性，即教师的教学行为是否目标明确；二是教学方法的多样性，即教师的教学方法是否灵活、多样，调动学生学习积极性的手段是否有效；三是任务取向性，即教师在课堂上的所有活动是否围绕教学任务而进行的；四是活动启发性，即教师的课堂教学活动是否启而得法，所谓启发性教学的实质是在原有知识结构上产生学习的新需要，在旧知识的基础上同化新知识，做到"新课不新"，启而得法；五是学生参与性，即在课堂教学中，学生是否积极地参与到教学活动中去；六是及时评估教学效果，即教师能否及时掌握学生的学习状况和课堂中出现的问题，并能据此调整自己的教学节奏和教学行为。

四、教学效能感

效能感是个人对自己进行某一活动能力的主观判断，这一概念来自美国心理学家班杜拉的自我效能理论。班杜拉认为，效能感的高低会影响一个人的认知和行为。一个人的效能感越强烈，所采取的行为就越积极，努力程度越大越持久，情绪也越饱满。

（一）教学效能感的含义

效能感的高低往往会影响一个人的认知和行为。教师的教学效能感，是指教师对自己影响学生学习行为和学习成绩能力的主观判断。这种判断会影响教师对学生的期待和对学生的指导，从而影响教师的工作效率。

自我效能感包括结果预期和效能预期。结果预期是指个体在特定情境中对特定行为的可能后果的判断，如教师对顺利讲授公开课结果的推测；而效能预期是指个体对自己有能力完成某种作业水平的信念，如教师对自己是否有能力顺利讲授公开课的主观判断。班杜拉指出，一个人可能相信某种行为会导致自己所期望的结果（结果预期），但是他不一定感到自己有能力进行这一行为（效能预期）。人的行为主要受人的效能预期的控制，个人对某种行为觉察到的效能感不仅影响个体处理困难时所采用的行为方式，也影响他的努力程度和情绪体验。效能预期越强烈，所采用的行为就越积极，努力程度也就愈大愈持久，同时情绪也越是积极的。

（二）教学效能感的分类

根据班杜拉的自我效能感理论，可以把教师的教学效能感分为一般教育效能感和个人教学效能感两个方面。

1. 一般教育效能感

一般教育效能感指教师对教育在学生发展中的作用等问题的一般看法与判断，即教师是否相信教育能够克服社会、家庭及学生本身素质对学生的消极影响，有效地促进学生发展。这与班杜拉理论中的结果预期一致。

2. 个人教学效能感

个人教学效能感指教师认为自己能够有效地指导学生，相信自己具有教好学生的能力。它与班杜拉理论中的效能预期一致。教师的教学效能感是解释教师动机的关键因素，它影响教师对教学工作的积极性，影响教师对教学工作的努力程度，以及在遇到困难时克服困难的坚持程度等。

（三）教学效能感对教师与学生的影响

教学效能感影响教师在工作中的努力程度、教师在工作中的经验总结和进一步的学习、教师在工作中的情绪。教师的教学效能感与学生的学业成就具有显著的正相关。

1. 教学效能感对教师行为的影响

（1）影响教师在工作中的努力程度。效能感高的教师相信自己的教学活动能使学生成才，便会投入很大的精力来努力工作。在教学中遇到困难的时候，勇于向困难挑战。效能感低的教师则认为家庭和社会对学生影响较大，而自己的影响很小，不管如何努力收效也不会大，因而常放弃自己的努力。

（2）影响教师在工作中的经验总结和进一步的学习。效能感高的教师为了提高自己的教学效果，会注意总结各方面的经验，不断学习有关的知识，进而提高自己的教学能力；而效能感低的教师由于不相信自己在工作中会取得成就，便难以做到在教学过程中不断地积累、总结和提高。

（3）影响教师在工作中的情绪。效能感高的教师在工作时会信心十足、精神饱满、心情愉快、表现出极大的热情，进而取得良好的教学效果；效能感低的教师在工作中感到焦虑和恐惧，常常处于烦恼之中，无心教学，以至于不能很好地完成工作。

2. 教学效能感对学生学业成就的影响

阿什顿（Ashton，1985）和吉布森（Gibson，1984）等人根据教学效能感量表研究教师的教学效能感。结果发现，教师的教学效能感与学生的学业成就具有显著的正相关。教师的教学效能感之所以能够影响学生的学业成就，是因为教师通过其外部的行为表现影响学生，而这种行为又影响学生学习的效能感，进而支配学生的学习行为，从而影响其成就。反过来，学生的成就和他们的各种学习行为又会影响教师的教学效能感。

（四）影响教师效能感的因素

影响教师教学效能感的因素一般可分为外部环境因素和教师自身因素。外部因素包括社会文化背景、学校的特点、人际关系等。研究表明，工作发展的条件和学校的客观条件对一般教育效能感具有显著影响；学校风气和师生关系对教师的个人教学效能感具有显著的影响。教师自身因素包括他的价值观及自我概念等，这些是影响教师效能感的关键。

1. 外部环境因素

（1）社会文化背景对教师教学效能感的影响是显而易见的。例如，生活在一个不崇尚教育、教师职业完全不受尊重、教师地位很低的环境中的教师是很难对学生的成就抱有责任心的，也就是说，在这种环境下，教师的教学效能感是不可能高的。

（2）某些传统教育观念也影响着教师的教学效能感。例如，一种传统观点认为学生的学习能力是稳定的个性和特征，因个体差异而不同，据此得出了学习成绩是稳定的，而且是合乎正态分布的。某些学生天生就是优秀的学习料子，而成绩差的学生则是难学好的。这种观点往往给某些教师作为借口，为自己开脱没有教好学生的责任。

（3）学校所处的环境对教师的教学效能感有明显的影响。这表现在学校所处环境的社会经济水平，自然环境，地方政府、群众和新闻媒介的教育观等方面。学校所处环境的经济发展水平越高，教育水平就相对越高，教师对教好学生的信心就越足，教师的教学效能感也就越强。

（4）教师群体的学生观对教师的教学效能感也有影响。学校中教师群体对学生的教育观，是一种无形的教育态度，对教师的教学效能感和学生的学习成就都有很大的影响。

（5）学校中的人际关系也影响教师的教学效能感。融洽和谐的、朋友式的同事关系不仅有助于教师交流信息，切磋教学经验，而且还能从同事那里得到友爱、温暖、帮助和鼓励，有助于教师以顽强的毅力去学习、工作，从而有助于提高教师的教学效能感。相反，矛盾冲突、互相嫉妒的同事关系不仅使教师之间无法进行正常的交往，而且容易使教师生产孤独、压抑、焦虑等不良情绪，会给他们带来巨大的心理压力，使教师对搞好教育工作失去热情和信心，从而降低教师的教学效能感。

2. 教师主观因素

外部因素之所以能够影响教师的教学效能感，是因为它们通过教师主观因素而起作用。与外部因素相比较，教师的主观因素则是影响教学效能感的关键。其中最重要的是教师的价值观和自我概念。价值观通常被看作是人们用来区分好坏、把握重要性并指导行为的心理倾向系统。价值观首先表现在人的认知评价体系方面，同时又充满着情感和意志。即使处于相同的外部环境，但由于人们的价值观、理想、信仰不同，对环境理解的意义就不同。

总的来说，影响教师教学效能感的因素是多方面的，这些因素往往综合在一起对教师的教学效能感产生影响，因此，对于教师教学效能感的培养也需要我们从多方面考虑，才能采取更好的措施，进而收到理想的效果。

（五）教师教学效能感的发展与提高

培养教师的教学效能感需要从政府、学校及教师本人等多方面综合考虑。

从教师所处的外部环境来说，首先，在社会上必须树立尊师重教的良好风气。这就要求各级政府部门、教育部门加大教育投入，大力发展教育事业，提高教师的社会地位及经济地位，使"科教兴国"战略落到实处。其次，在学校内建立一套完整、合理的管理制度和规则并严格执行。努力创立进修、培训等有利于教师发展，有利于教师实现其自身价值的条件。再次，建设良好的校风，提高福利待遇等也会对教师的教学效能感产生积极的影响。

从教师的自身方面来说，首先，要形成科学的教育观。这需要教师不断地学习和掌握教育学与心理学的知识，通过自身的教育实践来验证发展这些知识。其次，教师要增强自信心，不断向他人学习，同时注意对自己的教学进行反思，不断改进自己的教学。

第二节　教师的角色心理

"这位老师一点儿都不像老师。"有时我们会听到对教师诸如此类的评价，什么是像，什么是不像，这就涉及教师角色问题。教师是一种崇高的职业，要想成为一名"像教师"的好教师，就必须了解教师的角色，了解社会对教师的角色期待及教师角色的形成阶段，产生相应的教师角色意识，表现出符合教师角色的行为。

一、教师角色的含义与构成

为了更加深入地理解教师的角色心理，在此对教师角色的含义与构成进行介绍。

（一）教师角色的含义

心理学中的角色概念来源于戏剧舞台用语，指个体在特定的社会和团体中占有的适当位置，以及被该社会和团体规定了的行为模式。一个人扮演了某种角色，就意味着某种身份和社会地位，也代表某种社会责任。教师角色，指教师按照其特定的社会地位，承担起相应的社会角色，并表现出符合社会期望的行为模式。

（二）教师角色的构成

教师的根本任务是教书育人，教师的核心职责是培养符合社会需要的全面发展的人才。教师在学校教育过程中主要扮演着学习指导者、行为示范者、班集体管理者、心理保健者、家长代理人、教育科研人员和学生的朋友等角色。

1. 学习指导者

教师一直以来都被认为是知识传授者，但现代认知心理学研究表明，学生的学习更多时候是一个积极主动的知识建构过程，教师所应该充当的不仅是知识的传授者，更应该是学生学习的指导者、促进者，甚至是学生学习的激发者、支持者和欣赏者。这一角色要求教师首先要指导学生去掌握基础知识和基本技能，指导学生在获得科学知识的同时学会如何发展各种能力，并形成良好的品德；其次，在教育教学过程中要培养和激发学生的学习动机，让学生好学、乐学，要善于鼓励学生，培养学生学习的主动性和积极性，从而保证学生在未来的社会生活中不断地自我学习、自我探索。

2. 行为示范者

教师作为社会文化价值与道德准则的传递者，极易被学生看成代表具有这些价值、准则的人，因此，教师无疑就是学生模仿和学习的榜样。这要求教师在培养学生道德品质的过程中，不仅要指导学生学习社会价值观和行为规范，更要充当起行为规范的示范者这一角色，通过自己的言行举止感染每一个学生，教育每一个学生，对学生施以潜移默化的影响。因此，教师要时刻反省自己的思想品德、行为作风、处世态度等，使自己言行成为学生的表率，为学生提供好的榜样。

3. 班集体管理者

班级是学校里最主要的正式团体，教师是班集体各项活动的管理者。教师作为学生班级的管理者，首先，在课堂教学中建立良好的秩序，在教学过程中督促学生遵守课堂纪律，使学生养成自觉遵守纪律的习惯；其次，教师要建设好班集体，特别要注意班干部的选拔，发挥班干部的作用，形成良好的集体气氛和舆论，建立和谐的人际关系；再次，教师要采取民主的管理方式，这样有助于形成良好的师生关系。

4. 心理保健者

培养学生健全的心理和人格也是学校教育的重要内容和目标。然而，随着现代社会生活节奏加快，竞争日趋激烈，学生的心理压力越来越大，心理问题日趋增多。这就要求教师做好学生心理健康教育工作，充当学生心理健康维护者、保健者和辅导者。教师不仅要通过良好的师生互动和沟通为学生创造一个好的环境，利用各种途径和方法来提高学生的各种能力，而且当学生面临挫折或问题时，要及时帮助学生克服成长中的障碍。为了有效地进行心理辅导，教师需要掌握心理辅导的有关知识、方法和技能。

5. 家长代理人

在儿童成长过程中，父母无疑是儿童的第一任教师，但是儿童进入学校后，儿童心目中的权威就从父母换成了教师，特别是低年级学生，这种权威是不容怀疑的。在学生的心目中，教师与父母有许多相似的地方，他们对教师的态度很像对自己父母的态度，视教师为长辈，充满尊敬、依恋之情，希望教师像父母那样关心自己、爱护自己。家长也要求儿童听从教师的教导。因此教师要充当好家长代理人的角色，一方面要像家长那样给学生温暖和关爱，要注意与家长沟通；另一方面，也要严格要求学生，让学生明白和体会师生关系不同于亲子关系，这样才有利于学生的社会性发展。

6. 教育科研人员

知识经济时代的到来，传统教书匠式的教师已不能适应社会经济文化的发展和教育自身发展的需要，专家型、科研型教师将成为未来教师的重要角色。因此，教师不能满足于传统意义上的"传道、授业、解惑"，还应该掌握现代教育理论和方法，积极探索和研究教育教学实践中出现的问题。只有这样，才能促进自己教育教学能力的发展，不断提高教育教学效果。充当好这一角色要求教师要具有探讨问题的意识和创新精神，不仅要具有扎实的专业知识，而且要掌握先进的教育理论和教育科研知识。

7. 学生的朋友

苏霍姆林斯基说道："教师不仅要成为一个教导者，还要成为学生的朋友，和他们一起面对困难，一起体验失败与成功，一起感受欢乐和忧愁，和他们共同成长。"作为老师，要和学生成为朋友，让感情交流贯穿始终，本着共同教育孩子的目的也要和家长多交流。在日常生活中，教师有时候还需要淡化自己的角色，成为学生值得信赖的朋友和知己，对待学生要热情、友好、平等、民主，保持良好的师生关系，但不能为取悦学生而无原则地迁就。

二、教师角色的形成阶段

教师角色是在教师的教育实践过程中逐步形成的。教师角色的发展一般经历三个阶段，即从认识教师的社会责任到认同理解教师职业的行为规范，再到将社会期望转变为自己头脑里的心理需要即理想和信念阶段。因此，教师角色的形成分为角色认知、角色认同和角色信念三个阶段。

1. 角色认知阶段

角色认知是指角色扮演者对某一角色行为规范的认识和理解，知道哪些行为是合适的，哪些行为是不合适的。对教师职业角色的认知，就是教师对教育事业的深刻理解过程，包括教育工作是怎样的职业，它所承担的社会职责是什么，它在历史、现实中处于怎样的地位等。

2. 角色认同阶段

教师的角色认同指个体亲身体验接受教师角色所承担的社会职责，并用来控制和衡量自己的行为。对教师角色的认同不仅在认识上了解到教师角色的行为规范、社会价值和评价，并经常用优秀教师的标准衡量自己的心理和言行，自觉地评价与调节自己的行为。同时在情感上也有体验，表现出较强的职业感情，如热爱教育事业、热爱学生等。

3. 角色信念阶段

信念是个体确信并愿意以之作为自己行动指南的认识，表现在教师职业中就是为教育事业献身的精神。在此阶段，教师角色中的社会要求转化为个体需要，形成了教师职业特有的自尊心和荣誉感。教师意识到教师特有的情感，并自觉地奉献出毕生的精力。

教师角色在角色认知转化为角色信念的过程中，教育实践活动非常重要。长期的教育实践会使大部分教师认识到教师职业的社会价值，将社会的角色期待转化为自己的心理需要。

三、教师角色意识

角色意识是指个体对自身角色地位、角色规范及角色行为的觉察、认识与理解。教师角色意识是指教师对自身角色地位、角色行为规范及其角色扮演的觉察、认识与理解，不仅包括动态的教师对角色进行认识、理解的过程，也包括静态的教师对角色认识、理解的结果。教师角色意识的心理结构包括角色认知、角色体验、角色期待。

1. 角色认知

角色认知是指角色扮演者对角色的社会地位、作用、权利、义务、规范及行为模式的认知和对与社会其他角色的关系的认识。对于教师来说，只有具有清晰的角色认知才能在各种社会情境中恰当行事，实现对社会的良好适应。教师角色认知的实现需要教师通过学习、职业训练、社会交往等了解社会对教师角色的期望和要求。

2. 角色体验

角色体验是指个体在扮演一定角色的过程中，由于受到各方面的评价与期待而产生的情绪体验。一般来说，这种体验因主体行为是否符合角色规范而受到不同评价，其中有积极和消极之分。例如，责任感、自尊感或自卑感都是教师在角色扮演过程中产生的情绪体验。

3. 角色期待

教师角色期待是指教师对自己应表现出什么样的行为的看法和期待。教师角色期待包括两方面，一是自我形象，即教师对自己的行为期望；二是公众形象，指他人对教师角色的期望。两者是相互作用和相互影响的。教师只有对教师角色的社会期望不断地认同和内化，才能尽快地把社会期望转化为自我期待，从而减少角色混淆与角色冲突。

四、教师威信

教师要成功地扮演自己的角色，就需要较高的威信。有威信的教师在学生心目中拥有崇高的地位，能赢得学生的尊重与信赖，对学生具有较大的影响力。

（一）教师威信的含义与作用

教师威信是指教师在学生心中的威望和信誉，是一种可以使教师对学生施加影响产生积极效果的感召力和震撼力。威信与威严不同，威信使学生亲而近之，威严则使学生敬而远之。教师威信实质上反映了一种良好的师生关系，它是通过教师的人格、能力、学识及教育艺术在学生心理上引起的信服而又尊重甚至崇拜的态度。威信是教师成功地扮演教育者角色、顺利完成教育使命的重要条件。

教师威信对学生的作用主要表现在以下三个方面：第一，教师的威信是学生接受其教诲的前提。同一句话，有威信的教师说出来会比没威信的教师说出来更能让学生接受，学生坚信有威信教师的指导是正确的和真实的。第二，有威信的教师能唤起学生积极的情感体验。他们的表扬能引起学生的愉快和自豪感，激发学生进一步努力的愿望；他们的批评能引起学生的自责和愧疚，从而使学生自觉地改正缺点和错误。第三，有威信的教师能被学生视为理想的榜样和行为楷模，使他们产生模仿教师的意向，使教师发挥更大的教育力量。

（二）教师威信的建立

教师威信的建立受很多因素的影响，有外部因素，也有教师自身的因素，其中教师自身的因素起决定作用。从外部因素看，教育行政机关、学校领导和学生家长对教师威信的建立都有很大的影响。从教师自身因素来看，以下五个方面对教师威信的建立具有重要作用，也是教师威信建立的重要途径。

1. 培养自身良好的道德品质

良好的道德品质是教师获得威信的基本条件。教师的道德品质体现在其对教育工作意义的认识及由此产生的对本职工作的高度负责精神。如果教师热爱教育事业，有强烈的自豪感、光荣感和责任感，兢兢业业，不计名利，严于律己。有道德修养，讲文明，生活正派，言行一致，以身作则，为人师表，出色地完成教学任务，就会成为学生的榜样，并获得学生的尊重。相反，如果教师不热爱教育工作，对教学无热情，敷衍了事，就会失去学生的尊敬。

2. 培养良好的认知能力和人格特征

良好的认知能力和人格特征是教师获得威信所必需的心理品质。如果教师知识渊博，有较强的教学能力和教学艺术及良好的心理品质，能够给学生深刻的启迪并激发他们对问题的深入思考，自然会获得威信。此外，一个具有自我批评精神，坦诚面对自己的错误，主动承认错误，具有良好的认知能力、教学能力和人格特征的教师更容易获得学生的尊敬和爱戴。学生喜欢知识渊博、教学方法好、讲课生动、表达力强、热情开朗、平易近人、作风民主的教师。

3. 注重良好仪表、作风和生活习惯的养成

教师的仪容姿态、作风和生活习惯等并非微不足道，这些对威信的获得也有着重要影响。教师的仪表端庄、朴实、整洁、大方、自然、优雅，可以给学生充实、沉着、稳重、积极向上的感觉；而生活懒散、衣冠不整、不讲卫生、做怪动作等不良习惯，会有损教师的威信。教师可以通过录像、录音看到自己上课时的言语、教态、仪容、表情等，从而认识到自己言行的不当之处，并有效地纠正自己缺点。

4. 给学生以良好的第一印象

教师给学生良好的第一印象也有助于威信的树立。教师第一次和学生见面会给学生留下特别深刻的印象，学生会根据教师的表情、态度、声音、语调等形成初步印象和评价。如果教师给学生的第一印象好，往往会使学生对教师以后的言行向好的方面解释；反之，学生会感到失望，常向不好的方面解释教师的言行，教师威信也难以建立。因此，教师应高度重视与学生的第一次见面，争取一开始就从各方面给学生留下良好的印象，初步建立起在学生心目中的威信。

5. 做学生的朋友和知己

师生良好的交往对教师威信的获得也有重要影响。师生关系并非只限于课堂教育教学中，也体现在日常的生活交往中。教师的威信是在与学生的长期交往、互动中形成的。这要求教师在与学生交往时，要平等、民主，做学生的朋友和知己，既要满怀真诚和爱心，与学生坦诚相见，对学生热情关怀、耐心细致、循循善诱，又不能为取悦学生而无原则地迁就。

教师威信形成后具有一定的稳定性，但稳定是相对的，因为形成教师威信的主客观条件处于不断变化之中，只要某一方面的条件发生了变化，教师的威信就会受到影响。因此，教师威信形成后，不能一劳永逸，还要注意维护和发展。教师威信的维护和发展主要包括：巩固已获得的威信；发展不全面的威信

为全面的威信，发展低水平的威信为高水平的威信；防止威信的下降和丧失；提高威信的影响力等。

第三节　教师的成长心理

了解教师成长与发展的阶段过程，及其心理特征的变化，掌握教师成长与发展的基本方法，有助于教师的职业生涯发展与心理健康。

一、教师成长的历程

在教师成长与发展的不同时期，由于教学能力、水平、经验等因素的影响，教师发展程度各不相同。教师的成长要经历哪些阶段呢？主要有以下两种观点：

（一）福勒和布朗的教师成长观

心理学家福勒（Fowler）和布朗（Brown）根据教师的需要和不同时期所关注的焦点问题，把教师的成长划分为关注生存、关注情境和关注学生三个阶段。

1. 关注生存阶段

处于这一阶段的一般是新教师，他们非常关注自己的生存适应性，最担心的问题是："学生喜欢我吗？""同事们如何看我？""领导是否觉得我干得不错？"等。因而有些新教师可能会把大量的时间都花在与学生搞好个人关系上。有些新教师则可能想方设法控制学生，因为教师都想成为一个良好的课堂管理者。

2. 关注情境阶段

当教师感到自己完全能够生存时，便把关注的焦点投向如何提高学生的成绩上，即进入了关注情境阶段。在此阶段，教师关心的是如何教好每一堂课的内容，一般总是关心诸如班级的大小、时间的压力和备课材料是否充分等与教学情境有关的问题。传统教学评价也集中关注这一阶段，一般来说，老教师比新教师更关注此阶段。

3. 关注学生阶段

当教师顺利地适应了前两个阶段后，成长的下一个目标便是关注学生，教师将考虑学生的个别差异，认识到不同发展水平的学生有不同的需要，某些教学材料和方式不一定适合所有学生。能否自觉关注学生是衡量一个教师是否成熟的重要标志之一。

（二）伯林纳的教师成长观

心理学家伯林纳（Berliner）以教师的教学专长发展为标准来划分教师的成长阶段。他认为，教师的成长是一个从新手、熟练的新手，到胜任阶段、精通阶段，最后成长为专家型教师的连续过程。

1. 新手阶段

新手阶段是教师获取所需知识和技能的阶段。新手教师由于缺乏教学经验，教学行为刻板、不灵活，对于课本上要求的规则和步骤不懂得因时、因地、因人而变通。

2. 熟练的新手阶段

在这一阶段中，教师将自己的实践经验与所学的知识逐步联系起来，策略性知识得到了发展。伯林纳认为，处于学习阶段的新手和熟练的新手虽然认真地投入学习，但往往对自己的行为缺乏某种责任感，对个人行为不能积极灵活地作出决定。

3. 胜任阶段

处于此阶段的教师，学会了如何在课程和教学上作出决策，并能对所做的事情承担更多的责任。他们更加频繁地强烈感受到成功与失败的体验。但是处于该发展阶段的教师行为依然不够迅速、流畅和灵活。

4. 精通阶段

在此阶段，教师的直觉变得突出。从积累的丰富经验中，教师能综合性地识别出情景的相似性。正是这种对相似情景整体性的认识，使得这一阶段的教师能更准确地预测事件。认识和驾驭此类局面并不需要过多的意志努力。但是这一阶段的教师在作出决策时，他们的行为仍然是建立在分析之上的。

5. 专家阶段

如果说新手、熟练的新手和胜任者的行为是理性的，精通阶段的教师是直觉的，那么，我们可以将专家的行为看作是非理性的。这并不是说专家教师想怎么做就怎么做，而是说他们对教学情景不但能直觉地把握，而且能以非分析性、非随意性的方式，作出适当的反应。他们的行为表现出流畅、灵活、不需刻意地加工的特点。他们无需有意识地去选择应该注意什么或不去注意什么，他们的行为方式很难用理性或分析进行描述。同时，专家的行为绝不是没有理性的，当工作没有沿计划的方向进行或当事情的进展出乎预料时，他们才会对问题进行仔细的分析和考虑。

（三）专家型教师的特征

按照斯腾伯格（Sternberg）等人的观点，专家型教师具有以下五个方面的特征：

1. 丰富的专门化知识

专家型教师具备的知识包括：要教的学科内容知识；各种教学法知识，如怎样激发学生动机的知识；与具体内容有关的教学法知识，如怎样阐明某一概念的知识；与教学相联系的社会和政治背景知识，这类知识使得专家型教师能够对所在领域的实际限制因素随机应变。在拥有这些知识以外，专家型教师还能将广博、可利用的知识组织起来灵活地运用在教学中。

2. 解决教学领域问题

首先，专家型教师善于利用认知资源，他们的知识经验丰富且高度组织化，某些教育技能已程序化、自动化。这些程序化、自动化的技能和熟练的知识经验占用的认知资源很少，使专家型教师在有限的认知资源内作出较少的认知努力就可以完成更多的任务，同时，专家型教师又能将节省的认知资源投入到更高水平的认知活动中去。其次，专家型教师善于监控自己的认知执行过程，在接触问题时具有计划性，善于自我观察，主动自我评价并随时进行自我调整。因此，在教学领域内，与非专家型教师相比，专家型教师解决问题的效率更高。

3. 敏锐的洞察力

创造性解决问题过程中的洞察力与斯滕伯格等提出的认知的"选择性编码""选择性联合""选择性比较"是相对应的。选择性联合以有利于问题解决的方式将一些信息结合起来，如两项信息虽是不相关的，而联系起来考虑对于解决手边的问题却是相关的。选择性比较涉及将所有在另一个背景中获得的信息运用到解决手边的问题上来。基于选择性比较的洞察力是通过注意，找出相似性，运用类推来解决问题。选择性编码、选择性联合、选择性比较三种认知机制为有洞察力地解决问题的方法提供了心理基础。

4. 完善的教学监控能力

教学过程中，专家型教师在关注目标达成度的同时，能不断地对教学进行积极的检查、评价、控制、反馈和调节，执行教学计划有序而灵活，教学内容、学生行为、课堂气氛等因素都是他们思维活动的对象。专家型教师完善的教学监控能力部分地取决于他们能迅速机敏地概括实例或提供实例，并且能够将学生提出的问题和教学目标联系起来。专家型教师的课时计划全面，有预见性，能够结合教学目标与学生实际，结合教的内容知识与教学法知识；在课堂教学中能够随时通过观察、提问、练习等途径把握学生的掌握情况，能及时了解学生的反应，并评估自己的教学行为，能根据学生的反馈或具体的教学情境灵活调整教学行为，能根据遇到的困难修正课程计划，能够在课后及时反思教学过程，包括学生的反应，检讨教学得失，作为修正教学活动的依据。

5. 娴熟而灵活的教学程序

专家型教师的教学程序分为课前准备和课中互动。专家型教师能够考虑教学中的突发事件，充分了解学生和教材，花在准备教学细节上的时间较少，教学计划简洁，以学生为中心，有预见性。专家型教师的课堂规划明确，能用各种方法把学生注意力集中在教学活动上；能机智处理突发事件，教材呈现方式新颖，教学策略运用自然、灵活；能及时了解学生的情况和兴趣，根据实际对教学计划和行为做适当调整。

综上所述，专家型教师指在教学领域中具有丰富的、组织化的专门知识，能高效率地解决教学中的各种问题，富有职业的敏锐洞察力的教师。以上所述是专家型教师共同的典型特征，现实中的专家型教师并非只有完全统一的一种模式，不同年龄、性格、兴趣与能力特征的专家型教师可能有不同的教学风格、教学方法和态度。只要善于学习与反思，并结合自身特点发挥优势，不断探索教与学的规律并付诸教育实践，任何教师都可能成为专家型教师。

二、教师成长与发展的基本方法

教师成长与发展的基本途径主要有两个：一方面是通过师范教育培养新教师作为教师队伍的补充手段；另一方面是通过实践训练提高在职教师的素养。对教师个人来说，具体可采取如下几种实践训练方法：

（一）观摩和分析优秀教师的教学活动

课堂教学观摩可分为组织化观摩和非组织化观摩。组织化观摩是有计划、有目的的观摩，非组织化观摩则没有这些特征。一般来说，为培养提高新教师和教学经验欠缺的年轻教师宜进行组织化观摩，这种观摩可以是现场观摩，可以组织听课，也可以组织观看优秀教师的教学录像。非组织化观摩要求观摩者有相当完备的理论知识和洞察力，否则难以达到观摩学习的目的。通过观摩分析，学习优秀教师在驾驭专业知识、进行教学管理、调动学生积极性等方面的教育机智和教学能力。

（二）开展微格教学

微格教学是指以少数的学生为对象，在较短的时间内（5～20分钟）尝试做小型的课堂教学，可以把这种教学过程摄制成录像，课后再进行分析。这是训练新教师、提高教学水平的一条重要途径。微格教学使教师分析自己的教学行为更加直接和深入，增强了改进教学的力度，因而往往比正规课堂教学的经验更有效。

（三）进行专门训练

要想促进教师的成长，也可以对他们进行专门化训练。有人曾将"有效的教学策略"教给教师，其中的关键程序包括：①每天进行回顾；②有意义地呈现新材料；③有效地指导课堂作业；④布置家庭作业；⑤每周、每月都进行回顾。专家教师所具有的教学常规和教学策略是可以教给新教师的，但仅靠短期训练来缩小专家与新手的差别是不够的。

（四）反思教学经验

教学反思是一种通过提高教师自我觉察水平来促进教学能力发展的手段。教师反思能力是指教师在教学过程中，将自己的教学活动作为意识对象，不断地对自我及教学进行积极的计划、检查、评价、反馈、控制和调节，最终提炼、升华自己的教学经验的能力。教师的反思能力受其知识、观念、动机、情绪以及环境等因素的影响。

波斯纳（Posner）提出了一个教师成长公式：经验 + 反思 = 成长。他还指出，没有反思的经验是狭隘的经验，如果教师仅仅满足于获得经验而不对经验进行深入思考，那么其发展将大受限制。

反思是由经验型教师向专家型、学者型教师转化的核心要素。反思型教师教育强调教师不但是实践者，更要成为研究者。而这种研究要以教师对自己教育活动的自觉反思开始：我怎样做？我为什么要这样做？我如何更好地做？学者们提出了很多反思方法，如反思日记、交流讨论、教学研究、调查问卷、录像、观察等。通过这些活动发现教学中的问题，寻找问题解决的最佳方案，探索问题的规律，提高教学能力。

第四节　教师的心理健康

1948 年，世界卫生组织提出健康的概念：健康是一种身体上、精神上和社会适应上的完满状态，而不仅仅是没有疾病和虚弱现象。也就是说，健康至少包括身体、心理和社会适应三方面。1989 年，世界卫生组织进一步把健康概念深化为躯体健康、心理健康、社会适应良好和道德健康。

一、教师心理健康的标准

心理健康是一种心理功能状态，在这种状态下，人不仅没有主观不适的感觉，而且能使自己的心理潜能得到充分发挥。心理健康的人从事某种活动一般能达到比较理想的水平，自身也能得到比较充分的发展。那么，教师心理健康的标准是什么呢？

（一）世界卫生组织提出的心理健康标准

关于心理健康，世界卫生组织提出的心理健康标准如下：

（1）人格完整；自我感觉良好；情绪稳定，积极情绪多于消极情绪；有较好的自控能力，能保持心理平衡；能自尊、自爱、自信、有自知之明。

（2）在自己所处的环境中有充分的安全感；能保持正常的人际关系；能受到他人的欢迎和信任。

（3）对未来有明确的生活目标，并能切合实际不断进取；有理想和事业上的追求。

（二）教师心理健康的标准

教师的心理健康标准如下：

（1）能积极地悦纳自我，即真正了解、正确评价、乐于接受并喜欢自己。

（2）有良好的教育认知水平。能面对现实并积极地去适应环境与教育工作要求。例如，具有敏锐的观察力及客观了解学生的能力；具有获取信息、适宜地传递信息和有效运用信息的能力；具有创造性地进行教育教学活动的能力。

（3）热爱教师职业，积极地爱学生。能从爱的教育中获得自我安慰与自我实现，从有成效的教育教学中获得成就感。

（4）具有稳定而积极的教育心境。教师的教育心理环境是否稳定、乐观、积极，将影响教师整个心理状态及行为，也关系到教育教学的工作效果。

（5）能自我控制各种情绪与情感。繁重艰巨的教育工作要求教师有良好的、坚强的意志品质，即教学工作中明确的目的性和坚定性。处理问题时决策的果断性和坚持性。面对矛盾沉着冷静的自制力，以及给予爱和接受爱的能力。

（6）和谐的教育人际关系。有健全的人格，在交往中能与他人和谐相处，积极态度（如尊重、真诚、羡慕、信任、赞美等）多于消极态度（如畏惧、多疑、嫉妒、憎恶等）。

（7）能适应和改造教育环境。能适应当前发展、改革与创新的教育环境，为积极改造不良教育环境、提高教学质量献计献策。

二、教师常见的心理冲突

教师的心理冲突归纳起来主要表现为职业行为问题、适应不良问题、人际关系问题、生理—心理症状、个人需要难以实现的冲突、自我认知冲突、负担过重、过分疲劳等。

（一）职业行为问题

教师的职业行为问题一般分为五类：①怨职型教师。此类教师认为教师职业是不得已而为之，怨天尤人，抱怨学生条件差、班级人数多、待遇低、压力大等。②自我型教师。此类教师以自我为中心，自私自利，目中无人，人际关系恶劣。③异常性教师。此类教师情绪极端不稳定，心理异常。④暴戾型教师。此类教师很难相处，稍不如意就责骂学生甚至拳脚相加。⑤不良型教师。此类教师生活方式不健康，在学生中行为粗俗，有损教师形象。

在整个教师职业生涯中，最常见的职业行为问题是教师的职业倦怠问题，主要表现为三种行为反应：①情绪衰竭。情绪资源耗尽，对工作缺乏动力，有挫败感、紧张感，甚至害怕工作。②个性丧失。冷漠无情，对他人敏感度降低。③成就感低。感觉自身行为和努力都是白费、没有价值的。

（二）适应不良问题

适应是个人与环境之间的互动关系，即个人与环境方面的要求取得协调一致所表现的状态与过程。适应不良就是个人与环境不能取得协调一致。

教师适应不良的问题主要表现在：①现实与理想之间的差距。②外界对教师的影响。③人际关系紧张。④学科知识不足，缺乏进修提高机会。

（三）人际关系问题

良好的人际关系是个体心理发展、个性保持健康和生活具有幸福感的重要条件之一。然而教师在人际交往中常出现一些问题，有调查发现，教师在校内除工作关系外，经常与他人交往的只有 16.99%，在校外经常和他人交往的只有 11.49%。教师人际交往问题主要表现在：对交往的重要性认识不清，很少与人交往和沟通；缺乏必要的交往技能与手段，交往容易受阻；不良的个性特征阻碍了正常交往，如自负、自闭、自我评价过高、怀疑心理、苛刻等。

（四）生理—心理症状

教师的心理健康问题还常常表现出一些生理—心理特征。

（1）抑郁。通常表现为情绪的衰竭，精神不振或疲乏，对外界事物失去兴趣，对学生淡漠等。

（2）焦虑。主要表现为持续的忧虑和高度的警觉，如过分担心自己的人身安全；弥散性的、非特异性的焦虑，如说不出具体原因的不安全感，无法入睡等；预期焦虑，如不怎么关心现在正在发生的事，而是担心以后可能发生的事。

（3）神经症。这是一种由于心理因素造成的常见病。一般没有任何可以查明的器质性病变，但又确实有心理异常的表现。它是一组非器质性的轻型大脑功能失调的心理疾病的总称。主要表现为：胃肠神经官能症、心脏神经官能症、强迫症、焦虑症、神经衰弱及恐惧症。

（五）个人需要难以实现的冲突

有的教师由于认识问题和解决问题的能力还不是特别强，面对个人主观需要与客观上难以满足的矛盾往往无所适从。如想崭露头角，但又事与愿违；不知如何处理好继续学习与工作、个人与领导、个人与同事、个人与学生、个人与家长等方面的关系等。这些矛盾和困惑长期压抑在教师的心中，使其难以主宰自我。在心理冲突困扰下，一些教师感到烦恼、紧张、不安、焦虑、压抑、痛苦，由此发展为各种不同程度、不同性质的心理障碍。

（六）自我认知冲突

教师的自我认知偏差主要表现为两种类型：一是自我扩张型，其特点是过于悦纳自己，自我评价偏高，形成虚假的理想自我，常表现为过于看高自己而导致自负，自吹自擂，盲目自尊；二是自我否定型，其特点是对自我认识和评价过低，常表现为安于现状，不思进取，最终走向自我否定。

（七）负担过重，过分疲劳

教师的工作是艰苦的脑力劳动和体力劳动，教师除了上课，还要批改作业，出各种练习题或考试题，如果是班主任就还要处理班务，进行个别教育，组织各种活动以及家访等。一部分教师由于任务重，加上经验不足，工作中往往疲于奔命，从而导致心理冲突。

三、影响教师心理健康的主要因素

教师面对着工作量多、学科繁杂、教学任务重、工作时间长、收入低等现状，且受社会、家庭、学生素质、课程改革等因素的影响，教师教学的强度和难度不断增大，从而产生种种心理压力，心理健康受到影响。

（一）职业压力

教师的职业压力主要是由工作引起的，是教师对来自教学情境的刺激而产生的情绪反应。了解教师职业压力的来源，帮助教师有效地应对是维护和促进教师的心理健康的重要途径。教师的职业压力主要来源于以下四个方面：

1. 教学工作的复杂性和创造性

教师的任务是培养德、智、体、美、劳全面发展的人，教师职业具有的复杂性，要求教师自身必须具有过硬的知识能力以及人文素养。另外，教师工作具有一定的创造性，因为教学本身并非简单、机械的过程，教师职业没有固定不变的程序、方法可以套用。而教师工作的对象是学生，学生不同的个性、爱好、知识经验、家庭环境等都要求教师的教学方法要因人而异。随着学生年龄的增长、阅历的增加，学生的心理也处于不断的发展变化中，因此教师在面对不同的学生时，其教学方法、手段、策略等都要及时变化，以达到最好的教学效果。这样高标准、高要求的教学需要给教师带来了职业压力，影响着教师的心理健康。

2. 教师职业的规范性和严格性

教师这一职业的规范包括职业道德规范和制度规范。从教师的职业道德规范来看，人们对教师的道德要求更为严格，"学高为师，身正为范"是我国历代教师的精神操守。从教师的制度规范来看，主要源于国家的教育制度以及由此衍生的各种制度、法规等。现代社会和教育制度规范制定了教师职业的义务、教学要求等，并有一套考评体系，作为一种监控机制对教师的职业绩效进行评定。教师职业的规范性和严格性，给教师的职业行为带来了一定的压力。另外，在教学过程中，维护课堂纪律、激发学生学习动机、处理个别差异、评价学生作业、处理与家长的关系等，都会给教师带来了一定的压力。

3. 教师的职业角色压力

社会对教师的职业角色普遍有着过高的期望，认为教师应是社会公德的模范者。可教师也只是平凡人，教师群体也和其他社会群体一样。社会各界应辩证认识教师这一职业，不该对教师赋予太多的期望，不应该把学生的教育重任全部压在教师身上。社会各界要认识到教师职业的复杂性和特殊性，对教师的要求应该合情合理，要认识到教师的能力和精力是有限的。当教师不能同时满足多种角色的期望时，或者与某一角色的期望不一致而产生矛盾或紧张时，就会产生角色冲突，而教师如果因缺少时间、精力或资源，无力实现角色的要求，就会发生角色超载的情况，由此严重影响教师的身心健康。

4. 人际关系压力

人际关系是影响教师心理健康的又一重要因素。教师人际交往的对象不仅仅局限于学生，还包括学校的领导和同事、各个年级不同性格的学生、学生家长，以及社会大众等。教师每天在做好教育教学工作的同时，还要考虑怎么与领导相处、与同事相处，怎样教好各式各样的学生，怎样与学生家长进行良好的沟通等。学校、学生家长、社会的期望与评价等都给教师带来了无形的压力，严重影响着教师的心理健康。良好的人际关系有助于形成良好的工作氛围，进而有助于教师产生归属感和荣誉感，而教师如果长期处于不良的人际关系中，往往会产生消极的情绪，这不仅影响教师自身的健康，还会对教学效果和学生产生影响。

（二）职业倦怠

美国学者费登伯格（Freudenberger）于1974年首次提出"职业倦怠"这一概念。职业倦怠是指个体在长期的职业压力下，缺乏应对资源和应对能力而产生的身心耗竭状态。职业倦怠所产生的生理、情绪、认识和行为等方面的问题，会导致教师产生严重的身心疾病。

1. 职业倦怠的表现

马勒斯（Males）等人认为，职业倦怠主要表现在三个方面：

（1）情绪耗竭。主要表现在生理耗竭和心理耗竭两个方面。如极度的慢性疲劳、力不从心、丧失工作热情、情绪波动大等。

（2）去人性化。即刻意在自身及工作对象间保持距离，对工作对象和环境采取冷漠和忽视的态度。教师以一种消极的、否定的态度和情感对待学生。

（3）个人成就感低。即表现为消极地评价自己，贬低自己工作的意义和价值。

中小学教师的职业倦怠和其所拥有的社会支持之间密切相关。也就是说，教师所拥有的社会支持越多，就相应地表现出更少的职业倦怠。同时，教师的职业成就感越强，其倦怠感越低。教龄越长的教师一般所承担的教学任务及担负的责任相对较多，但他们的体力和精力相对欠缺，特别是那些已为人父母者，工作之余的大量时间都用于孩子的抚养和教育上，因而对于健康问题的关注没有未婚教师明显，这可能使他们在工作中更易表现出较多的情绪衰竭。

2. 克服职业倦怠的对策

教师的职业倦怠是一个复杂的社会问题，解决这一问题需要多方面的共同努力。

（1）认识职业发展中的起伏状态。

教师职业发展并非一帆风顺，既有高峰期，也有低谷期。高峰期是教师充满活力、富有效能的阶段，事业的发展、学习的进步所能达到的高度都是在高峰期完成的。而处于低谷期的教师则容易对教学活动的价值和意义失去认同，效率严重下降，并且任事态日益恶化而不谋求逆转。教师要认识到职业发展中的起伏，对容易出现倦怠状态的低谷期能够事先有所预期，并作好心理和行动上的准备。

（2）营造积极工作氛围。

教育行政部门要积极营造一种激发教师工作积极性的氛围，真正关心教师的身心健康。了解教师的所需所求，解决教师的后顾之忧。建立合理的绩效工资发放政策，激发教师的工作热情。同时，还要组织一些丰富多彩的业余活动，改善教师的人际关系，缓解教师的工作压力。学校领导要关心体贴教师，在他们工作生活上遇到困难时要真诚地给予帮助，让教师感受到来自学校领导、同事的温暖，从而提高教师的职业幸福感，这也是克服教师职业倦怠的良方。

（3）教师更新观念，增强职业认同。

对教师个人而言，应在现实条件下积极地丰富和提升自己的精神世界，及时调整自己的心态。只有增强对教师职业的认同，树立健康、积极向上的理念，热爱教育事业，才能全身心地投入到教书育人工作中来。不能简单地把工作看成是养家糊口的饭碗，而要看成是自己实现人生价值的途径。这样，教师才能在实现自身价值的过程中感受到精神的愉悦，思想的富有。

（三）个人因素

教师个人的人格特征，以及教师个人的生活状况是影响教师心理健康的个人因素。不能客观地认识自己和现实，目标不符合实际，理想和现实距离远，以及自尊和自我实现欲望较强烈的教师更易产生心理问题。此外，个人对事物的归因也与教师的心理健康有一定的联系，认为事情的结果不是取决于自己的主观努力而是由外界控制的教师，比那些认为事情的结果是由自己的主观努力控制的教师更难以应付外界的压力情境或事件，因而心理健康水平也较差。

另外，教师个人生活的变化也会影响教师的心理健康。在人的一生中，生活会经常发生变化，不管这些变化是积极的还是消极的，都需要个体作出种种调整以适应新的生活方式。但在调整变化的时候，个体容易产生心理问题，特别是在从一个人生阶段过渡到另一个人生阶段的时期，个体需要对家庭、职业、生活重新认识，这些很可能会影响个体的自尊及对工作的忠诚和投入。

四、教师心理健康的维护

心理健康直接关系到教师的工作质量和生活质量。一个人心理不健康祸及的是自己及其家人，而一个教师心理不健康祸及的可能是一大批学生。因此，维护教师的心理健康对于构建和谐关系、克服职业倦怠、提高教学胜任力有着十分重要的作用。

教师心理健康的维护和促进不仅需要教师本人的积极努力，同时也离不开学校和社会的支持。社会和学校应努力创造条件、充分发挥职能来维护教师的心理健康。

（一）提高心理调适能力

压力是造成身心疾病的重要原因之一，是影响教师心理健康的最主要的因素之一。因此，教师必须正确认识压力，努力提高应对压力的能力。

1. 培养正确的压力观

教师要正确认识压力，才能更好地应对压力，减轻由压力产生的心理负荷。培养教师正确的压力不可避免观、压力辩证观、压力可控观等，教师要勇敢地面对压力，接受压力的挑战，充分利用各种有利条件，是有效应对压力的途径。

2. 改善自我观念

教师要正确认识自我，对自己有清楚全面的认识，能够正确、客观地评价自己。教师应努力从多侧面、多渠道了解自己，积极从周围的环境中提取有关自我的真实反馈，形成良好的认知。不要过分夸大自己的优点，也不要过分强调自己的劣势。教师要热爱教师职业，从中获得成功的快乐，提高职业满意度。

3. 正确应对挫折与压力

教师除了要认识压力之外，更重要的是学会驾驭压力的技能。只有这样才能保持心理健康，适应瞬息万变的社会环境。教师要学会正确对待挫折，要有正确的态度和妥善的方法，包括自我克制、情绪合理释放、升华、代偿、精神转移等。

4. 建立积极的思维方式和内在对话

自我内在对话是一种自己说、自己听的自我沟通过程，一个人对自己说的话决定了他要做的事。有着各种心理障碍的人的自我对话通常是消极的、自我批判和自我毁灭的，如"不得了了""糟糕透了""没法活了"等，解决的办法是发展积极的内在对话。

5. 采取合理有效的工作方式，学会休闲

教学是一项复杂的脑力劳动，教师需采取有效的工作方式才能使自己轻松愉快地工作和生活，以维护心理健康。教师要在工作中形成积极乐观的生活和工作态度，应掌握时间管理技巧，适度用脑，避免持续疲劳，同时还要注意饮食营养，关心大脑健康。此外，工作之余要学会休闲，积极参加各种活动，使业余生活丰富多彩。

（二）优化学校环境

学校环境是教师最频繁、最重要、最直接的工作与生活场所，教师的教育活动主要在学校中进行。因此，要切实有效地改善教师的心理环境，必须从优化学校环境开始。

1. 实行人性化管理，增强教师的职业满意感

实行人性化管理，能充分调动教师的工作积极性。为教师创设一个温馨、和谐、舒适的环境，能不断增强教师的职业满意感。人性化管理包括：增强管理的民主意识；强化尊重教师的意识；教师评价目标的人性化；关心教师疾苦，尽可能帮助教师解决工作、学习、家庭的实际困难等。

2. 重视教师心理健康教育，增强教师的自我调适感

学校可以利用业余时间或寒暑假，通过邀请心理健康教育专家来校做专题讲座、组织部分教师外出参加专门的心理健康教育培训、定期为教师做心理健康辅导等形式，帮助教师了解心理健康知识，掌握一定的心理调节技术和应对职业压力的策略。

3. 开展丰富多彩的活动，增强教师的人际和谐感

人的心理适应主要是指人际关系的适应。通过丰富多彩的活动，如教师的集体健身活动、文娱表演、书画比赛、校际联谊、外出参观旅游等，在工作之余为其创造放松的机会，使教师乐于合群，主动交往，情绪乐观，保持积极的生活态度，增强教师的人际和谐感，进而维持并增进教师的心理健康。

4. 健全教师心理健康的校内保障体系

健全教师心理健康的校内保障体系是维护教师心理健康的重要途径。第一，制订和实施符合本校实际的教师心理辅导计划。例如，学校应该把心理健康教育列入教师继续教育的内容之中，如定期开设专家讲座等；学校还应该为教师建立心理档案，使辅导工作能系统科学地进行。第二，学校领导要建立家、校

沟通的交流机制。教师是家庭中的一员，既受家庭的影响，又影响着家庭，形成良好的家庭、学校相互沟通机制，为教师的家庭解决力所能及的问题，有利于教师更轻松、更专心地工作。

（三）构建社会支持网络

维护教师心理健康，需要建立一个和谐的社会支持网络。

首先，社会各界要对教师的角色期待进行合理的定位。社会各界和广大学生家长应充分认识到教师工作的艰巨性、特殊性，不能把培养下一代的责任全都压在教师身上。对教师的要求应该合情合理，了解什么才是教师力所能及的，而不要赋予教师太多的角色和过高的期望。社会大众在赞美教师是春蚕、是蜡烛，强调教师的奉献和责任的同时，不能忽视教师只是一个平凡人，不是任何事情都能做到尽善尽美。社会各界要对教师的角色进行正确的定位，对教师的工作给予激励和支持。

其次，国家应切实采取措施提高教师的经济待遇和社会地位。政府应进一步完善有关教育和教师的政策法规，并加大执法力度，维护教师的合法权益，增加教育投入，改善教师的工资收入、住房、医疗等物质待遇，从经济上对教师的工作予以充分的肯定。这不仅有利于提高教师的社会地位，而且能引起社会公众关注教师的工作，认可他们的劳动，还能吸引更多有才华的人加入教师队伍，并促使教师对自我劳动价值的充分认识，提高教师对教育工作的热情和满意感，使其更加热爱自己的工作。

再次，教育部门应探索有效的教师教育培训体系，将职前和职后培训有机结合，为教师提供职业发展的机会。教育主管部门要多深入学校、深入教师群体开展调查研究，使所出台的制度、政策、措施拥有广泛的群众基础，为广大教师所接受。要为教师创设良好的工作、生活环境，减少一些并非学校、教师职责范围内的任务、活动，使学校和教师能潜心教育。

《 本章小结 》

本章介绍了教师心理特征，包括教师的认知特征、人格特征、行为特征和教学效能感。讲解了教师角色的含义、构成、形成阶段、教师的角色意识和教师威信的建立。阐述了教师成长阶段的两种主要观点、专家型教师的特征，以及促进教师成长与发展的基本方法，如观摩学习、微格教学、专门训练、反思教学经验等。最后介绍了教师心理健康的标准、教师常见的心理冲突、影响教师心理健康的主要因素，以及维护教师心理健康的方法。

【思考与练习】

1. 简述建立教师威信的途径。

2. 简述福勒等人提出的教师成长的三个阶段。

3. 简述教师心理健康的标准。

4. 辨析题：教师的人格特征是指教师的个性、情绪、健康和处理人际关系的品质。

参考文献

［1］彭聃龄. 普通心理学［M］. 4 版. 北京：北京师范大学出版社，2012.

［2］梁宁建. 心理学导论［M］. 2 版. 上海：上海教育出版社，2011.

［3］姚本先. 心理学新论［M］. 修订版. 北京：高等教育出版社，2005.

［4］泛珠三角地区九所师范大学联合编写. 现代心理学［M］. 2 版. 广州：暨南大学出版社，2008.

［5］孟昭兰. 普通心理学［M］. 北京：北京大学出版社，1994.

［6］全国十二所重点师范大学联合编写. 心理学基础［M］. 北京：教育科学出版社，2002.

［7］皮连生. 教育心理学［M］. 4 版. 上海：上海教育出版社，2011.

［8］David G. M. 心理学［M］. 9 版. 黄希庭，等译. 北京：人民邮电出版社，2013.

［9］Dennis C.，Jihn. O. M. 心理学导论——思想与行为的认识之路［M］. 郑钢，等译. 北京：中国轻工业出版社，2015.

［10］中公教育教师资格考试研究院. 教育知识与能力·中学［M］. 北京：世界图书出版公司北京公司，2012.

［11］陶红，王国华. 心理学［M］. 长春：吉林出版集团有限责任公司，2014.

［12］冀先礼. 心理学［M］. 北京：中国书籍出版社，2013.

［13］李小平. 新编基础心理学［M］. 南京：南京师范大学出版社，2010.

［14］麦格劳—希尔编写组. 妙趣横生的心理学［M］. 2 版. 王芳，等译；许燕，审校. 北京：人民邮电出版社，2013.

［15］泛珠三角地区九所师范大学联合编写. 现代心理学［M］. 广州：暨南大学出版社，2006.

［16］理查德·格里格，菲利普·津巴多. 心理学与生活［M］. 王垒，王甦，等译. 北京：人民邮电出版社，2003.

［17］朱智贤. 心理学大词典［M］. 北京：北京师范大学出版社，1989.

［18］莫雷. 教育心理学［M］. 北京：人民教育出版社，2007.

［19］张大均. 教育心理学［M］. 北京：人民教育出版社，2004.

［20］李伯黍，燕国材. 教育心理学［M］. 上海：华东师范大学出版社，2001.

［21］林崇德. 发展心理学［M］. 北京：人民教育出版社，2016.

［22］刘学兰，陈筱洁. 心理学［M］. 北京：清华大学出版社，2016.

［23］戴安娜·帕帕拉，萨莉·奥尔兹，露丝·费尔德曼. 发展心理学：上册［M］. 李西营，申继亮，译. 北京：人民邮电出版社，2013.

［24］傅小兰. 情绪心理学［M］. 上海：华东师范大学出版社，2016.

［25］张春兴. 现代心理学［M］. 3 版. 上海：上海人民出版社，2009.

［26］张厚粲. 心理学［M］. 北京：高等教育出版社，2013.

［27］斯托曼. 情绪心理学：从日常生活到理论［M］. 5 版. 王力，译. 北京：中国轻工业出版社，2006.

［28］津巴多，等. 普通心理学［M］. 王佳艺，译. 北京：中国人民大学出版社，2008.

［29］黄希庭. 人格心理学［M］. 杭州：浙江教育出版社，2002.

［30］库尔特·勒温. 人格的动力理论［M］. 北京：中国传媒大学出版社，2018.

［31］郭永玉. 人格研究［M］. 上海：华东师范大学出版社，2016.

［32］兰迪·拉森，戴维·巴斯. 人格心理学［M］. 郭永玉，等译. 北京：人民邮电出版社，2011.

［33］郑雪. 人格心理学［M］. 广州：暨南大学出版社，2017.

［34］桑德拉·黑贝尔斯，理查德·威沃尔二世. 有效沟通［M］. 李业昆，译. 北京：华夏出版社，2005.

［35］全国 13 所高等院校《社会心理学》编写组. 社会心理学［M］. 天津：南开大学出版社，2003.

［36］张厚粲. 心理学［M］. 天津：南开大学出版社，2002.

［37］张玲，等. 心理健康研究与指导［M］. 北京：教育科学出版社，2001.

［38］章志光. 社会心理学［M］. 北京：人民教育出版社，2000.

［39］中国大百科全书. 心理学［M］. 北京：中国大百科全书出版社，1991.

［40］姚本先. 学校心理健康教育［M］. 合肥：安徽大学出版社，2008.

［41］莫雷. 教育心理学［M］. 广州：广东高等教育出版社，2005.

［42］俞国良. 心理健康教育（教师用书）［M］. 北京：开明出版社，2000.

［43］林崇德，等. 学校心理学［M］. 北京：人民教育出版社，2000.

［44］郑希付，等. 学校心理健康教育［M］. 北京：中国人民大学出版社，2016.

［45］刘学兰，等. 心理学［M］. 北京：清华大学出版社，2013.

［46］张大均. 教育心理学［M］. 北京：人民教育出版社，2015.

［47］屈晓兰，周正怀. 小学教育心理学［M］. 上海：华东师范大学出版社，2016.

［48］桑青松. 学校维护教师心理健康的现状与对策［J］. 教育科学研究，2011（12）：64－66.

［49］王金香. 教师心理健康及其维护［D］. 北京：首都师范大学，2007.